Umsetzungskonzepte der EG-Verbraucherschutzrichtlinien

Pavel Ravluševičius

Umsetzungskonzepte der EG-Verbraucherschutzrichtlinien

PETER LANG
Frankfurt am Main · Berlin · Bern · Bruxelles · New York · Oxford · Wien

Die Deutsche Bibliothek - CIP-Einheitsaufnahme

Ravluševičius, Pavel:

Umsetzungskonzepte der EG-Verbraucherschutzrichtlinien : dargestellt am Beispiel der EG-Produkthaftungsrichtlinie, der EG-Richtlinie über mißbräuchliche Klauseln in Verbraucherverträgen, der EG-Richtlinie über Pauschalreisen und der EG-Richtlinie über den Verbraucherschutz bei Vertragsabschlüssen im Fernabsatz. Rechtsvergleichende Untersuchung der deutschen, österreichischen und polnischen Rechtsordnung / Pavel Ravlusevicius. - Frankfurt am Main ; Berlin ; Bern ; Bruxelles ; New York ; Oxford ; Wien : Lang, 2002

Zugl.: Heidelberg, Univ., Diss., 2002
ISBN 3-631-39648-1

D 16
ISBN 3-631-39648-1

www.peterlang.de

Meinen Eltern
in der besonderen Dankbarkeit
gewidmet

Vorwort

Die vorliegende Doktorarbeit entstand im Rahmen des Graduiertenkollegs „Unternehmensorganisation und unternehmerisches Handeln nach deutschem, europäischem und internationalem Recht (DFG)“ an der Juristischen Fakultät der Universität Heidelberg. Das Promotionsverfahren wurde am 21. Dezember 2001 abgeschlossen. Ich möchte an dieser Stelle dem Herr Prof. Dr. Peter Hommelhoff Direktor des Instituts für deutsches und europäisches Gesellschafts- und Wirtschaftsrecht der Juristischen Fakultät der Universität Heidelberg für die Betreuung des Promotionsvorhabens und die Erstellung des Erstgutachtens danken. Dem Herr Prof. Dr. Christian Schubel (Institut für deutsches und europäisches Gesellschafts- und Wirtschaftsrecht/Universität Heidelberg) ist für die Übernahme des Zweitgutachtens zu danken. Ein besonderer Dank gilt auch Wiss. Ang. Dr. Carl-Heinz Witt (Institut für deutsches und europäisches Gesellschafts-Wirtschaftsrecht/Universität Heidelberg) für die freundliche Unterstützung bei der Vorbereitung der druckfertigen Fassung der Doktorarbeit. Anschließend bin ich dem Arbeitspersonal der Bibliothek des Institutes für deutsches und europäisches Gesellschafts-Wirtschaftsrecht (Universität Heidelberg) und der MPI-Bibliothek for International Law (Heidelberg) zum Dank verpflichtet. Ich möchte auch allen denen herzlich danken, die mir während meiner Promotion zur Seite standen und mich unterstützt haben.

Ergangene Rechtsliteratur, Rechtsprechung des EuGH und der nationalen Gerichte konnte bis zum 01. Juni 2001 berücksichtigt werden. Die Reform der deutschen Schuldrechtsmodernisierung wurde innerhalb der endgültigen Fassung der Veröffentlichung eingearbeitet. Das österreichische und polnische Recht war in dieser Hinsicht nicht überarbeitungsbedürftig.

Heidelberg, im Januar 2002 — Pavel Ravluševičius

Inhaltsverzeichnis

Abkürzungsverzeichnis

Die Abkürzungen im Text entsprechen dem Abkürzungsverzeichnis:

- Leistner Otto, ITA – Internationale Titelabkürzungen von Zeitschriften, Zeitungen, wichtigen Handbüchern, Wörterbüchern, Gesetzen usw.; 4. – Erweiterte Auflage; Osnabrück 1990;
- Leistner Otto, ITA – International Title abbreviations of periodicals, newspapers, impotant handbooks, dictionaries, law ets.; 4. – Enlarged edition; Osnabrück 1990.

A. Einleitung

1. Problemstellung

Im Jahre 1993 wurde der Gemeinsame Europäische Binnenmarkt vollendet, der die staatlichen Territorien der Mitgliedstaaten zu einem einzigen, grenzüberschreitenden Wirtschaftsraum (Binnenmarkt ohne innerstaatliche Grenzen) zusammengeführt hat. Damit wurde die Entwicklung abgeschlossen, welche sich über Jahrzehnte hinweg schrittweise vollziehen mußte. Die Europäische Gemeinschaft hat in den 70 er Jahren die Notwendigkeit von regulierenden Maßnahmen zugunsten des Verbrauchers erkannt.[1] Dieser soziale Gedanke ist in allen Rechtsordnungen der Mitgliedstaaten vorhanden. Einerseits müssen die Wirtschaftsfreiheiten des EG-Vertrages im Binnenmarktverhältnis möglichst umfassend realisiert werden, andererseits müssen die Wucherungen des freien Marktes durch soziale Regelungen verhindert werden.[2] Die Auswirkung der Europäischen Währungsunion (2002) bestätigt erwähnte Regelungstendenzen.

In der Zwischenzeit hat die EG-Kommission ein kohärentes europäisches Verbraucherschutzrecht entwickelt: die EG-Haustürwiderrufs-Richtlinie[3] und die EG-Fernabsatz-Richtlinie[4] regeln die Modalitäten des Vertragsabschlusses. Die EG-Verbraucherkredit-Richtlinie,[5] die EG-Richtlinie über Pauschalreisen,[6] die EG-Time-Share-Richtlinie,[7] die EG-Richtlinie zu bestimmten Aspekten des Verbrauchsgüterkaufs und der Garantien für Verbrauchsgüter[8] normieren verbraucherrelevante Vertragstypen. Die EG-Produkthaftungs-Richtlinie[9] und die vorerst gescheiterte EG-Dienstleistungshaftung-Richtlinie[10] bezwecken, eine deliktische

1 Erstes Verbraucherschutzprogramm der EG: ABlEG 1975 C 92/1; Zweites Verbraucherschutzprogramm der EG: ABlEG 1981 C 133/1.
2 Zur ursprünglich vorrangigen Ausrichtung des EWG-Vertrages an den Anbietern und den Wirtschaftsfreiheiten mit der Ableitung der Notwendigkeit zu den Verbraucherschutzmaßnahmen: Reich, Europäisches Verbraucherrecht 1996, S. 33 ff..
3 ABlEG 1985 L 372/31.
4 ABlEG 1997 L 144/19.
5 ABlEG 1987 L 42/48.
6 ABlEG 1990 L 158/59.
7 ABlEG 1994 L 280/53.
8 ABlEG 1999 L 171/07.
9 ABlEG 1985 L 210/29.
10 ABlEG 1991 C 12/8.

Haftung des Verbrauchers vor gefährlichen Waren und Dienstleistungen der Gewerbetreibenden sicherzustellen. Mit der EG-Richtlinie über mißbräuchliche Klauseln in Verbraucherverträgen[11] ist die EG-Kommission nunmehr in die zentralen Rechtsinstitute des nationalen Schuldrechtes vorgestoßen. Zu dem verbraucherschutzrechtlichen Regelungsbereich gehören auch die EG-Richtlinie über irreführende Werbung[12], die EG-Richtlinie über den Schutz der Verbraucher bei der Angabe der Preise der ihnen angebotenen Erzeugnisse[13], die EG-Richtlinie über die Werbung für Humanarzneimittel[14] und die EG-Richtlinie über die allgemeine Produktsicherheit[15].

Mit dieser Regelungsflut ergeben sich unwillkürlich Unstimmigkeiten mit den Grundprinzipien des nationalen Privatrechtes.[16] Deshalb scheint es von Bedeutung zu sein, die Schwierigkeiten bei der Umsetzung der EG-Verbraucherschutzrichtlinien am Beispiel der deutschen, österreichischen und polnischen Rechtsordnung aufzuzeigen. Den nationalen Gesetzgebern fällt es – trotz gewährter Wahlfreiheit hinsichtlich der „Formen und Mittel" – immer schwerer, die Rechtsnormen der EG-Richtlinie in gemeinschaftskonformer Weise durch das nationale Privatrecht zu übernehmen. Die Hauptschwierigkeit bei den gesetzgeberischen Entscheidungen liegt in der Berücksichtigung der rollenspezifischen Unterlegenheit des Verbrauchers, die sich mit dem Prinzip der formal-abstrakten Gleichheit der Rechtssubjekte im Privatrecht nicht vereinbaren lasse. Über diese zentrale Fragestellung hinaus wird bei den ausgewählten EG-Verbraucherschutzrichtlinien gefragt, ob und aus welchen Gründen der Umsetzungspflicht durch die Integration in das Zivilgesetzbuch (BGB; ABGB; ZGB) nachgekommen wird, oder ob eine Umsetzung durch ein Sondergesetz erfolgen muß, oder eine Umsetzung überhaupt nicht erforderlich wird und europäischen Anforderungen durch richtlinienkonforme Interpretation nach dem Kriterium des Zielerreichungsgrades entsprochen wird. Anschließend wird gefragt, warum der nationale Gesetzgeber diese unterschiedlichen Vorgehensweisen wählt. Bedeutsam war auch die Frage

---

11 ABlEG 1993 L 95/29.
12 ABlEG 1984 L 250/19.
13 ABlEG 1998 L 080/27.
14 ABlEG 1992 L 113/13.
15 ABlEG 1992 L 228/24.
16 Hommelhoff, AcP 192 (1992) 71, 103 ff..; ders., Verbraucherschutz im System des europäischen Zivilrechtes 1996, 12, 43 ff..; Müller-Graff, Privatrechtsangleichung durch EG-Recht – Sachgebiete und Querschnittsprobleme, in: 40 Jahre Römische Verträge – Von der Europäischen Wirtschaftsgemeinschaft zur Europäischen Union, (Hrsg.) Horn 1998 S. 107 ff..; Müller-Graff, DRiZ 1996, 259, 261 ff..; Ulmer, EuZW 1993, 337, 338 ff..; ders., JZ 1992, 1, 2 ff..

nach den Konsequenzen der innerstaatlichen Realisierung der Regelungsvorgaben in den Europäischen Verbraucherschutzrichtlinien. Die Untersuchung ist nicht allein auf die Rechtsnormen des Europäischen Rechtes orientiert, sondern auch auf die maßgeblichen Rechtsnormen des nationalen Rechtes abgestellt. Das Ziel der vorliegenden Arbeit ist es letztlich, gemeinsame Prinzipien für die Umsetzung von EG-Verbraucherschutzrichtlinien in das nationale Recht zu entwikkeln.

2. Gang der Untersuchung und Problemabgrenzung

Die Untersuchung ist in neun Bestandteile gegliedert. Die Untersuchung fängt mit der Bestimmung des Europäischen Kontrollmaßstabes der gemeinschaftskonformen Richtlinienumsetzung an. Dabei sind folgende Problemfragen angesprochen. Zuerst wird die Zulässigkeit der EG-Verbraucherschutzrichtlinien und die eventuellen Auswirkungen des EG-Primärrechtes auf die inhaltlichen Bestimmungen der EG-Richtlinie behandelt. In diesem Kapitel der Arbeit werden die entscheidenden Kriterien des EG-Kontrollmaßstabes bestimmt. Das nächste Kapitel meiner Arbeit befaßt sich mit dem Vergleich der Schutzansätzen innerhalb der Privatrechtsordnung. Hier werden die Fragen nach der Entstehung, der Legitimation, dem Gegenstand des Verbraucherrechtes und seinem Standpunkt im System des Privatrechtes maßgeblich. Nach der Bestimmung der Schutzansätze und des Ortes des Verbraucherrechtes in der nationalen Rechtsordnung werden in folgenden Kapiteln der Arbeit die ausgewählten EG-Richtlinien zum Verbraucherschutz und deren Umsetzungskonzepte untersucht. Dementsprechend werden sich einzelne Kapitel der Arbeit mit den nationalen Umsetzungskonzepten der EG-Richtlinien über Produkthaftung, EG-Richtlinien über mißbräuchliche Klauseln in Verbraucherverträgen, EG-Richtlinien über Pauschalreisen und EG-Fernabsatzrichtlinien befassen. Hier wird die gesetzestechnische Lösung des nationalen Gesetzgebers, die vorhandenen Alternativen zur Umsetzung und schließlich die Rechtsfolgen der getroffenen gesetzlichen Entscheidung behandelt. Die hauptsächliche Aufgabe des Kapitels ist die Feststellung entstandener Wertungswidersprüche innerhalb des nationalen Privatrechtes. Das nächste Kapitel meiner Arbeit behandelt die Notwendigkeit eines nationalen Verbraucherschutzgesetzes als künftig zu wählendem Umsetzungskonzept der EG-Verbraucherschutzrichtlinien. Abschluß der Untersuchung bildet zusammenfassende Darstellung der gefundenen Ergebnissen.

Zum Untersuchungsgegenstand dieser rechtsvergleichenden Doktorarbeit gehört das Recht der Europäischen Gemeinschaft, deutsches, österreichisches und polnisches Privatrecht. Da die Arbeit sich mit dem Vergleich der Rechtsprinzipien und ihren Rechtsfolgen beschäftigt, sind die zahlreichen wenig entscheidenden Einzelheiten innerhalb des Untersuchungsgegenstandes unberücksichtigt geblieben.

B. Kontrollmaßstab der gemeinschaftskonformen Richtlinienumsetzung im Bereich des Verbraucherschutzes

1. Fragestellung

Dieses Kapitel der Untersuchung setzt sich mit dem Bestimmungsproblem des Kontrollmaßstabes der gemeinschaftskonformen Richtlinienumsetzung im Bereich des Verbraucherschutzes auseinander. Von Bedeutung sind daher folgende Fragen, in welchem Umfang hat die Europäische Gemeinschaft Kompetenzen über die Verbraucherschutzmaßnahmen? Inwieweit kann die Entscheidungsfreiheit des nationalen Gesetzgebers eingeschränkt werden? Welche verbindlichen Anforderungen können die EG-Verbraucherschutz-Richtlinien an den nationalen Gesetzgeber stellen? Welches Regelungskonzept hat er in der innerstaatlichen Rechtsordnung zu verwirklichen?

Die Beantwortung der genannten Fragen beginnt mit der Bestimmung der Zulässigkeit der EG-Verbraucherschutzrichtlinien. Danach folgt die Klarstellung des Richtliniencharakters und der zulässigen Regelungsintensität der EG-Richtlinie. Anschließend werden die Kriterien der gemeinschaftskonformen Richtlinienumsetzung untersucht.

Das Ziel dieses Kapitels ist es letztlich, einen Kontrollmaßstab der gemeinschaftskonformen Umsetzung von EG-Verbraucherschutzrichtlinien in das nationale Recht zu entwickeln.

2. Zulässigkeit der EG-Verbraucherschutzrichtlinien

2.1 Verhältnis der Ermächtigungsgrundlagen im EG-Primärrecht

2.1.1 Art. 94 EGV

Vor Einführung des Art. 95 EGV (Art. 100a nach dem EGV) durch Einheitliche Europäische Akte[17] mußten die Verbraucherschutzmaßnahmen auf Art. 94 EGV (Art. 100 nach dem EWG-V) gestützt werden, der mit seinem Einstimmigkeitsprinzip nahezu jede weitergehende Einheitsregelung unmöglich gemacht hat. Die

17 Einheitliche Europäische Akte (EEA), ABl.EG 1987, Nr.L 169, S.1: BullEG, Beilage 2/1986.

EG-Produkthaftungsrichtlinie wurde auf Art. 94 EGV (Art. 100 nach dem EWG-V) gestützt. Der für Art. 94 EGV (Art. 100 nach dem EWG-V) notwendige Binnenmarktbezug wird in den Erwägungsgründen der Richtlinien meist mit der Verschiedenheit der nationalen Bestimmungen begründet, welche die Errichtung und das Funktionieren des Gemeinsamen Marktes behinderten. Diese Hindernisse müßten durch die Harmonisierung der nationalen Rechtsvorschriften beseitigt werden. Von Reich wurde in diesem Zusammenhang bemerkt, daß „die Begründungen in den EG-Verbraucherschutzrichtlinien weitgehend zirkulär und letztlich nicht justiziabel seien.“[18]

2.1.2 Art. 308 EGV

Einige EG-Verbraucherschutzrichtlinien wurden durch den Art. 308 EGV (Art. 235 nach dem EWG-V) begründet.[19] Findet sich keine andere Ermächtigungsgrundlage des EG-Vertrages, so kann gem. Art. 308 EGV ein Rechtsakt erlassen werden, wenn ein Tätigwerden erforderlich ist, um im Rahmen des Gemeinsamen Marktes die Ziele zu verwirklichen. Diese Kompetenz für nichtvorgesehene Fälle des Handlungsbedarfs erscheint wegen des Einstimmigkeitsprinzips unproblematisch;[20] freilich wurde von ihr nur in geringem Umfang Gebrauch gemacht. Die Gemeinschaftsorgane haben bei der Richtlinie über den Schutz der Verbraucher bei der Angabe der Lebensmittelpreise konstatiert, daß die Regelung für die Unterrichtung und den Schutz der Verbraucher notwendig sei. Zudem gestatte sie die Verwirklichung eines der Ziele der Gemeinschaft, indem sie zur Verbesserung der Lebensbedingungen und zur harmonischen Entwicklung des Wirtschaftslebens innerhalb der Gemeinschaft beitrage. Allerdings waren die Gemeinschaftsorgane davon ausgegangen, daß ihnen die Kompetenz für eine derartige Regelung fehlte, so daß diese Richtlinie auf Art. 308 EGV gestützt wurde.

2.1.3 Art. 95 EGV

Mit Einführung des Art. 95 EGV (Art. 100a EWG-V) wurde eine wesentliche Verbesserung der Rechtsangleichung durch die Aufgabe des Einstimmigkeitsprinzips erreicht. Für den Verbraucherschutz wurde die Kommission gem. Art. 95 Abs. 3 EGV auf ein hohes Schutzniveau verpflichtet. Trotz dieser ausdrücklichen Nennung des Verbraucherschutzes im primären Gemeinschaftsrecht war in

---

18 Reich, ZEuP 1994, 381, 383 ff..

19 z.B. die Richtlinie 79/581 über den Schutz der Verbraucher bei der Angabe der Lebensmittelpreise (ABlEG L 158/19 v. 26.6.1979).

20 Schweitzer/Hummer, Europarecht 1996, S. 99 ff..

der Bundesrepublik Deutschland umstritten, wie weit die Regelungsbefugnis der Gemeinschaft auf diesem Gebiet reichen sollte. Steindorff ging z.B. von einer „bloßen Koordinierungskompetenz" aus. Insbesondere beim Erlaß der EG-Produkthaftungsrichtlinie brach in Deutschland eine Diskussion aus, ob sich die EG überhaupt nicht außerhalb ihrer Kompetenzen bewegt.[21] Steindorff hat die Erforderlichkeit jeder EG-Maßnahmen im Bereich des Zivilrechtes bezweifelt, denn solche Maßnahmen seien zu punktuell.[22] Nach Ansicht Ulmers stellt Art. 95 Abs. 3 lediglich einen zusätzlichen Handlungsauftrag für den Verbraucherschutz dar.[23]

In diesem Zusammenhang läßt sich eindeutig behaupten, daß ein Interesse an einem einheitlichen Verbraucherschutz kaum zu leugnen ist: Ulmer hat insofern zutreffend formuliert, der Verbraucher „soll eben nicht durch ein spürbares Schutzrechtsgefälle davon abgeschreckt werden, seine Einkäufe oder sonstigen Vertragsabschlüsse außerhalb seines Heimatstaates zu tätigen."[24] Diese Begründung für ein binnemarktweites Tätigwerden der EG läßt sich sowohl für die Produkthaftung wie auch für die Regelung des einheitlichen AGB-Rechts anführen. Es blieb jedoch – wie schon bei Art. 94 EGV – weiterhin eine Begründung für den Binnenmarktbezug erforderlich. Die Angleichungsmaßnahmen der Europäischen Gemeinschaft sind davon abhängig, ob ein Tätigwerden für die Errichtung und das Funktionieren des Binnenmarkts nötig erscheint. Damit ist europäischer Verbraucherschutz als ein Nebeneffekt – ein „by-produkt" zum Binnenmarkt zu begreifen.[25] Auf Art. 95 EGV wurde die EG-Richtlinie über Pauschalreisen gestützt. Die Fernabsatzrichtlinie wurde auf Art. 95 EGV gestützt, wobei der europäische Gesetzgeber ein höheres Verbraucherschutzniveau erreichen wollte.[26] Die Ermächtigungsgrundlage des Art. 153 EGV wurde durch den Europäischen Gesetzgeber ignoriert.

2.1.4 Art.153 EGV

2.1.4.1 Art. 153 Abs. 1a EGV

Durch den Maastrichter Unionsvertrag wurde im Primärrecht ausdrücklich die Verbraucherschutzvorschrift Art. 129 a) EGV (Maastrichter Unionsvertrag) normiert. Durch den Vertrag von Amsterdam wurde Art. 153 EGV (Art. 129 a)

21 Steindorff, Beihefte der ZHR 68/1990, S. 95 ff..; Hauschka, JZ 1990, 521, 525.
22 Steindorff, Beihefte der ZHR 68/1990, S. 63 ff..
23 Ulmer, JZ 1992, 1, 3 ff..
24 Ulmer, JZ 1992, 1, 3 ff..
25 Tonner, JZ 1996, 533, 537.
26 ErwG/Rdnr. 3 der EG-Fernabsatzrichtlinie; Vgl., Reich, EuZW 1997, 581, 582 ff..

EGV) ohne bedeutende inhaltliche Veränderungen neu formuliert. Die Kompetenzen der gemeinschaftlichen Organe sind in diesem Regelungsbereich nicht erweitert worden. Nach dem Art. 153 Abs. 2 EGV-Amsterdam wird der Verbraucherschutz bei allen anderen Maßnahmen und - Politiken der Europäischen Gemeinschaft berücksichtigt. Zusätzlich hat die Fassung des Art. 153 einen einheitlichen Begriff die Maßnahmen für die binnenmarktabhängige und -unabhängige Verbraucherschutzpolitik eingeführt.[27] Der unklare Begriff der spezifischen Aktion des bisherigen Art. 129 a) I b) EGV wurde aus dem Wortlaut des Artikels beseitigt. Insofern beschränkt sich meine Untersuchung auf Art. 153 EGV.

Der Europäischen Gemeinschaft kommt nach dieser Vorschrift eindeutig eine Kompetenz zum Erlaß von binnenmarktabhängigen Angleichungsmaßnahmen im Bereich des Verbraucherschutzes zu. Darüber hinaus formuliert Art. 153 Abs. 1 b) sogar eine Kompetenz für nicht-binnenmarktabhängige Maßnahmen. Bei der Vorschrift des Art. 153 Abs. 1 a) kann im wesentlichen auf die Ausführungen zum Art. 95 EGV verwiesen werden: Es wird eine binnenmarktabhängige Kompetenz für Verbraucherschutzmaßnahmen formuliert. Freilich kommt insoweit dem durch den Unionsvertrag eingeführten Subsidiaritätsprinzip in Art. 5 Abs. 2 EGV rechtliche Bedeutung zu. Der auf Mitgliedstaatsebene bereits erwähnte Streit über den Kompetenzumfang hat sich nunmehr auf das Subsidiaritätsprinzip verlagert.

Zunächst wäre zu klären, ob es sich bei Art. 153 Abs. 1 a) EGV um eine ausschließliche Kompetenz handelt, denn dann wäre das Subsidiaritätsprinzip gem. Art. 5 EGV von vornherein nicht anwendbar. Die herrschende Meinung in der Literatur und bei der Kommission vertritt genau diese Ansicht: Bei Art. 153 Abs. 1 a) EGV i.V. m. Art. 95 EGV handle es sich um eine ausschließliche Kompetenz der Europäischen Gemeinschaft; das Subsidiaritätsprinzip finde keine Anwendung und könne daher den Kompetenzumfang auch nicht beeinträchtigen. Engelhard[28] behauptet, daß Sinn und Zweck der Binnenmarktregelungen erfordern würden, daß Verbraucherschutzmaßnahmen nach Art. 153 Abs. 1 EGV im Vergleich mit Art. 95 EGV künftig von der ausschließlichen Gemeinschaftskompetenz erfaßt werden sollten und das Subsidiaritätsprinzip nach Art. 5 EGV außer acht bleiben würde. Diese Auffassung kann jedoch bezweifelt werden: Eine ausschließliche Kompetenz würde eine vollständige Zuständigkeitsübertragung an die Europäische Gemeinschaft bedeuten, so daß hier allein die Gemeinschaft über die Gesetzgebungsbefugnisse verfügte.[29] Unproblematische Fälle der aus-

27 Zu diesem Ergebnis ist Wichard in der Kommentierung des Art. 153 des EG-Vertrages gekommen. Vgl., Wichard, Art. 153 EGV; in: Calliess/Ruffert, Kommentar zu EU-Vertrag und EG-Vertrag 1999, S. 1487 ff..

28 Engelhard, Art.129a, Rdnr. 6 - 7; in: Lenz (Hrsg.) EG-Vertrag Kommentar 1994.

29 Schweitzer/Hummer (Fn. 20) 1996, Rdnr. 343.

schließlichen Kompetenz der EG sind z.B. die Festlegung von Zolltarifen (Art. 26 EGV) oder die gemeinsame Handelspolitik (Art. 133 EGV). Bei der binnenmarktabhängigen Angleichung von der ausschließlichen Kompetenz zu sprechen, ist angesichts dieser Beispiele nicht überzeugend. Es spricht viel dafür, daß es sich um eine konkurrierende Kompetenz handelt. Bei der Kompetenz i. S. d. Art. 153 Abs. 1 a) i.V. m. Art. 95 EGV wird die Europäische Gemeinschaft nur dann tätig, wenn sie den Binnenmarktbezug nachweisen kann und tatsächlich ein Bedürfnis nach europaweiten Regelung besteht. Es handelt sich demzufolge um eine konkurrierende Kompetenz, die der Kontrolle des Subsidiaritätsprinzips unterliegt.

2.1.4.2 Art. 153 Abs. 1 b EGV

Die Europäische Gemeinschaft kann insoweit Maßnahmen zum Schutz der Verbraucher ergreifen, auch wenn es nicht um die Verwirklichung des Binnenmarktes geht. Entsprechende Maßnahmen konnten bisher lediglich auf Art. 308 des EG-Vertrages gestützt werden. Im Gegensatz zu Art. 95 und Art. 153 Abs. 1 a des EG- Vertrages wird die Gemeinschaft allerdings zur Unterstützung, Ergänzung und Überwachung der mitgliedstaatlichen Tätigkeiten in den Verbraucherschutzbereichen, wie etwa Schutz der Gesundheit , Sicherheit und wirtschaftliches Interesse der Verbraucher und zur Sicherstellung einer angemessenen Information tätig. Das bedeutet, daß das Subsidiaritätsprinzip hier bereits im Wortlaut der Vorschrift verankert ist. Für diese Betrachtungsweise spricht ebenso die sogenannte Schutzverstärkungsklausel in Art. 153 Abs. 3 EG- Vertrag , die den Mitgliedstaaten ausdrücklich gewisse Kompetenzen beläßt.

Nach Ansicht von Reich hat die Regelung des Art. 153 EGV (Art. 129a in der Fassung des Maastricht-Vertrages) eher eine klarstellende als eine kompetenzbegründende Funktion.[30] Eine andere Ansicht vertritt Reich bei der Behandlung des Art. 153 EGV (in der Fassung des Vertrages – Amsterdam).[31] Hommelhoff vertritt die Auffassung, daß mit dem Art. 153 EGV eine ausdrückliche Handlungsgrundlage für die verbraucherschutzrechtliche Harmonisierung geschaffen wurde.[32] Müller-Graff behauptet in diesem Zusammenhang, daß aus dem Art. 153 EGV die Kompetenzen der Europäischen Gemeinschaft zum Verbraucherschutz nicht entnommen werden können. Derartige Kompetenzen seien nur im Rahmen des Art. 153 Abs. 1 a) i.V. m. dem Art. 95 EGV zum Erlaß von binnenmarktab-

---

30 Reich, ZEuP 1994, 381, 386 ff..; Reich, EuZW 1993, 593, 593 ff..
31 Reich, VuR 1999, 2, 3 ff..
32 Hommelhoff, Verbraucherschutz im System des deutschen und europäischen Privatrechtes 1996, S. 2 ff..

hängigen Angleichungsmaßnahmen gegeben.[33] Der EuGH hat zum Standort des Verbraucherschutzes Stellung genommen indem er darauf hinweist, daß hierzu die Feststellung genüge, daß der Verbraucherschutz zwar eines der Ziele der Gemeinschaft sei, es sich aber offenkundig nicht um ihr eigenes Ziel handele.[34] Die Europäischen Gemeinschaftsorgane gehen in ihrer Tätigkeit von der Binnenmarktrelevanz aus. Das europäische Verbraucherschutzkonzept ist in großem Umfang binnenmarktkomplementär.[35]

2.2 Folgen der Kompetenzüberschreitung

Die verbraucherschutzrechtliche Rechtssetzung erfordert vom europäischen Gesetzgeber die Wahl einer entsprechenden Ermächtigungsgrundlage. Nach der Rechtsprechung des Europäischen Gerichtshofes ist die Wahl der primärrechtlichen Ermächtigungsgrundlage einer Richtlinie nach den objektiven und gerichtlich nachprüfbaren Kriterien zu richten.[36] Der europäische Gesetzgeber ist vor allem zur Begründung der normativen Bestimmungen verpflichtet. Der Europäische Gerichtshof ist im Rahmen der ihm zugewiesenen Kompetenzen befugt zu prüfen, ob mit dem Rechtsakt, dessen Gültigkeit in Frage gestellt wird, tatsächlich die vom europäischen Gesetzgeber verfolgten Ziele zu erreichen sind. Das nächste Prüfungskriterium stellen die inhaltlichen Bestimmungen der EG-Richtlinie dar. Dementsprechend bewertet der EuGH im verbraucherschutzrechtlichen Regelungsbereich die Einräumung der Kompetenzen zum Erlaß der rechtlichen Maßnahmen (EG-Richtlinie) dem europäischen Gesetzgeber. Ohne diese Voraussetzungen sind die Zuständigkeiten des Gemeinschaftsgesetzgebers praktisch grenzenlos. Nach neuester Rechtsprechung in diesem Bereich hat der Europäische Gerichtshof die verbraucherschutzrechtliche Richtlinie über Werbung und Sponsoring zugunsten von Tabakerzeugnissen insgesamt für nichtig erklärt, da Art. 57 Abs. 2 und Art. 66 des EG-Vertrages keine geeignete Ermächtigungsgrundlage für eine EG-Richtlinie darstellten.[37] Dabei wurde das Fehlen einer Begründung betont. Die Begründungspflicht verlangt vom europäischen Gesetzgeber die Darstellung nachprüfbarer Gründe. Der EuGH muß sich in der Lage be-

---

33 Müller-Graff, NJW 1993, 13, 17 ff..
34 EuGH, 13. Mai 1997, Rs. C - 233/94, Deutschland / Parlament und Rat, in: Slg. 1997 p. I - 2405, Rdnr.48.
35 Rambow, EuR 1981, 240, 242 ff..
36 EuGH, 13. Mai 1997, Rs. C - 233/94, Deutschland / Parlament und Rat, in: Slg. 1997 p. I - 2405, Rdnr. 10 bis 21.
37 EuGH, 5. Oktober 2000, Rs. C - 376/98, Werbung und Sponsoring, in: Slg. 2000 p. I - 8419, Rdnr. 118 ff..

finden, die Bedingungen zu überprüfen, unter denen die Rechtssetzungsorgane gehandelt haben und unter denen der EG-Vertrag angewandt wurde.[38] Der Umfang der Begründungspflicht hängt von der Art des fraglichen Rechtsaktes und den Umständen ab, unter denen er erlassen wurde.[39] Dementsprechend hängt von dem Regelungscharakter der EG-Richtlinie ab, wie ausführlich die Begründung ausfallen muß. Die Rechtsprechung des EuGH fordert nicht die Angabe aller Umstände, die der europäische Gesetzgeber zu berücksichtigen hat, da diese Umstände häufig zu zahlreich und zu komplex sind. Der europäische Gesetzgeber muß sich nach Ansicht des EuGH in solchen Fällen auf die Angabe der allgemeinen Ziele beschränken können, die beim Erlaß dieser EG-Richtlinie zu erreichen sind. Die Aufzählung dieser Umstände muß dem Europäischen Gerichtshof die gerichtliche Überprüfung der EG-Richtlinie ermöglichen. Die Rechtsfolge der Überprüfung kann die Nichtigkeit der EG-Richtlinie insgesamt oder bestimmte Rechtsnormen innerhalb derselben EG-Richtlinie nach sich ziehen.[40] Anschließend ist zu betonen, daß die Rechtsprechung des EuGH bezweckt, die primärrechtlichen Ermächtigungsgrundlagen in einer teologisch-funktionalen Weise breit zu interpretieren.[41] Die Nichtigkeitserklärung der EG-Richtlinie gehört in der Rechtsprechung des Europäischen Gerichtshofes zu den Seltenheiten.

2.3 Richtliniencharakter

Erstmals wurde die Rechtskategorie der EG-Richtlinie in den Römischen Verträgen von 1957 erwähnt. Ihr rechtlicher Vorgänger im EGKS-Vertrag war die Empfehlung, die in Art. 14 Abs. 1 - 3 des EGKS-Vertrages normiert war. Dem-

---

38 EuGH, 5. Oktober 2000, Rs. C - 376/98, Werbung und Sponsoring, in: Slg. 2000 p. I - 8419, Rdnr. 120 ff..; Vgl., Franzen, Privatrechtsangleichung durch die Europäische Gemeinschaft 1999, S. 282 ff..

39 In diesem Zusammenhang ist folgende Rechtsprechung des Europäischen Gerichtshofes zu erwähnen. Vgl., EuGH, 11. Dezember 1996, Rs. T - 49/95, van Megen Sports / Kommission, in: Slg. 1996 p. II - 1799, Rdnr. 51.

40 Zu diesem Feststellungsproblem ist folgende Rechtsprechung zu erwähnen. EuGH, 11. Dezember 1996, Rs. T - 49/95, van Megen Sports / Kommission, in: Slg. 1996 p. II - 1799, Rdnr. 51 ff..; EuGH, 25. März 1996, Rs. C - 137/95 P, SPO u.a. / Kommission, in: Slg. 1996 p. I - 1611, Rdnr. 54 ff..; EuGH, 22. Oktober 1997, Rs. T - 213/95 und T - 18/96, SCK und FNK / Kommission, in: Slg. 1997 p. II - 1931, Rdnr. 226 ff..; EuGH, 2. Juni 1992, Rs. T - 61/89, Dansk Perlsdyravlerforening / Kommission, in: Slg. 1992 p. II - 1931, Rdnr. 129 ff..

41 A.v.Bogdandy/M.Nettesheim, Art. 3 b) Rdnr. 7 ff..; in: Grabitz/Hilf, Das Recht der Europäischen Union – Kommentar 1999.

entsprechend hat die EG-Richtlinie für die Römischen Verträge der EG keine Neuerung gebracht.[42]

Heutzutage ist die Richtlinie das zentrale Rechtsinstrument der Europäischen Gemeinschaft für die Rechtsangleichung im Bereich des europäischen und auch nationalen Verbraucherrechtes geworden. Richtlinien sind von den Verordnungen zu unterscheiden, die keiner Umsetzung mehr bedürfen, sondern direkte Wirkung in den Mitgliedstaaten entfalten. Die Richtlinien wenden sich direkt an die EG-Mitgliedstaaten, die sich vertraglich verpflichtet haben, sie als verbindlich anzusehen und entsprechend umzusetzen. Verordnungen sind im Unterschied zu Richtlinien nicht nur hinsichtlich des Ziels, sondern in allen ihren Teilen verbindlich. Richtlinien sind gemäß Art. 249 Abs. 3 EGV „für jeden Mitgliedstaat, an den sie gerichtet werden, hinsichtlich des zu erreichenden Ziels verbindlich“, überlassen jedoch „den innerstatlichen Stellen die Wahl der Form und des Mittels“. Die Mitgliedstaaten sind rechtlich verpflichtet, die Anforderungen einer Richtlinie in geeigneter Form in die nationale Rechtsordnung umzusetzen. Anders formuliert bedeutet es, daß die Europäische Gemeinschaft durch die Richtlinie verbindliche Ziele setzt, wobei den Mitgliedstaaten die Wahl der Form und des Mittels zur Ausführung in den innerstaatlichen Rechtsordnungen überlassen bleibt.

Die Richtlinie bezweckt in ihrer zentralen Funktion die abweichenden nationalen Rechtsnormen zur Schaffung einer einheitlichen europäischen Rechtsordnung einander anzugleichen.[43] Das Ziel einer derartigen Angleichung liegt „im Abbau störender Reflexwirkung bei einzelstaatlicher Anwendung der unterschiedlichen nationalen Rechtsnormen.“[44] Das Regelungskonzept der EG-Richtlinien im Bereich des Verbraucherschutzes wird grundsätzlich von Erfordernissen des europäischen Binnenmarktes abhängig gemacht.

2.4 Regelungsintensität der Richtlinie

Die Regelungsintensität der EG-Richtlinie ist durch das Problem der detaillierten Rechtsnormen in der Richtlinie zu bezeichnen. Die gemeinschaftskonforme Er-

42 Biervert, Der Mißbrauch von Handlungsformen im Gemeinschaftsrecht – Eine Untersuchung des gemeinschaftsrechtlichen Handlungsformensystems unter Einbeziehung der Rechtsordnungen Deutschlands, Frankreichs und Englands 1999, S. 13 ff..; Claßen, Nichtumsetzung von Gemeinschaftsrichtlinien 1999, S. 34 ff..; Kiendl, Unfaire Klausel in Verbraucherverträgen 1997, S. 47 ff..

43 Schweitzer/Hummer (Fn. 20) 1996, Rndr. 455 ff..

44 Zutreffend Renke, EG-Richtlinie und verwaltungsrechtlicher Rechtsschutz 1998, S. 24 ff..; Vgl., v. Hippel, Reflexionen zum Verbraucherschutz VuR 1998, S. 170 ff..

füllung der Umsetzungspflicht wird durch bis ins Detail beschriebene Rechtsnormen der Richtlinie erheblich erschwert. Somit bleibt dem nationalen Gesetzgeber bei der Mittelwahl der Richtlinienumsetzung gar keine Gestaltungsfreiheit.[45] Folglich stellt sich die Frage, ob solche detaillierten Richtlinien nicht ihrem Ziel der Rechtsangleichung widersprechen. Hiermit wird die Rechtsangleichung durch die Rechtsvereinheitlichung ersetzt. Im Jahre 1966 hat die Französische Regierung zu diesem Regelungsproblem folgendermaßen Stellung genommen:

„Es muß zugegeben werden, daß die Kommission in der Praxis sehr häufig Richtlinien erläßt in denen die anzuwendenden Regeln bis in alle Einzelheiten beschrieben werden. Den Staaten wird allein die Möglichkeit gelassen, die innerstaatliche Form, in die der Inhalt gekleidet wird zu wählen und die zur Inkraftsetzung erforderlichen innerstaatlichen Maßnahmen zu ergreifen. Eine derartige Praxis der Kommission stellt deutlich einen Versuch dar, die Materie, die die derartige Richtlinie zum Gegenstand hatte, von der einzelstaatlichen zur gemeinschaftsrechtlichen Kompetenz hinüberleiten zu lassen.“[46]

Der Wortlaut des Art. 249 Abs. 3 EGV enthält keine ausdrücklichen Bestimmungen über Inhalt und Umfang derartiger Gestaltungsfreiheit. Die EG-Richtlinie bestimmt durch ihren Inhalt verbindlich diejenigen Ergebnisse in der Rechtsgestaltung, zu deren innerstaatlicher Wirksamkeit der Mitgliedstaat mit der Wahl der Formen und der Mittel verpflichtet wird.[47]

Der EuGH hat sich bisher nicht ausdrücklich zum Problem der detaillierten Richtlinien geäußert. Dennoch können aus der Rechtsprechung wichtige Hinweise entnommen werden: „Artikel 189 Absatz 3 EWG-Vertrag (Art. 249 EGV – n.F.) beläßt zwar den Mitgliedstaaten die Freiheit bei der Wahl der Mittel und Wege zur Durchführung einer Richtlinie, doch läßt diese Freiheit die Verpflichtung der einzelnen Mitgliedstaaten unberührt, im Rahmen ihrer nationalen Rechtsordnung alle erforderlichen Maßnahmen zu ergreifen, um die vollständige Wirksamkeit der Richtlinie entsprechend ihrer Zielsetzung zu gewährleisten.“[48] Es kann auch vorkommen, daß „den Mitgliedstaaten nicht die Möglichkeit gelassen wird ..., in ihre nationalen Rechtsvorschriften weitere Maßnahmen aufzunehmen“, wenn die Richtlinie ein Sachgebiet „erschöpfend geregelt hat.“ Derart

---

45 Lutter, Zum Umfang der Bindung durch Richtlinien, in: FS für U. Everling, Band 1 1996, S. 765 ff..

46 Bulletin der EWG 1996, Nr. 3, S. 6 ff..

47 Ipsen, Die Richtlinien-Ergebnisse, S. 74 ff.. in: Zur Integration Europas, FS für Carls Friedrich Ophüls 1965.

48 EuGH, 10. April 1984, Rs. 14/83, von Colson und Kamann, in: Slg. 1984 p. I - 1891, Rdnr. 15; EuGH, 15. Juni 1995, Rs. C - 220/94, Kommission / Luxemburg, in: Slg. 1995 p. I - 1589, Rdnr. 14.

detaillierte Rechtsnormen der Richtlinie, die sämtliche Einzelheiten regeln, werden mit der Sicherung der Funktionsfähigkeit des EG-Rechtes begründet.[49]

Gegen detaillierte Richtlinien spricht die Einschränkung der Gestaltungsfreiheit der Mitgliedstaaten bei der Wahl der Form und Mittel innerstaatlicher Umsetzungsmaßnahmen. Außerdem ist die Gemeinschaft primärrechtlich zur Beachtung des Subsidiaritätsprinzips verpflichtet.[50] Das Subsidiaritätsprinzip kann heutzutage nicht als Kompetenzausübungsschranke des Gemeinschaftsprivatrechtes begriffen werden.[51] Eindeutig läßt sich feststellen, daß die Richtlinie nach dem EG-Vertrag das Instrument der Rechtsangleichung bleibt und insofern die Befugnisse der nationalen Gesetzgebung nicht einschränken darf. Dadurch verliert der genannte Rechtsakt seinen rahmenartigen Charakter.[52]

Trotz allem gibt es bisher keinen einzigen Fall, in dem der EuGH eine Richtlinie wegen zu größer Detailliertheit für nichtig erklärt hat. Das erste Beispiel hierfür ist die „Enka"-Entscheidung[53] vom 23. November 1977. Der EuGH betonte bei der Behandlung des Sachverhaltes, daß die Bestimmungen der Richtlinie „keinerlei Ermessensspielraum einräumen", „der Wortlaut der Richtlinie ... den Bestimmungen der Mitgliedstaaten jedoch vorgeht, die mit ihr unvereinbar sind." Aus dem Urteil des EuGH wird die Problematik der Detailliertheit von Richtlinien deutlich. Nach Ansicht des Gerichtes können die detaillierten Rechtsnormen der Richtlinie soweit gehen, daß eine wortgetreue Übernahme in das nationale Recht erforderlich wird. Die danach ergangene Rechtsprechung des EuGH ist im Anschluß an das Enka-Urteil den Kriterien an die Form und Mittel der Richtlinienumsetzung gefolgt.[54]

Die Zulässigkeit detaillierter EG-Richtlinien wurde in der Theorie und Praxis des Europarechtes nicht eindeutig abgehandelt.[55] Die Rechtsprechung des EuGH

---

49 Grabitz, Art. 189 Rdnr. 59; in: Grabitz/Hilf (Fn. 41).

50 Müller-Graff, ZHR - 159 1995, S. 34 ff..; Rohe, RabelsZ 61 1997, S. 1 ff..

51 In diesem Sinne auch Dauses, in: Gutachten für den Deutschen Juristentag 1994, S. 137 ff..

52 Ruffert, Art. 249 EGV Rdnr. 45 ff..; in: Calliess/Ruffert (Fn. 27) 1999.

53 EuGH, 23. November 1977, Rs. 38/77, Enka BV gegen Inspecteur der Invoerrechte en Accijenzen, Arnhem, in: Slg. 1977 p. 2203, Rdnr. 13 ff..

54 Zu dieser Frage - Ruffert, Art. 249 EGV Rdnr. 45; in: Calliess/Ruffert (Fn. 27) 1999.

55 Die Zulässigkeit der detaillierten Richtlinien lehnen ab: Wagner, Grundbegriffe des Beschlußrechtes der Europäischen Gemeinschaften 1965, S. 223 ff..; Zuleeg, Das Recht der Europäischen Gemeinschaften im innerstaatlichen Bereich 1969, S. 261 ff..; Oldekop, Die Richtlinien der EWG 1968, S. 148 ff..; Dafür sind: Ipsen, Die Richtlinien-Ergebnisse, S. 67 ff..; in: Zur Integration Europas, FS für Carls Friedrich Ophüls 1965; Schäfer, Probleme der EWG-Richtlinie 1973, S. 2 ff..

hat die rechtliche Anordnung einheitlicher Rechtsnormen gesichert, wenn die Erreichung des gesetzten Zieles der Richtlinie derartige Rechtsnormen erfordert.[56]

2.5 Ergebnis der Richtliniencharakteristika

Das Ergebnis der vorgestellten Richtliniencharakteristika führt zur Annäherung der Handlungsformen der EG-Verordnung und der EG-Richtlinie. Die Verordnung hat nach dem EGV allgemeine Geltung, ist in allen ihren Teilen verbindlich und gilt unmittelbar in jedem Mitgliedstaat. Durch die Verordnungen erfolgt die Vereinheitlichung der Rechtsmaterie.[57] Die Richtlinie ist wegen ihrer zweistufigen Rechtssetzungsstruktur primär kein Instrument der Rechtsvereinheitlichung, sondern zielt darauf ab, die verschiedenartigen nationalen Rechtsnormen einander anzugleichen.[58] Sie dient der Koordinierung der nationalen Rechtsnormen, wie aus Art. 94 EG-Vertrag abgeleitet werden kann. Freilich hat die Einheitliche Europäische Akte von 1987 durch den Art. 95 EGV neben der Richtlinie auch die Handlungsform der Verordnung als eine Maßnahme der Harmonisierung normiert. Trotzdem werden nach überwiegend herrschender Meinung die unterschiedlichen Bezeichnungen der Vereinheitlichung[59], Rechtsangleichung[60], Harmonisierung[61] oder Koordinierung[62] der nationalen Rechtsvorschriften synonym gebraucht.[63]

Es fällt auf, daß der europäische Gesetzgeber sich immer weniger an den Grundsatz der Mittelwahl des Art. 249 Abs. 3 EG-Vertrages hält und die Rechtsnormen so detailliert ausgestaltet, daß für den Mitgliedstaat kaum mehr Raum für eine eigene Entscheidung hinsichtlich der Wahl von Form und Mittel verbleibt. Von einem eigenständigen Ermessensspielraum kann daher häufig nicht mehr die

---

56 Jarass, NJW 1991, 2665, 2666 ff..; ders., Grundfragen der innerstaatlichen Bedeutung des EG-Rechtes 1994, S. 59 ff..

57 Zum Rechtsbegriff der EG-Vereinheitlichung; Vgl., Kropholler, Internationales Einheitsrecht 1975, S. 116 ff..

58 Zur Funktion der Rechtsangleichung und ihren Zielen; Vgl., I.E. Schwartz, Zur Konzeption der Rechtsangleichung in der Europäischen Wirtschaftsgemeinschaft, in: FS Walter Halstein 1966, S. 474, 475 ff..; sowie auch Everling, Möglichkeiten und Grenzen der Rechtsangleichung in der Europäischen Gemeinschaft, in: FS Reiner Schmidt 1976, S. 165 ff..

59 Art. 133 EGV.

60 Art. 94 - 95 EGV.

61 Art. 44 III lit. g); Art. 46 II; Art. 47 II EGV.

62 Art. 93 EGV.

63 Langeheine, Art. 100 Rndr. 8; in: Grabitz/Hilf (Fn. 41).

Rede sein. Demnach hat sich die EG-Richtlinie an die Handlungsform der Verordnung angenähert.[64]

Die Normierung der detaillierten Regelungen in der Richtlinie behindert die Vorteile der EG-Angleichung durch die Richtlinien. Die Hohe Legitimation, Akzeptanz und Anpassungsfähigkeit der Richtlinie in den nationalen Rechtsordnungen werden vermindert, wenn die Rechtsnormen der Richtlinie bis in alle Einzelheiten beschrieben werden.[65] Außerdem ist die Gefahr der Umsetzungsverzögerung und der gemeinschaftswidrigen Richtlinienumsetzung durch den nationalen Gesetzgeber zu erwähnen. Anschließend bleibt das Problem der horizontalen Direktwirkung ungelöst. Die Richtlinienumsetzung führt in bereits erwähnten Fällen zu verordnungspezifischen Rechtsproblemen. Im Gegensatz dazu bedarf die Verordnung einer Umsetzung und einer richtlinienkonformen Interpretation nicht.[66]

Der entscheidende Vorteil bei der Richtlinie läßt sich folgendermaßen festhalten.[67] Die Umsetzung der Richtlinie richtet sich nach der nationalen Rechtsordnung der Mitgliedstaaten. Dadurch wird dem nationalen Gesetzgeber das Beibehalten nationaler Besonderheiten in Formgestaltung und Inhaltsgestaltung von Rechtsnormen ermöglicht. Aus diesem Grund sieht der europäische Gesetzgeber häufiger den Einsatz von EG-Richtlinien als von Verordnungen vor.[68]

3. Kriterien des Kontrollmaßstabes

3.1 Umsetzungsfrist

In der EG-Richtlinie werden den nationalen Gesetzgebern die angemessenen Fristen eingeräumt, innerhalb derer die Umsetzung vorgenommen werden muß. Üblich für die Erfüllung der Umsetzungspflicht von EG-Richtlinien ist eine Zweijahresfrist.[69] Dabei treten in der Praxis der Umsetzung häufig die Verzögerungen auf. Die Ursachen dafür sind meist organisatorischer Art und zwar in Gestalt, zu

64 Klauer, Die Europäisierung des Privatrechtes 1998, S. 21 ff..
65 Müller-Graff (Fn. 16) 1998, S. 140 ff..; in: FS Börner 1992, S. 339 ff..; NJW 1993, 13, 22 ff..
66 Müller-Graff (Fn. 16) 1998, S. 141 ff..
67 Ausdrücklich hat Hauschka die Ungeeignetheit von EG-Verordnungen zur Regelung privatrechtlicher Rechtsbereiche behauptet. Nach seiner Ansicht erlaubt der Stand des EG-Rechtes keine abschließenden Regelungen durch die EG-Verordnungen. Folglich wird die Einheit der nationalen Rechtsordnung und die Integration im innerstaatlichen Privatrecht gefährdet. (Vgl., JZ 1990, 521, 531 ff..)
68 Biervert, Der Mißbrauch von Handlungsformen im Gemeinschaftsrecht 1999, S. 135 ff..
69 Siedentopf, Vorträge Nr. 215/19.

kurzer Fristen zur Durchführung der Umsetzungsmaßnahmen, sowohl in rechtstheoretischen wie auch in rechtspraktischen Streitigkeiten bezüglich des Richtlinieninhaltes.[70] Die Mitgliedstaaten können nur auf der EG-Ebene die Fristverlängerung beantragen. Einzelne Umstände werden die Verzögerung nicht rechtfertigen. Die Rechtfertigungsgründe der Nichtumsetzung der Richtlinie sind im Rahmen des EG-Vertrages ausdrücklich nicht vorgesehen.[71] Der EuGH hat zu diesem Problem wie folgt Stellung genommen: „um die Nichteinhaltung der sich aus den Gemeinschaftsrichtlinien ergebenden Verpflichtungen zu rechtfertigen, kann ein Mitgliedstaat sich nicht auf interne Schwierigkeiten oder Bestimmungen seines innerstaatlichen Rechtes berufen, auch dann nicht, wenn diese Verfassungsrang haben.“[72] Die Mitgliedstaaten tragen die Mitteilungspflichten an die EG-Kommission über vorgenommene Umsetzungsmaßnahmen im Bereich des nationalen Rechtes.[73] Sie sind europarechtlich zur bedingungslosen Einhaltung der Umsetzungsfristen verpflichtet.

Die Nichtbeachtung der Umsetzungsfristen führte in der Bundesrepublik Deutschland zum Vertragsverletzungsverfahren vor dem EuGH und zu Staatshaftungsansprüchen aufgrund der verspäteten Umsetzung der Pauschalreise-Richtlinie.[74] Außerdem stellt der Ablauf der Umsetzungsfrist die Voraussetzungen der unmittelbaren Wirkung der Richtlinie im nationalen Rechtssystem dar. Nach dem Ablauf der Umsetzungsfrist wird die Gestaltungsfreiheit des nationalen Gesetzgebers durch die von der Richtlinie betroffene Regelungsmaterie – frei zu regeln – nicht beeinträchtigt.[75] Dieses Gestaltungsrecht des nationalen Gesetzgebers bliebt ihm innerhalb des nationalen Regelungsbereiches erhalten.

Die Forderungen an die Umsetzungsfristen bezüglich der Verbraucherschutz-Richtlinien weisen keine Besonderheiten auf.[76] Auch in dieser Anpassungspro-

70 Grundmann, JZ 1996, 274, 279 ff..

71 Unter diesen Umständen gelten die Ausnahmevorschriften des EG-Vertrages.

72 EuGH, 6. Mai 1980, Rs. C - 102/79, Kommission / Belgien, in: Slg. 1980 p. I - 1473, Rdnr. 1473 ff.. Die Linie der Rechtsprechung wurde in den nächsten Entscheidungen des EuGH bestätigt: EuGH, 14. Januar 1988, Rs. 227 bis 230/85, Kommission / Belgien; in: Slg. 1988 p. 1; EuGH, 1. Dezember 1998, Rs. C - 410/96, Strafverfahren gegen Andre Ambry; in: Slg. 1998 p. I - 7875; EuGH, 15. Juli 1999, Rs. C - 140/97, Rechberger / Republik Österreich; in: Slg. 1999 p. I - 3499.

73 Heß, Die Umsetzung von EG-Richtlinien im Privatrecht 1999, S. 49 ff..

74 EuGH, 8. Oktober 1996, damit verbundene Rechtssachen - C - 178/94, C - 179/94, C - 188/94, C - 189/94, Dillenkofer and others / Bundesrepublik Deutschland, in: Slg. 1996 p. I - 4845, Rndr. 15 ff..

75 EuGH, 5. April 1979, Rs. 148/78, Ratti, in: Slg. 1979 p. 1629, Rdnr. 33 ff..

76 Drexl, Die wirtschaftliche Selbstbestimmung des Verbrauchers / Eine Studie zum Privat- und Wirtschaftsrecht unter Berücksichtigung gemeinschaftsrechtlicher Bezüge 1998, S. 61 ff..

blematik bekommt der Einzelne das Recht nach dem Regelungskonzept der Richtlinie, das er anhand der unmittelbaren Wirkung geltend machen kann, erst nach dem Ablauf der Umsetzungsfrist der betroffenen EG-Richtlinie. Diese praktische Auswirkung gemeinschaftswidriger Handlungen von nationalen Gesetzgebern ist beim Umsetzungskonzept der Richtlinie zu beachten.

3.2 Zielerreichungsgrad der Richtlinie

Die gemeinschaftskonforme Umsetzung unterliegt zweifellos der Prüfung nach dem Zielerreichungsgrad der Richtlinie. Zunächst besteht das Problem, daß die nach dem Wortlaut des Art. 249 Abs. 3 des EG-Vertrages ergebende Trennung zwischen dem Ziel der Richtlinie einerseits sowie dem Mittel und der Form der innerstaatlichen Umsetzung andererseits festzuhalten. Die Nichtbeachtung einer Differenzierung zwischen dem Ziel der Richtlinie sowie deren Mittel und Form zur Erreichung dieses Zieles reduziert den Gestaltungsspielraum des nationalen Gesetzgebers im Umsetzungskonzept der EG-Richtlinie.[77] Die sich daraus ergebende Zweiteilung des Regelungskonzeptes der Richtlinie in einen verbindlichen und einen unverbindlichen Teil bereitet in der praktischen Verwirklichung der Richtlinienvorschriften innerhalb des nationalen Rechtes Schwierigkeiten. Dazu gehört die Feststellung des Umfanges einer Verbindlichkeit der Richtlinienvorschriften.[78]

Das in der EG-Richtlinie enthaltene Regelungsprogramm („das zu erreichende Ziel“) ist für die Mitgliedstaaten verbindlich. Die Befolgung der Richtlinie ist rechtlich zu sichern.[79] Nach Art. 249 Abs. 3 des EG-Vertrages steht eindeutig fest, daß die Mitgliedstaaten bei der Umsetzung der Richtlinie an das zu erreichende Ziel gebunden sind. Das von der Richtlinie verfolgte Ziel muß vollständig zur Geltung kommen („effet utile“).[80] In diesem Zusammenhang stellt sich die Frage, ob der nationale Gesetzgeber beim Umsetzungskonzept der EG-Richtlinie

---

77 In diesem Zusammenhang ist die sogenannte Zweck-Mittel-Relation zu beachten. Es kommt zur Wechselbeziehung zwischen beiden Rechtskategorien. Das Ziel bedeutet einen zu verwirklichenden Zustand. Als Mittel werden die Maßnahmen bezeichnet, die zum Ziel führen müssen. Darunter werden die nationalen Maßnahmen verstanden, die der Mitgliedstaat durchführt, um die festgehaltenen Ziele zu erreichen. Trotzdem bleibt die inhaltliche Bestimmung dieser Begriffe fraglich. Insofern geht man oft von der Einzelinterpretation dieser Rechtsbegriffe aus. Im Bereich des Europarechtes dient diesem Ziel die Rechtsprechung des EuGH. Vgl., Claßen (Fn. 42) 1999, S. 48 ff..

78 Karoff, RabelsZ 1984 (48) S. 650 ff..

79 Franzen (Fn. 38) 1999, S. 244 ff..

80 Oppermann, Europarecht 1999, Rdnr. 559 ff..

von der verbindlichen Zielsetzung in der Richtlinie abweichende Rechtsnormen erlassen darf. Daher wird im Rahmen dieses Regelungsproblems geprüft, in welchem Umfang das Regelungskonzept der Richtlinie verbindlich normiert ist und die Rechtsnormen des nationalen Rechtes über die Zielsetzung in der Richtlinie hinausgehen dürfen oder die Zielsetzung in der Richtlinie innerstaatlich genau übernommen werden muß. Die ständige Rechtsprechung des Europäischen Gerichtshofes verpflichtet die Mitgliedstaaten im Rahmen der nationalen Rechtsordnungen, alle erforderlichen Maßnahmen zu ergreifen, um die Wirksamkeit der Richtlinie entsprechend ihrer Zielsetzung zu gewährleisten.[81] Der EuGH hat in mehreren Entscheidungen die Verpflichtung des nationalen Gesetzgebers betont, die erforderlichen Umsetzungsmaßnahmen zur Erreichung des Richtlinienzieles vorzunehmen.[82] Der nationale Gesetzgeber muß „sämtliche Umstände prüfen – dabei ist die Zielsetzung der Richtlinie zu berücksichtigen und darauf zu achten, daß ihre Wirksamkeit nicht beeinträchtigt wird."[83]

Die Verbindlichkeit der Richtlinie ist auf ihr Ziel beschränkt.[84] Die Begrenzung der Verbindlichkeit der Richtlinie auf ihre Ziele schließt detaillierte Rechtsnormen der Richtlinie nicht aus. Die Detailliertheit der Richtlinie muß folglich dem Ziel der Richtlinie entsprechen. Das Recht der Europäischen Gemeinschaften kennt nach ihrem Anwendungsbereich und Rechtscharakter der normativen Vorschrift sowohl die abstrakte als auch die detaillierte EG-Richtlinie. Somit muß das Regelungskonzept der Richtlinie an der Zielsetzung gemessen werden.[85]

Der Zielerreichungsgrad der Richtlinie bildet ein Prüfungskriterium der gemeinschaftskonformen Richtlinienumsetzung, wenn den Mitgliedstaaten ein Beurteilungs-, Ermessens- oder Gestaltungspielraum bei der Übernahme der Richt-

81 EuGH, 10. April 1984, Rs. 14/83, v. Colson und Kamann, in: Slg. 1984 p. 1891, Rdnr. 15.

82 EuGH, 31. März 1993, Rs. C - 19/92, Kraus, in: Slg. 1993 p. I - 1663, Rdnr. 32; EuGH, 30. November 1995, Rs. C - 55/94, Gebhard, in: Slg. 1995 p. 4165, Rdnr. 37.

83 EuGH, 15. Juni 2000, Rs. C - 418/97 und C - 419/97, ARCO, in: Slg. 2000 p. I - 4475, Rdnr. 73.

84 Der Rechtsbegriff – Ziel – ist eigentlich im Sinne des Ergebnisses zu verstehen. Somit handelt es sich nach Ansicht von Ipsen um eine „obligation de resultat". Dies ergibt sich beim Vergleich der unterschiedlichen sprachlichen Fassungen des EG-Vertrages. Die deutsche Bezeichnung des Art. 249 EGV „Ziel" soll inhaltlich nach den Begriffen „resultat", „risultato", „ideal", „but", „objet", „scopo", „obiettivo" interpretiert werden. Anschließend ist der herrschenden Meinung zuzustimmen, daß die Verwendung des Begriffes „zu erreichendes Ziel"dem Sinne des EG-Vertrages entspricht. Vgl., dazu die Stellungnahmen in der Rechtsliteratur: Ipsen, Europäisches Gemeinschaftsrecht 1972, S. 458 ff..; Claßen (Fn.42) 1999, S. 49 ff..

85 EuGH, 10. April 1984, Rs. 14/83, v. Colson und Kamann, in: Slg. 1984 p. 1891, Rdnr. 15 ff..

linie in nationales Recht eingeräumt wird. Nach diesem Kriterium kann EuGH die vorgenommen Umsetzungsmaßnahmen der Mitgliedstaaten prüfen. Beim Kontrollmaßstab wird außerdem vorausgesetzt, daß das Ziel der Richtlinie hinreichend genau bestimmt werden kann. Die Zielsetzung ist bei der Bestimmung der begrifflichen Terminologie in der Richtlinie zu berücksichtigen.[86] Die nationalen Rechtsprechungsorgane dürfen die rechtlichen Bestimmungen ihres eigenen Rechtssystems anwenden, wobei die Zielsetzung und die Wirksamkeit der Richtlinie nicht beeinträchtigt werden darf.[87] Die europarechtlich gestellte Zielsetzung kann häufig dann erreicht werden, wenn die Richtlinie bereits detaillierte Angaben in ihren Rechtsnormen enthält. Damit ist nicht ausgeschlossen, daß der nationale Gesetzgeber innerstaatlich an die Einzelheiten gebunden ist.

Standardmäßig fordert die Rechtsprechung des Europäischen Gerichtshofes nicht, daß die Rechtsnormen der Richtlinie förmlich und wörtlich in einer ausdrücklich besonderen Gesetzesvorschrift wiedergegeben werden, denn nach dem Inhalt der Richtlinie kann sich die Umsetzung auf eine Generalklausel beschränken.[88] Das Ziel der Richtlinie wird dann erreicht, wenn die vollständige Anwendung der Richtlinie in hinreichend bestimmter und klarer Weise gewährleistet ist.[89] Da die Prüfungskompetenz der gemeinschaftskonformen Richtlinienumsetzung nach dem EG-Vertrag beim EuGH liegt, hat sich in der gesetzgeberischen Praxis der nationalen Organe fast die wörtliche Übernahme der Richtlinienvorschriften durchgesetzt.[90] Damit sind nach Ansicht des nationalen Gesetzgebers die europarechtlichen Anforderungen der Rechtssicherheit und Rechtsklarheit gewährleistet.[91] In diesem Zusammenhang ist anzumerken, daß eine wortidenti-

---

86 EuGH, 28. März 1990, Rs. C - 206/88 und C - 207/88, Vessoso und Zanetti, in: Slg. 1990 p. I - 1461, Rdnr. 12.

87 EuGH, 15. Juni 2000, Rs. C - 418/97 und C - 419/97, ARCO, in: Slg. 2000 p. I - 4475, Rdnr. 70.

88 EuGH, 26. Oktober 1983, Rs. 163/82, Kommission / Italien, in: Slg. 1983 p. 3273, Rdnr. 1 ff..

89 EuGH, 09. April 1987, Rs. 363/85, Kommission / Italienische Republik, in: Slg. 1987 p. 1733, Rdnr. 7.

90 Hauschka bezeichnet die Tatsache der wörtlichen Übernahme bestimmter Rechtsbegriffe als ein Versuch, die privatrechtliche Institute des Gemeinschaftsrechtes verbindlich im nationalen Recht zu definieren. Auf diese Weise wird die Entscheidungsfreiheit des nationalen Gesetzgebers bei der Wahl von Form und Mittel der Umsetzung mißachtet. Vgl., Hauschka, JZ 1990, 521, 525 ff..

91 Franzen behauptet, daß die Normenkonkretisierungen des europäischen Rechtes in nationalem Recht sich im Laufe der Zeit bis zur wortidentischen Umsetzung der europäischen Rechtsnormen entwickelt haben. Die europarechtliche Verpflichtung zur wortidentischen Umsetzung der Richtlinie läßt sich trotzdem nicht ableiten. Vgl., Franzen (Fn. 38) 1999, S. 390 ff..

sche Übernahme der Rechtsnormen der Richtlinie in das nationale Rechtssystem in der Rechtsprechung des Europäischen Gerichtshofes nicht gefordert wird.[92]

Seit der Rechtsprechung des Europäischen Gerichtshofes im Fall Colson und Kamann (1984) ist das Ergebnis hinsichtlich des normativen Rahmens beim Gestaltungsspielraum des nationalen Gesetzgebers unverändert geblieben. Der Gerichtshof äußerte sich zum Prüfungskriterium des Zielerreichungsgrades der Richtlinie wie folgt: „Zwar beläßt diese Bestimmung (gemeint - Art. 249 Abs. 3 des EG-Vertrages) den Mitgliedstaaten die Freiheit bei der Wahl der Mittel und der Wege zur Durchführung von Richtlinien, doch läßt diese Freiheit die Verpflichtung der einzelnen Mitgliedstaaten unberührt, im Rahmen ihrer nationalen Rechtsordnungen alle erforderlichen Maßnahmen zu ergreifen, um die vollständige Wirksamkeit der Richtlinie entsprechend ihrer Zielsetzung zu gewährleisten.“[93]

Dementsprechend läßt sich festhalten, daß der nationale Gesetzgeber keine Rechtsvorschriften erlassen darf, die geeignet sind, das in der Richtlinie gesetzte Ziel in Frage zu stellen.[94] Die Rechtsprechung des EuGH hat Abweichungen vom Inhalt der Richtlinie ausdrücklich zugelassen. Sie müssen sich im Einklang mit der verbindlichen Zielsetzung der Richtlinie befinden. Eine Umsetzung der Richtlinie durch Rechtsvorschriften, die jederzeit geändert werden können, reicht für die Forderung der gemeinschaftskonformen Umsetzung nicht aus, da in diesen Fällen des Umsetzungskonzeptes die innerstaatlich normierten Rechtspositionen gestört werden können. Die Kompetenz zur Überprüfung der nationalen Rechtsvorschriften nach dem Zielerreichungsgrad liegt beim EuGH. Die europäischen Verbraucherschutzrichtlinien weisen bei der Bestimmung des Zielerreichungsgrades im Rahmen des Umsetzungskonzeptes der Richtlinie keine Besonderheiten auf. Das Ausmaß der Prüfung erfolgt nach den oben dargestellten Kriterien.

---

92 Zu diesem Regelungsproblem ist von Franzen die Ansicht vertreten werden, daß eine derartige Forderung für den nationalen Gesetzgeber besteht. Von seiten des EuGH sind bisher keine bestätigenden Urteile ergangen. Somit bleibt diese Ansicht lediglich eine theoretische Überlegung, die jederzeit durch die EuGH-Rechtsprechung geprüft werden kann. Vgl., Franzen (Fn. 38) S. 306 ff..

93 EuGH, 10. April 1984, Rs. 14/83, v. Colson und Kamann, in: Slg. 1984 p. 1891, Rdnr. 1891 ff..

94 EuGH, 18. Dezember 1997, Rs. C - 129/96, Wallonie, in: Slg. 1997 p. I - 7411, Rdnr. 9.

3.3 Forderungen des EG-Primärrechtes bei der innerstaatlichen Ausgestaltung

Das EG-Primärrecht normiert den Verbraucher als Adressaten der Rechtsnormen.[95] Die Rechtsnormen des Primärrechtes erkennen das Bestehen des Verbraucherschutzes als einen Gegenstand der Rechtsnormen an. Die Gemeinschaft leistet nach dem Art. 5 EGV einen Beitrag zur Verbesserung des Verbraucherschutzes. Die rechtlichen Instrumente sind im Rahmen einer Politik der Rechtsangleichung nach Art. 95 EGV sowie in der spezifischen Verbraucherschutzpolitik nach Art. 153 EGV gegeben. Derzeit erfolgt bei den verbraucherschutzrechlichen Normen die primärrechtliche Kontrolle nach den allgemeinen Grundsätzen des Verstoßes gegen EG-Grundfreiheiten. Die zusätzlichen primärrechtlichen Kriterien können aus dem systematischen Zusammenhang der Ermächtigungsnorm im EG-Vertrag und der Ermittlung des Vertragszweckes bestimmt werden.[96] Nach der Rechtsprechung des EuGH hat Art. 153 EGV begrenzte Tragweite. Dieses Artikel begründet die Verpflichtung der Gemeinschaft einen Beitrag zur Erreichung eines hohen Verbraucherschutzniveaus zu leisten. Insofern ist die Rechtsangleichung bis zur Erreichung bestimmter Grenzen zulässig. Die Richtlinie kann nur für die Ziele der Errichtung und des Funktionierens des Binnenmarktes erlassen werden. Wenn sich aus der Rechtsnatur ergibt, daß das Funktionieren des Binnenmarktes durch eine bestimmte, unverändert in die nationalen Rechtsordnungen zu übernehmende Rechtsnorm erfolgen muß, dann wird diese Rechtsnorm in der Richtlinie zulässig. Somit sind auch die Mitgliedstaaten verpflichtet, in den erforderlichen Fällen das Auseinandergehen von Ziel und Mittel in der europäischen und nationalen Gesetzgebung sowie Rechtsprechung zu beseitigen.[97] Dieses Bestimmungsproblem läßt sich im Rahmen der Rechtsprechung des EuGH zum Verbraucherleitbild lösen.

3.4 Normativer Rahmen des Verbraucherleitbildes

Die gemeinschaftskonforme Umsetzung der Verbraucherschutz-Richtlinien erfordert eine Prüfung nach dem Kriterium des Verbraucherleitbildes. Dieses Kriterium bestimmt den Regelungsbedarf des europäischen Gesetzgebers im normati-

95 Drexl (Fn. 76) 1998, S. 433 ff..
96 Weber, Die Richtlinie im EWG-Vertrag 1974, S. 67 ff..
97 Ruffert, in (Fn. 27) 1999, S. 1876 ff..; Hans-Wolfram Daig/Gudrun Schmidt, in: H.v.d.Groeben/H.v.Boeckh/J.Thiesing/C.Ehlermann, Kommentar zum EU-/EG-Vertrag 1991, S. 4962 ff..

ven Bereich des Verbraucherschutzes.[98] Im Bereich des nationalen Rechts bedingt das Verbraucherleitbild die privatrechtliche Gestaltung des Rechtsverhältnisses.[99]

Das normative Verbraucherleitbild wurde im Rahmen der Rechtsprechung des EuGH zu den Grundfreiheiten und zum Wettbewerb entwickelt. Der Ausgangsbefund liegt bei solchen Sachverhalten darin, daß dem Verbraucher eine ausreichende Informationsgrundlage für die Entscheidungsfreiheit im Marktverhältnis gesichert werden muß.[100] In diesem Zusammenhang ist zu betonen, daß es bei diesem Sachverhalt nicht nur allein um die Informationsgrundlagen für die Gewährleistung der freien Entscheidung des Verbrauchers geht.[101] Beim Verbraucherkonzept geht es vielmehr um eine bestimmte Rolle im Binnenmarkt. Dabei ist nicht eine konkret schutzbedürftige Person angesprochen, sondern die erforderliche Schutzbedürftigkeit der anderen Seite im Rahmen des Marktgeschehens.[102]

Nach Ansicht des Europäischen Gerichtshofes bezwecken die Verbraucherschutz-Richtlinien, das Unterlegenheitsverhältnis zwischen Gewerbetreibenden und Verbrauchern zu reglementieren.[103] Der EuGH prüft anhand des Verbraucherleitbildes, ob dem Verbraucherschutz entsprochen wurde. Das Ausmaß dieser Schutzbedürftigkeit hängt von den Vorstellungen des Verbrauchers und ihren

---

98 Die Kategorie des „Verbrauchers“ wird in folgenden Artikeln des EG-Vertrages erwähnt. Nach Fassung des Amsterdamen Vertrages – Art. 3 Abs. 1 lit. t); Art. 33 Abs. 1 lit. e); Art. 34 Abs. 2 U. - Abs. 2; Art. 81 Abs. 3; Art. 82 lit. b); Art. 87 Abs. 2 lit. a); Art. 95 Abs. 3 des EG-Vertrages. Das europäische Sekundärrecht geht nicht von einem einheitlichen Verbraucherkonzept aus. Das Richtlinienrecht bezieht sich auf bestimmte Regelungsprobleme bei der Ausgestaltung der Rechtsnormen. Dementsprechend gilt es, anhand der bestehenden Rechtsprechung des EuGH und der theoretischen Auseinandersetzungen um den Ansatz der Rechtsnormen festzustellen. Dieser Ansatz der Rechtsnormen im Bereich des Verbraucherschutzes liegt in der normativen Bestimmung des Verbraucherleitbildes.

99 Zu dieser Regelungstechnik: Gebauer, Grundfragen der Europäisierung des Privatrechtes 1998, S. 77 ff..

100 Pfeifer, Der Verbraucherbegriff als zentrales Merkmal im Europäischen Privatrecht, in: Schulte-Nölke/Schulze (Hrsg.) Europäische Rechtsangleichung und nationale Privatrechte 1999, S. 23 ff..

101 Für das Informationsmodell hat sich Dauner-Lieb ausgesprochen. Vgl., Dauner-Lieb, Verbraucherschutz durch Ausbildung eines Sonderprivatrechtes für Verbraucher, 1983.

102 Zu dieser Frage mit weiteren Hinweisen: Wichard, S. 1488 ff..; in: Calliess/Ruffert (Fn. 27) 1999.

103 EuGH, 14. März 1991, Rs. C - 361/89, Di Pinto, in: Slg. 1991 p. I - 1189, Rdnr. 1 - 2.

Gewohnheiten ab.[104] Die angedeutete Schutzbedürftigkeit darf sich nicht auf den Rahmen des situationsbezogenen Einzelfalles beschränken. Unter der Rechtskategorie des Verbrauchers wird in der Rechtsprechung des EuGH die natürliche Person verstanden, die unter Umständen handelt, welche nicht ihrer beruflichen Tätigkeit zugerechnet werden können. Der Gewerbetreibende verfügt hingegen über kein solches Schutzbedürfnis, da ihm seine berufliche Erfahrung zugute kommt.

Die Rechtsprechung des EuGH bezüglich des Verbraucherleitbildes kann in bestimmte Kategorien gegliedert werden. Erstens der EuGH normiert die umfassende Information des Verbrauchers als ein wesentliches Schutzinstrument.[105] Danach wurde in den gerichtlichen Entscheidungen angenommen, daß der Verbraucher die Information zur verständigen und kritischen Prüfung heranziehen kann.[106] Das Bocksbeutel-Urteil des EuGH bezeichnet das Verbraucherleitbild der deutschen Wettbewerbsrechtsprechung als etwas „des absolut unmündigen, fast schon pathologisch dummen und fahrlässig unaufmerksamen Durchschnittverbrauchers.“[107] Außerdem sind in der Rechtsliteratur die Bezeichnungen des ökonomischen Verbrauchers[108], des selbstbewußten aufgeschlossenen Konsumenten[109] und schließlich des mündigen Verbrauchers[110] zu finden. Die neueste Entwicklung der Rechtsprechung richtet sich nach dem Leitbild des hypothetischen Durchschnittsverbrauchers.[111] Der Kontrollmaßstab des Durchschnittsverbrauchers wurde durch die Mars-Entscheidung (1995) vorgegeben. Der Sachverhalt betraf die Verwendung des Aufdruckes 10 %. Die Größe der Verpackung von Eisriegeln hat mehr als 10 % ausgemacht. Dadurch konnte beim Verbraucher der falsche Eindruck entstehen, daß das Produkt selbst um 10 % vergrößert wurde. In diesem Urteil hat der EuGH festgestellt, daß das Gemeinschaftsrecht von

---

104 Zischka, Die Rechtssetzungskompetenzen der Europäischen Gemeinschaft auf dem Gebiet des Verbraucherschutzes 1997, S. 145 ff..

105 EuGH, 16. Dezember 1980, Rs. 27/80, Fietje, in: Slg. 1980 p. 3839, Rdnr. 12; Vgl., Dreher, JZ 1997, 167, 170 ff..

106 EuGH, 13. März 1984, Rs. 16/83, Prantl, in: Slg. 1984 p. 1299, Rdnr. 29; EuGH, 10. November 1982, Rs. 261/81, Margarine, in: Slg. 1982 p. 3961, Rdnr. 17; EuGH, 02. Februar 1989, Rs. 274/87, Fleisch, in: Slg. 1989 p. 229, Rdnr. 13; EuGH, 06. Juli 1995, Rs. C - 470/93, Mars, in: Slg. 1995 p. I - 1923, Rdnr. 24.

107 EuGH, 13. März 1984, Rs. 16/83; Prantl, in: Slg. 1984 p. 1299, Rdnr. 12.

108 Breitenacher, Der EG-Binnenmarkt aus Verbrauchersicht 1993, S. 54 ff..

109 Markwardt, Die Rolle des EuGH bei der Inhaltskontrolle vorformulierter Verbraucherverträge 2000, S. 162 ff..

110 Leisner, EuZW 1991, 498, 499 ff..

111 EuGH, 06. Juli 1995, Rs. C - 470/93, Mars, in: Slg. 1995 p. I - 1923, Rdnr. 25 ff..; EuGH, 2. Februar 1994, Rs. C - 315/92, Clinque, in: Slg. 1994 p. I - 317; Rdnr. 12 ff..

einem hinreichend aufmerksamen und verständigen Verbraucher ausgehe, der keinen Schutz vor Angaben benötige. Bei der Beurteilung einer Erforderlichkeit des Schutzumfanges ist nach dem Europäischen Gemeinschaftsrecht das Leitbild des gut informierten Verbrauchers verbindlich.[112] Nach meiner Ansicht enthalten die angesprochenen Prinzipien der gerichtlichen Entscheidungen einen allgemeingültigen normativen Rahmen des Leitbildes im Verbraucherschutz. Dadurch werden die Eingriffe in die privatrechtliche Vertragsgestaltung gerechtfertigt, da in solchen Fällen die Privatautonomie gestört wird. Nach diesem Kriterium wird die Rechtmäßigkeit des nationalen Verbraucherschutzrechtes beurteilt. Die danach ergangene Rechtsprechung stellt als Maßstab auf den Durchschnittsverbraucher ab.[113] Ausführlicher ergibt sich aus der Rechtsprechung des Europäischen Gerichtshofes, daß das nationale Gericht beim Kontrollmaßstab auf die mutmaßliche Erwartung eines durchschnittlich informierten, aufmerksamen und verständigen Durchschnittsverbrauchers orientiert ist.[114] Das Problem der Bestimmung der verbraucherschutzrelevanten Schutzbedürfnisse kann auch nach dem rollenspezifischen Regelungsansatz gelöst werden.[115] Die zentrale Funktion dieser Bestimmung liegt beim Verbraucherleitbild. Sonst bleibt das Verbraucherrecht bloß punktuell angeglichen und kann so auch in der Zukunft angeglichen werden.[116]

Dementsprechend läßt sich festhalten, daß die Rechtsprechung des EuGH die Verbraucherschutzmaßnahmen als zwingendes Erfordernis bestimmt, wonach einige Beschränkungen der Waren- und Dienstleistungsfreiheit durch einzelstaatli-

---

112 Somit sind die Rechtsnormen des deutschen und österreichischen Wettbewerbsrechtes betroffen. Die nationale Gesetzgebung in diesen Ländern schützt den Verbraucher nach dem Leitbild des unmündigen, unaufmerksamen, praktisch letzten Trottels. Aus diesem Grund werden die betroffenen rechtlichen Maßnahmen der Mitgliedstaaten gegen das Recht des Europäischen Vertrages verstoßen. In diesem Zusammenhang bleibt die deutsche und österreichische BGH-Rechtsprechung zum nationalen Verbraucherleitbild prüfungsrelevant. Die polnische Rechtsprechung ist zur Zeit nicht vorhanden. Vgl., zu den divergierenden Verbraucherleitbildern in Europa und Deutschland - Hommelhoff (Fn. 32) 1996, S. 6, 12.

113 EuGH, 26. November 1996, Rs. C - 313/94, Graffione, in: Slg. 1996 p. I - 6039, Rdnr. 24 ff..; EuGH, 22. Juni 1999, Rs. C - 343/97, Lloyd Schuhfabrik Meyer, in: Slg. 1999 p. I - 3819, Rdnr. 26.

114 Dazu sind die Ausführungen des Generalanwalts Nial Fennelly zu erwähnen. Vgl., Schlußanträge des Generalanwalts Nial Fennelly vom 16. September 1999, Rs. C - 220/98 Estee Lauder Cosmetics GmbH & Co. oHG gegen Lancaster Group GmbH; in: Slg. 2000 p. I - 0117. Außerdem sind folgende Hinweise auf die Rechtsprechung maßgeblich: EuGH, 16. Juni 1998, Rs. C - 210/96, Gut Springenheide und Tusky, in: Slg. 1998 p. I - 4657, Rdnr. 30 - 32; EuGH, 22. Juni 1999, Rs. C - 342/97, Lloyd Schuhfabrik Meyer, in: Slg. 1999 p. I - 3819, Rdnr. 26.

115 Kocher, VuR 2000, 83, 85 ff..

116 Hommelhoff, AcP (192) 1992, 71; 94 ff..

che Rechtsvorschriften zulässig sind. Dabei geht die Rechtsprechung des EuGH von einem rollenspezifischen Schutzansatz in den Verbraucherschutzmaßnahmen aus. So daß die sich daraus ergebende Rolle des Verbrauchers im Binnenmarktverhältnis als die andere Seite des Marktgeschehens betont wird.[117]

3.5 Rechtsform der Umsetzung

Nach der ersten Rechtsprechung des EuGH zu diesem Regelungsproblem „können die rechtlichen Mittel zur Durchführung der Richtlinien verschieden sein und reichen vom Gesetz bis zur einfachen verwaltungsinternen Dienstanweisung."[118] Aus diesem Urteil läßt sich kein bestimmter Regelungsauftrag ableiten. Die danach ergangene Rechtsprechung verlangt die Sicherstellung der innerstaatlichen Anwendung der EG-Richtlinie. Die zentrale Entscheidung des EuGH hat dieses Regelungsproblem wie folgt bewertet: „die Umsetzung einer Richtlinie verlangt nicht notwendigerweise in jedem Mitgliedstaat ein Tätigwerden des Gesetzgebers." Damit „können die geltenden Rechtsvorschriften durch den Erlaß der speziellen Rechtsvorschriften überflüssig werden. Dies setzt jedoch voraus, daß die vollständige Anwendung der Richtlinie durch die nationalen Behörden tatsächlich gesichert wird."[119] Im Regelungsbereich des Verbraucherschutzes wurde die Umsetzung der Richtlinie über irreführende Werbung für überflüssig gehalten. Die Begründung lautete dafür folgendermaßen, daß „das vorhandene deutsche Wettbewerbsrecht den Anforderungen der Richtlinie bereits vollständig entsprach."[120] Dementsprechend ist festzuhalten, daß die Richtlinie bezweckt, die einheitliche Regelung in bestimmtem Umfang einzuführen. Diese Forderung wird in der Regel von dem Erlaß der neuen Rechtsvorschriften abhängig gemacht. Eine derartige Forderung bekommt normative Bindung, wenn die bestehenden Rechtsnormen vom Regelungskonzept der Richtlinie abweichen. In diesen Fällen ist der nationale Gesetzgeber zum Erlaß fehlender Rechtsnormen im nationalen Recht verpflichtet. Beim Umsetzungskonzept müssen die Zielsetzung der Richtlinie und des betroffenen Normaktes im nationalen Recht übereinstimmen. Der nationale Gesetzgeber bezieht die „fehlenden Rechtsnormen" in den Schutzbe-

---

117 Wichard, Art. 153 EG-Vertrag, Rdnr. 4; in (Fn. 27).

118 EuGH, 6. Mai 1980, Rs. 102/79, Kommission / Belgien, in: Slg. 1980 p. 745, Rdnr. 5 ff..

119 EuGH, 23. Mai 1985, Rs. 29/84, Kommission / Deutschland, in: Slg. 1985 p. 1661, Rdnr. 23; EuGH, 09. April 1987, Rs. 363/85, Kommission / Italien, in: Slg. 1987 p. 1733, Rdnr. 7.

120 Hefermehl, in: Baumbach/Hefermehl, Wettbewerbsrecht – Kommentar 1996, UWG Einl., Rdnr. 612 ff..

reich der nationalen Rechtsquelle mitein. Bei den detaillierten Rechtsnormen in der Richtlinie kann auch das gesamte Regelungskonzept der EG-Richtlinie übernommen werden. In diesem Zusammenhang sind die Rechtsnormen der europäischen Richtlinie mit dem zwingenden Regelungscharakter zu berücksichtigen. Die nationale Gesetzgebung ist in zahlreichen Fällen der Umsetzung gebunden das Verhältnis zwischen nationalem strengerem Recht und den auf minimaler Harmonisierung beruhenden Rechtsnormen innerhalb der Richtlinie zu klären. Zusammenfassend läßt sich festhalten, daß der nationale Gesetzgeber zum Erlaß der neuen Rechtsvorschriften verpflichtet ist, wenn das nationale Regelungskonzept vom europäischen Regelungskonzept der Richtlinie abweicht. Es ist beim Umsetzungskonzept zu prüfen, ob zwischen den Rechtsnormen der Richtlinie und dem nationalen Recht divergierende Schutzansätze bestehen. Beim Feststellen der Divergenzen muß der nationale Gesetzgeber legislativ eingreifen. Anhand dieser Kriterien ist die Pflicht zum Erlaß der neuen Rechtsvorschriften im Regelungsbereich des nationalen Rechtes zu bestimmen. Die Rechtsordnung ist national staatlich verpflichtet, den sogenannten „Effet utile“ der EG-Richtlinie so effektiv wie möglich zu übernehmen. Danach werden die gemeinschaftsrechtlichen Positionen der Richtlinie die Rechtskraft des bindenden Bestandteiles der nationalen Rechtsnormen bekommen.[121] Nach der Rechtsprechung des EuGH müssen die Mitgliedstaaten diejenigen Rechtsnormen wählen, die zur Gewährleistung der praktischen Wirksamkeit der Richtlinie am besten geeignet sind. Dabei wird nicht unbedingt eine spezielle Rechtsnorm vorausgesetzt, welche die Vorgaben der Richtlinie übernimmt. In dieser Hinsicht reicht allgemeiner Rahmen, sofern die Anwendung der Richtlinie gesichert sei.[122] Die im Anschluß ergangene Rechtsprechung des EuGH hat dieses Erfordernis beibehalten. Dabei hat der EuGH zusätzlich betont, daß die Anwendung der Richtlinie in rechtlicher wie in tatsächlicher Hinsicht zu gewährleisten sei.[123] Die Umsetzungspflicht besteht unabhängig von den Besonderheiten des nationalen Rechtes und der nationalen Staats- und Verwaltungsorganisation.[124] Der Mitgliedsstaat kann sich nicht auf Bestimmungen, Gebräuche oder Umstände der nationalen Rechtsordnung berufen, um damit die Nichterfüllung seiner Umsetzungspflicht zu rechtfertigen.[125]

121 Zum effet utile, Oppermann, (Fn. 80) S. 178 ff..

122 EuGH, 09. April 1987, Rs. 363/85, Kommission / Italienische Republik, in: Slg. 1987 p. 1733, Rdnr. 7 - 11.

123 EuGH, 15. Juni 2000, Rs. C - 418/97 und C - 419/97, ARCO, in: Slg. 2000 p. I - 4475, Rdnr. 73 - 88.

124 Ruffert, Art. 249 EGV Rdnr. 59; in (Fn. 27) 1999.

125 EuGH, 26. Februar 1976, Rs. 52/75, Kommission / Italien, in: Slg. 1976 p. 277, Rdnr. 19 ff..; EuGH, 5. April 1976, Rs. 148/78, Ratti, in: Slg. 1979 p. 1629, Rdnr. 15 ff..

Andererseits ist die Bestimmtheit der Rechtsnormen im Wortlaut der Richtlinie erforderlich. Hinsichtlich der gemeinschaftsrechtlichen Grundsätze der Rechtssicherheit und Rechtsklarheit muß die Umsetzung der Forderungen den Prinzipien der Eindeutigkeit und Bestimmtheit entsprechen.[126]

Bei der Feststellung der Rechtsbegriffe des EG-Rechtes und des nationalen Rechtes sind die Grenzen des Anwendungsbereichs der Rechtsnormen unterschiedlich zu bestimmen. In konkreten Fällen muß man jeweils durch die richterliche Entscheidung zu richtlinienkonformen Ergebnissen kommen.[127]

In diesem Sinne entsprechen die Generalklauseln des nationalen Rechtes oder die Rechtspraxis nationaler Institutionen der Forderung nach einer gemeinschaftskonformen Umsetzung nicht.[128] Die Rechtsprechung des Gerichtes fordert vielmehr einen klaren normativen Rahmen für die Umsetzung. Diesbezüglich hat sich der EuGH wie folgt geäußert: „Jeder Mitgliedstaat muß die fragliche Richtlinie in einer Weise durchführen, die den Erfordernissen der Eindeutigkeit und Bestimmtheit des Rechtszustandes voll gerecht wird, auf den die Richtlinie ..... abzielt."[129] In der nächsten Entscheidung führt EuGH als Ergebnis aus: „wenn die Richtlinie den Zweck verfolge, die Verbraucher durch die Gewährung genau umschriebener Ansprüche zu schützen, müsse die Umsetzung in klarer und eindeutiger Form erfolgen."[130] Bei der Umsetzung bedeutet das in der Regel, daß ein nationales Gesetz oder eine Verordnung erlassen bzw. geändert werden muß. Das Fehlen des nationalen Umsetzungsaktes hat für die Französische Republik und das Königreich der Niederlande zur Verurteilung beim EuGH geführt.[131] Insoweit ist der Erlaß des Umsetzungsaktes erforderlich, wenn das von der Richtlinie geforderte Verbraucherschutzniveau bereits geltendes Recht in dem Mitgliedstaat ist oder das jeweilige Gesetz richtlinienkonform interpretiert werden kann.[132]

Zusammenfassend läßt sich festhalten, daß die Rechtsnormen der Verbraucherschutz-Richtlinie den nationalen Gesetzgebern standardmäßig ein gewisses Ermessen hinsichtlich der Ausgestaltung, des Umfanges und den Bedingungen einer Geltendmachung der Rechte durch den Verbraucher einräumen. Die

126 Beyerlin, EuR 1987, 126, 132 ff..

127 Zum Beispiel beim Abfallbegriff – EuGH, EuZW 1992, 577 ff..

128 Grundmann, JZ 1996, 274, 283 ff..

129 EuGH, 1. März 1983, Rs. 300/81, Kreditinstitute, in: Slg. 1983 p. 449, Rdnr. 10.

130 EuGH, 10. Mai 2001, Rs. C - 144/99, Kommission gegen Königreich der Niederlande Rdnr. 14; veröffentlicht in: EWS 2001, 329, 330.

131 EuGH, 13 Januar 1993, Rs. 293/91, Kommission / Französische Republik, in: Slg. 1993 p. I - 1, Rdnr. 2; EuGH, 10. Mai 2001, Rs. C - 144/99, Kommission gegen Königreich der Niederlande, Rdnr. 14; veröffentlicht in: EWS 2001, 329, 330.

132 Ulmer, EuZW 1993, 337, 337 ff..; war der Auffassung, daß die AGB-Richtlinie weitgehend über richtlinienkonforme Interpretation umgesetzt werden kann.

Rechtsnatur der Richtlinienbestimmung zieht die Schranke für die gesetzgeberische Entscheidung. Die betroffenen Rechtsnormen der Richtlinie müssen hinreichend bestimmt und unbedingt sein. Bezüglich der konkreten rechtstechnischen Ausgestaltung der Rechtsposition wird den Mitgliedstaaten unter bestimmten Bedingungen freie Hand gewährt.[133]

3.6 Parallelität der Rechtsnormen

Die Umsetzung der EG-Richtlinie führt zur Entstehung der Parallelrechtsordnungen.[134] Der Geltungsbereich der Rechtsnormen der EG-Richtlinie und des betroffenen nationalen Rechtes stehen nebeneinander. Die Erfüllung der Umsetzungspflicht führt nicht zur Aussetzung der EG-Richtlinie. Das Regelungskonzept der EG-Richtlinie behält ihre Wirkungen im Anwendungsbereich der Rechtsnormen des innerstaatlichen Rechtes. Bei den Widersprüchen zwischen dem Ziel der Richtlinie und dem bisherigen Regelungsgehalt der innerstaatlichen Rechtsnormen muß die Umsetzung auf dem Niveau erfolgen, das den betroffenen Rechtsnormen zukommt. Die Rechtsprechung des Europäischen Gerichtshofes fordert, daß den umgesetzten Rechtsnormen in der nationalen Normenhierarchie derselbe Rang zukommt wie den bis dahin geltenden nationalen Rechtsnormen.[135] Damit fordert die Rechtsprechung des Europäischen Gerichtshofes, auch durch die Einordnung des Umsetzungsaktes in die Hierarchie der nationalen Rechtsnormen „verbindliches innerstaatliches Recht“ zu schaffen.

3.7 Sperrwirkung der Rechtsnormen

Das Problem einer derartigen normativen Wirkung der Richtlinie ist bislang nicht abschließend geklärt. Es kommt darauf an, ob und wenn ja, in welchem Umfang die Rechtsnormen der Richtlinie gegenüber strengerem nationalem Recht Sperrwirkung entfalten. Dem nationalen Gesetzgeber ist bei der Sperrwirkung verboten, solche Rechtsnormen des nationalen Rechtes zu erlassen, die dem Regelungskonzept der EG-Richtlinie widersprechen werden. Den Mitgliedstaaten verbleibt in diesem Bereich nur eine begrenzte Zuständigkeit. Die Veränderungen

---

133 Dazu Rdnr. 9 - 11 in: Schlußantrag des Generalanwalts Carl Otto Lenz, 7. Dezember 1995, Rs. C - 192/94 – El Corte Ingles, S. A. v. Cristina Blazguez; in: Slg. 1996 p. I - 1281.

134 Götz, NJW 1992, 1849, 1852 ff..

135 EuGH, 6. Mai 1980, Rs. 102/79, Kommission / Belgien, Kraftfahrzeuge, in: Slg. 1990 p. I - 1473, Rdnr. 10.

des angeglichenen nationalen Rechtes sind im Rahmen des Regelungskonzeptes der Richtlinie zulässig.[136] Zeitlich tritt die Sperrwirkung ein, sobald die Rechtsnormen der Richtlinie in nationales Recht überführt worden sind. Teilweise wird in der Rechtsliteratur die Auffassung vertreten, daß die Sperrwirkung in bezug auf nationale Rechtsnormen vor dem Ablauf der Umsetzungsfrist eintritt. Dabei werden die Mitgliedstaaten in ihren Maßnahmen gehindert, gegen in der Richtlinie festgelegte Zielen tätig zu werden.[137] Der Verdrängungseffekt einer Umsetzungsnorm gegenüber den nationalen Rechtsnormen ist dann möglich, wenn die betroffene Umsetzungsnorm ihren Charakter als nationale Rechtsnorm verliert. Insofern wird bei der Prüfung nach dem Kriterium der Sperrwirkung vom Regelungskonzept der EG-Richtlinie ausgegangen. Es kann festgehalten werden, daß mit der Umsetzung einer Richtlinie in nationales Recht ein Kompetenzverlust auf seiten des innerstaatlichen Gesetzgebers in diesem Bereich erfolgt.[138]

3.8 Sanktion bei gemeinschaftswidriger Richtlinienumsetzung

Bei der gemeinschaftswidrigen Richtlinienumsetzung sind verschiedene Sanktionen denkbar.[139] Darunter wird die rechtliche Folge einer fehlenden oder fehlerhaften Richtlinienumsetzung in das nationale Recht begriffen. Sanktionen müssen die Durchsetzung des EG-Richtlinienrechtes innerhalb des nationalen Rechtes ermöglichen. In diesem Zusammenhang handelt es sich um rechtliche Sanktionen, da eine Art der Bestrafung von Mitgliedstaaten bei fehlender oder fehlerhafter Umsetzung nicht vorgesehen ist. Nach dem heutigen Stand der Entwicklung können im Bereich der Sanktionen bei der Richtlinienumsetzung Haftungsansprüche gegenüber dem Staat geltend gemacht werden. Die gemeinschaftswidrige Umsetzung der Pauschalreise-Richtlinie führte in der Bundesrepublik Deutschland zum Vertragsverletzungsverfahren vor dem EuGH und zu Staatshaftungsansprüchen.[140] Die deutsche Vertretung hat die verspätete Umsetzung der Richtlinie vor dem EuGH mit den Schwierigkeiten bei der Anpassung in das deutsche BGB begründet. Im Rahmen des EG-Vertrages ist ausdrücklich die

---

136 EuGH, 6. Dezember 1990, Rs. C - 208/88, Reiseverkehr, in: Slg. 1990 p. I - 4445, Rndr. 7 ff..

137 Hilf, EuR 1993, 1, 9 ff..

138 Franzen (Fn. 38) 1999, S. 123 ff..

139 Schweitzer/Hummer (Fn. 20) 1996, Rdnr. 126 ff..

140 EuGH, 08. Oktober 1996, Rs. C - 178/94, C - 179/94, C - 188/94, C - 180/94, Dillenkofer, in: Slg. 1996 p. I - 4845, Rdnr. 15 ff..; Vgl., Bericht über die Durchführung der Richtlinie 90/314/EWG über Pauschalreisen in den innerstaatlichen Rechtsvorschriften der EG-Mitgliedstaaten/SEC (1999) 1800 final; S. 15 ff..

Sanktion nach Art. 226 - 228 EGV vorgesehen. Danach ist es möglich, ein Vertragsverletzungsverfahren gegen einen Mitgliedstaat einzuleiten. Eine mögliche Folge des Verfahrens besteht in der Verhängung von Zwangsgeldern gegenüber dem schuldigen Staat.

3.9 Störende Faktoren des Kontrollmaßstabes

3.9.1 Mindestniveau der Rechtsnormen

Die EG-Verbraucherschutz-Richtlinien normieren die Angleichung des Verbraucherschutzes auf einem Mindestniveau.[141] Dabei entsteht die Gefahr der Beeinträchtigung des Wettbewerbs im Binnenmarkt, da die Unterschiede im Verbraucherschutzniveau weitgehend beibehalten werden. Ohne europaweiten Willen zur Gesamtharmonisierung ist diese Lage nicht zu verändern. Wenn man überhaupt im Verbraucherschutz eine rechtliche Angleichung erzielen will, muß man den Weg der Mindestharmonisierung gehen. Dadurch wird zumindest ein einheitlicher Standard erreicht, auf den sich alle Verbraucher in der EG verlassen können.[142] In seiner Stellungnahme vertritt Reich die Auffassung, daß ohne Mindestharmonisierung des Verbraucherschutzes die Rechtsangleichung auf einem hohen Niveau im Bereich des Verbraucherschutzes nicht erreicht werden könne. Damit wird eine Mindestharmonisierung des europäischen Verbraucherschutzes gefordert.[143]

Die EG-Verbraucherschutzrichtlinien mit dem Mindestniveau erlauben es den Mitgliedstaaten, den Verbraucherschutz künftig auf hohem Schutzniveau zu normieren. In diesen Fällen geht es nicht nur um das Beibehalten des erreichten

---

141 Störende Faktoren sind durch „wenig flächendeckende" Angleichungsmaßnahme gekennzeichnet. Grundmann hat in diesem Zusammenhang die Harmonisierung in ausgewählten Regelungsbereichen gefordert. Vgl., Grundmann, Europäisches Schuldvertragsrecht – Das europäische Recht der Unternehmensgeschäfte ZGR Sonderheft - 15 (1999) S. 20 ff..

142 Zutr. Reich, Stellungnahme zum Referat von Taschner, S. 35, 45 ff..; Dieser Regelungsstandard bleibt auf dem minimalen Regelungsniveau. Das heißt: das strengere nationale Recht wird innerstaatlich beibehalten.

143 Reich, Stellungnahme zum Referat Taschner „Mindestharmonisierung im Verbraucherschutzrecht" S. 35, 37 ff..; Zwar enthalten EG-Richtlinien sogenannte Öffnungsklauseln, doch ist der Inhalt der EG-Richtlinie häufig detailliert ausgestaltet. Dadurch kollidieren die inhaltlichen Bestimmungen der EG-Richtlinie mit dem bestehenden Recht der nationalen Rechtsordnung. Rechtstechnisch kommt der nationale Gesetzgeber zur gleichzeitigen Anwendungspraxis der nationalen Rechtsvorschriften und der umgesetzten Rechtsvorschriften.

Verbraucherschutzes, sondern auch um die „Abgrenzung der gesetzgeberischen Verantwortlichkeit für das Rechtsgebiet des Verbraucherschutzes. Hiermit bleibt bei den Mitgliedstaaten die letzte Verantwortung für die Bestimmung des erforderlichen Regelungskonzeptes des Verbraucherschutzes.“[144] Deshalb verfügt der Gesetzgeber im Falle der Verbraucherschutz-Richtlinien über eine gewisse Flexibilität bei der Umsetzung. Einerseits wird die untere Grenze durch Mindestanforderungen bestimmt, andererseits bleibt die oberste Grenze für die Rechtsnormen wandelbar ausgestaltet. Dementsprechend bildet die Mindestharmonisierung keinen Gegensatz zur Detailliertheit der Richtlinien. Wenn die Richtlinie den Mindeststandard detailliert regelt, dann verbleibt dem nationalen Gesetzgeber hinsichtlich dieses Mindeststandards kein Spielraum mehr. Einer anderen Ansicht nach sind die Mitgliedstaaten befugt, angesichts des Grundsatzes der Mindestharmonisierung den Kreis der Rechtssubjekte zu verändern und außerhalb des Verbraucherbegriffes liegende Personen in den Schutzbereich der Umsetzungsgesetze einzubeziehen.[145]

3.9.2 Beibehalten des strengeren nationalen Rechtes

Dieses Problem wird unter dem Aspekt Zulässigkeit des strengeren nationalen Rechtes im Vergleich zum Regelungsniveau der Richtlinie behandelt werden.[146] Das Ergebnis der gegenwärtigen Diskussion hat das strengere nationale Recht in zwei Fällen für unzulässig erklärt. Erstens sind die nationalen Rechtsnormen unzulässig, wenn das europäische Recht ausdrücklich ein Verbot derartiger nationaler Rechtsnormen enthält und zweitens in Fällen, in denen die Ziele der Richtlinie erreicht werden können, wenn das nationale Recht keine strengeren Rechtsnormen normiert.[147] Strengere Rechtsnormen des nationalen Rechtes sind unzulässig, wenn sie gegen die Grundfreiheiten des EG-Primärrechtes verstoßen.[148]

Das Problem des Beibehaltens des strengeren nationalen Verbraucherschutzrechtes stellt sich auch, vor dem Hintergrund der Frage, ob eine offene oder abschließende Regelung erforderlich ist. Die herrschende Meinung in der Rechtsli-

---

144 Drexl (Fn. 76) 1998, S. 440 ff..

145 Allg. Meinung: Heinrichs, NJW 1993, 1817, 1818 ff.; Ulmer, EuZW 1993, 337, 337 ff..

146 Zwar haben die EG-Richtlinien das strengere nationale Recht zugelassen, hat derartige Angleichungsmaßnahme bei der Bewertung die schlechten Noten bekommen. Vgl., Grundmann, Europäisches Schuldvertragsrecht – Das europäische Recht der Unternehmensgeschäfte ZGR Sonderheft - 15 (1999) S. 18 ff..

147 Grundmann, JZ 1996, 274, 277; Lutter, JZ 1992, 593, 606; Jarass, EuZW 1991, 530, 532.

148 Drexl (Fn. 76) 1998, S. 440 ff..

teratur vermutet den offenen Rechtscharakter der europäischen Rechtsnormen. Dafür spricht auch das Prinzip der Subsidiarität und die formale Begründungspflicht der Rechtsakte.[149] Die Richtlinien in den speziellen Artikeln normieren die Zulässigkeit strengerer nationaler Rechtsnormen.[150]

Dementsprechend gilt innerhalb der nationalen Rechtsordnung das strengere nationale Recht neben dem durch das Richtlinienrecht geschaffene und innerstaatlich umgesetzte Recht. Das Ergebnis dieser Regelungstechnik läßt den Anwendungsbereich früheren nationalen Rechtes unberührt. Das europäische Recht wird neben älterem Recht zusätzlich hinzugefügt. In solchen Fällen gilt das ursprüngliche und das umgesetzte Recht gleichberechtigt nebeneinander. Dabei muß sich die nationale Rechtsordnung mit dem Regelungsphänomen der Zweispurigkeit der Rechtsnormen auseinandersetzen. Möllers Ansicht zufolge hat diese Regelungstechnik eine Reihe von Nachteilen.[151] Nach diesem Regelungskonzept wird das nationale und umgesetzte Recht nämlich nebeneinander angewendet. Dieses Regelungsergebnis erfordert eine Doppelprüfung der Regelungsmaterie durch die nationalen Institutionen. Außerdem wird das bereits geltende nationale Recht durch das europäische Recht komplizierter normiert. Daraus ergibt sich die Gefahr, daß die europäischen Rechtsnormen innerhalb des geltenden nationalen Rechtes ignoriert werden und der Sachverhalt nach den alten Regelungskategorien des nationalen Rechtes gelöst wird.

3.10 Ablehnung des normativen Umsetzungsbedarfes

In einzelnen Entscheidungen des EuGH wurde der normative Umsetzungsbedarf der Richtlinie bestritten, wenn das nationale Recht bereits entsprechende Rechtsnormen enthielt.[152] Trotzdem wurde die richtlinienkonforme Interpretation aus Gründen der Rechtssicherheit in der Rechtsprechung des EuGH als adäquates

---

149 Merkt, Europäische Rechtssetzung und strengeres nationales Recht, RabelsZ (61) 1997, S. 647 ff..

150 Als ein Beispiel können folgende Artikel der EG-Verbraucherschutzrichtlinien angeführt werden: Art. 8 der Pauschalreise-Richtlinie; Art. 8 der Richtlinie über mißbräuchliche Klauseln; die Öffnungsklauseln des Art. 9 Satz 2, sowie als Art. 13 der Produkthaftungs-Richtlinie.

151 Möllers, Die Rolle des Rechtes im Rahmen der Europäischen Integration – Zur Notwendigkeit einer Europäischen Gesetzgebungs- und Methodenlehre 2000, S. 14 ff..

152 EuGH, 3. Mai 1985, Rs. 29/84, Kommission / Deutschland, in: Slg. 1987 p. 1661; Rdnr. 23; EuGH, 9. April 1987, Rs. 363/85, Kommission – Italien, in: Slg. 1987 p. 1733, Rdnr. 7.

Mittel der Umsetzung abgelehnt.[153] Bei der richtlinienkonformen Interpretation besteht die Gefahr, daß nationale Institutionen die nationalen Rechtsnormen nicht richtlinienkonform interpretieren. Generalanwalt Lenz hat bei Verhandlung der Rechtssache - Dillenkofer die Auffassung vertreten, daß die Umsetzung der Pauschalreisen-Richtlinie nur durch bindendes Recht geschehen könne, weil die Rechtsprechung, anders als die gesetzlichen Rechtsnormen, permanenter Veränderung unterliege.[154] Die richtlinienkonforme Interpretation beinhaltet den Normerhalt nicht. Insofern erfordert die gemeinschaftskonforme Richtlinienumsetzung den Erlaß eines Umsetzungsaktes.[155] Somit wird die innerstaatliche Bindung der Richtlinienvorschriften sichergestellt.[156] Die Rechtsprechung des EuGH hat schon in der Golson-Entscheidung[157] lediglich die Notwendigkeit der richtlinienkonformen Interpretation des nationalen Rechtes zur Verwirklichung des Richtlinienzieles betont. Diese Interpretation verlangt nicht eine unbedingte und hinreichende Bestimmtheit der Richtlinienbestimmungen.[158] Die richtlinienkonforme Interpretation des nationalen Rechtes hängt im bestimmten Umfang von der Verbindlichkeit des Richtlinienzieles ab. Eine vorherige Konkretisierung des Richtlinienzieles durch den nationalen Gesetzgeber wird trotzdem nicht verlangt, da dem Gesetzgeber angesichts detaillierter Regelungen keine eigenständige Gestaltungsfreiheit und kein wesentliches Wahlrecht zur Verwirklichung des Richtlinienziels verbleibt.[159] Damit ist festzuhalten, daß im Rahmen einer richtlinienkonformen Interpretation nationalen Rechtes die Bestimmungen der Richtlinie unbedingt und bestimmbar sein müssen. Wenn die Richtlinie konkreten Bestimmungen zur Zielverwirklichung nicht normiert hat, dann muß die richtlinienkonforme Interpretation des nationalen Rechtes auf Basis einer Konkretisierung der Zielverwirklichung durch die Rechtsnormen des Umsetzungsaktes erfolgen. Die gemeinschaftsrechtliche Pflicht zur richtlinienkonformen Interpretation besteht grundsätzlich nach dem Ablauf der Umsetzungspflicht.[160] Eine andere Auffas-

153 EuGH, 13. Januar 1993, Rs. C - 293/91, Kommission / Frankreich, in: Slg. 1993 p. I - 1; Rdnr. 2 - 3; EuGH, 10. Mai 2001, Rs. C - 144/99, Kommission gegen Königreich der Niederlande Rdnr. 14; veröffentlicht in: EWS 2001, 329, 330.

154 Die Ausführungen der Bundesrepublik Deutschland vor dem EuGH: Schlußantrag des Generalanwaltes Lenz - EuGH, 08. Oktober 1996, Rs. C - 178/94, C - 179/94, C - 188/94, C - 180/94; Dillenkofer, in: Slg. 1996 p. I - 4845.

155 EuGH, 17. September 1996, Rs. C - 236/95, Kommission / Griechenland, in: Slg. 1996 p. I - 4459, Rdnr. 12 ff..

156 Ruffert, Art. 249 Rdnr. 58; in: Calliess/Ruffert (Fn. 27) 1999.

157 EuGH, 10. April 1984, Rs. 14/83, v. Colson und Kamann, in: Slg. 1984 p. 1891, Rdnr. 15 ff..

158 EuGH, 8. Oktober 1987, Rs. 80/86, Kolpinghuis, in: Slg. 1987 p. 3969, Rdnr. 13 ff..

159 EuGH, 8. Oktober 1987, Rs. 80/86, Kolpinghuis, in: Slg. 1987 p. 3969, Rdnr. 15 ff..

160 Jarass, EuR 1991, 211, 221; Bach, JZ 1990, 1108, 1112.

sung anerkennt die gemeinschaftsrechtliche Pflicht zur richtlinienkonformen Interpretation eines Umsetzungsaktes unabhängig vom Ablauf der Umsetzungsfrist der EG-Richtlinie. In solchen Fällen handelt es sich um die richtlinenkonforme Interpretation kraft nationalen Rechtes. Dabei vermutet man, daß der nationale Gesetzgeber den Auftrag der Richtlinie erfüllen will. Die richtlinienkonforme Interpretation erfolgt im nationalen Recht in der Form der teleologischen Interpretation.

4. Stellungnahme

Das Regelungskonzept der EG-Richtlinie beinhaltet die normative Verpflichtung an den nationalen Gesetzgeber zum Erlaß neuer Rechtsvorschriften, wenn die Zielsetzung der Richtlinie dieses Vorgehen erfordert und derartige Rechtsnormen in nationalem Recht nicht vorhanden sind. Die verbraucherschutzrechtliche Rechtsangleichung hat ihre Grenzen hinsichtlich der Errichtung und des Funktionierens des Binnenmarktes. Der Europäische Gerichtshof begründet die gemeinschaftsrechtlichen Umsetzungspflichten aller Träger öffentlicher Gewalt, geeignete Maßnahmen „im Rahmen ihrer Zuständigkeiten" zu ergreifen. Der europäische Gesetzgeber muß im Rahmen der primärrechtlichen Ermächtigungsgrundlagen handeln. Die rechtliche Folge einer Nichtbeachtung dieser Forderung ist die Nichtigkeit des sekundären Rechtsaktes.

Beim Umsetzungskonzept der EG-Richtlinie werden die bestehenden Rechtsnormen des nationalen Rechtes ausreichen, wenn tatsächlich eine vollständige Anwendung der Richtlinienvorschriften in klarer und bestimmter Weise gewährleistet wird.[161] Die Regelungsansätze der verbraucherschutzrechtlichen Normen sind am Leitbild des durchschnittlich informierten, aufmerksamen und verständigen Durchschnittsverbrauchers zu orientieren. Nach dem Grundsatz der Parallelität der Rechtsnormen wird vom nationalen Gesetzgeber gefordert, daß der umsetzende Rechtsakt denselben Normenrang aufweist, wie die Rechtsvorschriften, die den von der Richtlinienumsetzung erfaßten Bereich regelten. Ansonsten bleibt der nationale Gesetzgeber weitgehend bei der gesetzgeberischen Entscheidung frei, ob eine Einarbeitung in die geltenden Rechtsquellen, ein Sondergesetz oder eine Verordnung erforderlich wird. Aus Gründen der Rechtssicherheit wird die richtlinienkonforme Interpretation als adäquates Mittel der Umsetzung abgelehnt, da die Möglichkeit einer Abweichung vom Regelungskonzept der EG-Richtlinie nicht völlig ausgeschlossen werden kann.

---

161 EuGH, 11. August 1995, Rs. C - 433/93, in: Slg. 1995 p. I - 2303, Rdnr. 18 ff..

Die Grenzen der innerstaatlichen Gestaltungsfreiheit bei der Wahl der Form und des Mittels zur Umsetzung sind nicht nur an gemeinschaftsrechtlichen, sondern auch an innerstaatlichen Rechtsbedingungen zu messen. Die nächsten Teile der vorliegenden Untersuchung befassen sich mit dem Umsetzungskonzept der EG-Verbraucherschutzrichtlinien in das nationale Recht. Die zu untersuchenden Umsetzungskonzepte der EG-Richtlinien werden anhand der festgestellten Forderungen und Kriterien der gemeinschaftskonformen Umsetzung geprüft.

C. Gesetzliche Maßnahmen des Privatrechtes nach dem Maßstab der deutschen, österreichischen und polnischen Rechtsordnung

1. Fragestellung

Der erste Teil dieses Kapitels behandelt die Stellung der privatrechtlichen Kodifizierungen in der deutschen, österreichischen und polnischen Rechtsordnung. Hier werden die Abgrenzungskriterien einer Kodifizierung innerhalb des privatrechtlichen Systems behandelt. Der zweite Teil des Kapitels befaßt sich mit dem Schutzansatz der deutschen Gesetzgebung im Bereich des Verbraucherschutzes. In diesem Teil werden die gesetzgeberischen Entscheidungen bei der Normierung des Verbraucherschutzes untersucht. Der dritte Teil des Kapitels konzentriert sich auf das Regelungsproblem des Konsumentenschutzes in der österreichischen Rechtsordnung. Dabei wird die privatrechtliche Position des österreichischen Konsumentenschutzrechtes bewertet. Der vierte Teil des Kapitels untersucht die polnische Gesetzgebung im Bereich des Verbraucherschutzes. Dabei werden die Leitlinien des polnischen Systems des Verbraucherschutzes angesprochen. Am Schluß des Kapitels wird zum anfänglichen Regelungskonzept des deutschen, österreichischen und polnischen Gesetzgebers Stellung genommen.

2. Kodifizierung des Privatrechtes

In der Bundesrepublik Deutschland, in der Österreichischen Republik wie auch in der Polnischen Republik sind die Kernbereiche des Privatrechtes in den Kodifikationen normiert. Im Bereich des deutschen Privatrechtes gilt das Bürgerliche Gesetzbuch (BGB) vom 18. 8. 1896. Das österreichische Privatrecht ist innerhalb des Allgemeinen Bürgerlichen Gesetzbuches (ABGB) vom 1. 7. 1811 geregelt. Das polnische Privatrecht ist im Zivilgesetzbuch (ZGB) vom 23. 04. 1964 verfaßt. Die Regelungskonzepte dieser Kodifizierungen sind zum Teil identisch – zum Teil weichen sie aber auch erheblich voneinander ab.

Die Normierung der Regelungsbereiche des deutschen BGB und österreichischen ABGB hat geschichtliche Hintergründe.[162] Die Regelungsmaterie des deut-

162 Coing, Handbuch der Quellen und Literatur der neuen europäischen Privatrechtsgeschichte 1982 – zum deutschen Rechtssystem – S. 1403 ff..; – zum österreichischen Rechtssystem – S. 1775 ff..

schen BGB entsprach dem geltenden Regelungssystem des Pandektenrechtes. Die österreichische Rechtsentwicklung gelangte zu einem vergleichbaren Ergebnis: „das Allgemeine Bürgerliche Gesetzbuch sollte für alle Länder des Kaiserstaates gelten."[163] Dadurch hat der deutsche und österreichische Gesetzgeber bezweckt das Rechtsgebiet des Privatrechtes in einem einheitlichen Gesetzeswerk (BGB/ABGB) zu regeln.[164] Der erste Schritt in diese Richtung wurde durch die Einführung der formalen Gleichheit der Rechtssubjekte im privaten Rechtsverkehr verwirklicht. Diese Gesetzbücher beruhen auf der Idee, eines für alle geltenden Privatrechtes in einer „stände- und klassenlosen Gesellschaft" zu schaffen.[165] Die partikulären Rechtsvorschriften für einzelne Bevölkerungsgruppen oder Berufsstände sind nach Ansicht des nationalen Gesetzgebers zu vermeiden. Die Garantie der formalen Gleichheit der Rechtssubjekte und die daraus folgende Ablehnung einer Sondergesetzgebung wurde als die beste Sicherung der Freiheit für alle begriffen.[166] Das Problem des Wertungswiderspruchs innerhalb der privatrechtlichen Normen beim Vorliegen eines faktischen Ungleichgewichtes hat der deutsche und österreichische Gesetzgeber im ursprünglichen Regelungskonzept des BGB/ABGB nicht entschieden.[167] Mit dem Inkrafttreten des BGB/ABGB sollte dort kodifiziertes Bürgerliches Recht des deutschen Reiches und in der österreichischen Monarchie für alle Bürger in gleicher Weise geltendes allgemeines Privatrecht werden. Die angesprochenen Rechtsgedanken gehörten zu dem Leitbild des 19. Jahrhunderts. Nietzsche hat in diesem Zusammenhang kritisch formuliert „der Wille zum System sei ein Mangel an Rechtschaffenheit."[168] Das Regelungskonzept des polnischen Zivilgesetzbuches ist durch den Gedanken eines einheitlichen Zivilrechtes geprägt. Ursprünglich hat dieses Regelungskonzept bezweckt, die Bereiche des Zivilrechtes in einem einheitlichen Regelungsakt zu normieren. Das Wirtschaftsrecht ist als notwendige Ergänzung des Zivilrechtes zu begreifen.[169] Das polnische Zivilgesetzbuch trat am 23. 04. 1964 in Kraft.[170]

---

163 Ehrenzweig, System des österreichischen allgemeinen Privatrechtes, Bd. I/1: Allgemeiner Teil 1951, S. 9 ff..

164 Schubert, Das bürgerliche Gesetzbuch von 1896, S. 11 ff..; Dölemeyer, Die Teilnovellen zum ABGB, S. 49 ff..; in: Hofmeister (Hrsg.) Kodifikation als Mittel der Politik, 1986.

165 Damm, Einl., Rdnr. 1 ff..; in: Luchterhand Reihe Alternativkommentar – Allgemeiner Teil §§ 1 - 240 1987.

166 Hattenhauer, Europäische Rechtsgeschichte 1998, Rdnr. 1466 ff..

167 Dick, Das Verbraucherleitbild der Rechtsprechung 1995, S. 28 ff..

168 Nietzsche, Bd. 6, Götzen-Dämmerung 1989, S. 63 ff..

169 Radwański, Koncepcja kodyfikacji prawa cywilnego, Księga pamiątkowa – I Kongres Notariuszy Rzeczypospolitej Polskiej (Kodifizierungskonzept des Zivilrechtes, in: Gedächtnisschrift des I - Kongresses der Notaren der Republik Polen) 1995, S. 197 ff..

Der allgemeine Geltungsanspruch ist durch die in der Kodifizierung befindenden Rechtsnormen kennzeichnet. Im Wesen des allgemeinen Geltungsanspruches der privatrechtlichen Normen liegt das Recht auf selbstbestimmte und beliebige Gestaltung der privaten Rechtsverhältnisse in den Grenzen der Rechtsordnung.[171] Damit wird das Prinzip der Selbstgestaltung der Rechtsverhältnisse durch den Einzelnen nach seinem Willen normiert und rechtlich die Möglichkeit anerkannt, durch Willensäußerung bestimmte Rechtsfolgen entweder herbeizuführen oder sie zu verhindern.[172] Die Verantwortung für das eigene Tun oder Unterlassen ist direkt an den Begriff der Rechtsperson geknüpft.[173] Sowohl die Rechtsnormen des deutschen BGB als auch die des österreichischen ABGB und des polnischen ZGB sind nach dem Prinzip der Abstraktion der typisierbaren Situation normiert. Nach diesen Kriterien wird der Anwendungsbereich der privatrechtlichen Normen festgelegt.

Der allgemeine Geltungsanspruch der privatrechtlichen Normen ist durch den doppelten Rechtscharakter in Bezug auf den persönlichen und materiellen Anwendungsbereich gekennzeichnet.[174] Nach dem persönlichen Anwendungsbereich der Gesetzbücher des bürgerlichen Rechtes ist jede Person Normadressat.[175] Dadurch ist im Regelungskonzept der Gesetzbücher des bürgerlichen Rechtes das Gleichheitsprinzip im Bereich des Privatrechtes bindend festgehalten. Der materielle Anwendungsbereich privatrechtlicher Normen innerhalb einer Kodifizierung ist nach dem Regelungsgegenstand zu bestimmen.[176] Die systema-

---

170 Das Regelungskonzept des polnischen ZGB setzt sich aus vier Büchern zusammen. Das Erste Buch – Allgemeiner Teil; Das Zweite Buch – Eigentum und andere dingliche Rechte; Das Dritte Buch – Schuldverhältnisse; Das Vierte Buch – Erbrecht; Die Regelungsansätze des polnischen ZGB entsprechen den Regelungsansätzen des deutschen BGB. Vgl., Anna Supron-Heidel, Kontinuität und Umbruch im polnischen Zivilrecht ZfRV 2000, 217, 221 ff..

171 Köhler, AT, § 12 I; Rz. 1; Lehmann/Hübner, AT, § 4 II 2a), S. 31 ff..; § 24 I, S. 140 ff..

172 Bydlinski, Privatautonomie und objektive Grundlagen des verpflichtenden Rechtsgeschäftes 1962, S. 127 ff..

173 Larenz, AT 2001, S. 36 ff..

174 Damm, Einl., Rdnr. 2 ff..; in: Luchterhand Reihe Allgemeiner Teil, §§ 1 - 240 1987.

175 Derzeit besteht keine Diskriminierung bei der Bestimmung des Rechtsstatus hinsichtlich der Zugehörigkeit zum sozialen Stand, ihrer Staatsangehörigkeit oder des Geschlechtes. Vgl., Wieacker, Privatrechtsgeschichte der Neuzeit 1967, S. 461 ff..

176 Das deutsche BGB beinhaltet folgende Regelungsbereiche – Das 1. Buch des BGB, der allgemeine Teil (§§ 1 - 240 BGB) normiert die zentralen Rechtsinstitute des Privatrechtes: die Lehre über das Rechtsgeschäft und die Lehre der Rechtssubjekte. Das 2. Buch enthält die Rechtsnormen über das Recht der Schuldverhältnisse (§§ 241 - 853 BGB). Das 3. Buch BGB befaßt sich mit dem Regelungsbereich des

tische Bestimmung der Regelungsmaterie entspricht dem im 19. Jahrhundert ausgearbeiteten Pandektensystem. Die Hauptmerkmale dieses Regelungssystems sind ein ausführlich gegliederter allgemeiner Teil mit normativen Bestimmungen über die Rechtsgeschäfte und einer klaren Abgrenzung zwischen Sachenrechten und den obligatorischen Rechten. Aus dem allgemeinen Geltungsanspruch der privatrechtlichen Normen folgt die Ablehnung die Differenzierung nach dem Kriterium der Schutzbedürftigkeit und dem Kriterium des Verwendungszwekkes.[177] Die Normierung der neu erlassenen Rechtsnormen innerhalb des BGB/ ABGB/ZGB muß den in diesem Kapitel angesprochenen Anforderungen entsprechen.[178]

Das Regelungsziel, den nationalen Gesetzgeber in die Lage zu versetzen durch diese Kodifizierungen das Nebeneinander und die Konkurrenz der verschiedenen Rechtsquellen abzuschaffen, hat die gesetzgeberischen Kodifizierungen des deutschen, österreichischen und polnischen Privatrechtes beeinflußt. Die rechtliche Realität innerhalb der behandelten Rechtsordnungen sah trotz allen kodifikatorischen Bemühungen anders aus. Zum Beispiel hat das Vertragsrecht des BGB/ABGB etwa 700 Rechtsnormen unterschiedlichen Rechtswertes.[179] Das Regelungskonzept des polnischen ZGB enthält zahlreiche Rechtsnormen unterschiedlicher Rechtsnatur.[180]

Sachenrechtes (§§ 854 - 1296 BGB). Mit dem 4. Buch BGB wird der Bereich des Familienrechtes (§§ 1297 - 1921 BGB) geregelt. Das 5. Buch BGB normiert das Erbrecht. Die Rechtsstruktur ABGB hat der österreichische Gesetzgeber teilweise umgekehrt ausgestaltet. Der Erste Teil beginnt mit dem Familienrecht. Der Regelungsgegenstand des zweiten Teiles normiert das Sachenrecht. Der Dritte Teil des österreichischen ABGB enthält die Rechtsnormen über gemeinschaftliche Bestimmungen der Personen- und Sachrechte. Das polnische ZGB hat die Regelungsbereiche folgendermaßen ausgestaltet. Das 1. Buch beinhaltet Rechtsnormen des allgemeinen Regelungscharakters. Das 2. Buch hat Regeln im Bereich des Eigentums und andere dingliche Rechte normiert. Innerhalb des 3. Buches sind die Schuldverhältnisse geregelt. Das 4. Buch befaßt sich mit dem Erbrecht. Vgl., Posch, Grundzüge fremder Privatrechtssysteme – Ein Studienbuch 1995, S. 26 ff..

177 Dauner-Lieb, (Fn. 101) 1983, S. 60 ff..

178 Westermann, Gutachten und Vorschläge zur Überarbeitung des Schuldrechtes, Band III 1983, S. 68 ff..

179 Wolf, ZRP 1978, 249, 254 ff..; Cuber, Handelsrecht 1998, S. 3 ff..

180 Grzybowski, System prawa cywilnego (System des Zivilrechtes) 1985, S. 15 ff..; Kosikowski, Polskie publiczne prawo gospodarcze (Polnisches öffentliches Wirtschaftsrecht) 1998, S. 25 ff..

3. Zivilrechtliche Einzelgesetzgebung und ihr Schutzansatz im Bereich des Verbraucherschutzes

3.1 Innerhalb der deutschen Rechtsordnung

Das älteste deutsche Verbraucherschutzgesetz – das Abzahlungsgesetz – geht auf das Jahr 1894 zurück und ist damit älter als das Bürgerliche Gesetzbuch. Der Wortlaut des Abzahlungsgesetzes enthält nicht die Kategorie des „Verbrauchers“, sondern es wurde von der „verbrauchenden Bevölkerung“ gesprochen.[181] Neben diesem Sondergesetz sind außerhalb des BGB ursprünglich folgende Rechtsakte normiert: die Viehmängel-Verordnung von 1899, das Gesetz gegen den unlauteren Wettbewerb von 1896 und das Versicherungsvertragsgesetz von 1908. Die Weiterentwicklung im Bereich des Verbraucherschutzes erfolgt innerhalb des Arbeits- und Mietschutzrechtes.[182] Zu den angegebenen Zeitpunkten und den sie umfassenden Perioden ist der Verbraucherschutz kein rechtspolitisches Ziel gewesen. Dies änderte sich erst mit der ZPO-Novelle vom 1. 4. 1974 und der Entwicklung eines Gesetzes über die allgemeinen Geschäftsbedingungen im Jahre 1976/77.[183] Die Intensivierung des Verbraucherschutzes hat das Problem einer systematischen Bestimmung des Regelungsortes der verbraucherschutzrechtlichen Normen innerhalb der Rechtsordnung bedingt. Zwei Ansichten sind in diesem Zusammenhang bekannt. Entweder man versteht das Verbraucherschutzrecht als ein selbständiges, vom Zivilrecht getrenntes Rechtsgebiet. Das Ergebnis dieser rechtlichen Einordnung der verbraucherschutzrechtlichen Normen wird dann die Trennung nach dem Adressatenkreis des Verbraucherschutzrechtes und des allgemeinen bürgerlichen Rechtes (BGB) nach sich ziehen,[184] wobei nach Ansicht von Damm damit eine Ersatzkodifikation für das Bürgerliche Gesetzbuch entstehen kann.[185] Oder dem Begriff des Verbrauchers wird keine selbständige

---

181 Medicus, JuS 1996, 761, 766.

182 Heiss S. 88 ff..; in: Schneider/Heiss (Hrsg.) Internationales Verbraucherschutzrecht 1995.

183 Medicus, in: FS Kitagawa 1992, S. 471, 475 ff..

184 Bartl, ZRP 1976, 13, 15 ff..; Broggini, ZfRV 1997, 221, 223 ff..; Dreher, JZ 1997, 167, 169 ff..; Ebel, ZRP 1999, 46, 49 ff..; Gärtner, BB 1995, 1753, 1755 ff..; Heiss, JZ 1997, 83, 84 ff..; Hommelhoff, Civil Law under the influence of european legal harmonisation, in: Micklitz/Weatherill European Economic Law, 1997; Tonner, JZ 1997, 83, 84 ff..; Zöllner, AcP 1996, 1, 3 ff..

185 Dadurch ist die Entstehung der deutschen Handelsgesetzgebung gekennzeichnet. Der Anwendungsbereich der handelsrechtlichen Norm ist nach dem Kriterium des Kaufmannes bestimmt. Die Kodifizierung des Handelsrechtes erfolgte in der Form des Allgemeinen Deutschen Handelsgesetzbuches von 1891. Damit ist eine Trennlinie innerhalb des Privatrechtes (BGB/HGB) nach dem persönlichen Anwendungs-

Bedeutung zugesprochen, so daß die Rechtsnormen des Verbraucherschutzes lediglich die Ausgestaltung der einen oder der anderen zivilrechtlichen Norm unter dem Aspekt des Schutzes des Schwächeren sind.[186] Dieses Problem ist in der deutschen Zivilrechtswissenschaft nicht neu. Die Bestimmungsfrage eines Ungleichgewichts innerhalb des zivilen Rechtsverhältnisses, das zu Ausgleichsmaßnahmen mit den Rechtsmitteln des Privatrechtes zwingt, hat die deutsche Zivilrechtswissenschaft seit dem Entstehen des Bürgerlichen Gesetzbuches beschäftigt. Die Verwirklichung dieses Regelungsauftrages stellt einen Ausgleich zu Lasten einzelner Rechtssubjekte des Privatrechtes dar. Die gesetzestechnische Verwirklichung dieses Regelungsauftrages erfolgt außerhalb des BGB-Regelungskonzeptes. Folglich wird die Stellung des BGB innerhalb des privatrechtlichen Systems gestürtzt. Damit konnte das Privatrecht ohne eindeutigen Wert und klare Rangordnung der Rechtsnormen geschaffen werden. Diese Rechtsnormen des Verbraucherschutzes sind als Regeln des Ausnahmerechtes innerhalb des Privatrechtes zu begreifen.[187]

Das deutsche BGB setzt nach dem ursprünglichen Regelungskonzept voraus, daß die vorhandenen Kontrollnormen des BGB den Anforderungen des Verbraucherschutzes innerhalb der nationalen Rechtsordnung entsprechen werden.[188] Dementsprechend stellt sich das Bestimmungsproblem des sozialen Schutzes des Schwächeren als Rechtsgrundsatz oder als rechtfertigungsbedürftige Ausnahme in der nationalen Rechtsordnung. Die Beschränkung des geschützten Subjektenkreises auf die Verbraucher sei aus europarechtlichen Gründen nicht zwingend. Der deutsche Minderkaufmann ist unter bestimmten Umständen ebenso schutzbedürftig, wie der einfache Bürger wenn er einem marktbeherrschenden Hersteller gegenübersteht. Auch ein Zulieferer befindet sich teilweise dem Hersteller gegenüber in einer Ungleichgewichtslage.[189] Dadurch wird der Ausnahmecharakter des Verbraucherschutzes nach dem ursprünglichen Regelungskonzept innerhalb des allgemeinen Privatrechtes (BGB) unterstrichen.[190] Nach dem deutschen Verbraucherschutzrecht läßt sich der Schutzansatz nicht auf die traditionelle Ver-

---

bereich zu verzeichnen. Vgl., Damm, Einl. Rdnr. 4 ff..; in: Luchterhand-Reihe Alternativkommentar; §§ 1 - 240 1987.

186 Ulmer, JZ 1990, 1, 3 ff..

187 Barnet, Die formelle Vertragsethik des BGB im Spannungsverhältnis zum Sonderprivatrecht und zur judikativen Kompensation der Vertragsdisparität – Zugleich ein Befund judikativer Entwicklungsphasen materieller Vertragsethik im Interzessionsrecht 1993, S. 231 ff..

188 Zu diesen Bestimmungen des BGB mit dem Schutzcharakter gehören die Prinzipien von Treu und Glauben (§ 242 BGB) sowie die Generalklauseln der guten Sitten (§ 138 BGB).

189 In diese Richtung auch Dauner-Lieb, (Fn. 101) 1983, S. 51 ff..

190 Büllow/Artz, NJW 2000, 2050, 2050 ff..

brauchereigenschaft reduzieren. Dieser Schutzansatz ist durch das Bestehen einer relativen persönlichen „Ungleichgewichtslage“ gekennzeichnet.[191] Diese Ungleichgewichtslage kann sich aus der Verbrauchereigenschaft nach dem Vertragstyp oder anderen Gefährdungssituationen ergeben. Zu diesen Gefährdungssituationen gehören Überrumpelung, unsachliche Beeinflussung, Übereilung, zu lange Vertragsbindung, Irrtum, einseitige Vertragsänderung, unausgewogener Vertragsinhalt und Beweisschwierigkeiten. Somit kann der Schutzansatz bei den Rechtsnormen auf unterschiedliche Art und Weise festgestellt werden. Nach welchen Kriterien dieses Ziel zu erreichen ist bleibt der Entscheidungsfreiheit des nationalen Gesetzgebers vorbehalten. Insofern ist es von entscheidender Bedeutung die Positionsunterschiede bei der sondergesetzlichen Norm und der Rechtsnorm des BGB zu identifizieren. Dies kann auch die Wiedereingliederung der Sondergesetzgebung in das Regelungssystem des BGB veranlassen. In diesem Zusammenhang stellt sich die Frage nach der Verallgemeinerungsfähigkeit der verbraucherschutzrechtlichen Normen. Damit wird die Beseitigung der bestehenden Wertungswidersprüche innerhalb des Regelungssystems des BGB und der sondergesetzlichen Norm bezweckt.[192]

Nach Ansicht von Hommelhoff ist der kodifikatorische Schutzansatz aus der Europäisierung des nationalen Verbraucherschutzrechtes zu entnehmen. Dabei ist die systematische Einstufung des europäischen Verbraucherschutzrechtes als „Zusammenfassung aller Verbraucherschutz-Richtlinien in einer einheitlichen Kategorie zur rechtsdogmatischen Durchdringung“ erforderlich.[193] Im Ergebnis läßt sich die hierarchische Einordnung der verschiedenen Schutzansätze bestimmen. Zunächst kommt „der situationsspezifische Schutzansatz, danach vertragstyp-bezogene und anschließend rollenspezifische Ansätze mit ihrer undiffe-

---

191 Ein systematisches Gesamtkonzept des Verbraucherschutzrechtes scheitert an dem Fehlen der gesetzgeberischen Entscheidung in diesem Regelungsbereich. Das geltende System der Rechtsnormen umfaßt den Schutzansatz bei Kompensation der typischen Unterlegenheit der Vertragsparteien (rollenspezifischer Schutzansatz) und den Schutzansatz bei Kompensation der Situationen (situationspezfischer Schutzansatz). Der deutsche Gesetzgeber normiert die verbraucherschutzrechtlichen Normen in den sondergesetzlichen Tatbeständen.

192 Die Rechtsnormen des Verbraucherschutzes werden nach diesen Vorstellungen in die Rechtsnormen des allgemeinen Privatrechtes transformiert. Die verbraucherschutzspezifischen Aspekte werden aus dem Anwendungsbereich der Rechtsnormen beseitigt. Die andere Lösung besteht darin, die Rechtsnormen des Verbraucherschutzes nach dem Anwendungsbereich der privatrechtlichen Normen zu gestalten. Zu diesem Regelungsproblem – vgl., Westermann (Fn. 44) 1983, S. 85 ff..

193 Hommelhoff, AcP (192) 1992, 71, 103 ff..; in diese Richtung auch Heiss, ZfRV 1995, 54, 59 ff..

renzierten und grenzenlosen Wirkkraft.“[194] Müller-Graff bemerkte im Anschluß zutreffend, daß sich bei der Alternative zwischen Rechtseinheit und Rechtsqualität die Frage nach dem Rollenverhältnis zwischen allgemeinem Privatrecht und Sonderprivatrecht stellte. Der Verbraucher ist in Marktverhältnissen strukturell der Anbieterseite unterlegen. Für Nicht-Verbraucher gilt eine derartige Situation typischerweise nicht. Dadurch wird der deutsche Gesetzgeber zur Bestimmung des Schutzansatzes im Regelungsbereich des Verbraucherschutzes verpflichtet.[195] Andere vertreten die Ansicht, ein Bezugspunkt zur inhaltlich-systematischen Integration der verbraucherschutzrechtlichen Normen liege in der „Unbestimmtheit des Verbraucherschutzrechtes“. Das Ergebnis dieser Ansicht wird der einheitliche Schutzansatz des Verbraucherrechtes nicht begründen können.[196] Im Ursprung des deutschen Verbraucherschutzrechtes spiegelt sich die Ausgestaltung der zivilrechtlichen Normen unter Aspekt des Schutzes des Schwächeren. Nach dieser Ansicht wird der rechtlichen Kategorie des Verbrauchers keine selbständige Bedeutung zugesprochen.[197] Auch nach Ansicht von Preis ist der Begriff des Verbrauchers in der rechtlichen Terminologie untauglich, da sich die begriffliche Bestimmung des Verbrauchers nicht auf die natürlichen Personen beschränken läßt. Zusätzlich sind als Negativkriterien nichtgeschäftsmäßiges, nichtselbständiges, nichtberufliches und schließlich nichtvollkaufmännisches Handeln zu berücksichtigen. Dementsprechend ist die Inhaltslosigkeit dieses Rechtsbegriffes festzustellen.[198] Somit sind die Alternativen bei der Bestimmung des Schutzansatzes im Regelungsbereich des deutschen Verbraucheschutzrechtes gestellt sind. Dem nationalen Gesetzgeber bleibt bei der Normierung des Verbraucherschutzes ein breiter Gestaltungsspielraum belassen. Die Frage ist nun , ob dieser Regelungsbedarf von ihm erkannt wird?

Die Rechtsprechung des Bundesverfassungsgerichtes (BVerfG) hat das Bestehen des Gesetzgebungsauftrages hinsichtlich der Zulässigkeit gesetzgeberischer Typisierungen untersucht. Das Verfassungsgericht fordert die Normierung der bindenden Verhaltensnormen bei typisierenden und generalisierenden Massenerscheinungen.[199] Der Gesetzgeber müsse in diesen Fällen die verfassungsrechtlichen Grenzen bei typisierenden und generalisierenden Regelung berücksichtigen.[200] Nach der Rechtsprechung des BVerfG zum Verbraucherschutz hat

194 Hommelhoff, AcP (192) 1992, 71, 104 ff..
195 Müller-Graff, Privatrecht und Europäisches Gemeinschaftsrecht, abgedruckt in: Gemeinsames Privatrecht in der Europäischen Gemeinschaft 1993, S. 195 ff..
196 Limbach, KritV 1986, 165, 171 ff..; Joerges, KJ 1987, 166, 170 ff..
197 v. Hippel, Der Schutz des Schwächeren 1982, S. 29 ff..; Ulmer, JZ 1990, 1, 3 ff..
198 Preis, ZHR 158 1994, S. 593 ff..
199 BVerfG 79, 87 (100)
200 BVerfG 63, 119 (128)

der Gesetzgeber die verfassungsmäßige Pflicht, beim Vorliegen der Voraussetzungen gestörter Vertragsparität die materielle Vertragsfreiheit zu schützen. Das Bundesverfassungsgericht begründet in dieser Hinsicht die verfassungsmäßige Pflicht des deutschen Gesetzgebers, die erforderlichen Rechtsnormen zu erlassen.[201] Die Voraussetzungen dazu sind beim Bestehen einer typisierbaren Situation strukturellen Vertragsungleichgewichts und der ungewöhnlich belastenden Folgen für eine Vertragspartei gegeben. Die Begründung des Bundesverfassungsgerichtes fordert Regelungsbedarf bei der Typisierbarkeit der Situation mit dem Argument der Rechtssicherheit.[202] Die danach ergangene Rechtsprechung des BVerfG hat diese verfassungsmäßige Pflicht bei der gesetzgeberischen Tätigkeit nicht konkretisiert. Insofern bleibt es äußerst schwierig, den normativen Rahmen des verfassungsmäßigen Gesetzgebungsauftrages zu bestimmen.

Schließlich wurde vom deutschen Gesetzgeber (2000) die Rechtskategorie des Unternehmers und Verbrauchers normiert. Die maßgeblichen Rechtsvorschriften hat das Regelungskonzept des Bürgerlichen Gesetzbuches aufgenommen. Paragraph 13 BGB hat die Rechtskategorie des Verbrauchers bestimmt. Der Wortlaut des Gesetzes ist folgender: „Verbraucher ist jede natürliche Person, die ein Rechtsgeschäft zu einem Zweck abschließt, der weder ihrer gewerblichen noch ihrer selbständigen beruflichen Tätigkeit zugerechnet werden kann." Die Rechtskategorie des Unternehmers gehört in den Rahmen des § 14 BGB. Die gesetzliche Bestimmung ist folgendermaßen verfaßt: „Unternehmer ist eine natürliche oder juristische Person oder eine rechtsfähige Personengesellschaft, die bei Abschluß eines Rechtsgeschäftes in Ausübung ihrer gewerblichen oder selbständigen beruflichen Tätigkeit handelt." Dementsprechend hat die längst diskutierte Regelungsmaterie des Verbraucherschutzes einen normativen Rahmen bekommen.[203] In den folgenden Teilen der Untersuchung wird nach der Richtigkeit dieser gesetzgeberischen Entscheidung gefragt.

3.2 Innerhalb der österreichischen Rechtsordnung

Die Entwicklung des österreichischen Konsumentenschutzrechtes fängt bei gesundheitspolizeilichen Maßnahmen an. Dazu gehört das Reichssanitätsgesetz (1870) und das Lebensmittelgesetz (1897) sowie auch die gesetzlichen Regelungen des Maß- und Eichwesens.[204] Danach ergangene konsumentenschutzrele-

---

201 BVerfG 89, 214 (232)
202 Zu dieser Frage – Drexl (Fn. 76) 1998, S. 276 ff..
203 §§ 13 - 14 BGB, in: Palandt/BGB-Kommentar 2001.
204 Schuhmacher, Verbraucher und Recht in historischer Sicht 1981, S. 15 ff..

vante Normen sind durch den verwaltungsrechtlichen und wettbewerbsrechtlichen Regelungscharakter geprägt.[205] Diese Rechtsnormen sind im System des österreichischen Privatrechtes als Ausnahme zu begreifen. Die konsumentenschutzrechtliche Regelungsmaterie war in den sondergesetzlichen Rechtsakten normiert, so etwa innerhalb des Preisrechtes, in der Gewerbeordnung, innerhalb des Lebensmittelrechtes und des Kennzeichnungsrechtes.[206] Der österreichische Gesetzgeber hat die systematische Kodifizierung des Konsumentenschutzes unbehandelt gelassen. Dabei stand für ihn die pragmatische Überlegung der Machbarkeit im Vordergrund. Die Normierung der zivilrechtlichen Normen im Bereich des Konsumentenschutzes hat die strukturelle Unterlegenheit des Konsumenten gegenüber dem Unternehmer zur Folge gehabt.[207] Durch das Ratengesetz wurde das Problem des Haustürgeschäftes rechtlich gelöst. Danach folgten das Produkthaftungsgesetz und das Produktsicherungsgesetz, das Preisauszeichungsgesetz, das Bankwesengesetz und Wertpapieraufsichtsgesetz, sowie das Kapitalmarktgesetz, das Maklergesetz, das Bauträgervertragsgesetz und das Teilzeitnutzungsgesetz.[208] Den Schlußpunkt unter der Welle der Verbraucherschutzgesetzgebung hat das KSchG gesetzt.[209] Damit gehört die österreichische Rechtsordnung zu dem Regelungssystem des Konsumentenschutzes, wo das Konsumentenschutzrecht in einer eigenständigen Kodifizierung geregelt ist.[210] Das ist ein Gegensatz zu den anderen Rechtsordnungen, die das Verbraucherschutzrecht in das allgemeine Zivilrecht integriert haben.[211] Das Konsumentenschutzgesetz ist eine systematische Kodifizierung des Konsumentenschutzes. Bei der Vorbereitung des Konsumentenschutzgesetzes hatte der österreichische Gesetzgeber bei der gesetzgeberischen Entscheidung zwei Alternativen. Somit konnte zwischen dem eigenständigen Gesetz mit dem Geltungsbereich auf sämtliche Verbrauchergeschäfte oder einem Regelungskonzept im Rahmen des ABGB gewählt werden, wonach die bestehende Ungleichgewichtslage bei Verbrauchergeschäften nach

---

205 Schuhmacher, Der Konsumentenschutzgedanke in der österreichischen Rechtsordnung – Zur Position des KSchG im System eines umfassenden Konsumentenschutzrechtes, S. 1 ff..; in: Krejci, Handbuch zum KSchG 1981.

206 Dieses gesetzgeberische Ergebnis ist von Schuhmacher als „Verbraucherschutz in Durchbruch" bezeichnet worden. Vgl., Schuhmacher, Der Konsumentenschutzgedanke in der österreichischen Rechtsordnung – Zur Position des KSchG im System eines umfassenden Konsumentenschutzrechtes, S. 2 ff..; in: Krejci, Handbuch zum KSchG 1981.

207 Krejci, KSchG und ABGB, S. 85 ff..; in: Krejci, Handbuch zum KSchG 1981.

208 Die Fundstellen der erwähnten Gesetzgebung sind bei Kosesnik-Wehrle, Lehofer, Mayer, KSchG 1997, S. 1 - 3 zu finden.

209 BGBl. 1979/140.

210 Das Beispiel der französischen Rechtsordnung – Code de la consommation.

211 Das Beispiel der niederländischen Rechtsordnung – Burgerlijk Wetboek.

den Kontrollnormen des ABGB zu lösen wären. Der österreichische Gesetzgeber hat zugunsten der ersten Lösung entschieden.[212] Nach dem Regelungskonzept des Konsumentenschutzgesetzes wird der typische Unterlegenheitsschutz des Konsumenten im Verhältnis zum Unternehmer erfaßt. In der Begründung des Ministerialentwurfes heißt es: „mangelnde Rechtskenntnisse, wirtschaftliche Unterlegenheit, psychologische Hemmnisse und das kaum überprüfbare Warenangebot führen dazu, daß der einzelne Verbraucher seine Interessen nicht mehr in ausreichendem Maße wahrnehmen kann."[213] Bei diesem Regelungsansatz muß der nationale Gesetzgeber die sich ergebenden Gefahren für das unterlegene Rechtssubjekt ausschalten oder mindern. Dementsprechend ist das Erste Hauptstück des KSchG für Verbrauchergeschäfte anwendbar, die zwischen einem Unternehmer und einem Verbraucher als typisierten Vertragspartnern geschlossen werden.

Nach dem § 1 KSchG sind die Rechtsvorschriften des Ersten Hauptstückes für Verbrauchergeschäfte anwendbar. Zu diesen gehören Rechtsgeschäfte an denen:

- einerseits ein Unternehmer (jemand, für den das Geschäft zum Betrieb seines Unternehmers gehört) und
- andererseits ein Verbraucher (jemand, für den dies nicht zutrifft) beteiligt sind.

Die Abgrenzung wurde sowohl nach Personen als auch nach betriebsbezogenen Kriterien durchgeführt. Die Normgestaltung hat die zentralen Merkmale der Verbraucherbestimmung ausgeklammert. Dazu gehört das Merkmal der natürlichen Person und das Merkmal des Verwendungszweckes des privaten Verbrauches.[214] Das Regelungskonzept des KSchG geht von der bestehenden Ungleichgewichtslage im Rechtsgeschäft aus. Der österreichische Gesetzgeber hat nach diesen formalen Abgrenzungskriterien das Regelungskonzept des Gesetzes normiert. Das Regelungskonzept des KSchG ist das Ergebnis verschiedenen Faktoren. Es ist nach dem ursprünglichen Regelungskonzept als die Kodifizierung von Rechtsnormen des vertraglichen Konsumentenschutzes entworfen worden.[215] In den erläuternden Bemerkungen der Regierungsvorlage wurde das Bestreben für den möglichst vollständigen privatrechtlichen Verbraucherschutz angedeutet: die Erfassung der ganzen Vielfalt des Wirtschaftslebens, die Gewährleistung sinn-

212 Stellungnahme zum Ministerialentwurf des Konsumentenschutzgesetzes – Mit einer Gegenüberstellung der Texte von Gesetz – Regierungsvorlage – Ministerialentwurf, S. 3 ff..

213 Stellungnahme zum Ministerialentwurf des Konsumentenschutzgesetzes – Mit einer Gegenüberstellung der Texte von Gesetz – Regierungsvorlage – Ministerialentwurf, S. 1 ff..

214 Dauner-Lieb, (Fn. 101) 1983, S. 51 ff..

215 Krejci, KSchG und ABGB, S. 85 ff..; in: Krejci, Handbuch zum KSchG 1981.

voller Weiterentwicklung im Rechtsleben und ein hohes Maß Rechtsklarheit.[216] Damit bezweckte die Gesetzgebung, das Nebeneinander der verschiedenen Rechtsquellen zum Konsumentenschutz zu verhindern. Die Regelung der gesamten Rechtsmaterie in einem einheitlichen Rechtsakt mußte die überflüssigen Wiederholungen innerhalb konsumentenschutzrechtlicher Normen beseitigen.[217] Um diesen Zweck zu erreichen, hat der österreichische Gesetzgeber die Methode der Kombination von Generalklausel und kasuistischer Aufzählung von Einzeltatbeständen verwendet. Nach diesem Maßstab erfolgt die Konkretisierung der vertraglichen Schutzvorschriften.[218] Somit bekommt die Regelungsmaterie des Konsumentenschutzes im voraus einen bestimmten Geltungsrahmen innerhalb der österreichischen Rechtsordnung. In dieser Hinsicht kann der Gesetzgebungsauftrag an den österreichischen Gesetzgeber bei der Ausgestaltung des Konsumentenschutzes bestimmt werden.

Diese Regelungsmethode des österreichischen Gesetzgebers hat nach Ansicht von Bydlinski die Aufspaltung der privatrechtlichen Regelungsmaterie verursacht.[219] Die Generalklauseln des Privatrechtes enthalten eine allgemeine Wirkung im privatrechtlichen Rechtsverkehr; demgegenüber haben die Einzeltatbestände einen beschränkten Anwendungsbereich im Privatrecht. Insofern ergibt sich das Problem der Anpassung von unterschiedlichen Regelungsmethoden.[220] Nach Ansicht von Bydlinski ist es wünschenswert, die weitgehende Eingliederung der neuen Rechtsnormen des Konsumentenschutzes in das ABGB zu realisieren. Die Rechtsnormen können unter den Begriffen „Überrumpelung," „Sittenwidrigkeit" und „Ausnutzung der typischen Unterlegenheit des Verbrauchers" eingeordnet werden.[221] Darin lag der rechtspolitische Grund für die Verabschiedung des Konsumentenschutzgesetzes und für die Bestimmung seines Inhaltes.[222]

---

216 Stellungnahme zum Ministerialentwurf des Konsumentenschutzgesetzes – Mit einer Gegenüberstellung der Texte von Gesetz – Regierungsvorlage – Ministerialentwurf, S. 27 ff..

217 Bydlinski, Zivilrechtskodifikation und Sondergesetze, in: FS für Walter, S. 105, 107 ff..

218 Reindl, Entstehung und Konzeption des KSchG, S. 81 ff..; in: Krejci, Handbuch zum KSchG 1981.

219 Bydlinski, System und Prinzipien des Privatrechtes 1996, S. 708 ff..

220 Zum Beispiel befinden sich die zivilrechtlichen Generalklauseln über die Nichtigkeit der sittenwidrigen Vereinbarungen innerhalb des Allgemeinen Bürgerlichen Gesetzbuches.

221 Bydlinski (Fn. 219) 1996, S. 713 ff..

222 Die genaue Bezeichnung des KSchG lautet folgendermaßen: „Bundesgesetz vom 8. März 1979, mit dem Bestimmungen zum Schutz der Verbraucher getroffen werden." Das Erste Hauptstück des KSchG enthält die besonderen Bestimmungen für Verträge zwischen Unternehmern und Verbrauchern. Das Zweite Hauptstück des KSchG beinhaltet die Rechtsinstitute in bezug auf die Verbandsklage. Innerhalb des

Die Reform des österreichischen Konsumentenschutzrechtes hat die Veränderungen des zivilrechtlichen ABGB beinhaltet. Die Rechtsnormen des KSchG stellen eine Ergänzung der Rechtsnormen des österreichischen ABGB dar. Innerhalb der Bestimmungen über den Vertragsabschluß (§§ 861 - 864 ABGB) hat der Gesetzgeber § 864 a ABGB hinzugefügt, wonach „Bestimmungen ungewöhnlichen Inhaltes in Allgemeinen Geschäftsbedingungen oder Vertragsformblättern" geregelt sind. Diese konsumentenrechtliche Norm wurde innerhalb des ABGB normiert. Durch das KSchG sind auch die Rechtsnormen über irrtumsrechtliche Ergänzungen geändert worden. Die Abänderung betraf den Irrtum bei Aufklärungspflichtverletzungen durch den Vertragspartner und den Irrtum in der Person des Vertragspartners (z.B. den Irrtum über verwaltungsrechtliche Befugnisse des Partners). Dem § 871 ABGB wurden der zweite Absatz zugefügt (§ 871 Abs. 2 ABGB). Dem § 873 ABGB hat das KSchG einen zweiten Satz zugefügt (§ 873 Satz 2 ABGB). Außerdem wurden einzelne Bestimmungen über die Vertragsinhaltskontrolle nach dem § 879 Abs. 3 ABGB geregelt. Die gesetzwidrigen Entgeltabreden waren im Rahmen § 917 a ABGB normiert. Diese Rechtsnorm hatte einen konsumentenschutzrechtlichen Norminhalt. Nach § 935 ABGB wurde die Vertragsanfechtung wegen Verkürzung über die Hälfte abdingbar. § 35 KSchG hat dem bisherigen § 7 WucherG einen zweiten Absatz hinzugefügt. Die Rechtsnorm betraf die Nichtigkeit der Gewährung oder Verlängerung eines Kredits.[223] Das Regelungskonzept des Konsumentenschutzgesetzes enthält die Rechtstatbestände zum österreichischen Konsumentenschutzrecht nicht vollständig.[224] Die strafrechtlichen und verfahrensrechtlichen Bestimmungen des Konsumentenschutzes stehen außerhalb der konsumentenschutzrechtlichen Rechtsquellen.[225] Diese Ausgliederung entspricht der Rechtsnatur der Rechtsnorm. Nach diesem Kriterium wird die Zugehörigkeit einer Rechtsnorm im System der Rechtsquellen bestimmt. Eine derartige Rechtsentwicklung wurde in der rechtlichen Ausdifferenzierung des Handels-, Arbeits-, Miet- und Wohnungsrechtes bestätigt. Im Schutzansatz der vorgeführten Rechtsnormen liegt nicht der Grundsatz der Gleichheit der Rechtssubjekte, sondern es wird vielmehr auf die soziale und ökonomische Rolle der Einzelnen abgestellt.[226]

Dritten Hauptstückes befinden sich die ergänzenden Bestimmungen zu den anderen regelungsbedürftigen Problembereichen des Konsumentenschutzrechtes.

223 Krejci, KSchG und ABGB, S. 126 ff..; in: Krejci, Handbuch zum KSchG 1981.

224 EG Time-Sharing-Richtlinie ist in das eigenständige Sondergesetz umgesetzt worden.

225 Diese Rechtsnormen befinden sich innerhalb der Rechtsquellen des Strafrechtes (StGB) und des Verwaltungsrechtes.

226 Schuhmacher, Der Konsumentenschutzgedanke in der österreichischen Rechtsordnung – Zur Position des KSchG im Systems eines umfassenden Konsumenten-

3.3 Innerhalb der polnischen Rechtsordnung

Die normative Ausgestaltung des polnischen Verbraucherschutzes wurde ursprünglich durch das sozialistische Wirtschaftssystem beeinflußt. Dieses System wird meistens als anordnend-verteilende Planwirtschaft bezeichnet.[227] Die wirtschaftlichen Aufgaben der sozialistischen Staatsverwaltung haben im Ergebnis das rechtliche System des Verbraucherschutzes geprägt. Im folgenden werden die Gesetzgebungsakte des Verbraucherschutzes der polnischen Rechtsordnung dargestellt. Zu den ersten Regelungsakten im Bereich des Verbraucherschutzes gehört das Dekret über den Kampf gegen qualitativ schlechte Produktion.[228] Diese Rechtsnormen wurden schließlich in das polnische Strafgesetzbuch (StGB) und dort in die Rechtsvorschriften über Wirtschaftsverbrechen (Art. 217 ff. StGB) eingeordnet.[229] Beispielhaft ist das Gesetz über Normen, wonach der normative Rahmen für die Produktion und den Warenverkauf als auch der rechtliche Status der Institutionen, die Bedingungen der Güterkontrolle und die Ausgabe der Genehmigungen bestimmt wurden.[230] Dieser Regelungsakt beinhaltet die Rechtsnormen administrativen Charakters. Im AGB-Recht ist folgende Gesetzgebung zu erwähnen. Nach dem Gesetz über Planungsverträge in der sozialistischen Wirtschaft[231] und nach dem Gesetz über Werklieferungsverträge[232] wird die Trennung des privaten Rechtsverhältnisses im Rahmen des persönlichen Anwendungsbereiches zwischen Rechtssubjekten der vergesellschafteten und der privaten Wirtschaft vorgenommen. Das polnische ZGB enthält auch die Rechtsnormen in bezug auf die rechtliche Beurteilung der Allgemeinen Geschäftsbedingungen (§§ 384 ff. ZGB). Diese Rechtsnormen haben speziellen Regelungscharakter innerhalb des ZGB. Die Rechtsnormen im Bereich der Produkthaftung sind auch in das Regelungskonzept des ZGB integriert (§§ 415 ff. ZGB). Außerdem kann der Ministerrat durch Verordnungen die Bedingungen zum Schutz des Verbrauchers

---

schutzrechtes, S. 7 ff..; in: Handbuch zum Konsumentenschutzgesetz 1981; sowohl auch Franz Zeiller, „Das natürliche Privatrecht"1819; ders., Akademische Vorlesungen über das Naturrecht 1787.

227 Anna Supron-Heidel, ZfRV 2000, 217, 218 ff..

228 Dz. U. Nr. 16 Pos. 63 – Dekret vom 4. 3. 1953. (Dz. U. – Gesetzblatt)

229 Gegenwärtig sind diese Rechtsnormen durch andere Regelungsakte strafrechtlichen und verwaltungsrechtlichen Charakters ersetzt. Diese Angabe gibt das Beispiel einer Entwicklung der polnischen Regelungsmaterie des Verbraucherschutzes wieder.

230 Dz. U. 1953, Nr. 14, Pos. 128; (Dz. U. – Gesetzblatt) Vgl., Soltusinski, Ochrona praw konsumenta, PIP 1971 II, S. 891 - 908. (Schutz der Verbraucherrechte)

231 Dz. U. 1950, Nr. 21, Pos. 18. (Dz. U. – Gesetzblatt)

232 Dz. U. 1956, Nr. 16, Pos. 87. (Dz. U. – Gesetzblatt)

normieren.[233] Diese Rechtsnormen haben innerhalb der polnischen Rechtsordnung den Rang einer Verordnung. Nach diesen Rechtsnormen wird dem zivilrechtlichen Schutzbedürfnis des Verbrauchers entsprochen. Das Normkonzept richtet sich an dem Schutz des Schwächeren Vertragspartners aus.[234]

Das polnische Verwaltungsrecht hat Kontrollfunktionen in solchen Regelungsbereichen wie Lebens- und Arzneimittel, Saatgut normiert. Die verbraucherschutzrechtlichen Normen werden innerhalb der Regelungsakte der Gesetzes- und Verordnungsebene bestimmt.[235] Die erwähnten Ansätze des polnischen Verbraucherschutzrechtes liegen in den Erfordernissen einer Administrierung der Wirtschaftszweige. Dieses Regelungskonzept war Teil aller sozialistischen Rechtsordnungen.

Das gegenwärtige Regelungskonzept des polnischen Verbraucherschutzrechtes orientiert sich an den Vorgaben des europäischen Verbraucherschutzrechtes. Die Reformentwürfe nehmen ausdrücklich auf die europäischen Regelungsakten Bezug.[236] Nach Art. 69 des Assoziationsvertrages ist Polen zur europäischen Angleichung verpflichtet.[237] Durch das europäische Regelungsbeispiel bezweckt der polnische Gesetzgeber, die ursprünglichen Regelungsansätzen im Bereich des Verbraucherschutzes zu beseitigen. Dieser Regelungsauftrag hat in der letzten Zeit die gesetzgeberische Tätigkeit des Parlaments geprägt.[238] Das Regelungser-

---

233 Erwähnenswert ist die Verordnung des Präsidenten vom 27. Oktober 1993 über das Schuldrecht; die Verordnung des Ministerrates vom 30 Mai 1995 über die besonderen Voraussetzungen des Abschlusses und der Erfüllung der Verträge über den Verkauf der Waren mit der Teilname der Verbraucher Dz. U. 1995 Nr. 64 Pos. 328. (Dz. U. – Gesetzblatt) In diesem Bereich sind auch das Gesetz Nr. 71 des Ministerrates vom 13. Juni 1983 über die allgemeinen Geschäftsbedingungen des Einzelwarenverkaufs sowie allgemeine Garantiebedingungen betreffend langlebiger Konsumgüter, die von Einzelheiten des vergesellschafteten Handels verkauft werden, abgedruckt in: MP Nr. 21, Pos. 118.

234 Kordasiewicz, Der Verbraucherschutz in der Übergangsperiode zur Marktwirtschaft, S. 247 ff..; in: Aregger/Poczobut (Hrsg.) Rechtsfragen der Transformation in Polen (1995); Łętowski, RabelsZ (40) 1976, S. 660 ff..

235 Łętowski, RabelsZ (40) 1976, S. 661 ff..

236 Die Aufzählung der europarechtlich geprägten Reformentwürfe ist bei Łętowska vorgeführt. Vgl., Łętowska, Prawo umow konsumenckich (Recht der Verbraucherverträgen) 1999, S. 587 ff..

237 Zoll, Potrzeba i kierunek nowelizacji kodeksowego ujęcia problematyki wzorców umownych (Bedarf und Richtung einer Novellierung der Problematik der Vertragsbedingungen innerhalb des Gesetzbuches) S. 59 ff..

238 Die Europäisierung des Privatrechtes hat die Rechtsakten im Bereich des Wettbewerbsrechtes, Konkursrechtes, Verbraucherschutzrechtes und anderen Rechtsgebieten verursacht. Z. B. – Gesetz vom 24. Februar 1990 über die Gegenwirkung der monopolistischen Praktiken (Dz. U. 1991 Nr. 89 Pos. 403) (Dz. U – Gesetzblatt); Gesetz vom 19. Februar 1993 über die Prävention und Bekämpfung

gebnis ist als punktuell zu bezeichnen. Łętowska hat bei der Normierung des polnischen Verbraucherschutzes das Fehlen des Gesamtkonzeptes unterstrichen. Nach ihrer Ansicht ist der polnische Gesetzgeber berufen das System der verbraucherschutzrechtlichen Normen neu zu schaffen. Dieser systematische Ansatz kann im Rahmen des geltenden Zivilgesetzbuches verwirklicht werden.[239] Die europäischen Rechtsnormen des Verbraucherschutzes stellen für das nationale Verbraucherschutzrecht der Polnischen Republik hauptsächlich normative Regelungsansätze dar. Dementsprechend muß der polnische Gesetzgeber von dem Europäischen Regelungsverständnis ausgehen. Beim deutschen und österreichischen Gesetzgeber sind die Regelungsansätze im Bereich des Verbraucherschutzes vorhanden. Somit wird bei der gesetzgeberischen Rechtssetzung die Anpassungsfähigkeit der deutschen und österreichischen Rechtsnormen bezüglich der EG-Regelungsvorhaben geprüft. Die nächsten Kapitel der Untersuchung werden sich mit diesem Bestimmungsproblem befassen.

4. Stellungnahme

Die Rechtsnormen des deutschen, österreichischen und polnischen Verbraucherschutzes sind durch den normativen Regelungsbedarf bedingt, daß im privatrechtlichen Verkehr die Parteien mit unterschiedlichen Wirtschaftspositionen und Rechtserfahrungen miteinander kollidieren.[240] Die nationale Rechtsentwicklung bezweckt, daraus entstehende Gefahren innerhalb des privaten Rechtsverhältnisses zu mindern oder sogar auszuschalten. Der deutsche Gesetzgeber hat die Grenzen seiner Entscheidung zwischen Bürgerlichem Gesetzbuch und Sondergesetzgebung angesiedelt. Die Schutzansätze des Regelungskonzeptes befinden sich innerhalb der sondergesetzlichen Tatbestände. Das Regelungskonzept des Bürgerlichen Gesetzbuches ist nach dem Regelungsprinzip der formalen Gleichheit

---

des unlauteren Wettbewerbs (Dz. U. 1993 Nr. 47 Pos. 211); Verordnung des Landesrates für Radiophonie und Fernsehen vom 20. Mai 1993 über die Grundsätze der Werbungstätigkeit im Rahmen der Radiophonie und des Fernsehens (Dz. U. 1993 Nr. 44 Pos. 204). Vgl., Kordasiewicz, Der Verbraucherschutz in der Übergangsperiode zur Marktwirtschaft S. 243 ff..; in: Aregger/Poczobut/Wyrzykowski, Rechtsfragen der Transformation in Polen 1995.

239 Łętowska, (Fn. 236) 1999, S. 2 ff..

240 In der kritischen Stellungnahme zum Entwurf des Bürgerlichen Gesetzbuches hat Menger (Jahrgang 1890) die rechtliche Frage des Schutzbedürfnisses von besitzlosen Klassen davon abgeleitet, daß die betroffenen Verträge in einer Notlage aus Leichtsinn und Unerfahrenheit abgeschlossen werden. Vgl., Menger, Das Bürgerliche Recht und die besitzlosen Volksklassen. Eine Kritik des Entwurfes eines Bürgerlichen Gesetzbuches für das deutsche Reich 1890, S. 151 ff..

der Rechtssubjekte unter Abstraktion der von ihnen verfolgten Verwendungszwecken gestaltet.[241] Der österreichische Gesetzgeber hat entgegen dem deutschen Beispiel versucht, die Rechtsnormen des Konsumentenschutzes und die Rechtsnormen des Allgemeinen Privatrechtes in getrennten Rechtsquellen zu differenzieren. Der konsumentenrechtliche Schutzansatz wurde nach dem Normkonzept des Verbrauchergeschäftes bestimmt. Das polnische Verbraucherschutzrecht wird nach dem Beispiel der europäischen Regelungsmaterie neu konzipiert. Die Ausgangspositionen einer derartigen Übernahme sind im Rahmen der bestehenden Rechtsquellen (ZGB/Sondergesetzgebung) bestimmt.

Die bisherige gesetzgeberische Praxis der deutschen und österreichischen Rechtsordnung hat die bestehenden Ausgangspositionen nur geringfügig eingehalten. Der deutsche Gesetzgeber hat die verbraucherschutzrechtlichen Normen im BGB und außerhalb – in der Sondergesetzgebung normiert. Das österreichische Recht ordnet die verbraucherschutzrechtlichen Normen nach dem Kriterium der Sachbezogenheit in die Regelungskonzepte des Allgemeinen Bürgerlichen Gesetzbuches und des Konsumentenschutzgesetzes/Sondergesetzes ein. Die beiden Rechtsordnungen haben ursprünglich mit der Unbestimmtheit des Rechtsverhältnisses auf das Problem einer klaren rechtlichen Normierung des Verbraucherschutzes reagiert. Der polnische Gesetzgeber bezweckt, bei der innerstaatlichen Umsetzung der EG-Verbraucherschutzrichtlinien die Neukonzeption der Schutzansätze des nationalen Vebraucherschutzrechtes zu konzipieren.

Die nächsten Kapitel der Untersuchung befassen sich mit den Veränderungen der Schutzansätze im nationalen Verbraucherschutzrecht.

241 Dauner-Lieb, (Fn. 101) 1983, S. 51 ff..

D. Umsetzungskonzept der EG-Produkthaftungsrichtlinie

1. Fragestellung

Die Umsetzung der EG-Produkthaftungsrichtlinie hat das nationale Recht der Produkthaftung verändert. Im Rahmen dieses Kapitels ist zu erörtern, warum die Richtlinienumsetzung in das deutsche und österreichische Produkthaftungsrecht durch ein Sondergesetz erfolgt ist und in der polnischen Rechtsordnung die Richtlinienumsetzung im Zivilgesetzbuch vorgenommen wurde. Das Umsetzungskonzept der Richtlinie hat im Regelungsergebnis zur Anspruchskonkurrenz zwischen Rechtsgrundlagen nach den nationalen Produkthaftungsgesetzen und nach dem Deliktsrecht des deutschen Bürgerlichen Gesetzbuches und des österreichischen Allgemeinen Bürgerlichen Gesetzbuches geführt.[242] Nach dem polnischen Recht ergibt sich eine derartige Anspruchskonkurrenz innerhalb der ZGB-Rechtsvorschriften. Dementsprechend ist es in den nationalen Rechtsordnungen zur Zweispurigkeit des Produkthaftungsrechtes gekommen. Die Untersuchung der angedeuteten Regelungsprobleme beginnt mit der Bestimmung der ursprünglichen Qualifikation der Produkthaftung in der deutschen, österreichischen und polnischen Rechtsordnung. Danach wird der Regelungscharakter der EG-Produkthaftungsrichtlinie angesprochen. Mit den gesetztechnischen Lösungen des deutschen, österreichischen und polnischen Gesetzgebers befaßt sich der nächste Teil dieses Kapitels. Dort wird das Regelungsproblem behandelt und danach gefragt, welche Auswirkungen das Nebeneinander der vom Verschulden unabhängigen Haftung in der Umsetzungsnorm auf das geltende deliktische Produkthaftungsrecht mit dem Verschuldensprinzip in Deutschland, Österreich und Poland haben wird. Anschließend sind die Folgen der EG-Angleichung zu behandeln.

---

242 Deutschland / Produkthaftungsgesetz – ProdHaftG – vom 15. Dezember 1989 (BGBl. I, S. 2198); Österreich / Produkthaftungsgesetz – PHG; Bundesgesetz vom 21. Januar 1988 (BGBl. 99); Poland / Reform des Zivilgesetzbuches – Gesetz vom 2. März 2000 (Dz. U. z. 2000 r. Nr. 22, poz. 271) (Dz. U. – Gesetzblatt).

2. Ursprüngliche Qualifikation der Produkthaftung innerhalb der Rechtsordnung

Ursprünglich gehört das Rechtsinstitut der Produkthaftung zum Deliktsrecht (BGB).[243] Die einschlägigen Rechtsnormen des Deliktsrechtes (§ 823 ff. BGB) befinden sich im Besonderen Schuldrecht des deutschen BGB. Damit qualifiziert die deutsche Rechtsordnung die Fälle der Produkthaftung im Rahmen des gesetzlichen Schuldverhältnisses. Die Rechtsgrundlage bietet dafür die allgemein geschuldete Sorgfalts- und Gefahrenabwendungspflicht gegenüber jedermann.[244] Die rechtliche Bestimmung der Produkthaftung wurde in Deutschland ein Gegenstand kontinuierlicher Diskussion.[245] Bei der rechtlichen Lösung des Problems ist folgendes zu beachten, daß die deutsche Rechtsprechung und Rechtslehre die vertragliche Lösung der Produkthaftungsfälle abgelehnt und die Entscheidung zugunsten der deliktischen Lösung getroffen hat. Seit der berühmten Hühnerpest-Entscheidung nimmt der BGH an, daß der Warenhersteller deliktisch mit Umkehr der Beweislast haften muß.[246] Die Begründung dieser Entscheidung hat vom deutschen Gesetzgeber die gesetzliche Lösung für das Problem der Produkthaftung gefördert. So hat Simitis für alle Fallgruppen der Produkthaftung mit Ausnahme der Entwicklungsgefahren de lege ferenda die Gefährdungshaftung vorgeschlagen.[247] Ebenso hat Lorenz die Ansicht vertreten, daß die Haftung für die Fabrikationsfehler sei im Rahmen der Gefährdungshaftung zu lösen.[248] Diederichsen hat für denkbar gehalten, die Gefährdungshaftung für Ausreiser und neue Produkte gesondert (d.h. außerhalb des BGB) zu regeln. Auch Weitnauer war der Meinung, daß es rechtspolitisch besser wäre, dem Warenhersteller ohne Rücksicht auf ein Verschulden die Haftung für Fabrikationsfehler einzuführen.[249] Schließlich erschöpfe sich die deutsche Diskussion in der sogenannten „kleinen Lösung" einer Beweislastumkehr innerhalb der Produktverschuldenshaftung.

---

243 BGH NJW 1969, S. 269 – Hühnerpest-Entscheidung, Rdnr. 39 ff..

244 § 823 Rdnr. 201 - 204, BGB; in: Palandt/Thomas, BGB - Kommentar.

245 In der BRD fand das Karlsruher Forum 1963 statt. Im Jahre 1965 hat sich damit die Tagung für Rechtsvergleichung beschäftigt. (Vgl., Arbeiten zur Rechtsvergleichung 1966 Nr. 28. Dazu die Referate von Lorenz und Kruse zu Fragen der Haftung des Warenherstellers) 1968 befaßte sich der 47. DJT mit diesem Problem. (Simitis, Gutachten für den 47 DJT (1968) C; Sitzungsbericht M zum 47 DJT (1968).

246 In diesem Zusammenhang ist zu beachten, daß die Entscheidung zur Hühnerpest keinen Fall des Verbraucherschutzes darstellt.

247 Vgl., Gutachten für den 47. DJT (1968) C 63 ff.. und 97 ff.. (Thesen).

248 Lorenz, RabelsZ 34 (1970) S. 52 ff..

249 Nach diesem Regelungskonzept ist das ArzneimittelG vom 24.08.1974 (BGBl I 2445) normiert. Das Arzneimittelgesetz sah ausdrücklich die Gefährdungshaftung für Arzneimittelschäden vor.

Nach dem österreichischen Privatrecht sind die Rechtsnormen der Produkthaftung in den Allgemeinen Vorschriften über die Schuldverhältnisse des ABGB (§§ 1293 - 1341) normiert. Im Unterschied zur deliktischen Lösung der deutschen Rechtsprechung hat das österreichische Recht die Fälle der Produkthaftung im Rahmen der vertraglichen Haftung nach dem Vertrag mit Schutzwirkung zugunsten Dritter gelöst. Der österreichischen Rechtsordnung waren folgende „Schwächen“ des Deliktsrechtes bei der Lösung der Produkthaftungsfällen fällig. Erstens führt die Gehilfenhaftung und die Regel der Verteilung der Beweislast für Verschulden „nicht völlig allseits zum gewünschten Ergebnis, einer verschärften Haftung der Produzenten für die Qualität seiner Produkte.“[250] Außerdem wurde bei diesem Problem angedeutet, daß der durch ein mangelhaftes Produkt in seinen Rechtsgütern Geschädigte nach dem geltenden Recht schutzlos und auf die Abhängigkeit vom Hersteller bzw. Verkäufer angewiesen sei.[251] In der Praxis hat sich das Konzept von Bydlinski durchgesetzt, das auf die Haftung des Herstellers einer mangelhaften Ware auf die Schutzwirkung des ersten Absatzvertrages in der Veräußerungskette zugunsten des Endabnehmers abstellte.[252] Die entscheidende Schutzlücke des angesprochenen Regelungskonzeptes betraf die Freizeichnungsvereinbarung zwischen Hersteller und Großhändler, um Haftungsansprüche gegenüber dem Geschädigten Endverbraucher auszuschließen. Trotz der angesprochenen „Schwächen“ hat der österreichische OGH in seiner Rechtsprechung die Bydlinskische Vertragskonstruktion angewendet. Die bestehenden Schutzlücken könnten im Rahmen des ABGB geschlossen werden, wenn der Gesetzgeber beim Festhalten an einer Verschuldenshaftung für Konstruktions- und Instruktionsfehler, das Ausstreichen des § 1315 ABGB, sowie die Normierung einer Gefährdungshaftung für Ausreißer durchführen konnte.[253]

Die polnische Rechtsprechung hat die Grundsätze der Haftung für fehlerhafte Produkte aus dem Recht der unerlaubten Handlungen entwickelt.[254] Das Oberste Gericht hat in seiner Rechtsprechung das Inverkehrbringen des fehlerhaften Pro-

250 Posch, Produkthaftpflicht – Bilanz und Prognose einer Entwicklung VersRundSchg 1989, S. 135 ff..

251 Lederer, Praxishandbuch der österreichischen Produkthaftung, Band I/II, Loseblattsammlung 1993, Rdnr. 6 ff..

252 Posch, Produzentenhaftung in Österreich de lege lata et de lege ferenda 1983, S. 89 ff..

253 Posch, in: Schwimann Praxiskommentar zum ABGB, Band 8, PHG - Rdnr. 5; Posch, Probleme der autonomen Rechtsanpassung, in: FS für Ostheim, S. 668 ff..; Posch, JBl 1980, S. 281 ff..

254 Czachórski, System prawa cywilnego (System des Zivilrechtes) Band - III/1: Prawo zobowiązań - część ogólna (Recht der Obligationen – Allgemeiner Teil) 1981, S. 550 - 554; Gnela, Odpowiedzialność za produkt (Produkthaftung) 1998, S. 122 ff..; Radwański, Prawo zobowiązań (Recht der Obligationen) 1994, S. 157 ff..

dukts als unerlaubte Handlung nach Art. 415 ZGB eingestuft.[255] Diese Rechtsvorschrift befindet sich innerhalb des dritten Buches – Schuldverhältnisse – unter Titel VI. „Unerlaubte Handlungen“. Nach Art. 415 ZGB wird eigenes und schuldhaftes Verhalten vorausgesetzt. Zur Haftung werden der Produzent, Importeur und Verkäufer als auch andere Person herangezogen.[256] Danach normiert das polnische Recht der unerlaubten Handlungen das Regelungsprinzip, so daß die Generalklausel mit dem Grundsatz des Verschuldens (§ 415 ZGB) sowie Sondertatbestände zur Gefährdungshaftung (§§ 417 ff. ZGB) ihren Standort innerhalb des ZGB haben. Die Reformbemühungen sind innerhalb der polnischen Rechtsordnung deutlich geworden.[257] Dies betrifft die Bestimmung des Haftungsgrundsatzes. Nach Ansicht von Szostak muß das geltende Verschuldensprinzip durch die Gefährdungshaftung ersetzt werden. Der Geschädigte muß den Fehler des Produktes, den Schaden und den Kausalzusammenhang beweisen.[258] Somit wurden die Haftungsvoraussetzungen der Produkthaftung verschärft. Folglich wurde auf den Grundsatz des Verschuldens verzichtet. Die Grundvorstellung war die schwächere Vertragspartei durch die Einführung der Gefährdungshaftung zu schützen. Das Erfordernis einer Reform wurde im polnischen Recht in bezug auf die Angleichung der bestehenden Rechtslage an die EG-Richtlinie angesprochen.[259]

---

255 Die maßgebliche Rechtsprechung - 2 CR 96/62 - OSNCP 5/1964, poz. 95; II CR 540/63 - OSNCP 2/1965, poz. 32; II CR 512/73, OSNCP 10/1974, poz. 169; III CZP 50/80, OSNCP 11/1981, poz. 205; SN 6 VIII 1981 r. I CR 219/81; SN z. dn. 4 XII 1981 r., IV CR 433/81; SN z dn. 18 III 1983 r., IV 41/83

256 SN II CR 57/84, NP 1985, nr.4, S. 95 ff..

257 Insbesondere in den 70 er Jahren wurde die gesetzliche Reglementierung der Produkthaftung gefordert. Die bestehende Rechtslage wurde für konkretisierungs bedürftig erachtet. Vgl., Kufel/Siuda, Cywilnoprawne instrumenty ochrony indywidualnego nabywcy, NP 1978, z. 5 (Zivilrechtliche Instrumente zum Schutz des individuellen Erwerbers); Skąpski, Z problematyki prawnej ochrony konsumenta na gruncie kodeksu cywilnego, Prace prawn. Z.Naukowe UJ 1978, z. 81 (Aus der Problematik des rechtlichen Verbraucherschutzes auf der Grundlage des Zivilgesetzbuches, Rechtl. Werke, Wissenschaftl. Zeitschrift); Sołtysiński, Odpowiedzialność producenta wobec konsumenta za szkody wyrządzone wprowadzeniem do obrotu rzeczy z wadami, SC t. XV 1970 (Produzentenhaftung gegen den Verbraucher für Schaden durch Inverkehrbringen der fehlerhaften Sachen).

258 Szostak, PS, 1995; 2 S. 52 ff..

259 Wyrzykowski, Selected Problems of System Transformation S. 9 ff..; in: Aregger/Poczobut/Wyrzykowski, Rechtsfragen der Transformation in Polen 1995.

3. Zum Inhalt der EG-Richtlinie

Die EG-Kommission hat mit den Vorarbeiten an dem Regelungskonzept der EG-Richtlinie bereits 1968 begonnen.[260] Am 23. Juli 1976 wurde der Richtlinienvorschlag im Bereich der Produkthaftung vorgestellt.[261] Dieser hat im Endergebnis nach einer Stellungnahme des Wirtschafts- und Sozialausschusses[262] und des Europäischen Parlaments[263] zur endgültigen Fassung der EG-Produkthaftungsrichtlinie geführt.[264] Bei der Bestimmung des Regelungscharakters der EG-Richtlinie sind folgende Ansatzpunkte von Bedeutung: Die vom Gemeinschaftsgesetzgeber normierte Haftung ist nach dem eindeutigen Haftungsgrundsatz nicht zu qualifizieren. Die rechtliche Terminologie der nationalen Haftungssysteme ist unter bestimmten Vorbehalten mit dem Regelungskonzept der EG-Richtlinie abzustimmen.[265] Nach dem Art. 1 der EG-Produkthaftungsrichtlinie wird der Haftungsgrundsatz bestimmt. Somit wurde auf der EG-Ebene die verschuldensunabhängige Haftung eingeführt. Die Einführung der verschuldensunabhängigen Haftung bezweckte, in den nationalen Rechtsordnungen eine einheitliche Risikozuordnung durch die Haftungsverschärfung zu erreichen. Der Normgehalt des Art. 1 der EG-Richtlinie ist nicht auf ein Handeln (oder Unterlassen) des Herstellers ausgerichtet. Dementsprechend wird bei der Ausgestaltung der Rechtsnorm weder auf die Pflichtverletzung des Herstellers noch auf die Rechtswidrigkeit des Verhaltens eingegangen. Insofern ergibt sich, daß der Europäische Gesetzgeber die Haftung nach dem einheitlichen Fehlerbegriff normiert.[266] Dem nationalen Gesetzgeber ist nichts anderes übrig geblieben, als innerstaatlich die Gefährdungshaftung zu normieren.[267] Das Europarecht hat zuerst den Grundsatz der Ge-

---

260 Bartl, Produkthaftung nach neuem EG-Recht – Kommentar zum deutschen Produkthaftungsgesetz 1989, S. 47 ff..

261 EG-Kommission – ABl. EG vom 14. Oktober 1976 Nr. C 241, S. 9 ff..

262 ABl. EG vom 7. Mai 1979 Nr. C 114, S. 15 ff..

263 ABl. EG vom 26. Oktober 1979 Nr. C 127, S. 61 ff..

264 Richtlinie 85/374/EWG zur Angleichung der Rechts- und Verwaltungsvorschriften der Mitgliedstaaten über die Haftung für fehlerhafte Produkte – vom 25. Juli 1985 – ABl. Nr. L 210 S. 29 ff..

265 Durch die Normierung der EG-Produkthaftungsrichtlinie wurde die nationale Rechtsprechung zum Verbraucherschutz bestätigt. Die Rechtsnormen der EG-Richtlinie haben eingeschränkte Auswirkungen im Bereich des nationalen Produkthaftungsrechtes gehabt. Vgl., Grünbuch: Die zivilrechtliche Haftung für fehlerhafte Produkte vom 28.7.1999 – KOM (1999) 396 endgültig – (von der Kommission vorgelegt): S. 3 ff..

266 Reich (Fn. 2) 1996, S. 407 ff..

267 Trotzdem war die Bestimmung des Haftungsgrundsatzes bei der Umsetzung dieser EG-Richtlinie umstritten. Vgl., Taschner/Frietsch, Produkthaftungsgesetz und EG-Produkthaftungsrichtlinie 1990, S. 178 - 179; Cahn, ProdHaftG, in: Münchener-

fährdung bereits im Europarats-Übereinkommen vom 27. Januar 1977 über die Produkthaftung bei Körperverletzung und Tötung normiert. Das Übereinkommen wurde, trotz den Bemühungen seitens der Europäischen Gemeinschaft, nicht in Kraft gesetzt.[268] Der Schutzansatz der EG-Richtlinie liegt in der Gefährlichkeit des Produktes, das zum Verbrauch bestimmt ist. Dieser Schutzansatz bezieht sich nicht auf Schutz vor Gefahren, die jedermann drohen, sondern auf das verbraucherschutzrechtliche Verhältnis ausgerichtet ist.[269] Nach dem Regelungskonzept der EG-Richtlinie gehört zum Kreis der Haftungsadressaten der Hersteller eines Endproduktes, eines Teilproduktes oder eines Grundstoffs sowie jede Person, die als Hersteller auftritt (Quasi-Hersteller). Haftungsbegründet sind Fehler aller Art (Artikel 3 der EG-Richtlinie). Die einzige Ausnahme besteht bei Entwicklungsfehlern. Der nationale Gesetzgeber kann diese Haftung eigenständig einführen (Artikel 1; 6; 7; 15 der EG-Richtlinie). Die Ersatzpflicht ist durch Tötung oder Körperverletzung entstandenen Schäden sowie bei Sachschäden im Verbraucherbereich gegeben (Artikel 9 der EG-Richtlinie). Die Produkthaftungsansprüche verjähren innerhalb von drei Jahren ab Kenntnis oder vorwerfbarer Unkenntnis von dem Schaden, dem Fehler und dem verantwortlichen Hersteller (Artikel 10 der EG-Richtlinie). Diese Haftungsansprüche erlöschen nach Ablauf von zehn Jahren ab dem Zeitpunkt, zu welchem der Hersteller das schadensverursachende Produkt in Verkehr gebracht hat (Artikel 11 der EG-Richtlinie). Die Haftungsansprüche sind durch Vereinbarungen oder Klauseln unabdingbar (Artikel 12 der EG-Richtlinie). Die Rechtsnormen der EG-Richtlinie sind auf Schäden infolge eines nuklearen Zwischenfalls zu beziehen, soweit dieser im Verhältnis zu den EG-Mitgliedstaaten dem internationalen Atomhaftungssystem unterliegt (Artikel 14 der EG-Richtlinie). Die Rechtsnatur der Richtlinie ist durch den speziellen Regelungscharakter der Rechtsnormen im Verhältnis zu den bestehenden Haftungssystemen der Produkthaftung geprägt.[270]

Kommentar, 1997; Magnus, Einheitliches Schadenersatzrecht – Reformüberlegungen für das österreichische Haftpflichtrecht, VÖJT 1994; Łętowska, (Fn. 236) 1999, S. 85.

268 European Treaty Series Nr. 91.

269 Die kritisierende Ansicht zum Schutzansatz des nationalen Rechtes ist bei Lieb zu finden. Bei der Produkthaftung steht der Schutz vor Gefahren, die jedermann drohen im Vordergrund. Der Verbraucherschutzgedanke spielt eine untergeordnete Rolle. Vgl., Lieb, AcP (183) 1983, 327, 358 ff..

270 Diese theoretische Behauptung ist mit folgenden Ansichten aus der Rechtsdoktrin zu begründen: Zum europäischen Recht – Reich (Fn. 2) 1996, S. 401 ff..; Zum deutschen Recht – Kemper, Verbraucherschutzinstrumente 1994, S. 271 ff..; Zum österreichischen Recht – Koziol/Welser, Grundriß - Produkthaftung 1995, S. 234 ff..; Zum polnischen Recht – Łętowska (Fn. 236) 1999, S. 113 ff..

Die Öffnungsklauseln in Art. 9 Abs. 2 und Art. 13 der Richtlinie haben zum Ergebnis gehabt, daß die Produkthaftung innerhalb der nationalen Rechtsordnungen nicht vollständig angeglichen werden konnte. Nach einer Ansicht stellt die EG-Richtlinie den Regelungsstandard einer Mindestharmonisierung dar. Somit wird ein einheitlicher Standard erreicht, auf den sich alle Verbraucher verlassen können.[271] Nach anderer Ansicht ist diese EG-Richtlinie keine Mindest-Richtlinie. Sie normiert ein Haftungssystem mit vorgegebenen Haftungsadressaten und Haftungsvoraussetzungen. Die nationalen Gesetzgeber können bei gewährten Regelungsoptionen von detaillierten Rechtsnormen der EG-Richtlinie abweichen und eigene politische Vorstellungen durchsetzen. [272]

Das Regelungskonzept der EG-Produkthaftungsrichtlinie stellte für den europäischen Gesetzgeber einen schwierig zu erreichender Kompromiß dar. Dieser Kompromißcharakter des Regelungskonzeptes der Richtlinie ist durch die Regelungsoptionen gekennzeichnet, die es dem nationalen Gesetzgeber ermöglichen, ursprüngliche Rechtsnormen der Produkthaftung beizubehalten oder abweichende Rechtsnormen zu erlassen.[273] Die Produkthaftungsrichtlinie hat die Regelungsoptionen ausdrücklich normiert. Dabei dürfen die Mitgliedstaaten in folgenden Bereichen abweichende Regelungen erlassen: gemäß Art. 15 Abs. 1 Lit. a) EG-Produkthaftungsrichtlinie können die Mitgliedstaaten abweichend von Art. 2 EG-Produkthaftungsrichtlinie (Produktbegriff) bestimmen, daß „der Begriff: Produkt“ im Sinne von Art. 1 EG-Produkthaftungsrichtlinie auch landwirtschaftliche Naturprodukte und Jagderzeugnisse umfaßt. Die Einbeziehung von landwirtschaftlichen Naturprodukten wurde durch die Änderungsrichtlinie aufgehoben.[274] Nach Art. 15 Abs. 1 Lit. b) EG-Produkthaftungsrichtlinie kann der nationale Gesetzgeber abweichend von Art. 7 Lit. e) der Richtlinie (Haftungsausschluß wegen Entwicklungsfehlern) normieren, daß „der Hersteller auch dann haftet, wenn er beweist, daß der vorhandene Fehler nach dem Stand von Wissenschaft und Technik zum Zeitpunkt, zu dem er das betreffende Produkt in den Verkehr brachte, nicht erkannt werden konnte.“ Art. 16 Abs. 1 EG-Richtlinie ist den Mitgliedstaaten gestattet, daß „die Gesamthaftung des Herstellers für die Schäden von Tod und Körperverletzungen, die durch gleiche Artikel mit demselben Fehler verursacht wurden, auf einen Betrag von nicht weniger als 70 Millionen EURO begrenzt wird.“ In einigen Regelungsbereichen hat die EG-Richtlinie

271 Reich, Stellungnahme zum Referat von Taschner S. 35, 45 ff..

272 Pfeifer, Produktfehler oder Fehlverhalten des Produzenten 1987, S. 234 ff..

273 Taschner/Frietsch, Produkthaftungsgesetz und EG-Produkthaftungsrichtlinie 1990, Einleitung Rdnr. 165 ff..

274 Richtlinie 1999/34/EG zur Änderung der Richtlinie 85/374/EWG des Rates zur Angleichung der Rechts- und Verwaltungsvorschriften der Mitgliedstaaten über die Haftung für fehlerhafte Produkte, ABlEG Nr. L 141 von 4. 6. 1999, S. 20 ff..

auf die bestehenden nationalen Rechtsnormen hingewiesen. Das Regelungskonzept der Richtlinie beinhaltet sowohl ausdrückliche als auch stillschweigende Hinweise. Der europäische Gesetzgeber hat in diesen Bereichen auf die Rechtsangleichung verzichtet.[275] Bei folgenden Regelungsbereichen wird ausdrücklich auf die nationalen Rechtsnormen der Produkthaftung verwiesen: bei Regreßansprüchen ist das der Fall, wenn mehrere Personen für denselben Schaden haften (Art. 5 EG-Produkthaftungsrichtlinie), außerdem gilt das bei Regreßansprüchen gegenüber einem Dritten, der diesen Schaden mit verursacht (Art. 8 Abs. 1 EG-Produkthaftungsrichtlinie), desweiteren bei immateriellen Schäden (Art. 9 Abs. 2 EG-Produkthaftungsrichtlinie), sowie bei den Rechtsnormen über die Verjährung (Art. 10 Abs. 2 EG-Produkthaftungsrichtlinie). Die nationalen Rechtsnormen des Produkthaftungsrechtes sind in vorgeführten Regelungsbereichen anzuwenden. Die Einbeziehung unbeweglicher Sachen ist auch dem nationalen Recht der Mitgliedstaaten vorbehalten.[276] Beim Schadensbegriff, der Frage des Mitverschuldens und bei der Bestimmung des Kausalzusammenhanges wird stillschweigend auf das nationale Recht hingewiesen. Was unter Schaden verstanden wird, ist nach dem Recht der Mitgliedstaaten zu interpretieren. In dieser Hinsicht bestehen erhebliche Unterschiede bei den Bewertungspositionen.[277] Die Beurteilung des Mitverschuldens ist nach dem Maßstab des nationalen Rechtes zu bestimmen. Die EG-Angleichung war in diesem Bereich ergebnislos, da die rechtlichen Voraussetzungen und Rechtsfolgen beim Mitverschulden und die Maßstäbe für die Bestimmung der Verschuldensanteile innerhalb der nationalen Rechtsordnungen unterschiedlich ausgestaltet sind.[278] Dementsprechend wird bei der Bestimmung des Kausalzusammenhanges stillschweigend auf die nationalen Rechtsnormen hingewiesen.[279] Das Bestehen der ausdrücklichen und stillschweigenden Hinweise auf die nationalen Rechtsnormen wird das gesamte Regelungskonzept der EG-Richtlinie nicht beeinträchtigen können. Dem nationalen Gesetzgeber sind punktuelle Wahlmöglichkeiten bei der Normgestaltung gewährt.[280]

---

275 Schmidt-Salzer, BB 1986, 1101, 1103.

276 Grünbuch: Die zivilrechtliche Haftung für fehlerhafte Produkte vom 28. 07. 1999 – KOM (1999) 396 endgültig – (von der Kommission vorgelegt); S. 25 ff..

277 Schmidt-Salzer/Hollmann, EG – PHRl; Art. 4; Rdnr. 7 ff.. Nach Ansicht von Anderle ist die Angleichung des Schadensbegriffes wünschenswert, um die Wettbewerbsverzerrungen innerhalb des Binnenmarktes zu beseitigen. Vgl., Anderle, Der Haftungsumfang des harmonisierten Produkthaftungsrechtes 1990, S. 43 ff..

278 Schmidt-Salzer/Hollmann, EG – PHRl; Art. 8; Rdnr. 6.

279 Schmidt-Salzer/Hollmann, EG – PHRl; Art. 4; Rdnr. 5; Taschner/Frietsch, EG – PHRl Art. 5; Rdnr. 3; Rolland, ProdHaftG § 1, Rdnr. 53.

280 Zur Bewertung der EG-Produkthaftungsrichtlinie: Grünbuch / Die zivilrechtliche Haftung für fehlerhafte Produkte vom 28. 7. 1999 – KOM (1999) 396 endgültig – (von der Kommission vorgelegt): Stellungnahme/Beantwortung der Fragen;

Die folgenden Teile der Arbeit befassen sich mit der Reaktion der nationalen Rechtsordnungen auf die Verpflichtung, die Rechtsvorschriften der EG-Produkthaftungsrichtlinie in die Rechtsquellen zu übernehmen.

4. Gesetzestechnische Lösung

4.1 Nach dem Maßstab des deutschen Rechtes

4.1.1 Durch richtlinienkonforme Interpretation

Dieser Teil der Untersuchung befaßt sich mit dem an die Frage geknüpften Regelungsproblem, ob der deutsche Gesetzgeber die Richtlinienvorschriften durch richtlinienkonforme Interpretation übernehmen konnte. Hier stimmt das Regelungskonzept der EG-Richtlinie mit dem Regelungskonzept des richterlich entwickelten deliktischen Produkthaftungsrechtes überein.[281] Dieses Ergebnis ist, trotz einiger Regelungsdifferenzen, bei einem solchen Umsetzungskonzept festzustellen. Dem deutschen Haftungssystem liegt die Verschuldenshaftung zugrunde. Die zahlreichen gerichtlichen Urteile bestätigen die Rechtskategorie „der deliktischen Haftung mit umgekehrten Beweislast“. Der Hersteller eines Produktes haftet für rechtswidrige schuldhafte Personenverletzung oder Sachbeschädigung, die bei einer bestimmungsgemäßen Verwendung durch den Fehler des Produktes verursacht worden ist.[282] Die BGH-Rechtsprechung hat die Beweisregeln der Haftung modifiziert: der Geschädigte mußte beweisen, daß er trotz zweckmäßigen Gebrauchs durch einen bei der Auslieferung bestehenden Produktfehler geschädigt worden ist, während der Hersteller beweisen muß, daß er diesen Fehler nicht verursacht hat.[283] Dementsprechend wird das geltende deutsche Produkthaftungsrecht als Katalog von Verkehrspflichten begriffen. Nach Ansicht von Häsemeyer wird beim Regelungskonzept der EG-Produkthaftungsrichtlinie der Typus der Unrechts- und Verschuldenshaftung kopiert. Die geltende Rechtslage des BGB entspricht den Richtlinienanforderungen. Somit braucht jedes spezielle

---

Stellungnahme des Wirtschafts- und Sozialausschusses zum „Grünbuch: Die zivilrechtliche Haftung für fehlerhafte Produkte“ (KOM (1999) 396 endg).

281 Häsemeyer, Das Produkthaftungsgesetz im System des Haftungsrechtes, S. 251 ff..; in: FS für Hubert Niederländer 1991.

282 Thomas, § 823 BGB, Rdnr. 202 ff..; in: Palandt, BGB – Kommentar 2001.

283 Rechtsprechung des BGH: „Flachendach“ BGHZ Band – 48, 310, 312; „Dieselkraftstoff“ BGH NJW 1968, 2338, 2340; „Hühnerpesturteil“ BGHZ Band – 51, 91, 106.

Risiko keine Normierung des Sondertatbestandes der Gefährdungshaftung innerhalb des deutschen Haftungssystems.[284]

Die folgende Abhandlung der Umsetzungsproblematik macht es im weiteren Verlauf der Untersuchung erforderlich das Verhältnis zwischen dem deliktischen Produkthaftungsrecht und dem Regelungskonzept der EG-Produkthaftungsrichtlinie zu klären. Hierbei wird von folgenden Schwerpunkten ausgegangen:[285] Das Regelungskonzept der EG-Richtlinie stellt keine abgeschlossene Regelung dar, sondern ist ein besonderes Produkthaftungsrecht mit einem begrenzten Kreis von Anspruchsbeteiligten und Haftungsschuldnern. Dagegen gilt die deliktsrechtliche Produkthaftung weiter. § 823 BGB gewährt den Anspruch auf den Ersatz der immateriellen Schäden. Darüber hinaus besteht keine Haftungsgrenze bei Personenschäden. Der deliktische Haftungsanspruch kennt die Selbstbeteiligung bei Sachschäden nicht. Es wird kein Unterschied in bezug auf den Schaden an nicht privatgenützten anderen Sachen gemacht. Die deliktische Produkthaftung hat von Anfang an die Haftung für landwirtschaftliche Urprodukte und Jagderzeugnisse vor ihrer ersten Verarbeitung erfaßt. Aus diesem Vergleich wird deutlich, daß die Haftung nach dem ProdHaftG der Ergänzung durch die traditionelle deliktische Haftung bedarf. Ansonsten muß die Verkürzung der Rechte des Geschädigten festgestellt werden. Die Erwägungsgründe der EG-Richtlinie betonen die Möglichkeit zur parallelen Ausgestaltung der nationalen Produkthaftungsrechte: Mit dieser Richtlinie läßt sich vorerst keine vollständige Harmonisierung erreichen, sie öffnet jedoch den Weg für eine umfassende Harmonisierung.[286] Die detaillierten Rechtsnormen in der Richtlinie erfordern praktisch eine wörtliche Übernahme etwa beim Art. 1 (Haftung), Art. 2 (Produkt), Art. 3 (Hersteller), Art. 4 (Kausalzusammenhang), Art. 5 (Gesamtschuldnerische Haftung), Art. 7 (Ausschlußgründe der Haftung), Art. 9 (Schaden) und Art. 12 (Begrenzung der Haftung). Schließlich ist ein Unterschied beim Vergleich des europäischen und nationalen Regelungskonzeptes gegeben. Somit wird die gesetzliche Regelung erforderlich. Nach Ansicht des EuGH gilt der Hinweis auf bereits bestehende Rechtsnormen des BGB und die ergangene Rechtsprechung als nicht ausreichend. Der Europäische Gerichtshof hat die Französische Republik wegen der fehlenden Umsetzung der EG-Produkthaftungsrichtlinie gerade aus diesen Gründen verurteilt.[287]

---

284 Häsemeyer (Fn. 281) 1991, S. 263 ff..

285 Taschner/Frietsch, Produkthaftungsgesetz und Produkthaftungsrichtlinie 1990, Einführung Rdnr. 141 - 144.

286 ErwG. 18 der EG - Produkthaftungsrichtlinie.

287 Der französische Gesetzgeber hat nicht alle erforderlichen Maßnahmen getroffen, um dieser EG-Richtlinie nachzukommen. EuGH, vom 13. Januar 1993 in der Rechtssache C - 293/91, Kommission / Französische Republik; Rdnr. 6 ff..; 1993 p.

4.1.2 Durch BGB-Generalklausel der Gefährdungshaftung

Auf der Grundlage dieses Umsetzungskonzeptes sind die EG-Richtlinienbestimmungen durch die Einfügung der Generalklausel der Gefährdung in das Regelungskonzept des Bürgerlichen Gesetzbuches zu verwirklichen. Dementsprechend muß die Aufnahmefähigkeit des deutschen BGB-Deliktsrechtes geprüft werden. Der Vollzug der EG-Produkthaftungsrichtlinie wird eine Reform der gesamten Gefährdungshaftung erfordern. Diese Entscheidung macht die Normierung der Gefährdungshaftung innerhalb des BGB notwendig. In Betracht kommen die folgenden Rechtsvorschriften des Bürgerlichen Gesetzbuches: Fünfundzwanzigster Titel/Siebenter Abschnitt des BGB-Schuldrechtes. Es wird zu prüfen sein, ob in der deutschen Rechtsordnung auf die bestehende Sondergesetzgebung verzichtet werden kann und ein einheitlicher Sondertatbestand der BGB-Generalklausel der Gefährdungshaftung normiert werden muß. Dafür spricht die Tatsache, daß die Normierung der Gefährdung vor allem das Ergebnis der gesetzgeberischen Tätigkeit ist.[288] Die gefährdungsrechtlichen Tatbestände haben die Ausnahmetatbestände zur Verschuldenshaftung dargestellt. Die sondergesetzlichen Tatbestände haben einen genau abgestellten Anwendungsbereich. Die nächste Frage geht dahin, ob die bisher sondergesetzlich normierten Tatbestände der Gefährdungshaftung in das Regelungskonzept des Bürgerlichen Gesetzbuches einbezogen werden können. Bei der Einarbeitung der sondergesetzlichen Tatbestände der Gefährdungshaftung in das Regelungskonzept des Bürgerlichen Gesetzbuches mußte die Gesetzgebung sich mit den zahlreichen detaillierten Rechtsnormen auseinandersetzen. Der vorgeschlagene Reformentwurf hat keine Zustimmung innerhalb der deutschen Rechtswissenschaft bekommen.[289] Die For-

---

I - 1; Der deutsche Gesetzgeber hat die EG-Produkthaftungsrichtlinie mit zwei Jahren Verspätung in das nationale Recht umgesetzt. In diesem Fall wurde keine Beschwerde beim EuGH anhängig gemacht. Die Frage nach der Gemeinschaftswidrigkeit der nationalen Umsetzungsmaßnahme wurde nicht behandelt. Eine derartige Rechtsprechung blieb im Falle der Bundesrepublik Deutschland erspart.

288 Eine der ersten sondergesetzlichen Regelungen war schon in § 25 des Preußischen Eisenbahngesetzes von 1838 vorhanden. Beim Tatbestand der Gefährdungshaftung handele es sich um eine vom Verschulden und von rechtswidrigem Tun unabhängige Haftung. Auf dieser Grundlage sind gegenwärtig zahlreiche Gefährdungshaftungsnormen in der Sondergesetzgebung erlassen worden, z.B. § 7 StVG; §§ 33 - 35 LuftVerkG; § 25 AtomG; § 22 WHG und § 84 ArzmG.

289 In diesem Zusammenhang ist der Reformentwurf von Kötz zu erwähnen. Vgl., Kötz, Gefährdungshaftung – Empfiehlt sich eine Vereinheitlichung und Zusammenfassung der gesetzlichen Vorschriften über die Gefährdungshaftung im BGB und erscheint es erforderlich, das Recht der Gefährdungshaftung weiterzuentwickeln ? in Gutachten und Vorschlägen zur Überarbeitung des Schuldrechtes, Bd. II (1981) Bundesministerium der Justiz, S. 1785 ff..

derung nach einer Generalklausel der Gefährdungshaftung innerhalb des BGB wurde nicht in die Tat umgesetzt. Der deutsche Gesetzgeber hat diesen kodifikatorischen Regelungsbedarf nicht erkannt. Bei der Ablehnung des Reformentwurfes standen als Argumente im Vordergrund, daß das Regelungskonzept der Generalklausel der Gefährdungshaftung mit dem Regelungskonzept der EG-Produkthaftungsrichtlinie in Einklang gebracht werden mußte und dafür die innerstaatliche Normierung folgender Richtlinienbestimmungen erforderlich gewesen wäre: Art. 1 (Haftung), Art. 2 (Produkt), Art. 3 (Hersteller), Art. 4 (Kausalzusammenhang), Art. 5 (Gesamtschuldnerische Haftung), Art. 7 (Ausschlußgründe der Haftung), Art. 9 (Schaden) und Art. 12 (Begrenzung der Haftung) der EG-Richtlinie. Dann konnte die Vergleichbarkeit des Normkonzeptes festgestellt werden. In einem anderen Fall paßt das detaillierte Regelungskonzept der EG-Richtlinie zur Knappheit und Abstraktheit der BGB-Regelungsmethode nicht. Dabei hatte dem deutschen Gesetzgeber in dieser Frage die Kompromißbereitschaft gefehlt. Im übrigen bestand in der deutschen Rechtswissenschaft keine Einigkeit hinsichtlich dieses Regelungsproblems. Das einheitliche Regelungskonzept des BGB erwies sich für die Richtlinienbestimmungen des speziellen Regelungscharakters als aufnahmeunfähig. Aus diesem Grund wurde nach anderen mehr vorzugswürdigen gesetzlichen Lösungen gesucht.

Die Rechtsprechung des BGH hat die maßgeblichen Sorgfaltspflichten verschärft, eine erweiterte Beweislastumkehrung im Rahmen des Verschuldens vorgenommen und anschließend die Anscheinsbeweise zugunsten des Geschädigten zugelassen. Die ergangene Rechtsprechung hat bei diesem Regelungsproblem bezweckt, die Haftungsverhältnisse der Verschuldenshaftung an die Gefährdungshaftung anzunähern.[290]

Die Reform des deutschen Schuldrechtes hat die geltende Rechtslage im Bereich der Produkthaftung unberührt gelassen.[291]

4.1.3 Durch BGB-Sonderabschnitt zur Produkthaftung

Bei diesem Umsetzungskonzept ist die ursprüngliche Regelungsmethode des deutschen Gesetzgebers zu beachten. Die Tatbestände des speziellen Regelungscharakters erfordern nach diesem Regelungsverständnis den Erlaß des neuen Sondergesetzes.[292] Die sondergesetzliche Entwicklung der Gefährdungshaftung stellt das klare Beispiel dazu. Das einheitliche Regelungskonzept des Bürgerli-

---

290 Deutsch, Jura 1983, 617, 619 ff..; Lorenz, ZHR 1987, 1, 10 ff..

291 Diskussionsentwurf eines Schuldrechtsmodernisierungsgesetzes – Bundesministerium der Justiz / Stand: 4. August 2000.

292 Kindermann, Theorie der Gesetzgebung 1982, S. 560 ff..

chen Gesetzbuches wurde von dieser Tendenz der sondergesetzlichen Normierung der speziellen Regelungsmaterie isoliert.[293] Die angedeutete Regelungsmethode hat die Entscheidungslogik des nationalen Gesetzgebers bedingt. Die Einfügung des Sonderabschnittes der Produkthaftung in das Regelungskonzept des Bürgerlichen Gesetzbuches wurde bei der innerstaatlichen Umsetzung der EG-Richtlinie nicht behandelt. Der spezielle Regelungscharakter der EG-Richtlinienvorschriften mußte vom Regelungskonzept des BGB ausgeklammert bleiben. Die deliktische Produkthaftung des BGB wurde nicht reformiert. Dieses Regelungsergebnis steht im Widerspruch zur heutigen Tendenz, die EG-Verbraucherschutzrichtlinien in das Bürgerliche Gesetzbuch zu integrieren.[294] Die Verwirklichung dieser Regelungsvorgaben wird die Regelungsmaterie der EG-Richtlinie betreffen. In diesem Zusammenhang sind die folgenden Argumente maßgeblich. Die ursprüngliche Regelungsmaterie der Produkthaftung befindet sich im Rahmen des Bürgerlichen Gesetzbuches. Dabei wird die Europäische Regelungsmaterie in den Sonderabschnitt des BGB eingearbeitet. Dafür spricht nach Ansicht einiger Autoren die Notwendigkeit, die EG-Richtlinie mit dem BGB zu verzahnen.[295] Eine derartige Normierung der EG-Richtlinie wird die bestehenden Wertungswidersprüche bei Haftungsprinzipien (Verschuldenshaftung/Gefährdungshaftung) nicht lösen können. Der Kontrollmaßstab der gemeinschaftskonformen Richtlinienumsetzung erfordert die innerstaatliche Übernahme des speziellen Regelungscharakters der EG-Richtlinie. Der Detailreichtum der EG-Richtlinie muß somit in das Regelungskonzept des Bürgerlichen Gesetzbuches integriert werden. Dabei sind die folgenden Regelungsbereiche betroffen: Art. 1 (Haftung), Art. 2 (Produkt), Art. 3 (Hersteller), Art. 4 (Kausalzusammenhang), Art. 5 (Gesamtschuldnerische Haftung), Art. 7 (Ausschlußgründe der Haftung), Art. 9 (Schaden) und Art. 12 (Begrenzung der Haftung) der EG-Richtlinie. Derzeit hat der deutsche Gesetzgeber das verwirklichte Umsetzungskonzept der EG-Produkthaftungsrichtlinie beibehalten. Die Haftungsprinzipien der deliktischen Produkthaftung des BGB und der EG-Produkthaftungsrichtlinie sind durch die Normierung in den verschiedenen Rechtsquellen getrennt.[296] Die Richtigkeit dieser Entscheidung wird in den nächsten Teilen der Untersuchung geprüft.

293 Barnet, Die formelle Vertragsethik des BGB im Spannungsverhältnis zum Sonderprivatrecht und zur judikativen Kompensation der Vertragsparität 1999, S. 275 ff..; Joerges, Verbraucherschutz als Rechtsproblem – ZHR 1981, S. 57 ff..

294 Staudinger, NJW 2001, 275, 275 ff..

295 Staudinger, NJW 2001, 275, 276 ff..

296 Die deliktische Produkthaftung gehört in das BGB; Die Umsetzungsnormen der EG-Richtlinie gehören in das Produkthaftungsgesetz.

4.1.4 Durch das Haftpflichtgesetz

In diesem Teil der Arbeit ist Umsetzungsproblematik zu prüfen, ob die Rechtsnormen der EG-Produkthaftungsrichtlinie in das bestehende Haftungssystem der Sondergesetzgebung eingearbeitet werden können. Die Rechtsnormen der Sondergesetzgebung im Bereich der Produkthaftung sind nach dem Prinzip der Gefährdungshaftung normiert. Die Rechtsnormen des Haftpflichtgesetzes sind bei diesem Umsetzungskonzept maßgeblich.[297] Der Regelungsgegenstand des Haftpflichtgesetzes betrifft die rechtlichen Fragen einer Haftung des Bahnbetriebsunternehmers (§§ 1; 3 HaftpflG) als auch die Haftung des Inhabers einer Energieanlage (§ 2 HaftpflG). Die weiteren Rechtsvorschriften dieses Gesetzes beinhalten die Regeln über den Umfang des Schadensersatzes bei Tötung (§ 5 HaftpflG), bei Körperverletzung (§ 6 HaftpflG), anschließend die Haftungsgrenze bei persönlichen Schäden (§ 9 HaftpflG) sowie auch die Haftungsgrenze für Sachschäden durch Energieanlage (§ 10 HaftpflG) und die Frage der Verjährung (§ 11 HaftpflG). Dementsprechend ist nach Ansicht von Schmidt-Räntsch angesichts des Vergleiches der Regelungsgegenstände von der EG-Richtlinie und des Haftpflichtgesetzes das Konzept des eigenständigen Sondergesetzes zu den Fragen der Produkthaftung unnötig. Die Normierung des neuen Sondergesetzes wird die zersplitterte Rechtslage in der Sondergesetzgebung – neben dem HaftpflG, dem Straßenverkehrsgesetz, dem Luftverkehrsgesetz und dem Artzneimittelgesetz – nicht systematisieren. Dafür spricht auch, daß beim Umsetzungskonzept der EG-Richtlinie in das Sondergesetz die Rechtsnormen der EG-Richtlinie fast wörtlich oder mit kleineren redaktionellen Abänderungen innerstaatlich übernommen werden. Dementsprechend ist der Gestaltungsspielraum des nationalen Gesetzgebers unberechtigt eingeschränkt worden. Die Normierung des zusätzlichen Sondergesetzes wird die Haftung für die Elektrizität in dem Sondergesetz und in dem HaftpflG verdoppeln. Insofern ist das Regelungskonzept der EG-Richtlinie der privatrechtlichen Struktur des deutschen Rechtes anzupassen, wenn die EG-Richtlinie in das Haftpflichtgesetz integriert wird.[298] Der Anwendungsbereich des Haftpflichtgesetzes mußte zu einer allgemeinen Regelung nach dem Beispiel des Regelungsentwurfes zur Gefährdungshaftungsgeneralklausel innerhalb des Bürgerlichen Gesetzbuches ausgebaut werden.[299] Nach diesem Umsetzungskonzept ist der Anwendungsbereich des HaftpflG in §§ 1- 3 zu reformieren (§ 1 Haftung des Bahnbetriebsunternehmers, § 2 Haftung des Inhabers einer

297 Haftpflichtgesetz in der Fassung der Bekanntmachung vom 4. Januar 1978 (BGBl. III 935 - 1)

298 Schmidt-Räntsch, ZRP 1987, 437, 441 ff..

299 Kötz, Gefährdungshaftung – Gutachten und Vorschläge zur Überarbeitung des Schuldrechtes Bd. II 1981, S. 1785 ff..

Energieanlage, § 3 Haftung sonstiger Betriebsunternehmer). Bei der Verwirklichung dieses gesetzlichen Vorhabens sind folgende Rechtsnormen zwecklos: § 5 Mehrere Ersatzpflichtige, § 7 Umfang der Ersatzpflicht bei Tötung, § 8 Umfang der Ersatzpflicht bei Körperverletzung und § 9 Schadensersatz durch Geldrente des ProdHaftG. Durch die Umsetzung wären die Rechtsvorschriften §§ 9 - 11 HaftpflichtG zu ergänzen (§ 9 Haftungsgrenze, § 10 Haftungsgrenze für Schaden durch Energieanlage, § 11 Verjährung des HaftpflichtG). In das Regelungskonzept des Haftpflichtgesetzes sind eine Reihe von Rechtsnormen der EG-Richtlinie einzufügen. Bei diesen Rechtsnormen der EG-Produkthaftungsrichtlinie wird innerstaatlich die identische Übernahme gefordert: etwa beim Art. 1 (Haftung), Art. 2 (Produkt), Art. 3 (Hersteller), Art. 4 (Kausalzusammenhang), Art. 5 (Gesamtschuldnerische Haftung), Art. 7 (Ausschlußgründe der Haftung), Art. 9 (Schaden) und Art. 12 (Begrenzung der Haftung). Die gesetzlichen Maßnahmen bei der Umsetzung entsprechen nach Ansicht von Schmidt-Räntsch den Anforderungen einer gemeinschaftskonformen Richtlinienumsetzung. Außerdem bekommt die deutsche Rechtsordnung die einheitliche Regelung des Produkthaftungsrechtes auf der Grundlage des bereits geltenden Sondergesetzes. Damit konnte die Zersplitterung des deutschen Gefährdungshaftungsrechtes vermieden werden. Schließlich ist unter diesen Umständen die Feststellung des kodifikatorischen Schutzansatzes im Regelungsbereich des Haftungsrechtes leichter.[300]

Der deutsche Gesetzgeber hat diesem Reformentwurf nicht zugestimmt. Somit bezweckt der deutsche Gesetzgeber das bestehende System der getrennten sondergesetzlichen Gefährdungstatbestände aufrechtzuerhalten. Für diese Entscheidung sprach auch die Detailliertheit der Richtlinienvorschriften. Aus diesem Grund hat sich die nationale Gesetzgebung entschlossen ein eigenständiges Produkthaftungsgesetz (ProdHaftG) zu verabschieden.

4.1.5 Entscheidung des deutschen Gesetzgebers: Durch das Produkthaftungsgesetz (ProdHaftG)

Der deutsche Gesetzgeber hat sich für das Umsetzungskonzept in Form eines speziellen Sondergesetzes entschieden. Die EG-Produkthaftungsrichtlinie wurde durch den Erlaß des Produkthaftungsgesetzes übernommen.[301] In der amtlichen

300 Schmidt-Räntsch, ZRP 1987, 437, 441 ff..

301 Gesetz über die Haftung für fehlerhafte Produkte (Produkthaftungsgesetz – ProdHaftG) vom 15. Dezember 1989 (BGBl. I S. 2198), zuletzt geändert durch Gesetz vom 25. Oktober 1994. (BGBl. I S. 3082) Die Umsetzungsfrist dieser EG-Richtlinie ist am 30. Juli 1988 abgelaufen. Die Verzögerung bei der innerstaatlichen Umsetzung der Richtlinienvorschriften werde durch das gemeinschaftswidrige Handeln des deutschen Gesetzgebers hervorgerufen.

Begründung des Gesetzgebers wurde diese gesetzliche Regelung für „sachlich wünschenswert und aus gemeinschaftsrechtlichen Gründen für geboten" bezeichnet.[302] Außerdem haben die geltenden Rechtsnormen des richterlichen Deliktsrechtes dem Stand der Rechtsentwicklung im Bereich der Produkthaftung nicht entsprochen.[303] Die Einzelfallrechtsprechung der deutschen Produkthaftung stellt bei den heutigen Rechtsverhältnissen eine schwer überschaubare Rechtslage dar.[304] Die objektiven Kriterien der Haftung können nach dem deliktischen Prüfungsmaßstab durch die hohen abstrakten Sorgfaltsanforderungen erreicht werden. Dieses Ergebnis ist ungerecht.[305] In der amtlichen Begründung heißt es dazu: „der Vorwurf, gegen solche Sorgfaltsanforderungen verstoßen zu haben, ist der Vorwurf des „Unrechtes", was den Beziehungen zwischen Herstellern und Abnehmern unter Berücksichtigung der modernen Methoden nicht gerecht wird." Damit kann das Haftungsrisiko im Einzelfall nach den geltenden Beweiserleichterungen nicht verläßlich festgestellt werden.[306]

In der rechtlichen Diskussion wurde seit langem vorgeschlagen, für Produktschäden eine gesetzliche Gefährdungshaftung einzuführen. Schon der BGH hat in der Hühner-Pest Entscheidung auf das Normkonzept der Gefährdungshaftung hingewiesen. Das Gericht führte dazu aus: „die in einzelnen Gesetzen angeordnete Gefährdungshaftung ... auch auf die Produzentenhaftung auszudehnen, ist dem Richter verwehrt. Vielmehr muß der Gesetzgeber entscheiden, ob und inwieweit dem Hersteller eine stärkere objektivierte Haftung aufzuerlegen ist ..."[307]

Die Einordnung des ProdHaftG in das Haftungssystem wurde in der ergangenen Rechtsliteratur nicht einheitlich beantwortet.[308] Bereits nach der Bekanntmachung des Gesetzentwurfes ist ein heftiger Streit darüber ausgebrochen, ob es sich um eine Gefährdungshaftung[309] oder um eine verschuldensunabhängige

302 Die amtliche Begründung ist nach Bartl (Fn. 260) 1989, S. 45 ff..
303 Zitiert nach Bartl, (Fn. 260) 1989, S. 45 ff..
304 Zitiert nach Bartl, (Fn. 260) 1989, S. 45 ff..
305 Zitiert nach Bartl, (Fn. 260) 1989, S. 45 ff..
306 Zitiert nach Bartl, (Fn. 260) 1989, S. 45 ff..
307 BGH 51, 91 ff..
308 Rolland, Kommentar zum Produkthaftungsrecht 1990, Rdnr. 4.
309 Deutsch, NJW 1992, 73, 75 ff.; Hollmann, DB 1985, S. 2389; Marburger, AcP 192 (1992), 14; Lammerich, S. 42 ff..; Reinelt, DAR 1988, S.80 (84); Larenz/Canaris, Lehrbuch des Schuldrechtes, Band II/2 Besonderer Teil 1994, § 84 VI (S.643 ff..); Rolland, JuS 1993, § 1 Rdn. 7; Schlechtriem, VersR 1986, S. 1033 ff.; Taschner, NJW 1986, 611 ff., ders., mit Stellungnahme zu Taschner, in: Produkthaftung Art. 1 Rz. 1; Vgl.. ist die spätere Auffassung von Taschner, NJW 1988, S.1432 (1433), wo er von einer verschuldensunabhängigen Haftung spricht; ebenso, in: Taschner/ Frietsch, § 1 Rz. 17 auch vgl., Gegen eine Einordnung als Gefährdungshaftung

Haftung[310] oder überhaupt um eine Haftung mit Verschuldenselementen[311] handelt, die an rechtswidriges Verhalten des Herstellers[312] anknüpft? Auch die Begründung verwendet die rechtliche Terminologie unterschiedlich. Im Entwurf des BMJ vom 12. 3. 1987 wird erst von dem „Grundsatz der verschuldensunabhängigen Haftung“ und anschließend von dem „Grundsatz der Gefährdungshaftung“ gesprochen.[313] Das Umsetzungskonzept in das Sondergesetz ist dadurch charakterisiert, daß die verschuldensunabhängige Haftung nach den Haftungsvoraussetzungen und Haftungsadressaten mit dem Grundsatz der Gefährdungshaftung identisch ist. Nach Ansicht des Gesetzgebers entsprach das geltende Haftungssystem der Gefährdungen innerhalb der sondergesetzlichen Tatbestände den Anforderungen der gemeinschaftskonformen Umsetzung.[314] Das Haftungssystem des BGB mit dem Verschuldensprinzip ist nicht der richtige Standort für das Haftungssystem der Gefährdungen. Insofern hat der deutsche Gesetzgeber nach den bereits bestehenden Ausgangspunkten richtig entschieden, daß die Umsetzung der EG-Produkthaftungsrichtlinie in das Sondergesetz vorgenommen werden muß. Die Normierung des Sondergesetzes hat die rechtliche Position des Herstellers gesichert. In diesem Fall wird dem Hersteller bekannt, ob er in einem konkreten Fall haften muß oder nicht. Dementsprechend wird die Rechtsprechung gehindert ex post für jeden Schadensfall neue Sorgfaltspflichtsanforderungen aufzustellen.[315] Das Recht der Produkthaftung wird in einigen Regelungsbe-

---

Deutsch, VersR 1988, S. 1197 (1199 ff..) Palandt/Thomas, § 1 ProdHaftG Anm. 1 geht von einer „verschuldensunabhängigen Gefährdungshaftung“ aus.

310 Foerste, JA 1990, 175, 178 ff..; Frietsch, DB 1990, 27, 30 ff..; Lorenz, ZHR 1987, 1, 3 ff..; Schmidt-Salzer, BB 1986, 1103, 1107 ff..; Wieckhorst, JuS 1990, 86, 88 ff..

311 Hager, PHI 1991, 2, 8 ff..

312 Cahn, Münchener Kommentar 1997, § 1 ProdHaftG, Rdnr. 2.

313 BT – Drs. 11/2447, S. 8, 9, 11 und 13; Bartl (Fn. 260) 1989, S. 65 ff..

314 In dieser Hinsicht läßt sich kein gemeinschaftswidriges Regelungsergebnis ableiten. Der Kontrollmaßstab der gemeinschaftskonformen Richtlinienumsetzung wurde durch den deutschen Gesetzgeber erfüllt. Die Rechtsprechung des Europäischen Gerichtshofes hat keinen Verstoß gegen die Zielsetzung der EG-Richtlinie; die Forderungen des EG-Primärrechtes; das Verbraucherleitbild; die Rechtsform der Umsetzung und die Parallelität der Rechtsnormen festgestellt. Durch den Erlaß des Produkthaftungsgesetzes (ProdHaftG) hat der deutsche Gesetzgeber das Umsetzungskonzept richtlinienkonformer Interpretation abgelehnt. Bei der Verzögerung der gesetzlichen Umsetzung lag gemeinschaftswidriges Handeln des deutschen Gesetzgebers vor. Auf der EG-Ebene kam es nicht zur Verurteilung der Bundesrepublik Deutschland. Das Regelungskonzept der EG-Richtlinie hat die Mindestharmonisierung und das Beibehalten des strengeren nationalen Rechtes erreicht. Durch das Produkthaftungsgesetz sind die sonstigen Haftungsgrundlagen zugelassen. Vgl., Abschnitt der Untersuchung über die Rechtsfolgen der Rechtsangleichung im Bereich der Produkthaftung.

315 Sack, VersR 1988, 439, 440.

reichen verändert. So ist nach dem ProdHaftG eine Exkulpation nicht möglich. Außerdem wird die Haftung für Ausreißer nach dem ProdHaftG sicher gestellt.[316]

Die Normierung des Produkthaftungsgesetzes hat das Problem der Anpassung von europäischen Rechtsnormen innerhalb der nationalen Rechtsordnung nach einem einfachen Übernahmemuster gelöst. Der bestehende Detailreichtum der EG-Richtlinie wurde in das Regelungskonzept des ProdHaftG fast wörtlich übernommen.[317] Die Zuordnung dieser Umsetzungsnormen zum Regelungsgegenstand des nationalen Verbraucherschutzrechtes wurde in der deutschen Rechtsdoktrin nicht ernsthaft bestritten.[318] Dementsprechend hat die deutsche Rechtsdoktrin und Rechtspraxis die Umsetzungsnormen der EG-Produkthaftungsrichtlinie in den Regelungsgegenstand des nationalen Verbraucherschutzrechtes integriert.[319]

4.2 Nach dem Maßstab des österreichischen Rechtes

4.2.1 Durch richtlinienkonforme Interpretation

Bei diesem Umsetzungskonzept sind die Normkonzepte der Produkthaftung nach dem österreichischen Recht und der EG-Produkthaftungsrichtlinie zu vergleichen. Die ursprüngliche Qualifikation der Produkthaftung nach dem österreichischen Recht bezieht sich auf den Vertrag mit Schutzwirkung zugunsten Dritter.[320] Somit entspricht erwähnter Regelungsansatz des österreichischen Produkthaftungsrechtes dem Normkonzept der EG-Produkthaftungsrichtlinie nicht. Insofern fällt das Umsetzungskonzept durch richtlinienkonforme Interpretation von Anfang an aus. Auch die Rechtsprechung des Europäischen Gerichtshofes lehnt die

---

316 Taschner/Frietsch, Produkthaftungsgesetz und EG-Produkthaftungsrichtlinie 1990, Rdnr. 122.

317 Pfeifer, Produktfehler oder Fehlverhalten des Produzenten – das neue Produkthaftungsrecht in Deutschland, den USA und nach der EG-Richtlinie 1987, S. 251 ff..; Franzen (Fn. 38) 1999, S. 223 ff..

318 Cahn, ProdHaftG, in: Münchener - Kommentar 1997; Hommelhoff, Teilkodifikationen im Privatrecht, in: FS für Rittner 1991; Kötz, Deliktsrecht 1996, S. 168 ff..; v. Bar, Neues Haftungsrecht durch Europäisches Gemeinschaftsrecht, in: FS für Hermann Lange 1992, S. 373 ff..

319 Taschner hat sich dagegen ausgesprochen. Vgl., Taschner, Mindestharmonisierung im Verbraucherschutzrecht 1996, S. 23 ff..

320 Posch, Produzentenhaftung in Österreich de lege lata et de lege ferenda 1982, S. 89 ff..; Karolus, Produkthaftung – Verhandlungen 12. ÖJT II/2 1994, S. 45 ff..

richtlinienkonforme Interpretation unter den angedeuteten Umständen ab.[321] Die Österreichische Republik war bei der innerstaatlichen Übernahme der EG-Richtlinienvorschriften europarechtlich an dieses Vorgehen nicht gebunden.[322] Die Umsetzung der EG-Produkthaftungsrichtlinie wurde in der österreichischen Rechtsliteratur als „freiwillige Rechtsangleichung“ bezeichnet.[323] Die Normierung der gesetzlichen Regelungen wurde dementsprechend vorausgesetzt. Fraglich blieb die Wahl der entsprechenden Rechtsquellen.

4.2.2 Durch Reform des ABGB

Diese Problematik der Produkthaftung war Gegenstand mehrerer Reformversuche.[324] Dabei stand die Plazierung dieser Rechtsnormen innerhalb des österreichischen ABGB im Vordergrund. Der österreichische OGH hat in einigen Entscheidungen den deliktischen Anspruch des geschädigten Konsumenten anerkannt.[325] Dieses Regelungsergebnis wurde innerhalb der österreichischen Rechtsdoktrin sofort kritisiert. In diesem Zusammenhang wurde die Unvereinbarkeit des deliktischen Prüfungsmaßstabes mit den geltenden Beweislastregeln (§§ 1296, 1298 ABGB) und dem Rechtsinstitut der Gehilfenhaftung (§ 1313 a, 1315 ABGB) betont.[326] Nach Ansicht von Bydlinski sind die deliktsrechtlichen Ansprüche im Rahmen des ABGB kaum zu begründen. Aus diesem Grund hat sich die österreichische Rechtsdoktrin entschlossen für eine vertragliche Rechts-

---

321 EuGH, vom 13 Januar 1993 in der Rechtssache 293/91, Kommission / Französische Republik, Rdnr. 2; 1993 p. I - 1; EuGH, vom 10. Mai 2001 in der Rechtssache C - 144/99, Kommission gegen Königreich der Niederlande Rdnr. 14; veröffentlicht in: EWS 2001, 329, 330.

322 Den Beitritt der Österreichischen Republik zur Europäischen Union am 1. Januar 1995 hat die Anpassung der österreichischen Gesetzgebung an das EG-Gemeinschaftsrecht erfordert. Vgl., Die Verbraucherschutzpolitik Österreichs – im Vergleich mit den Politiken der übrigen Mitgliedstaaten der Europäischen Union (17. Juli 1998)

323 Karolus, Referate und Diskussionsbeiträge, S. 35 ff..; in: Magnus, Einheitliches Schadensersatzrecht – Reformbemühungen für das österreichische Haftpflichtrecht Verhandlungen 12. ÖJT II/2; 1994. In diese Richtung auch Posch, Probleme „autonomer Rechtsanpassung“ – dargestellt am Produkthaftungsgesetz, S. 665 ff..; in: FS für Rolf Ostheim zum 65. Geburtstag (Hrsg. Aicher/Koppensteiner) 1990.

324 Bydlinski, JBl 1960, 357, 359 ff..; Kullmann/Pfister, Produzentenhaftung, Loseblatt 1980; Posch, Produzentenhaftung in Österreich de lege lata et de lege ferenda 1982; Magnus, Einheitliches Schadensersatzrecht – Reformbemühungen für das österreichische Haftpflichtrecht 12. ÖJT II/2; 1994, S. 92 ff..

325 OGH Rsp 1934/30 (Fahrrad-Fall); OGH JBl 1979, S. 414 ff.. (Landmaschinen-Fall).

326 Posch, Produkthaftungsgesetz Rdnr. 3; in: Schwimann Praxiskommentar zum ABGB, Band – 8; 1997.

grundlage ausgesprochen.[327] Trotzdem konnte die rechtliche Konstruktion des Vertrages mit Schutzwirkung zugunsten Dritter nicht alle „Schutzlücken" beseitigen.[328] Die Reformentwürfe haben vielmehr bezweckt, die bestehenden Schutzlücken im Rahmen des deliktischen ABGB unter folgenden Bedingungen zu schließen: Zum einen mußte die Verschuldenshaftung für Konstruktions- und Instruktionsfehler innerhalb des ABGB beibehalten werden. Dadurch wäre die Haftung des Produzenten verschärft worden. Zum anderen mußte § 1315 ABGB ausgestrichen werden, da der Normgehalt dieser Vorschrift nicht in Haftungssystems der Verschuldenshaftung hineingepaßt hat.[329] Schließlich erfordert dieses Vorhaben die Einführung einer Gefährdungshaftung für Ausreißer. Der österreichische Gesetzgeber mußte dabei von einem „Schutzlückenkonzept" ausgehen.[330] Nach Ansicht von Reindl-Duschek bietet die österreichische Rechtsordnung einen umfassenden Schutz für die betroffenen Konsumenten. Die eventuellen „Schutzlücken" bezüglich der Körperschäden konnten im Rahmen der bestehenden Krankenversicherung nach dem System der sozialen Sicherheit gelöst werden.[331]

Dementsprechend ist die Reform des Schadensersatzrechtes aus Gründen der gesetzgeberischen Sparsamkeit innerhalb des österreichischen ABGB zu verwirklichen. Sonst würde das System des Schadensersatzrechtes einfach neues „Gelegenheitsgesetz" in der Form einer verschuldensunabhängigen Haftung für fehlerhafte Produkte bekommen. Zusätzlich wird damit die weitere Zersplitterung des österreichischen Schadensersatzrechtes verhindert. Das Regelungsergebnis

---

327 Bydlinski, JBl 1960, 359, 360 ff..; Rummel, JBl 1977, 149, 150 ff..

328 Zu solchen Schutzlücken im Bereich der Produkthaftung gehören: 1). Die Vereinbarung der Freizeichnung zwischen Hersteller und Großhändler erlaubt die Haftung gegenüber dem Geschädigten Endverbraucher vermeiden; 2). Kein Schutz für den geschädigten Passanten („innocent bystander" – „Zufallsopfer"). In solchen Fällen findet der Vertrag mit Schutzwirkung zugunsten Dritter keine Anwendung; 3). Schadensersatzanspruch bleibt ohne Haftungssubjekt bei sogenannten „anonymen Produkten"; 4). Schließlich besteht keine Haftung des Herstellers durch echte „Ausreißer": zu solchen gehören technisch unvermeidbaren Schäden bei der Warenproduktion.

329 Die betroffene Vorschrift lautet wie folgt: „Überhaupt haftet derjenige, welcher sich einer untüchtigen oder wissentlich einer gefährlichen Person zur Besorgung seiner Angelegenheiten bedient, für den Schaden, den sie in dieser Eigenschaft einem Dritten zufügt."

330 Posch, Produkthaftungsgesetz, Rdnr. 5; in: Schwimann Praxiskommentar zum ABGB, Band - 8 1997; Posch, JBl 1980, 281, 282 ff..

331 Die Stellungnahme von angegebenen Autoren - Diskussionsbericht, in: Posch/ Schilcher (Hrsg.), Rechtsentwicklung in der Produkthaftung, S. 15 - 18; Schilcher, Rechtspolitische Bemerkungen zur Produkthaftungsreform, in: Posch/Schilcher (Hrsg.) Rechtsentwicklung in der Produkthaftung 1981, S. 13 ff..

beim Sondergesetz bedeutet die Überforderung von Theorie und Praxis. Die zuerst vorgelegten BGB-Reformentwürfe haben gerade die Ansicht vertreten, daß die einzelne Gesetzgebung die Einheit des österreichischen Privatrechtes stören würde. Die Normierung der Produkthaftung mußte innerhalb der neuen Paragraphen 1322 a) bis f) ABGB erfolgen. Der Umfang der Ersatzleistung ist nach den allgemeinen Regeln des Schadensersatzrechtes zu richten. Für die Normierung der Produkthaftung innerhalb des ABGB sprach nach Ansicht der österreichischen Rechtslehre die Tatsache, daß der Anwendungsbereich der neuen Haftungsgrundlage jedermann betrifft und nicht auf einen bestimmten Personenkreis abgestellt werden kann.[332] Nach Ansicht von Gladt ist die Plazierung der Rechtsvorschriften zur Produkthaftung innerhalb des ABGB dadurch zu begründen, daß „die Produkthaftung inhaltlich kein Erfolgskonzept" sei, sondern die Form der Verschuldenshaftung beibehalte. Seiner Ansicht nach muß der österreichische Gesetzgeber den speziellen Tatbestand im normativen Rahmen des ABGB nach dem Prinzip der Rechtswidrigkeit normieren.[333]

Diese Bemühungen – das bestehende Produkthaftungsrecht zu reformieren, sind als ergebnislos zu bezeichnen. Kein Reformentwurf zur Normierung der Produkthaftung innerhalb des ABGB hat den österreichischen Gesetzgeber überzeugt. Beim Umsetzungskonzept der Produkthaftungsvorschriften durch das ABGB wurde befürchtet, daß das Schadensersatzrecht des ABGB in den Wertungswiderspruch zu der Gefährdungshaftung nach dem Konzept der Produkthaftung geraten kann. Dieses Ergebnis der Anpassung kann zum Wertungswandel des gesamten Haftungssystems in der österreichischen Rechtsordnung führen. Nach sprachlichen und systematischen Kriterien stellen die Rechtsnormen der Produkthaftung einen Fremdkörper innerhalb des ABGB dar. Aus den dargestellten Gründen wurde der Reform des Schadensersatzrechtes im Rahmen des ABGB nicht zugestimmt.[334]

Die Kodifikationsfähigkeit der europäischen Regelungsmaterie hat die ergangene Rechtsliteratur nicht eingehend behandelt. [335] Der nationale Gesetzgeber muß den speziellen Regelungscharakter der EG-Richtlinie innerstaatlich verwirklichen. Andernfalls müssen die Regelungsansätze der nationalen Produkthaftung und der EG-Richtlinie identisch sein.[336] Die Reformentwürfe des ABGB bezwecken, die bestehenden Schutzlücken zu schließen. Dabei wird angenom-

---

332 Erläut. zum 1. MinE. 15.

333 Gladt, RdW 1986, 298, 300 ff..

334 Andreewitch, ÖJZ 1988, 225, 226 ff..

335 Magnus, Einheitliches Schadenersatzrecht - Reformüberlegungen für das österreichische Haftpflichtrecht, VÖJT 1994.

336 Diese Feststellung läßt sich aus der Rechtsprechung des EuGH ableiten. Vgl., EuGH, vom 13. 1. 1993 – Rechtssache C - 293/91; Rdnr. 1 - 7.

men, daß die reformierte Rechtslage der Produkthaftung den Richtlinienanforderungen entsprechen wird. Das ist im Grunde genommen zweifelhaft, da der österreichische Gesetzgeber bei diesem Umsetzungskonzept die EG-Rechtsvorschriften des speziellen Regelungscharakters nicht übernimmt. Die gesetzliche Normierung der rechtlichen Positionen – Art. 1 (Haftung), Art. 2 (Produkt), Art. 3 (Hersteller), Art. 4 (Kausalzusammenhang), Art. 5 (Gesamtschuldnerische Haftung), Art. 7 (Ausschlußgründe der Haftung), Art. 9 (Schaden) und Art. 12 (Begrenzung der Haftung) der EG-Richtlinie – blieb bei diesem Umsetzungskonzept ausgeklammert. Nach dem Regelungsverständnis des österreichischen Gesetzgebers ist das Normkonzept des ABGB von den detaillierten Regeln zu befreien.[337] Diese Rechtsnormen gehören in das System der Sondergesetzgebung. Aus diesen Gründen ist das Umsetzungskonzept in das ABGB endgültig abgelehnt worden.

4.2.3 Durch das Konsumentenschutzgesetz

In der österreichischen Rechtsdoktrin gehört die Produkthaftung zum Bestandteil des Konsumentenschutzrechtes.[338] Nach dem ursprünglichen Regelungsansatz bezweckt die Gesetzgebung damit, den privatrechtlichen Konsumentenschutz im normativen Rahmen des Konsumentenschutzgesetzes vollständig zu regeln.[339] Trotzdem wurde die Produkthaftung aus dem Regelungskonzept des Konsumentenschutzgesetzes ausgeklammert. In den amtlichen Begründungen wird dieses Regelungsproblem folgendermaßen behandelt: „die Produkthaftung Gegenstand einer im Entstehen begriffenen international einheitlichen Regelung sei, der nicht vorgegriffenen werden sollte.“[340] Außerdem wurde in der Begründung deutlich gemacht, daß „die Trennung vom Inhalt der Produkthaftung und des KSchG … rechtssystematisch deshalb einfach sei, weil hier (gemeint im KSchG) vor allem der mit dem Verbraucher geschlossene Vertrag geregelt (werde), die Produzentenhaftung jedoch keine Vertragshaftung sei.“[341] Da das Regelungskonzept des KSchG nur für vertragliche Verhältnisse mit den Konsumenten bestimmt ist, muß die Normierung der Produkthaftung außerhalb des KSchG erfolgen. Die Gesetzgebung bezweckt damit, auf das Regelungskonzept des Vertrages mit Schutzwirkung zugunsten Dritter zu verzichten. Die vertragliche Rechtsgrundlage ist bei

---

337 Bydlinski, Juristische Methodenlehre und Rechtsbegriff 1983, S. 134 ff..

338 Mayrhofer, Produktsicherheit im österreichischen Recht, Konsumenten - politisches Jahrbuch 1988 - 1989, S. 137 ff..

339 EB RV 774 BlgNR 14. GP, 13.

340 EB RV 774 BlgNR 14. GP, 13.

341 Posch, Perfektionierung des Konsumentenschutzes durch Produkthaftung, S. 753 ff..; in: Krejci, Handbuch zum KSchG 1981.

dieser Normgestaltung durch eine deliktische Rechtsgrundlage nach dem deutschen Beispiel zu ersetzen. Außerdem ist der Anwendungsbereich der Rechtsnormen zur Produkthaftung nicht auf die Rechtsverhältnisse zwischen Unternehmern und Konsumenten beschränkt. Nach dem österreichischen Regelungsverständnis schützt das Normkonzept der Produkthaftung den Geschädigten. Der Verbraucherschutzgedanke wird insofern ignoriert. Dieser Übergang von einer Vertragslösung des ABGB zu einer Deliktslösung ist im rechtlichen Rahmen des speziellen Gesetzes vorzunehmen. Die Rechtsform des speziellen Gesetzes muß die Entstehung möglicher Wertungswidersprüche sowohl zwischen den deliktischen und vertraglichen Rechtsgrundlagen als auch zwischen den Prinzipien der Verschuldenshaftung und Gefährdungshaftung berücksichtigen.[342] Darüber hinaus ist anzumerken, daß die Regierungsvorlage des Produkthaftungsgesetzes die Umsetzungsmöglichkeit in das KSchG nicht eingehend behandelt hat. Nach dem Regelungskonzept der EG-Produkthaftungsrichtlinie gehören dort normierte Rechtsnormen zum Regelungsbereich des Verbraucherschutzes.[343] Insofern ist es für mich fraglich geblieben, ob der österreichische Gesetzgeber alle Wahlmöglichkeiten für die richtlinienkonforme Normierung der Produkthaftung geprüft hat.

4.2.4 Entscheidung des österreichischen Gesetzgebers: Durch das Produkthaftungsgesetz (PHG)

Der österreichische Gesetzgeber hat die Produkthaftung im innerstaatlichen Regelungsbereich nach dem Beispiel der EG-Produkthaftungsrichtlinie normiert.[344] Die europarechtliche Verpflichtung, diese EG-Richtlinie umzusetzen, bestand für den österreichischen Gesetzgeber nicht. Die Österreichische Republik wurde durch das Abkommen über den Europäischen Wirtschaftsraum (EWR-Abkommen) zur Anpassung des geltenden Produkthaftungsgesetzes an die EG-Produkthaftungsrichtlinie gebunden.[345] Laut der amtlichen Begründung entsprach

---

342 Zu diesem Ergebnis – Barchetti/Formanek, Das österreichische Produkthaftungsgesetz 1988S. 26 ff..

343 Reich (Fn. 2) 1996, S. 401 ff..

344 Die österreichische Rechtslehre beschäftigt sich mit dem Bestimmungsproblem der Produkthaftung seit 1975. Nach dem vergleichbaren Zeitpunkt liegen die Reformentwürfe der Europäischen Gemeinschaft vor. Vgl., Posch, Produkthaftungsgesetz – Kommentar Rdnr. 2 ff..; in: Praxiskommentar zum ABGB 1997; Posch, Perfektionierung des Konsumentenschutzes durch Produkthaftung S. 753 ff..; in: Krejci, Handbuch zum KSchG 1981; Andreewitch, ÖJZ 1988, 225, 226 ff..

345 Die Österreichische Republik ist am 1. Januar 1995 der Europäischen Union beigetreten. Vgl., Die Verbraucherpolitik Österreichs – im Vergleich mit den Politiken der übrigen Mitgliedstaaten der Europäischen Union vom 17. Juli 1998;

das österreichische Recht weitgehend dem europäischen Regelungsstandard.[346] Dementsprechend hat der österreichische Gesetzgeber das Umsetzungskonzept in das bestehende Recht der Produkthaftung übernommen.[347] Dabei mußte das geltende Produkthaftungsrecht an einigen Stellen mit den Rechtsnormen der EG-Richtlinie in Einklang gebracht werden.[348] Das zentrale Regelungsproblem lag bei der Vermeidung des Wertungswiderspruches im Bereich der Haftungsgrundsätze. Der entscheidende Unterschied zum geltenden Recht der Produkthaftung bestand darin, daß es beim Umsetzungskonzept der EG-Richtlinie auf das Verschulden des Herstellers nicht ankommt. Der österreichische Gesetzgeber hat den Haftungsgrundsatz der Gefährdung im Bereich der Produkthaftung konzipiert. Darunter ist die Zuordnung des Risikos in Rechtsfällen nicht rechtswidrigen Verhaltens zu verstehen. Das fehlerhafte Produkt beinhaltet die Gefährlichkeit „gewissermaßen mit sich, da es für den mit ihm in Berührung Kommenden nicht die erwartete Sicherheit bietet.“[349] Nach diesem Normkonzept wird die Lorenzische Fehlertypologie (Konstruktionsmängel, Instruktionsmängel, Fabrikationsmängel und Entwicklungsgefahr) übernommen.[350]

Posch, Zur EWR-bedingten Umsetzung von Richtlinien verbraucherprivatrechtlichen Inhalts in das österreichische Recht; oder „Aller Anfang ist schwer“, in: FS für Everling 1995, S. 1141 ff..

346 Die Anpassung des nationalen Produkthaftungsgesetzes ist meiner Ansicht nach als gemeinschaftskonform zu bezeichnen. Durch diese gesetzgeberische Entscheidung hat der österreichische Gesetzgeber keinen Verstoß gegen den Kontrollmaßstab der gemeinschaftskonformen Richtlinienumsetzung begangen. Die Kriterien der gemeinschaftskonformen Richtlinienumsetzung sind meiner Ansicht nach (Zielsetzung in der EG-Richtlinie, Forderungen des EG-Primärrechtes, Verbraucherleitbild, Rechtsform der Richtlinienumsetzung, Parallelität der Rechtsnormen) erfüllt worden. Die Umsetzung durch eine richtlinienkonforme Interpretation hat in der österreichischen Rechtsdoktrin keine Zustimmung bekommen. Die Rechtsprechung des Europäischen Gerichtshofes hat in diesem Bereich keine gemeinschaftswidrigen Ergebnisse festgestellt. Insbesondere liegt die sperrwirkende Kraft der Richtlinienvorschriften nicht vor. Die Mindestharmonisierung und das Beibehalten des strengeren nationalen Rechtes wurde durch das Regelungskonzept des nationalen Produkthaftungsgesetzes und des Regelungskonzeptes der EG-Richtlinie ausdrücklich zugelassen. Vgl., Abschnitt der Untersuchung über die Rechtsfolgen der Rechtsangleichung im Bereich der Produkthaftung.

347 648 der Beilagen zu den Stenographischen Protokollen des Nationalrates XVIII. GP – Regierungsvorlage – S. 3 ff..; Anhang III des EWR-Abkommens, 385 L 0375.

348 Produkthaftungsgesetz - PHG – BGBl 1988/99 ff..

349 Posch, JBl 1980, 293, 294 ff..

350 Schilcher, Die neueste Entwicklung in der österreichischen Produkthaftpflicht, S. 52 ff..; Nach Ansicht von Koziol ist dieses Normkonzept der Gefährdungshaftung mit dem geltenden System (ABGB) der Haftung den Unmündigen, Wahn- und Blöd-

Das Produkthaftungsgesetz hat die deliktische Haftungsgrundlage begründet. Ursprünglich stützte sich das österreichische Produkthaftungsrecht auf die vertraglichen Grundlagen (Vertrag mit Schutzwirkung zugunsten Dritter). Von diesem Regelungskonzept hat sich der österreichische Gesetzgeber getrennt. Das gewählte Haftungskonzept beinhaltet keine Hinweise auf die vertraglichen Beziehungen zwischen Anspruchsberechtigten und Haftungsadressaten. Die gesetzliche Normierung der Produkthaftung außerhalb des ABGB mit dem Verschuldensprinzip und außerhalb des geltenden für vertragliche Schuldverhältnisse KSchG bezweckt, den Wertungswiderspruch der Haftungsgrundsätze zu vermeiden. Nach Ansicht des Gesetzgebers wird gerade diese Funktion der Rechtsform des Sondergesetzes entsprechen.[351] Das erlassene Produkthaftungsgesetz hat die bestehenden Schutzlücken der Produkthaftung nach dem Vertrag mit Schutzwirkung zugunsten Dritter des ABGB geschlossen. Das geltende System der Verschuldenshaftung wird nicht durch das Produkthaftungsgesetz ersetzt, sondern gilt daneben weiter. In den amtlichen Erläuterungen wird unterstrichen, daß bei der Bestimmung von Art und Umfang der Ersatzleistung die Rechtsnormen §§ 1323 ff. ABGB anwendbar sein müssen.[352]

Das Regelungskonzept des PHG weicht an einigen Stellen von der EG-Richtlinie ab. Zur gemeinschaftskonformen Umsetzung der Richtlinie mußte die Rechtskategorie des Importeurs neu normiert und der Selbstbehalt erhöht werden. Somit wird die Haftung bei Beschädigung einer Sache auf Schäden von Verbrauchern eingeschränkt. An anderen Punkten ist die bestehende Rechtslage der Produkthaftung als richtlinienkonform zu bezeichnen.[353]

Der österreichische Gesetzgeber hat auf das Regelungsmuster der europäischen Rechtsangleichungsentwürfe abgestellt. Das Produkthaftungsgesetz (PHG) normiert zusammen mit dem Produktsicherheitsgesetz (PSG) das Produktqualitätsrecht. Diese Regelungsergebnisse der europäischen Rechtsangleichung bestimmen im innerstaatlichen Regelungsbereich die normative Ausgestaltung der nationalen Rechtsordnung.[354]

---

sinnigen gleichzustellen. Vgl., Koziol, Grundfragen der Produkthaftung 1980, S. 18 ff..

351 Posch, Produkthaftungsgesetz Rdnr. 7 ff..; in: Schwimann Praxiskommentar zum ABGB, Band 8 1997.

352 Erläut. zur RV Besonderer Teil 14.

353 648 der Beilagen zu den Stenographischen Protokollen des Nationalrates XVIII. GP – S. 3 ff..

354 Mayrhofer, Produktsicherheit im österreichischen Recht, Konsumenten - politisches Jahrbuch 1988 - 1989, S. 137 ff..

4.3 *Nach dem Maßstab des polnischen Rechtes*

4.3.1 *Durch richtlinienkonforme Interpretation*

Dieses Umsetzungskonzept der EG-Produkthaftungsrichtlinie blieb in der polnischen Rechtswissenschaft unberücksichtigt. Dabei sind die Haftungskonzepte des geltenden Produkthaftungsrechtes und der EG-Richtlinie zu vergleichen. Zunächst sind die Haftungsgrundsätze der nationalen und europäischen Haftungssysteme unterschiedlich ausgestaltet. Anhand der richtlinienkonformen Interpretation können die Grundsätze der Verschuldenshaftung (ZGB) und der Gefährdungshaftung (EG-Richtlinie) nicht miteinander in Einklang gebracht werden. Somit entspricht das bestehende Produkthaftungsrecht des ZGB nach dem Regelungsansatz der EG-Richtlinie nicht. Insofern entfällt die Möglichkeit des Umsetzungskonzeptes durch die richtlinienkonforme Interpretation des nationalen Produkthaftungsrechtes. Dieser Standpunkt hat in der Rechtsprechung des Europäischen Gerichtshofes Bestätigung gefunden.[355]

Die amtlichen Stellungnahmen betonen den gesetzgeberischen Regelungsbedarf im Bereich der Produkthaftung.[356] Somit geht die polnische Rechtsordnung vom Fehlen der erforderlichen Rechtsnormen im Bereich der nationalen Produkthaftung aus. Hinzu kommt noch der Anpassungsbedarf an den EG-Regelungsstandard (EG-Richtlinie über fehlerhafte Produkte).[357]

4.3.2 *Durch das Sondergesetz zur Produkthaftung*

Das Umsetzungskonzept in das Sondergesetz gehörte zu den ersten Lösungsmöglichkeiten. Die Normierung der EG-Produkthaftungsrichtlinie innerhalb der sondergesetzlichen Regelungen wird die komplexen Rechtsverhältnisse der Produkthaftung besser aufnehmen. Bei der Integration des Umsetzungskonzeptes in das ZGB wird die dort normierte Regelungsmaterie überlastet, da das geltende

---

355 EuGH, 13. Januar 1993 in der Rechtssache 293/91, Kommission / Französische Republik, Rdnr. 2; 1993 p. I - 1; EuGH, 10. Mai 2001 in der Rechtssache C - 144/99, Kommission gegen Königreich der Niederlande Rdnr. 14; veröffentlicht in: EWS 2001, 329, 330.

356 Żuławski, Koncepcje regulacji ustawowej ochrony konsumentów z uwzględnieniem rozwiązań prawnych w państwach członkowskich Unii Europejskiej, Biul. Rady Legisl., (Konzepte der gesetzlichen Regulierung des Verbraucherschutzes unter Berücksichtigung der rechtlichen Lösungen in den Mitgliedstaaten der Europäischen Union / Bulletin des Gesetzgebungsrates) 1995 Nr. 5.

357 Hier besteht die internationale Verpflichtung nach dem Assoziationsabkommen zwischen der Republik Polen und der Europäischen Gemeinschaft (Art. 69). Veröffentlicht in dem polnischen Gesetzblatt – Dz. U. 1994, Nr. 11, Pos. 38.

Schuldrecht des ZGB dem detaillierten Regelungsniveau der Richtlinienvorschriften nicht entspricht. Die Rechtsnormen des Schuldrechtes werden vom Normkonzept der EG-Richtlinie vielseitig gestört. Dementsprechend ist es für den polnischen Gesetzgeber schwierig, einen angemessenen Standort innerhalb des ZGB zu finden. Außerdem konnte durch die Integration des Umsetzungskonzeptes in das ZGB der Eindruck entstehen, daß die Normierung der speziellen Vorschriften zur Produkthaftung die Haftungsgrundlagen nach den allgemeinen Regeln des ZGB (ex contractu und ex delictu) ausschließen würde. Diese Ansicht war in der polnischen Rechtsliteratur weit verbreitet.[358] Danach entspricht die Integration des Umsetzungskonzeptes in das Sondergesetz einer Regelungstradition der Verlagerung verbraucherschutzrechtlicher Normen in sondergesetzliche Tatbestände. Somit wird das Regelungskonzept des Zivilgesetzbuches von den speziellen Rechtsnormen aufbewahrt. Dieselbe Regelungstechnik wird in der deutschen Rechtslehre vertreten. Auch der österreichische Gesetzgeber ist beim Umsetzungskonzept dem deutschen Beispiel gefolgt. Die EG-Produkthaftungsrichtlinie wurde in der deutschen und österreichischen Rechtsordnung durch das Sondergesetz übernommen. Entscheidend war bei dieser gesetzgeberischen Lösung die Notwendigkeit, die Gefährdungshaftung aus dem Haftungssystem des BGB und des ABGB auszugliedern. Der polnische Gesetzgeber mußte über den Standort der Rechtsnormen des Verbraucherschutzes im Bereich der Produkthaftung entscheiden. Ursprünglich befindet sich der Grundsatz der Gefährdungshaftung im Haftungssystem des polnischen ZGB. Gegen die Normierung der EG-Richtlinie im Rahmen des ZGB sprach der verbraucherschutzrechtliche Charakter der Rechtsnormen der Richtlinie. Aus diesem Grunde wurde vorgeschlagen, die EG-Produkthaftungsrichtlinie in Form eines eigenständigen Sondergesetzes zu normieren. Dieses Regelungskonzept wäre dann lex specialis des Zivilgesetzbuches. Die Haftungsgrundlage der Produkthaftung wird von den anderen Haftungsgrundlagen innerhalb des Zivilgesetzbuches getrennt. Zu solchen Haftungsgrundlagen gehört die Haftung nach dem Vertragsrecht des ZGB (Art. 471 ZGB), der vertragliche Schadensersatz beim Sachmangel (Art. 566 ZGB), die deliktische Produkthaftung im Rahmen des Verschuldens (Art. 415 ZGB), sowie die deliktische Produkthaftung im Rahmen der Gefährdung (Art. 435 ZGB). Bei der Integration des Umsetzungskonzeptes der EG-Produkthaftungsrichtlinie außerhalb des ZGB wurde die Einführung einer Generalklausel zur Produkthaftung in das System des polnischen Haftungsrechtes bezweckt. Das Haftungsprinzip ist im

358 Gnela, Polski system odpowiedzialności odszkodowawczej za produkt (Polnisches System der Produkthaftung) ZN AE 1993, Nr. 410; Skapski, KPP 1995, R. IV, z. 4, S. 592 ff..; Jagielska, Rejent / Rok 5 1995/9, S. 186 ff..; Kraus, Odpowiedzialność odszkodowawcza za produkt wadliwy (niebezpeczny) (Schadensersatzhaftung für fehlerhaftes (unsicheres) Produkt) 1998, S. 7 ff..

Rahmen der Gefährdung zu bestimmen. Die sondergesetzlichen Rechtsnormen werden den detaillierten Rechtsnormen in der EG-Richtlinie besser entsprechen.[359] Die Einordnung der Produkthaftung in die unerlaubten Handlungen nach dem System des Zivilgesetzbuches ist nach Ansicht von Skapski unsystematisch. Außerdem ist innerhalb des ZGB die Komplexität der Regelungsmaterie im Bereich der Produkthaftung schlecht zu verwirklichen. Das Regelungskonzept des polnischen Zivilgesetzbuches kann nicht alle zivilrechtlichen Verhältnisse umfassen. Somit gehören die Rechtsnormen der Produkthaftung in die Tatbestände des Sondergesetzes. Diese Ansicht fand in der polnischen Rechtsliteratur Zustimmung.[360] In diesem Zusammenhang wurde über die ungerechtfertigte Erweiterung des ZGB-Regelungskonzeptes gesprochen. Der Verlust der Regelungsmaterie ist nach ihrer Meinung durch Trennung der normativen Regelungsakten zu vermeiden. Die speziellen Rechtsnormen sind in den speziellen Rechtsquellen zu verwirklichen.[361] Die Rechtsnormen der EG-Richtlinie sind als speziell zu bezeichnen. Das Regelungskonzept der Richtlinie beeinflußt den innerstaatlichen Umsetzungsakt nicht. Somit fällt es schwer, eindeutig bestimmten Kriterien für das erforderliche Umsetzungskonzept zu benennen.[362] Die „Annäherung des Rechtes" im Bereich der Produkthaftung hat die Aufnahmefähigkeit des polnischen Privatrechtes auf den Prüfstand gestellt. Das Bestimmungskriterium dieser Annäherung liegt im Bereich des Haftungsgrundsatzes.[363] Somit wird das Problemverhältnis der Haftung nach dem Prinzip des Verschuldens und der Gefährdung angedeutet. Nach Ansicht Szostaks bestehen beim Umsetzungskonzept der EG-Produkthaftungsrichtlinie zwei gleichartige Wahlmöglichkeiten: die Rechtsvorschriften der EG-Richtlinie in das Zivilgesetzbuch zu integrieren oder in Form eines Sondergesetz zu normieren.[364]

4.3.3 Durch differenzierende Lösung

Bei dieser Umsetzungsvariante differenziert der nationale Gesetzgeber das Regelungskonzept der EG-Produkthaftungsrichtlinie. Laut der Regelungsmethode

---

359 Art. 1 (Haftung); Art. 2 (Produkt); Art. 3 (Hersteller); Art. 4 (Kausalzusammenhang); Art. 5 (Gesamtschuldnerische Haftung); Art. 7 (Ausschlußgründe der Haftung); Art. 9 (Schaden) und Art. 12 (Begrenzung der Haftung) der EG-Produkthaftungsrichtlinie.

360 Jagielska, Rejent 1995, S. 186 ff..

361 Gnela, KPP 1998, 673, 684 ff..

362 Szostak, PS 1995, 30, 52 ff..

363 Die „Annäherung des Rechtes" wird der Inkorporierung der Rechtsnormen in das innerstaatliche Rechtssystem gleichgestellt. Vgl., Szostak, PS 1995, 30, 33.

364 Szostak, PS 1995, 30, 53 ff..

gehören die zentralen Rechtsvorschriften der Produkthaftung in das Regelungskonzept des Zivilgesetzbuches. Das Regelungskonzept des Sondergesetzes mußte die detaillierten Rechtsnormen der EG-Richtlinie aufnehmen. In der polnischen Rechtslehre wurde dieses Bestimmungsproblem nicht gelöst. Insofern ist fraglich geblieben, welche Rechtsnormen der EG-Richtlinie innerhalb der Rahmenregelung des Zivilgesetzbuches zu normieren sind und welche für das Regelungskonzept des Sondergesetzes gebraucht werden.[365] Das Umsetzungskonzept durch eine differenzierende Lösung wurde aus diesem Grunde kritisiert, wobei die Normierung der getrennten Regeln der Produkthaftung als nicht notwendig angesehen wurde. Die Verlagerung der detaillierten Regelungsmaterie in das Sondergesetz wurde zudem in der polnischen Rechtslehre ohnehin nicht erkannt. Die fehlende Übereinstimmung bei der Feststellung des Normkonzeptes innerhalb des Zivilgesetzbuches und des Sondergesetzes hat dazu geführt, daß dieses Umsetzungskonzept in der polnischen Rechtslehre aufgegeben wurde, ohne es eingehend zu prüfen. Außerdem wurde diese gesetzgeberische Lösung in der polnischen Rechtslehre als vorläufig bewertet. Bei der Ablehnung dieses Umsetzungskonzeptes gingen die polnischen Autoren davon aus, daß die nationale Gesetzgebung in der Lage sei die einheitliche Regelung im Bereich der Produkthaftung in Kraft zu setzten. Die Differenzierung der Regelungsmaterie wurde als Störung des Regelungskonzeptes bewertet. Damit mußte der nationale Gesetzgeber das vereinte Regelungskonzept der Produkthaftung normieren. Dabei sind die Alternativen zwischen der Integration des Umsetzungskonzeptes in das Zivilgesetzbuch oder in das Sondergesetz bekannt gewesen. Die endgültige Entscheidung lag beim polnischen Gesetzgeber.

4.3.4 Entscheidung des polnischen Gesetzgebers: Durch Sonderabschnitt des ZGB

Dieses Umsetzungskonzept wird seit dem Jahrgang 1992 in den polnischen Reformentwürfen behandelt.[366] Der erste Entwurf wurde durch die Kommission zur Reform des Privatrechtes vorbereitet. Dieser Reformentwurf sah die beschränkten Abänderungen im Bereich des nationalen Produkthaftungsrechtes vor. Dem geltenden System der Gefährdungshaftung des ZGB mußten zentrale Artikel aus der Richtlinie über die Haftung für fehlerhafte Produkte hinzugefügt werden.

---

365 Łętowska (Fn. 236) 1999, S. 113 ff..

366 Raport o kierunkach pilnych zmian w systemie prawnym RP (Bericht über die Richtung der Veränderungen des Rechtssystems) 1992, S. 89 ff..

Über den inhaltlichen Umfang der Reformierung wurde dennoch in der polnischen Rechtswissenschaft gestritten.[367]

Der nächste Reformentwurf reformierte das polnische Produkthaftungsrecht umfassend. Dieses Regelungskonzept ist an der EG-Produkthaftungsrichtlinie orientiert.[368] Bei diesem Umsetzungskonzept sind die Richtlinienvorschriften innerhalb des neuen Titels VI/1 „Haftung für unsichere Produkte" zu verwirklichen.[369] Dies folgt insbesondere dem Titel VI ZGB über die unerlaubten Handlungen. Somit werden im Bereich der Produkthaftung zwei unterschiedliche Regelungskonzepte nebeneinander normiert. Die eingeführten Umsetzungsnormen sind nach dem Haftungsgrundsatz der Gefährdung konzipiert. Der polnische Gesetzgeber trennt sich auf diese Weise von der deutschen und österreichischen Regelungstechnik. Die speziellen Rechtsnormen der Produkthaftung sind in dem Regelungskonzept des Zivilgesetzbuches normiert. Der polnische Gesetzgeber hat auf den Erlaß der sondergesetzlichen Tatbestände (sondergesetzliche Lösung) verzichtet. Bei der Intergration des Umsetzungskonzeptes in das ZGB hat der Gesetzgeber das erforderliche Minimum der begrifflichen Terminologie der EG-Produkthaftungsrichtlinie übernommen. In das Regelungskonzept des ZGB sind aus der EG-Richtlinie als Begriffe: Produkt, Hersteller, Fehlerbegriff, Gründe zum Ausschluß der Haftung übernommen worden.[370]

Der neu eingefügte Titel VI/1 „Haftung für unsichere Produkte" ist nach dem Normkonzept der Gefährdungshaftung ausgestaltet. Dieser Tatbestand stellt keine Ausnahme im Haftungssystem des Zivilgesetzbuches dar.[371] Insofern ent-

---

367 Uzasadnienie projektu (Begründung des Entwurfes) KPP 1992, z. 1 - 4, S. 197 ff..

368 Łętowska (Fn. 236) 1999, S. 110 ff..

369 Das Gesetz ist auf den 02. 03. 2000 datiert. In Kraft getreten ist es am 01. 07. 2000 (Dz. U. z. 2000 r. Nr. 22, poz. 271.). Die Umsetzungsfristen sind durch den polnischen Gesetzgeber beachtet worden. Das Umsetzungsergebnis dieser Richtlinie erfüllt die gemeinschaftskonformen Anforderungen. Die Kriterien der gemeinschaftskonformen Richtlinienumsetzung sind durch das gewählte Umsetzungskonzept (Zielsetzung in der Richtlinie, Forderungen des Primärrechtes, Verbraucherleitbild, Rechtsform der Umsetzung, Parallelität der Rechtsnormen) erfüllt worden. Die sperrwirkende Kraft der Richtlinienvorschriften wurde in der Rechtsprechung des Europäischen Gerichtshofes nicht festgestellt. Die normierten Regelungskonzepte haben die Mindestharmonisierung und das Beibehalten des strengeren nationalen Rechtes eingeführt. Das Umsetzungskonzept durch richtlinienkonforme Interpretation wurde in der polnischen Rechtsdoktrin ausdrücklich abgelehnt. Vgl., Abschnitt der Untersuchung über die Rechtsfolgen der Rechtsharmonisierung im Bereich des nationalen Produkthaftungsrechtes.

370 Kraus (Fn. 358) 1998, S. 12 ff..

371 Nach dem Tatbestand der Gefährdung sind folgende Artikel des Zivilgesetzbuches konzipiert: Artikel 417 ZGB normiert die Haftung für Staatsfunktionäre. Im Rahmen des Artikels 420 ZGB wird die Haftung anstelle des Fiskus geregelt. Der Artikel 431

spricht die Normierung der Produkthaftung innerhalb des ZGB dem polnischen Haftungssystem. Eine sondergesetzliche Regelung ist nach dieser Regelungsmethode nicht notwendig. Ein zentraler Ansatzpunkt des ZGB-Haftungssystems ist die Trennung nach den Grundsätzen des Verschuldens und der Gefährdung. Der polnische Gesetzgeber hat den speziellen Tatbestand der Produkthaftung in das ZGB eingefügt. Die Bestimmung des Haftungsgrundsatzes bei den Umsetzungsnormen ist in der polnischen Lehre unumstritten. Die Normierung der EG-Produkthaftungsrichtlinie innerhalb des ZGB stellt die zusätzliche Haftungsgrundlage im Regelungsbereich der Produkthaftung dar. Somit hat das bestehende Produkthaftungsrecht seinen Geltungsbereich beibehalten.[372] Die Einfügung der EG-Richtlinie in das ZGB hat das dort geltende Haftungssystem nicht beeinträchtigt. Diese Entscheidungslogik des polnischen Gesetzgebers läßt sich nachvollziehen. Von der gewährten Regelungsoptionen wurde in begrenztem Umfang Gebrauch gemacht. Die landwirtschaftliche Naturprodukte und Jagderzeugnisse sind aus dem Begriff „Produkt" nicht ausgeschlossen (Art. 15 Abs. 1 Lit. b). der EG-Richtlinie). Der Hersteller haftet auch dann, wenn der vorhandene Fehler nach dem Stand von Wissenschaft und Technik nicht erkannt werden konnte. (Art. 7 Lit. e) der EG-Richtlinie) Diese Bestimmung ist im Rahmen des Art. 449/3 ZGB umgesetzt worden. Die Gesamthaftung des Herstellers für den Schaden ist nach dem polnischen Recht unbegrenzt. (Art. 16 Abs. 1 der EG-Richtlinie) Die anderen entscheidungsbedürftigen Regelungsfragen werden im Rahmen des geltenden Produkthaftungsrechtes gelöst.

Diesem Umsetzungskonzept der EG-Richtlinie hat die polnische Rechtslehre zugestimmt. Nach Ansicht Nesterowicz wird innerhalb des ZGB der richtige Standort für die Rechtsvorschriften der EG-Produkthaftungsrichtlinie. Das polnische ZGB ist durch den Regelungsgedanken des einheitlichen Privatrechtes geprägt. Auf Basis dieses Regelungsverständnisses sind fast alle privatrechtlichen Verhältnisse im Rahmen des Zivilgesetzbuches zu normieren. Die Rechtsvorschriften der Produkthaftung stellen keine Ausnahme in der privatrechtlichen Regelungsmaterie dar. Die Normierung der EG-Produkthaftungsrichtlinie außerhalb des ZGB-Regelungskonzeptes könnte die innerstaatliche Stellung dieser Rechtsvorschriften beeinträchtigen. Dementsprechend wird die wirksame Umsetzung der EG-Richtlinie die Normierung innerhalb des Zivilgesetzbuches erfordern. Außerdem müssen die Umsetzungsnormen denselben Geltungsrang innerhalb der polnischen Rechtsordnung haben, wie die Rechtsnormen des Zivilgesetzbuches.

ZGB regelt die Tierhaftung. Zu den nächsten Tatbeständen der Gefährdung des ZGB gehören: Art. 433 „Haftung des Rauminhabers", Art. 434 „Gebäudeeinsturz", Art. 435 „Betriebshaftung", Art. 436 „Verkehrsmittel" und schließlich Art. 439 „Drohender Schaden."

372 Bagińska, PS 2000, 40, 46 ff..; Łętowska (Fn. 236) 1999, S. 113 ff..

Anderenfalls vermidert sich die innerstaatliche Bedeutung der Produkthaftungsvorschriften. Aus diesen Gründen wurde die Integration des Umsetzungskonzeptes in das ZGB vorgezogen.[373] Dagegen sind eine Reihe von Argumenten ins Feld geführt worden. So erschien zunächst fraglich, ob das Umsetzungskonzept innerhalb des ZGB die praktische Bedeutung der Produkthaftungsvorschriften erhöhen kann. Der polnische Gesetzgeber mußte das Regelungskonzept des Zivilgesetzbuches vor zahlreichen Abänderungen bewahren. Nach dieser Ansicht führen die Abänderungen des ZGB-Regelungskonzeptes zur Beeinträchtigung des Anwendungsbereiches der Rechtsnorm. Somit stellt diese gesetzliche Lösung eine Überspannung des ZGB-Regelungskonzeptes dar.[374] Bei der Integration des Umsetzungskonzeptes in das ZGB werden doppelte Rechtsnormen im Bereich der Produkthaftung entstehen. Hinzu kommt ein kollidierendes Nebeneinander zweier unterschiedlicher Haftungsgrundsätze: Verschulden und Gefährdung. Dieser Ansicht nach ist die Richtlinienumsetzung in Form des Sondergesetzes die zweckmäßigste Lösung. Dementsprechend wird die Sonderstellung des Verbrauchers im privaten Rechtsverkehr betont. Die polnische Rechtsdoktrin spricht in diesem Zusammenhang von einer Verbesserung in favorem consumenti. [375] Die Ablehnung des ZGB-Umsetzungskonzeptes hat den polnischen Gesetzgeber nicht überzeugt. Im Ergebnis wurde das Umsetzungskonzept in das Zivilgesetzbuch bevorzugt.

5. Folgen der EG-Angleichung

Die Rechtsliteratur bezeichnet die durch die EG-Produkthaftungsrichtlinie erreichte Angleichung aus verschiedenen Gründen als „Harmonisierungsdefizit“,[376]„Zwischenstation“,[377]„Minimalharmonisierung“[378] „sehr bescheidenes Maß an die Harmonisierung“[379] und als „beklagenswerten Mangel an Angleichung.“[380] In der deutschen und österreichischen Rechtsordnung wurde die EG-Produkthaftungsrichtlinie durch eine restriktive Umsetzung transformiert. Der deutsche und österreichische Gesetzgeber hat die nationalen Produkthaftungsge-

---

373 Nesterowicz, KPP Rok II: 1993 z. 4; 480, 485 ff..; Uzasadnienie projektu (Begründung des Entwurfes) KPP 1992, z. 1 - 4; S. 195, 197 ff..
374 Nesterowicz, KPP Rok II. 1993 z. 4; 480, 485 ff..
375 Kraus (Fn. 358) 1998, S. 18, 19.
376 Lorenz, ZHR (151) 1987, 1, 36 ff..; Hollmann, DB 1985, 2439, 2442.
377 Schlechtriem, VersR 1986, 1033, 1043.
378 Brüggermeier, ZHR (152) 1988, 511, 535.
379 Koch, ZHR (152) 1988, 560, 562 ff..
380 Strom, PHI 1987, 112, 116.

setze erlassen. Die durch intensive Rechtsfortbildung entwickelte Produkthaftung gilt neben dem deutschen und österreichischen Produkthaftungsgesetz fort. Nach dem polnischen Umsetzungskonzept in das ZGB ist die traditionelle Produkthaftung des Verschuldens unberührt geblieben. Art. 415 ff. ZGB gilt fort. Dementsprechend besteht das heutige Produkthaftungsrecht aus einer Zweispurigkeit von altem und neuem Recht. Nach dem heutigen Verhältnis ist ein Nebeneinander von europäischen Richtlinienvorschriften und rein nationalem Zivilrecht zu verzeichnen. Mit der Rechtskategorie der Zweispurigkeit bezeichnet man im Haftungsrecht ein Nebeneinander von Gefährdungs- und Verschuldenshaftung.[381] Esser betonte in der Veröffentlichung „Die Zweispurigkeit unseres Haftpflichtrechtes“ das durch Richterrecht geschaffene „versteckte“ Gefährdungshaftungsprinzip sei ein Ausdruck der sozialen Verteilung. Im Gegensatz dazu gilt das Haftungsprinzip des Verschuldens als rechtlicher Ausdruck der persönlichen Verantwortung. Dementsprechend enthält das Deliktsrecht des BGB/ABGB das Verschuldensprinzip, während die wichtigsten Tatbestände der Gefährdungshaftung außerhalb der kodifizierten Gesetzbücher geregelt bleiben.[382] Der normative Standort dieser Rechtsverhältnisse erklärt die systematische Stellung der gegenwärtigen Rechtsnormen zur Produkthaftung in den nationalen Rechtsordnungen. Die ergangene Rechtsliteratur hat die Haftung nach dem ProdHaftG bzw. PHG als schlichte „Kausalhaftung“[383] oder als „modifizierte Form der Kausalhaftung“[384], als „Gefährdungshaftung“ mit einem Vorbehalt als „Quasi-Gefährdungshaftung“[385] und „Gefährdungshaftung neuen Typs“[386], sowie auch als „neuartigen Typ der Gefährdungshaftung“[387], als „der Gefährdungshaftung nahekommend“[388], als in der Mitte zwischen „Vermögens-Gefährdungshaftung“[389] und schließlich als „klassische Gefährdungshaftung“[390] bezeichnet. Der Tendenz, eine klare Zuordnung des Haftungsgrundsatzes zu vermeiden, tritt nach doktrinärer Ansicht entgegen, daß die EG-Richtlinie nach dem Haftungsprinzip der Gefährdung angelegt sei, da lediglich in diesem Fall die Rechtswidrigkeit als haf-

---

381 Esser, JZ 1953, 129, 129 ff..

382 Esser, Grundlage und Entwicklung der Gefährdungshaftung 1968, S. 3 ff..

383 Schlechtriem, VersR 1986, 1033, 1033 ff..

384 Deutsch, JZ 1989, 465, 470 ff..

385 Lüderitz, Gefährdungshaftung und Schuld im Produkthaftungsrecht – Versuch einer Synthese, in: Eyrich/Odersky/Säcker (Hrsg.) FS für Rebmann 1989, S. 755 ff..

386 Deutsch, VersR 1992, 521, 523 ff..

387 Canaris JBl 1995, 2, 9 ff..

388 Reichardt/ Kiel, AnwBl. 1991, 632, 637 ff..

389 Oehler, ZIP 1990, 1443, 1445 ff..

390 § 1 ProdHaftG Rdnr. 19, in: Taschner/Frietsch, Produkthaftungsgesetz und EG-Produkthaftungsrichtlinie, 1990.

tungsbegründender Umstand ausgeschlossen wäre.[391] Insofern ist „der Schritt von der Rechtswidrigkeit zum Schuldvorwurf" kleiner geworden. Der Regierungsentwurf zum deutschen Produkthaftungsgesetz wie auch zum österreichischen Produkthaftunsgesetz sprach von der verschuldensunabhängigen Haftung als dem Haftungsprinzip des neuen Gesetzes. In den Regierungsentwürfen wurde dazu erklärt: „Dieses Haftungssystem ist weitgehend identisch mit der Gefährdungshaftung, die im deutschen Recht[392] z.B. „bei dem Betrieb des Kraftfahrzeugs" (§ 7 StVG), „bei dem Betrieb einer Schienenbahn" (§ 1 HaftpflG), „durch ein Tier" (§ 833 BGB), durch ein „von einer Kernanlage ausgehendes nukleares Ereignis" (§ 25 AtomG), „durch eine Umwelteinwirkung, die von einer ... Anlage ausgeht" (§ 1 UmwHaftG) oder auch „infolge von Eigenschaften eines Organismus, die auf gentechnischen Arbeiten beruhen" (§ 32 GenG). Die aufgezählten Beispiele der Haftung knüpfen nicht an das Verhalten einer Person (wer rechtswidrig und schuldhaft ...) an. Die konzipierte Gefährdungshaftung bedeute die Anerkennung der Lückenhaftigkeit des menschlichen Wissens über die Entwicklungs–, Produkt-, Anlagen- und Vermarktungsrisiken und ist auch auf andere Fälle der Produktbenützung zu beziehen.[393] Bislang hat der deutsche Gesetzgeber trotz entsprechend geäußerter Vorschläge nicht für erforderlich gehalten, ein bei der Gefährdungshaftung herrschendes Enumerationsprinzip zugunsten einer Generalklausel der Gefährdungshaftung zu ändern.

Das österreichische Schadensersatzrecht enthält die Generalklauseln der Gefährdungshaftung innerhalb des ABGB. Einzelne Klauseln der Gefährdungshaftung hat die Sondergesetzgebung übernommen. Dazu gehören die Haftpflichtgesetze (z.B. Eisenbahn- und KraftfahrzeughaftpflichtG, ReichshaftpflichtG). Die innerstaatliche Normierung der Gefährdungshaftung wurde durch den Tatbestand der Gefährdungshaftung (PHG) vorgenommen. Das Regelungskonzept des österreichischen PHG strebte an, die lückenhafte Rechtsprechung zum Schutz des Konsumenten zu schließen und durch den Grundsatz der Gefährdungshaftung innerhalb des PHG die geltenden Haftungsmaßstäbe zu verschärfen. Die Auswirkungen der nebeneinander stehenden Anspruchsgrundlagen des Vertragsrechtes und des Deliktrechtes bleiben unklar.[394] Die Verschärfung der Haftung erscheint möglich, sobald die inhaltliche Trennung zwischen der EG-Produkthaftungsrichtlinie (Umsetzungsnormen) und den nationalen Rechtsvorschriften vorgenommen ist.

---

391 Rolland, Kommentar zum Produkthaftungsrecht 1990, S. 12 ff..

392 BT – Drs. 11/2447 vom 9. 6. 1988; S. 11 ff..

393 Taeger, Außervertragliche Haftung für fehlerhafte Computerprogramme 1995, S. 99 - 101.

394 Dieses Ergebnis der Untersuchung ist bei Posch zu finden. Vgl., Posch, in: Schwimann Praxiskommentar zum ABGB, Band 8 1997, PHG - § 15 Rdnr. 3 ff..

Das polnische Umsetzungskonzept in das ZGB (Titel VI/1 „Haftung für unsichere Produkte“) hat eine andere Lösung gewählt. Die umgesetzte Produkthaftung wird neben der bereits bestehenden Produkthaftung nach dem Art. 415 ff. ZGB anwendbar. Im polnischen Zivilgesetzbuch gilt es ein Nebeneinander der Verschuldens- und Gefährdungshaftung. Der polnische Gesetzgeber hat in das Regelungskonzept des ZGB zwei unterschiedliche Haftungsgrundsätze aufgenommen. Die Normierung der einzelnen Tatbestände der Gefährdungshaftung innerhalb der ZGB-Rechtsvorschriften entspricht der normativen Ausgestaltung des ZGB-Regelungskonzeptes. Dementsprechend ist der polnische Gesetzgeber den ursprünglichen Regelungsansätzen in der nationalen Rechtsordnung gefolgt. Die praktischen Auswirkungen des Nebeneinanders von Haftungsprinzipien zeigen sich im Bereich des Ersatzes der immateriellen Schäden[395] und der Selbstbeteiligung.[396] Die Zulässigkeit der sonstigen Haftungsansprüche wird durch die einzelnen Umsetzungsnormen normiert. § 15 des deutschen ProdHaftG klärt das Verhältnis der Vorschriften des Produkthaftungsgesetzes sowie des bestehenden Deliktsrechtes der Produkthaftung. Nach dem § 15 II ProdHaftG gilt das Deliktsrecht der Produkthaftung (§ 823 BGB) weiter. Die Erweiterung gilt bei Ansprüchen auf den Ersatz der immateriellen Schäden und der Selbstbeteiligung. Dem Anspruch auf den Ersatz der immateriellen Schäden wird dann stattgegeben, wenn die Tatbestandsvoraussetzungen des Verschuldens gemäß § 823 BGB vorliegen. Die Rechtsnormen § 823 BGB beinhalten keine Beschränkungen zur Selbstbeteiligung. Im Rahmen des § 11 ProdHaftG hat der Geschädigte im Falle der Sachbeschädigung einen Schaden bis zu einer Höhe von 1125 DM selbst zu tragen. Das österreichische PHG enthält die verweisende Regelungstechnik auf das allgemeine Schadensersatzrecht (ABGB). § 14 PHG bestimmt, daß „auf die Ersatzansprüche nach diesem Gesetz, soweit in diesem selbst nichts anderes bestimmt wird, das ABGB anzuwenden ist.“ Somit werden §§ 1325 - 1327 ABGB bei Körperverletzung, Gesundheitsbeschädigung oder Tötung anwendbar. Nach diesen Vorschriften wird auch der immaterielle Schaden ersetzt. Zu solchen Schadensersatzansprüchen gehört auch die Selbstbeteiligung bei Sachbeschädigung. In der ursprünglichen Fassung des PHG (§ 2 des Gesetzes) wurde bei Beschädigung einer Sache die Selbstbeteiligung des Geschädigten in der Höhe von ATS 5.000 festgesetzt. Durch das EWR-Abkommen mußte diese Richtlinienwid-

395 Nach dem deutschen, österreichischen und polnischen Recht ist ein Ersatz der immateriellen Schäden bei Tatbeständen der Gefährdungshaftung ausgeschlossen. In dieser Hinsicht besteht die Zweispurigkeit der Haftungsansprüche.

396 Bei der Selbstbeteiligung nach dem ProdHaftG/PHG/ZGB handelt sich um eine Haftungsgrenze. Diese Grenze der Haftung besteht nach dem traditionellen Recht der Produkthaftung nicht. Somit kann über die Zweispurigkeit der Haftungsansprüchen gesprochen werden.

rigkeit beseitigt werden. Die PHG-Novelle hat den Beitrag auf die richtlinienkonforme Höhe von ATS 7.900 aufgehoben. Im Rahmen des ursprünglichen Produkthaftungsrechtes (Vertrag mit Schutzwirkung zugunsten Dritter/ABGB-Deliktsrecht) bestehen derartige Einschränkungen nicht. Nach dem Art. 449/10 des polnischen ZGB wird das Verhältnis dieses Abschnittes des ZGB (Abs. VI/1 ZGB) zu den sonstigen Haftungsgrundlagen geklärt. Dementsprechend sind die sonstigen Haftungsgrundlagen – Haftung nach dem allgemeinen Schuldrecht und nach dem Gewährleistungsrecht des ZGB – unberührt geblieben. Der polnische Gesetzgeber ist dem deutschen und österreichischen Umsetzungsbeispiel gefolgt. Die Zulässigkeit der übrigen Ansprüche im Bereich der Produkthaftung entspricht der Regelungstradition in dieser Frage. Das polnische Regelungskonzept hat die Entwicklung in diesem Punkt bestätigt. Die Umsetzungsnormen haben die Haftungsgrenze bei der Selbstbeteiligung auf 500 EURO festgelegt. Haftungsansprüche unter 500 EURO bleiben nach den Umsetzungsnormen unberücksichtigt. In solchen Fällen sind die Haftungsansprüche nach dem Art. 415 ff. ZGB zu begründen. Außerdem sind die Haftungsansprüche in bezug auf immaterielle Schäden aus dem Anwendungsbereich der Umsetzungsnormen ausgeschlossen. Der Ausschluß der immateriellen Schäden entspricht dem Normkonzept der Gefährdung. Diesen Haftungsansprüchen wird im Rahmen der allgemeinen Haftungsgrundlagen des Schuldrechtes entsprochen. Art. 415 ZGB normiert den Tatbestand der Rechtsnorm nach dem Grundsatz der Verschuldenshaftung, wodurch die Ansprüche der immateriellen Schäden erfaßt werden. Art. 449/10 ZGB hat die Anspruchskonkurrenz im Regelungsbereich des nationalen Produkthaftungsrechtes zugelassen. Der polnische Gesetzgeber hat nach dem Umsetzungskonzept der EG-Produkthaftungsrichtlinie die Zweispurigkeit der Haftungsgrundlagen normiert. Bei diesem Regelungsproblem sind die Haftungssysteme des deutschen, österreichischen und polnischen Produkthaftungsrechtes ähnlich.[397]

397 Die EG-Richtlinienvorschriften haben innerhalb der nationalen Rechtsordnungen keine sperrwirkende Kraft entwickelt. Die angedeuteten Rechtsfolgen der europäischen Rechtsharmonisierung konfrontieren nicht mit den Anforderungen der gemeinschaftskonformen Richtlinienumsetzung. Die entstandenen Wertungswidersprüche im Bereich des nationalen Produkthaftungsrechtes befinden sich in der Entscheidungsprerogative des nationalen Gesetzgebers. Die Anforderungen der gemeinschaftskonformen Richtlinienumsetzung sind in diesen Regelungsfragen nicht justiziabel. Vgl., Grünbuch – Die zivilrechtliche Haftung für fehlerhafte Produkte vom 28. 7. 1999 – KOM (1999) 396 endgültig/Stellungnahme des Wirtschafts- und Sozialausschußes zu dem „Grünbuch: Die zivilrechtliche Haftung für fehlerhafte Produkte“ (KOM (1999) 396 endg.); Der nationale Bericht – Die Verbraucherpolitik Deutschlands/im Vergleich mit den Politiken der übrigen Mitgliedstaaten der Europäischen Union/Die Verbraucherpolitik Österreichs/im Vergleich mit den Politiken der übrigen Mitgliedstaaten der Europäischen Union vom 17. Juli 1998.

E. Umsetzungskonzept der EG-Richtlinie über Pauschalreisen

1. Fragestellung

Das Umsetzungskonzept der EG-Pauschlareiserichtlinie hat die Diskussion um die Reform des deutschen, österreichischen und polnischen Reiserechtes wiederbelebt. Die folgenden Fragen wurden als maßgeblich erachtet: Beim deutschen Umsetzungskonzept der EG-Richtlinie fragt sich zuerst, ob die Umsetzungsmaßnahmen des nationalen Gesetzgebers durch das Sondergesetz ausreichend sind oder die Einarbeitung der EG-Richtlinienvorschriften in das Regelungskonzept des Bürgerlichen Gesetzbuches notwendig wird? In der österreichischen Rechtsordnung sind darüber hinaus die unterschiedlichen Umsetzungskonzepte der EG-Richtlinie über Pauschalreisen zu prüfen. Fraglich war beim österreichischen Umsetzungskonzept, ob die nationalen Umsetzungsmaßnahmen durch Normierung der EG-Richtlinienvorschriften in das Regelungskonzept des Allgemeinen Bürgerlichen Gesetzbuches, in das Konsumentenschutzgesetz oder in das reiserechtliche Sondergesetz zu verwirklichen sind? Beim polnischen Umsetzungskonzept sind die Regelungskonzepte des Zivilgesetzbuches und des Gesetzes über touristische Dienstleistungen zu prüfen. In drei Rechtsordnungen wurde das Umsetzungskonzept durch richtlinienkonforme Interpretation behandelt. Außerdem ist in diesem Kapitel der Arbeit zu untersuchen, warum der nationale Gesetzgeber sich innerstaatlich für ein bestimmtes Umsetzungskonzept entschieden hat und warum die bestehenden Umsetzungsalternativen abgelehnt worden sind? Dementsprechend wird in den nationalen Rechtsordnungen das Regelungsproblem nach der Abstimmung der EG-Rechtsvorschriften mit dem bisherigen Regelungskonzept der Allgemeinen und Besonderen Teile des Schuldrechtes zum Ausdruck kommen. Hier sind solche privatrechtlichen Regelungsinstrumente wie Inhaltskontrolle, Normierung von Widerrufs- und Kündigungsrechten, Formerfordernissen und anschließend Differenzierung der Gewährleistungsrechte zu untersuchen.

2. Ursprüngliche Qualifikation des Pauschalreiserechtes innerhalb der Rechtsordnung

Nach dem deutschen Reiserecht wird die Rechtskategorie der Pauschalreise unterschiedlich qualifiziert. In der deutschen Rechtsliteratur wird Ansicht vertreten, daß dieser Vertrag entweder zum Werkvertrag gehört,[398] zu einem Vertrag sui generis[399] oder zur besonderen Rechtsgestaltung des Mietvertrages.[400] Bei diesem Regelungsproblem sind die Abgrenzungskriterien entscheidend. Das Regelungskonzept des Werkvertrages geht von der Herstellung eines einheitlichen Werkes aus. Der Reisevertrag wird an die unterschiedlichen Einzelleistungen geknüpft, deren Erfüllung innerhalb eines bestimmten Zeitraumes erfolgen muß. [401] Die Rechtsnatur dieses Vertrages entsprach den rechtlichen Anforderungen der Pauschalreise am besten. Der normative Standort des Werkvertrages befindet sich im Siebten Titel des Bürgerlichen Gesetzbuches „Werkvertrag und ähnliche Verträge." Die Rechtsprechung des BGH hat den Pauschalreisevertrag unter dem Werkvertrag bestimmt.[402] Schließlich hat der deutsche Gesetzgeber den gesetzlichen Regelungsbedarf erkannt. Dementsprechend wurde den Besonderheiten des nationalen Pauschalreiserechtes durch die Einfügung der §§ 651 a) ff. in das Bürgerliche Gesetzbuch entsprochen.[403]

Die österreichische Rechtsordnung normiert die Rechtskategorie der Pauschalreise nicht.[404] Dieses Regelungsproblem wird nach den Allgemeinen Regeln des Allgemeinen Bürgerlichen Gesetzbuches gelöst. Die Bestimmung der einzelnen Leistungen wurde verschiedenen Vertragstypen zugeordnet. Die Beförderung unterlag dem Werkvertragsrecht.[405] Die weiteren vertraglichen Leistungen sind im Miet- Dienst- Kaufvertrag eingebracht.[406] Dem konsumentenschutzrechtlichen Regelungsbereich wird im Rahmen des § 879 ABGB in Verbindung mit dem KSchG entsprochen. Die Ausgangspositionen des österreichischen Reiserechtes

398 Tonner, MünKomm., 1988; Vor § 651 a). Rdnr. 42 ff..

399 Brox, JA 1979, 493, 494 ff..

400 Westermann (Fn. 44) 1983, S. 49 ff..

401 Brox, JA 1979, 493, 494 ff..

402 BGH 61, 275, 278.

403 BT – Drucksache 7/5141, S, 12 ff..; BT – Drucksache 8/786, S. 12 ff..; Das Reisevertragsgesetz stammt vom 04. Mai 1979.

404 Dabei handelt es sich, um die terminologische Bestimmung in der Rechtslehre. Vgl., Wolfgang Graziani-Weiss, Reiserecht in Österreich – Rechtslage nach Umsetzung der EG-Pauschalreiserichtlinie 1995, S. 13 ff..

405 Krejci, in: Rummel – ABGB 1992; §§ 1165 ff..; Rdnr. 26.

406 Weiss-Graziani, Reiserecht in Österreich – Rechtslage nach Umsetzung der EG-Pauschalreiserichtlinie 1995, S. 13 ff..

chischen Reiserechtes sind mit der Situation in der Bundesrepublik Deutschland vor dem Inkrafttreten des Reisevertragsgesetzes (1979) zu vergleichen.[407]

Innerhalb des polnischen Zivilgesetzbuches fehlen normativen Bestimmungen über Pauschalreisen.[408] Beim Regelungsbedarf sind die Allgemeinen Regeln des Zivilgesetzbuches entscheidend. Das reiserechtliche Vertragsverhältnis wird nach dem Prinzip der Privatautonomie gestaltet. Ursprünglich gehörte die Rechtskategorie des Pauschalreisevertrages in das ZGB-Werkvertragsrecht.[409] Die maßgeblichen Rechtsvorschriften befinden sich in den Art. 627 - 646 ZGB (Werkvertrag) und in den Art. 471 - 497 ZGB (Folgen der Nichterfüllung von Schuldverhältnissen). Bei dieser Rechtslage bleiben zahlreiche Regelungsfragen des Reiserechtes konkretisierungsbedürftig. Der notwendige Schutzbedarf wird in der Rechtsprechung gesichert.[410] Bei diesen Ausgangspositionen fehlt die normative Klarstellung unter den folgenden Gesichtspunkten: die Informationspflichten, zwingenden Angaben über den Umfang der Dienstleistungen beim Reisevertrag, die Insolvenzsicherung und die für den Reiseveranstalter zwingenden Anforderungen des Gewährleistungsrechtes sind außerhalb der normativen Bestimmung geraten.[411] Dementsprechend wird die Aufstellung rechtlicher Schutznormen eine Aufgabe des nationalen Gesetzgebers sein. Dieser Regelungsaufgabe wurde durch den Erlaß des Gesetzes über touristische Dienstleistungen nachgegangen. Bei der Vorbereitung dieses Gesetzes ist das Regelungskonzept der EG-Richtlinie über Pauschalreisen berücksichtigt worden.[412]

---

407 Bydlinski, Reisevetragsrecht S. 211 ff..; in: Schuhmacher, Verbraucherschutz in Österreich und in der EG 1992.

408 Łętowska (Fn. 236) 1999, S. 386 ff..

409 Nesterowicz, KPP 1996, 435, 439 ff..

410 Richterliche Entscheidungen zu diesem Regelungsbereich sind in der polnischen Praxis allerdings eher selten. Die bekannteste Rechtsprechung des Obersten Gerichtes hat sich mit dem Bestimmungsproblem einer Haftung nach dem Reisevertrag befaßt. Die Bestimmung der allgemeinen Regeln ist unter diesen Regelungsumständen äußerst schwierig. Vgl., Nesterowicz, Prawo turystyczne (Recht des Tourismus) 1993, S. 27 ff..; Łętowska (Fn. 236) 1999, S. 392 ff..

411 Insbesondere ist bei diesem Regelungsproblem die Zulässigkeit der Preisänderung zu erwähnen. Dieser Regelungsfall wird anhand der Rechtsvorschriften über die allgemeinen Geschäftsbedingungen des Zivilgesetzbuches anwendbar. Vgl., Nesterowicz, Prawo turystyczne (Recht des Tourismus) 1993, S. 27 ff..

412 Die amtliche Bekanntmachung des Gesetzes über touristische Dienstleistungen – Dz. U. Nr. 133, poz. 884 (Dz. U. – Gesetzblatt); Der ursprüngliche Regelungsansatz dieses Gesetzes befand sich innerhalb des Gesetzes vom 23. Dezember 1988 über die Wirtschaftstätigkeit – Dz. U. Nr. 41, poz. 324 (Dz. U. – Gesetzblatt). Die Rechtsnormen des Zivilgesetzbuches finden subsidiäre Anwendung. Vgl., Łętowska (Fn. 236) 1999, S. 402 ff..

Die Ausgangspositionen der nationalen Rechtsordnungen sind bei der Behandlung der durch den nationalen Gesetzgeber gewählten gesetzlichen Lösungen erforderlich.

3. Zum Inhalt der EG-Richtlinie

In der endgültigen Fassung hat diese Richtlinie die Bezeichnung der „EG-Richtlinie 90/314/EWG des Rates über Pauschalreisen“ bekommen.[413] Nach dem Art. 1 der EG-Richtlinie „Zweck dieser Richtlinie ist die Angleichung der Rechts- und Verwaltungsvorschriften der Mitgliedstaaten über Pauschalreisen (einschließlich Pauschalurlaubsreisen und Pauschalrundreisen), die in der Gemeinschaft verkauft oder zum Verkauf angeboten werden.“ Diese Zielsetzung bestimmt die Schutzvorschriften des Regelungskonzeptes dieser EG-Richtlinie. Charakteristisch für das Regelungskonzept dieser EG-Richtlinie ist, daß die Rechtsnormen durch das zwingende Normkonzept gekennzeichnet sind. Die Pauschalreise-Richtlinie wird nach dem EG-Gemeinschaftsrecht als verordnungsspezifische Richtlinie bezeichnet.[414] Dementsprechend bleibt der Gestaltungsspielraum des nationalen Gesetzgebers an diese Regelungsvorgaben gebunden. Der Regelungscharakter der EG-Richtlinie hat den Anwendungsbereich ihrer Rechtsvorschriften geprägt. Art. 2 dieser EG-Richtlinie hat die Pauschalreise als eine im voraus festgelegte und zu einem Gesamtpreis angebotene Verbindung aus mindestens zwei oder drei der folgenden Dienstleistungen nämlich, (1) Beförderung, (2) Unterbringung und (3) sonstige touristische Dienstleistungen bestimmt.[415] Das Regelungskonzept der Pauschalreise-Richtlinie kann auf folgende Rege-

---

413 Die EG-Richtlinie stammt vom 13. Juni 1990 (ABl. Nr. L 158/59) Bei den Vorbereitungsarbeiten hat der Wirtschafts- und Sozialausschluß in einer Stellungnahme vom 27. Oktober 1983 einer Schaffung von nationalen „Garantiefonds zur Absicherung des Konkursrisikos“ zugestimmt. In dieser Frage wurde die Initiative des Rates „Entschließung vom 10. April 1984 zu einer Fremdenverkehrspolitik“ bekanntgegeben. Diese Regelungsergebnisse führten schließlich zum „Vorschlag für eine Richtlinie des Rates über Pauschalreisen“ vom 21. März 1980 (Kom (88) 41 endg. – SYN 122, S. 2 ff..) Der Reformentwurf war ein Teil der Verwirklichung im Mai 1986 des vom EG-Ministerrat verabschiedeten Programms „Neue Impulse“ in der Verbraucherpolitik. Darin befand sich die Liste der konkret geplanten EG-Richtlinien. Das Ergebnis dieser Reformbemühungen führte zur Normierung der „Richtlinie des Rates über Pauschalreisen 90/314/EWG vom 13. Juni 1990.“

414 Tonner, Grabitz/Hilf (Fn. 41) Vorbem. A 12; Rdnr. 30 ff..

415 Die Interpretation der EG-Richtlinienvorschriften erfolgt streng nach dem Wortlaut des Richtlinientextes. Vgl., Bericht über die Durchführung der Richtlinie 90/314/EWG über Pauschalreisen in den innerstaatlichen Rechtsvorschriften der EG-Mitgliedstaaten – SEC (1999) 1800 final., S. 7 ff..

lungsgebiete verteilt werden: Erstens bestimmt die EG-Richtlinie detaillierte Informationspflichten, die den Prospektinhalt, den Vertragsinhalt und der vor Antritt der Reise abzugebenden Informationen umfaßt.[416] Zweitens enthält die EG-Richtlinie ein Verbot der Preiserhöhung während der letzten zwanzig Tage vor Reisebeginn.[417] Drittens werden durch das Regelungskonzept der Richtlinie die Regeln zu den Leistungsstörungen (Rücktritt und Haftung) bestimmt. Der nationale Gesetzgeber ist nach den Anforderungen der Richtlinie verpflichtet, die Haftung des Reiseveranstalters oder Vermittlers gegenüber dem Verbraucher für die ordnungsgemäße Erfüllung der vertraglichen Verpflichtungen zu gewährleisten. Die Haftungsausschlüsse treten bei Verschuldung seitens des Kunden, bei Drittverschulden oder bei höherer Gewalt ein.[418] Viertens bezweckt das Regelungskonzept der EG-Richtlinie die Einführung des Systems einer Insolvenzsicherung.[419] Somit wird von den Reiseveranstaltern oder -vermittlern gefordert die Sicherheiten für den Fall der Zahlungsunfähigkeit oder des Konkurses nachzuweisen.

Dieses Regelungskonzept der EG-Richtlinie enthält grundsätzlich keine Hinweise auf das nationale Recht.[420] Das europäische Regelungskonzept ist als einheitlich zu bewerten. Trotzdem enthält die EG-Richtlinie eine typische Öffnungsklausel für Beibehalten des bereits bestehenden Schutzniveaus. Nach Art. 8 der EG-Richtlinie ist ein strengerer Regelungsstandard zulässig. Der europäische Gesetzgeber strebt an, die nationalen Rechtsnormen nicht zu beeinträchtigen. Derartige Rechtsvorschriften sind nach Maßgabe des nationalen Rechtes der Mitgliedstaaten anzuwenden. Dementsprechend erhält die EG-Richtlinie den Regelungscharakter einer Minimum-Richtlinie. Der nationale Gesetzgeber darf

---

416 Art. 3 der EG-Richtlinie über Pauschalreisen.

417 Art. 4 der EG-Richtlinie über Pauschalreisen.

418 Art. 5 der EG-Richtlinie über Pauschalreisen.

419 Art. 7 der EG-Richtlinie über Pauschalreisen.

420 Die detaillierten Rechtsnormen der EG-Richtlinie haben einzelne Regelungsgebiete außerhalb ihres Anwendungsbereiches gelassen. Somit unterliegt die Buchung eines Ferienhauses oder das ausschließliche Chartern einer Jacht dem Anwendungsbereich der EG-Richtlinie nicht. Der EuGH hat in der Entscheidung zur Organisation von Schüleraustausch an die Schwierigkeiten bei der Bestimmung des Anwendungsbereiches die detaillierten Richtlinien verdeutlicht. Der EuGH hat in diesem Zusammenhang folgendes Regelungsergebnis festgestellt: Die EG-Richtlinie über Pauschalreisen ist nicht auf die Reisen anwendbar, die in einem etwa halb- oder einjährigen Schüleraustausch bestehen; die bezwecken, daß der Schüler unentgeltlich im Gastland eine Schule besucht, um dessen Bevölkerung und Kultur kennenzulernen; in deren Rahmen der Schüler unentgeltlich bei einer Gastfamilie wie ein Familienmitglied untergebracht ist. Diese Entscheidung des EuGH hat die Bestimmungsschwierigkeiten des detaillierten Regelungskonzeptes deutlich gemacht. Vgl., EuGH 11. Februar 1999, in der Rechtssache C - 237/97, Rdnr. 29.

strengere Rechtsvorschriften zum Schutz der Reisenden erlassen oder beibehalten. Insofern bleibt dem nationalen Gesetzgeber die Lösungsalternative bei der innerstaatlichen Normierung der EG-Richtlinienvorschriften. Die gesetzgeberische Lösung ist von den nationalen Ausgangspositionen abhängig zu machen. Bei der Übereinstimmung des europäischen und nationalen Normkonzeptes wird gesetzgeberischer Regelungsbedarf abgelehnt. Bei den aufgetretenen Unstimmigkeiten und Abweichungen innerhalb des Normkonzeptes wird der gesetzgeberische Regelungsbedarf für erforderlich angesehen.[421]

4. Gesetzestechnische Lösung

4.1 Nach dem Maßstab des deutschen Rechtes

4.1.2 Durch richtlinienkonforme Interpretation

Dieses Umsetzungskonzept wurde in der deutschen Rechtsliteratur nicht direkt angesprochen.[422] Fraglich ist bei diesem Umsetzungskonzept, ob die Richtlinienvorschriften unter geltenden Rechtsnormen des allgemeinen Regelungscharakters richtlinienkonform interpretiert werden können. Die Ansätze dieses Umsetzungskonzeptes sind bei der geltenden Rechtslage vorhanden.[423] Nach dem geltenden § 651 a) BGB wurde das Verbot der irreführenden Angaben zum Prospektinhalt ausdrücklich nicht normiert. Dieses Erfordernis wird durch das Richterrecht verwirklicht. Die Rechtsprechung hat die in der EG-Richtlinie erwähnten Informationen in die Hauptpflichten des Reisevertrages eingearbeitet. Zusätzlich gehören die Haftungsbeschränkungen nach dem Art. 5 Abs. 2 p. 3; 4 und die Mitteilungspflichten nach dem Art. 5 Abs. 4 der EG-Richtlinie zum Bestandteil des geltenden Richterrechtes §§ 651 a) BGB. Die verbliebenen Rechtsvorschriften der EG-Richtlinie sind richtlinienkonform zu interpretieren. Dementsprechend besteht nach dem geltenden Schutzniveau kein Erweiterungsbedarf des deutschen Reise-

---

421 Der Bericht über die Durchführung der Richtlinie über Pauschalreisen in den innerstaatlichen Rechtsvorschriften der EG-Mitgliedstaaten hat zutreffend betont, daß „viele der Bestimmungen der Richtlinie den nationalen Gesetzgebern einen sehr großen Interpretationsspielraum einräumen. (S. 5 ff..)“ Insofern werden beträchtliche Unterschiede bei den Vorgehensweisen der nationalen Gesetzgeber erwartet.

422 Die Ansätze dieses Umsetzungskonzeptes sind bei Führich, EuZW 1993, 347, 352 ff..; Tonner, EuZW 1990, 409, 410 ff.. belegt; Dabei war als Ausgangsposition entscheidend, daß die Richtlinienvorschriften einen Mindestschutzniveau normieren (Art. 8 der EG-Richtlinie).

423 Führich, EuZW 1993, 347, 352; Tonner, EuZW 1990, 409, 412.

rechtes durch EG-Richtlinienvorschriften. Das Umsetzungskonzept durch richtlinienkonforme Interpretation hat in der deutschen Rechtsdoktrin keine Zustimmung bekommen. Bei diesem Ergebnis sind folgende Gründe maßgeblich: erstens normieren die Richtlinienvorschriften das detaillierte Regelungskonzept und zweitens bleibt das deutsche Reiserecht konkretisierungsbedürftig.

Somit hat der nationale Gesetzgeber entschieden, normativ vorzugehen und die Richtlinienanforderungen innerstaatlich zu übernehmen. Hinzu kommen die Forderungen der gemeinschaftskonformen Richtlinienumsetzung, wonach den Rechtsvorschriften der EG-Richtlinie durch gesetzlich bindenden Normen nachzugehen ist. Außerdem normiert das Regelungskonzept der EG-Richtlinie einige Rechtsnormen, die nicht zivilrechtlicher Regelungsnatur sind. Durch den Art. 7 der EG-Richtlinie sind die Rechtsnormen des Konkurs- und Insolvenzrechtes eingeführt worden. Dementsprechend muß der Art. 7 der EG-Richtlinie über Pauschalreisen außerhalb des privatrechtlichen Anwendungsbereiches deutschen Reiserechtes integriert werden. In dieser Hinsicht wird das Umsetzungskonzept durch richtlinienkonforme Interpretation wirkungslos bleiben. Der nationale Gesetzgeber ist an die gesetzlichen Maßnahmen gebunden. Dieser Ausgangsbefund findet in einigen Entscheidungen des Europäischen Gerichtshofes seine Bestätigung, wonach die Bundesrepublik Deutschland die EG-Richtlinien gemeinschaftswidrig umgesetzt hatte.[424]

4.1.2 Durch das Sondergesetz

Die deutsche Diskussion über den normativen Standort des Reiserechtes fängt mit der Veröffentlichung des Referenten- und Regierungsentwurfes für das Reisevertragsgesetz (1973) an.[425] Der deutsche Gesetzgeber hat nach dem ursprünglichen Regelungsansatz den Erlaß der sondergesetzlichen Tatbestände bezweckt. Das Ziel dieser Rechtsnormen lag in der Normierung des speziellen Leistungsstörungs-Gewährleistungsrechtes im Bereich der reiserechtlichen Vertragsverhältnisse.[426] Diesem Reformentwurf wurde entgegengehalten, daß „die Einführung eines Sondergesetzes gegen das vertraute System von allgemeinen Leistungsstörungs- und speziellem, vertragsbezogenen Gewährleistungsrecht des Bürgerli-

---

424 EuGH, 28. Februar 1991 „Komm. / Deutschland“ in der Rechtssache C - 131/88; 30. Mai 1991 „Komm. / Deutschland“ in der Rechtssache C - 361/88; 30. Mai 1991 „Komm / Deutschland“ in der Rechtssache C - 59/89.

425 Zum Regierungsentwurf BT – Drucksache 7/141; zur Neuvorlage 8 – Legislaturperiode BT – Drucksache 8/786.

426 Letztlich konnte sich die SPD - geführte Bundesregierung mit ihrer Vorstellung von einem Sondergesetz nicht gegen die CDU und CSU-Mehrheit im Bundesrat durchsetzen.

chen Gesetzbuches verstoßen wird.“[427] Außerdem besteht bei der Normierung der speziellen Rechtsnormen außerhalb des BGB die Gefahr der Rechtszersplitterung und der Schwierigkeiten in der Rechtsanwendung. Der erste Versuch zur Normierung der sondergesetzlichen Regelungen wurde durch die Integration in das Bürgerliche Gesetzbuch ersetzt.[428]

Beim Umsetzungskonzept der EG-Pauschalreiserichtlinie wurde innerhalb der deutschen Rechtsordnung die vergleichbare Diskussion über die Bestimmung des normativen Standortes der EG-Richtlinienvorschriften aufgelöst. Die für die gesetzgeberische Entscheidung entscheidende Frage war, ob die EG-Richtlinie innerhalb oder außerhalb des BGB-Regelungskonzeptes umgesetzt werden muß.[429] Die Detailliertheit der EG-Richtlinie sprach für die Übernahme dieser Rechtsnormen außerhalb des BGB-Regelungskonzeptes. Aus diesem Grund entsprach das Regelungskonzept der EG-Richtlinie den sonstigen Vertragstypen des Bürgerlichen Gesetzbuches nicht. Gesetzlich normiertes Reiserecht blieb hinter diesen Richtlinienanforderungen zurück. In diesem Zusammenhang sind folgende Regelungsbereiche der EG-Richtlinie über Pauschalreisen maßgeblich: Erstens wird nach der Richtlinie Schutz für den Erwerb des Pauschalreisevertrages durch Abtretung gewährt. Die Richtlinie enthält detaillierte Vorschriften, daß der durch die Richtlinie vorgesehene Schutz auch für denjenigen Verbraucher gilt, der einen Pauschalreisevertrag durch Abtretung abgeschlossen hat oder Mitglied einer Gruppe ist, für die andere Person den Pauschalreisevertrag abgeschlossen hat.[430] Zweitens verpflichtet die Richtlinie zur Prospektwahrheit und Prospektklarheit. Die Beschreibungen der veranstalteten oder angebotenen Pauschalreisen dürfen keine irreführenden Angaben enthalten. Zur besseren Information muß der Verbraucher eine Abschrift der für die Pauschalreise geltenden Vertragsbedingungen erhalten. Insofern müssen alle Vertragsbedingungen schriftlich oder in einer anderen dem Verbraucher verständlichen und zugänglichen Form bestimmt und in Abschrift ausgehängt werden.[431] Drittens wird dem Verbraucher unter bestimm-

---

427 De With, Die Entwicklung des Reisevertragsrechtes im BGB; in: FS für Herbert Helmrich zum 60. Geburtstag 1994, S. 1073 ff..

428 Das Gesetz zur Änderung des Bürgerlichen Gesetzbuches – vom 04. 05. 1979/ Bundesgesetzblatt Teil I - S. 509 ff..; Vgl., Strickrodt, Die Haftung der Mitgliedstaaten der Europäischen Gemeinschaft bei Verstößen gegen das Gemeinschaftsrecht – eine systematische Darstellung der Anspruchsvoraussetzungen unter besonderer Beachtung der Haftung der Bundesrepublik Deutschland wegen Nichtumsetzung der EG-Pauschalreise-Richtlinie 1997, S. 9 ff..

429 Abeltshauser, EWS 1991, 97, 97 ff..; Eckert, Die Risikoverteilung im Pauschalreiserecht 1994, S. 254 ff..; Führich, Reiserecht 1995, S. 59 ff..; Tonner, EWS 1993, 197, 197 ff..

430 Führich, Reiserecht 1995, S. 61 ff..

431 Eckert, ZRP 1991, 454, 456 ff..

ten Umständen die Möglichkeit eingeräumt, eine von ihm gebuchte Pauschalreise auf einen Dritten zu übertragen.[432] Viertens normieren die Vorschriften der Richtlinie das Preiserhöhungsverbot. Die Möglichkeit einer Preiserhöhung oder -senkung muß ausdrücklich im Vertrag vorgesehen werden. Sie ist an gewisse vertragliche Bedingungen geknüpft.[433] Fünftens besteht nach dem Regelungskonzept der Richtlinie das Rücktrittsrecht des Verbrauchers. Der Verbraucher muß unter bestimmten Umständen von einer gebuchten Pauschalreise zurücktreten können.[434] Sechstens fordert die Richtlinie, klar zu bestimmen, welche Ansprüche der Verbraucher bei der Stornierung der Reise durch den Veranstalter geltend machen kann.[435] Siebtens ist der Veranstalter oder Vermittler verpflichtet, gegenüber dem Verbraucher für die ordnungsgemäße Erfüllung der sich aus dem Vertrag ergebenden Verpflichtungen zu haften. Die Haftung umfaßt die Fälle der Nichterfüllung oder der mangelhaften Erfüllung des Vertrages, es sei denn, daß der festgestellte Mängel weder auf einem Verschulden ihrerseits noch auf einem Verschulden des anderen Dienstleistungsträgers beruht.[436] Achtens verpflichtet die Richtlinie zur Unterrichtung des Verbrauchers und zur Regelung der Beanstandungen.[437] Neuntens fordert die Richtlinie von den Reiseveranstaltern oder -vermittlern, die Sicherheiten für den Fall der Zahlungsunfähigkeit oder des Konkurses nachzuweisen.[438] Die Rechtsnormen dieser EG-Richtlinie normieren das einheitliche Regelungskonzept über Pauschalreisen.

Die Normierung des speziellen Gesetzes entspricht den angesprochenen Anforderungen. Außerdem passen die gewerblichen Vorschriften der EG-Richtlinie nicht zu der zivilrechtlichen Regelungsnatur des Bürgerlichen Gesetzbuches. Nach dem Anwendungsbereich des reisevertraglichen Sondergesetzes wird das allgemeine Leistungsstörungsrecht von speziellen reisevertraglichen Rechtsvorschriften getrennt.[439] Dementsprechend gehört in das Regelungskonzept des Sondergesetzes sowohl die Übernahme des traditionellen BGB-Grundsatzes der verschuldensunabhängigen Gewährleistung[440] als auch der detaillierten Richtlinienvorschriften. Somit werden die §§ 651 a) bis 651 k) BGB gegenstandslos. Die

---

432 Pick, Reiserecht/Kommentar 1995, S. 391 ff..
433 Jansen, Europäisches Privatrecht 1998, S. 180 ff..
434 Führich, Reiserecht 1995, S. 63 ff..
435 Abeltshauser, EWS 1991, 97, 100 ff..
436 Jansen, Europäisches Privatrecht 1998, S. 181 ff..
437 Führich, NJW 1994, 2446, 2448 ff..
438 Tonner, Pauschalreisen (RL 90/314/EWG) Art. 7 A 12, in: Grabitz/Hilf (Fn. 41) 1999.
439 Albetshauser, EWS 1991, 97, 100 ff..
440 Auf eine Sonderregelung ist in diesem Bereich zu verzichten, da eine Schutzlücke für von Dritten verursachte Mängel (z.B. Baulärm) entstehen wird. Vgl., Tonner, EuZW 1990, 409, 412 ff..

sondergesetzlichen Regelungen befreien das Regelungskonzept des BGB von zahlreichen Details, die zum Abstraktionsniveau der bestehenden Vertragstypen des BGB nicht passen. Das Umsetzungskonzept dieser EG-Richtlinie in ein spezielles Sondergesetz entspricht im übrigen besser dem Regelungskonzept des Verbraucherschutzes. Die verbraucherschutzrechtlichen Normen sind durch diese gesetzestechnische Lösung des Sondergesetzes vom Regelungskonzept des Bürgerlichen Gesetzbuches aufbewahrt. Beim Umsetzungskonzept in das Sondergesetz wird das bestehende Reiserecht des Bürgerlichen Gesetzbuches unberührt gelassen.[441] In diesem Zusammenhang sind die Schutzansätze des nationalen Rechtes und die des EG-Rechtes zu unterscheiden. Die Rechtsnormen der EG-Richtlinie bezwecken, den Unterlegenenschutz durch die Aufstellung der verbraucherrechtlichen Schutzvorschriften zu sichern.[442] Diese Zielsetzung bedingt das Regelungskonzept der EG-Richtlinie über Pauschalreisen. Die Trennung der differenzierenden Rechtsvorschriften ist durch die Normierung in Rechtsquellen unterschiedlicher Rechtsnatur. Nach Ansicht von Tonner ist aus diesem Grund die Umsetzung der Richtlinienvorschriften in ein eigenständiges Sondergesetz zu wählen.[443]

Die vorgeführten Gründe zur Übernahme der EG-Richtlinienvorschriften über Pauschalreisen haben den deutschen Gesetzgeber nicht überzeugt. Die nationale Rechtsordnung hat die Normierung zusätzlicher sondergesetzlicher Rechtsnormen vermieden. Der Leitgedanke dieser Entscheidungslogik bestand darin, die Umsetzungsnormen des Pauschalreiserechtes in rechtlich verwandten Rechtsquellen unterzubringen. Dementsprechend sind die Rechtsvorschriften des § 651 a) ff. BGB zuständiges Recht.

4.1.3 Entscheidung des deutschen Gesetzgebers: Durch §§ 651 a) - 651 l) BGB / § 147 b) der Gewerbeordnung und Verordnung über Informationspflichten von Reiseveranstaltern

Die gesetzliche Normierung der EG-Richtlinie über Pauschalreisen bezweckte, den geltenden Rahmen des BGB-Reiserechtes zu bewahren. Dementsprechend beschränken sich die Veränderungen des deutschen Reiserechtes darauf, das bestehende Recht an die Richtlinienvorgaben anzupassen, soweit die nationalen Rechtsnormen dem europäischen Regelungsstandard nicht entsprechen. Der deutsche Gesetzgeber hatte bei der gesetzlichen Lösung über zwei Alternativen zu

441 Tonner, EuZW 1990, 409, 412 ff..
442 Nicht deutlich geht in diese Richtung auch die Ansicht von Drexl, Vgl., Drexl (Fn. 76) 1998, S. 303 ff..
443 Tonner, EuZW 1990, 409, 412 ff..

entscheiden. Nämlich einerseits, ob dem Umsetzungskonzept der EG-Richtlinie über Pauschalreisen in das Sondergesetz oder andererseits in das Bürgerliche Gesetzbuch (BGB) zuzustimmen sei. Nach der Prüfung der Zielsetzung der EG-Richtlinie und ihres Regelungskonzeptes hat der nationale Gesetzgeber entschieden, daß die Umsetzung der EG-Richtlinie über Pauschalreisen im Rahmen des geltenden Reiserechtes (BGB-Nebenbereiche) erfolgen muß.[444] Bei diesem Umsetzungskonzept der EG-Richtlinie wurde die Reform des deutschen Reisevertragsrechtes einerseits nach dem Prinzip der minimalen Änderungen des geltenden Reiserechtes vorgenommen, andererseits war die nationale Gesetzgebung bestrebt, den hohen Schutzstandard des deutschen Reiserechtes durch die Umset-

444 Die innerstaatlichen Umsetzungsnormen lassen sich folgendermaßen bezeichnen. Gesetz zur Durchführung der Richtlinie des Rates vom 13. 06. 1990 über Pauschalreisen vom 24. 06. 1994 (BGBl I vom 29. 06. 1994 S. 1322) eingearbeitet in §§ 651 a) - 651 l) des Bürgerlichen Gesetzbuches und § 147 b) der Gewerbeordnung; Verordnung über die Informationspflichten von Reiseveranstaltern vom 14/11/1994 (BGBl I S. 3436). Die EG-Richtlinienvorschriften mußte der deutsche Gesetzgeber bis zum 31. 12. 1992 in die nationale Rechtsordnung umsetzen. Die Verzögerung in dieser Angelegenheit hat zu gemeinschaftswidrigen Ergebnissen geführt. Der EuGH hat in der Rechtssache „Dillenkofer“ (C - 178/94) die Bundesrepublik Deutschland zivilrechtlich für den entstandenen Schaden verurteilt, da die Richtlinienvorschriften nicht fristgerecht in die nationale Rechtsordnung übernommen wurden. Die unterlassenen Umsetzungsmaßnahmen des nationalen Gesetzgebers betrafen das Gebiet des Art. 7 der EG-Pauschalreiserichtlinie. Die Hinweise auf die bestehende Rechtsprechung der nationalen Gerichte wurden durch den Europäischen Gerichtshof abgelehnt. Der Schutzumfang sei in diesem Fall nicht ausreichend, um den gemeinschaftskonformen Anforderungen der EG-Richtlinie (Art. 7) zu entsprechen. Die EG-Richtlinie fordert die Erstattung der Zahlung sicherzustellen; die deutsche Rechtsnorm hat die Rückerstattung im Rahmen von 500 DM gewährt. Durch den Erlaß (bzw. die Bekanntmachung) der Verordnung 14/11/1994 wurde bei der EG-Kommission das Verstoßverfahren 98/2163 hinsichtlich der unvollständigen Richtlinienumsetzung beendet. Die Verurteilung in dieser Angelegenheit führte den nationalen Gesetzgeber zu den gemeinschaftswidrigen Ergebnissen. Die getroffene gesetzgeberische Entscheidung bei der Richtlinienumsetzung hat in sonstigen Regelungsbereichen zu keinen gemeinschaftswidrigen Ergebnissen geführt. Der Kontrollmaßstab der gemeinschaftskonformen Richtlinienumsetzung wurde durch den nationalen Gesetzgeber eingehalten. Die Verstöße gegen Kriterien des Kontrollmaßstabes (Zielsetzung in der Richtlinie; Forderungen des EG-Primärrechtes; Verbraucherleitbild; Rechtsform der Umsetzung; Parallelität der Rechtsnormen) liegen nach der ergangenen Rechtsprechung nicht vor. Die sperrwirkende Kraft der EG-Richtlinienvorschriften wurde in der Rechtsprechung des Europäischen Gerichtshofes nicht bestätigt. Die EG-Richtlinienvorschriften haben zur Mindestharmonisierung und zum Beibehalten des strengeren nationalen Rechtes geführt. Der nationale Gesetzgeber hat das Umsetzungskonzept durch richtlinienkonforme Interpretation ausdrücklich abgelehnt.

zungspflicht einer Verbraucherschutzrichtlinie nicht zu beeinträchtigen.[445] Somit wurde dem nationalen Gesetzgeber klar, daß bei der vollständigen Übernahme der Richtlinienvorschriften die geltenden Rechtsvorschriften des BGB durch detaillierte Rechtsnormen der EG-Richtlinie überlastet werden. Aus diesem Grund wurde derart eine gespaltene Richtlinienumsetzung in die nationale Rechtsordnung vorgenommen. Im folgenden sind die entscheidenden Schnittpunkte des Umsetzungskonzeptes dieser EG-Richtlinie zu behandeln. Die Umsetzungsnormen der EG-Richtlinie haben die Anwendungsbereiche des Reisevertragsrechtes nach dem § 651 a) Abs. 1 BGB unangetastet gelassen. Damit sind die Rechtsbegriffe „Reise“ und „Reiseveranstalter“ ohne klare gesetzgeberische Abgrenzungskriterien geblieben, obwohl nach dem Art. 2 der EG-Richtlinie unter Reise eine im voraus festgelegte Verbindung von mindestens zwei touristischen Dienstleistungen bestimmt ist. Nach dem geltenden Recht (§ 651 a) Abs. 1 BGB) ist für das Vorliegen einer Reise maßgeblich, daß dem „Reisenden eine Gesamtheit von Reiseleistungen“ erbracht wird. Damit geht der bestimmte Schutzbereich des BGB-Reiserechtes über die Anforderungen der EG-Richtlinie über Pauschalreisen hinaus. Die geltende Rechtsprechung normiert die Kategorie einer Reise im Sinne der touristischen Einzelleistung, wenn sie gewerblich von einem Reiseunternehmen in eigener Verantwortung angeboten wird (z.B. Ferienhaus).[446] Dementsprechend werden die unsicheren Positionen zwischen dem Reiseveranstalter nach dem Reisevertragsrecht,[447] der Reisevermittlung als Geschäftsbesorgung[448] oder dem Anbieter von Flugleistungen als Werkvertrag[449] geschaffen. Durch die Insolvenzsicherungspflicht entstehen Unklarheiten bei der Bestimmung des Anwendungsbereiches, da der Art. 7 der EG-Richtlinie kein bestimmtes Sicherungsmittel normiert hat.[450]

Das Umsetzungskonzept dieses Teiles der EG-Richtlinie wurde im Rahmen des BGB nicht verwirklicht. Die detaillierten Regelungsangaben der EG-Richtlinien sind durch umfassende Bestimmungen über Informationspflichten in einer Parallelverordnung verwirklicht. Auf diese Weise hat der nationale Gesetzgeber die detaillierten und bürokratischen Reiseangaben in die nationale Rechtsordnung übernommen. § 651 a) BGB war von dem Gesetzgeber als eine Ermächtigungsgrundlage für den Erlaß dieser Verordnung herangezogen worden. Damit ist nach Ansicht der Gesetzgebung die Übersichtlichkeit des Regelungs-

---

445 Eckert, ZRP 1991, 454, 455 ff..; Führich, EuZW 1993, 347, 348 ff..
446 BGH, NJW 1987, 906, 908; BGH, NJW 1992, 3158, 3160.
447 §§ 651 a) bis l) BGB.
448 § 675 BGB.
449 §§ 631 ff.. BGB.
450 De With, Die Entwicklung des Reisevertragsrechtes im BGB, S. 1079; in: Festschrift für Herbert Helmrich zum 60. Geburtstag (Hrsg. Letzgus/Hill/Klein) 1994.

konzeptes bei der innerstaatlichen Normierung der Pauschalreise-Richtlinie erreicht.[451] Die Verordnung über Informationspflichten von Reiseveranstaltern wurde nach dem Normkonzept so gestaltet, daß der Veranstalter hinsichtlich aller Pflichtangaben auf früher gegebene Informationen verweisen kann. Diese Tatsachen dürfen sich zwischenzeitlich nicht geändert haben. Besondere Sanktionen zur Durchsetzung der Informationspflichten (Bußgeldtatbestand) ist nach dem Regelungskonzept der Verordnung nicht vorgesehen. Insofern wird dem Reisenden überlassen, Gewährleistungsansprüche und Schadensersatzansprüche geltend zu machen, wenn die Katalog- und Vertragsangaben mit den bestehenden Tatsachen nicht übereinstimmen.[452] In dieser Hinsicht sind bei der Umsetzung der EG-Richtlinie die bestehenden Rechtsnormen des Gewährleistungsrechtes beibehalten worden.[453] Diese Rechtsvorschrift entspricht den Angaben des Art. 5 der EG-Richtlinie, wonach die Mitgliedstaaten verpflichtet sind, die erforderlichen Maßnahmen zu treffen, damit der Veranstalter dem Verbraucher gegenüber die Haftung für die ordnungsgemäße Erfüllung der Verbindlichkeiten übernimmt. Die Formulierung dieser Rechtsnorm ist als allgemein zu bezeichnen. Die bedeutendste Neuregelung kommt aus dem Art. 7 der EG-Richtlinie, wonach der Reiseveranstalter nachweisen muß, daß im Falle seiner Zahlungsunfähigkeit oder seines Konkurses die Erstattung des bereits gezahlten Reisepreises und die Rückreise aus dem Urlaub sichergestellt wird. Da die EG-Richtlinie keine Vorgaben hinsichtlich der Ausgestaltung dieser rechtlichen Position getroffen hat, ist der nationale Gesetzgeber bei deren Normierung frei.[454]

Nach Ansicht von Westermann ist das Umsetzungskonzept der EG-Richtlinie wie folgt zu bewerten: „die Rechtsnormen der EG-Richtlinie stehen mehr oder weniger zufällig nicht in einem privatrechtlichen Sondergesetz."[455] Staudinger-Schwerdner haben die Eingliederung des Reisevertragsgesetzes in das BGB als eine Fehlleistung bezeichnet. Nach ihrer Ansicht „vergrößern sondergesetzliche Bestimmungen des BGB die Gefahr der wertungsmäßigen Inkonsistenzen, die ohnehin bei privatrechtlichen Maßnahmegesetzen bestehen."[456] Der Reisevertrag nach dem Regelungskonzept der EG-Richtlinie ist der einzige Vertragstyp des Bürgerlichen Gesetzbuches mit zwingend geltenden Gewährleistungsvorschriften. Höhn hat diese Regelungstatsache damit begründet, einen Machtausgleich

451 Drucksache 190/93, S. 40 ff..
452 Führich, EuZW 1993, 347, 348 ff..
453 BT – Drucksache 12/5354, S. 7, 11 ff..
454 Eckert, ZRP 1991, 454, 458 ff..
455 Westermann (Fn. 44) 1983, S. 48 ff..
456 Staudinger – Schwerdner vor § 651 a) BGB, Rdnr. 7.

zur Herstellung materieller Vertragsfreiheit sicherzustellen.[457] Das Regelungskonzept der EG-Richtlinie fordert von dem nationalen Gesetzgeber, die Schutzvorschriften zugunsten des Verbrauchers zu normieren. Der Regelungsansatz derartiger Rechtsnormen gehört zum Bereich des Verbraucherschutzes.[458] Trotz dieser kritischen Anmerkungen sah die gesetzliche Entscheidung des deutschen Gesetzgebers folgendermaßen aus. Ein Teil der EG-Rechtsnormen ist innerhalb §§ 651 a) - 651 l) BGB integriert worden.[459] Der andere Teil der EG-Richtlinie wurde in die Verordnung vom 14. 11. 1994 über die Informationspflichten von Reiseveranstaltern umgesetzt.[460] Die innerstaatliche Verwirklichung der Richtlinienvoschriften wurde durch die Rechtsnormen verwaltungsrechtlicher Regelungsnatur gesichert. § 147 b) der Gewerbeordnung hat das Verbot einer Annahme von Entgelten für Pauschalreisen normiert. Der Tatbestand der Ordnungswidrigkeit liegt vor, wenn entgegen § 651 k) Abs. 4 BGB ohne Übergabe eines Sicherungsscheins oder entgegen § 651 k) Abs. 5 BGB ohne Nachweis einer Sicherheitsleistung die Zahlung des Reisenden auf den Reisepreis gefordert oder angenommen wird. Bei der Rechtsverletzung wird mit einer Geldbuße in Höhe von bis zu zehntausend Deutsche Mark gerechnet. Die erwähnten Rechtsnormen stellen das Umsetzungskonzept der EG-Pauschalreiserichtlinie in die nationale Rechtsordnung dar. Die Entscheidungen des deutschen Gesetzgebers sind durch das Prinzip des minimalen Eingreifens bedingt.

Das Gutachten zum Schuldrechtsmodernisierungsgesetz behandelt das verwirklichte Umsetzungskonzept der EG-Pauschalreiserichtlinie nicht. Dementsprechend ist dieses Umsetzungskonzept der EG-Richtlinie innerstaatlich gesichert.[461]

---

457 Bei diesen Regelungssituationen (gestörter Vertragsparität) sind auch die Rechtsnormen des AGB-Gesetzes anzuwenden. Vgl., Höhn, Kompensation gestörter Vertragsparität 1982, S. 308 ff..

458 Ausdrücklich ist zum Bereich des Unterlegenenschutzes im Rechtsverhältnis auf folgende Rechtsnormen hinzuweisen: Informationspflichten zu Lasten des Reiseveranstalters (Art. 3 EG – Rl), Verbot der Preiserhöhung (Art. 4 EG – Rl), Leistungsstörungen (Rücktritt und Haftung – Art. 5 EG – Rl), Rechtsnormen zum Konkurs- und Insolvenzsystem (Art. 7 EG – Rl).

459 BGBl 1994 I 1322.

460 BGBl 1994 3436.

461 Der materielle Anwendungsbereich der Verordnung über Informationspflichten von Reiseveranstaltern wird durch den deutschen Gesetzgeber bei der Verwirklichung des Schuldrechtsmodernisierungsgesetzes ergänzt. Die Überschrift dieser Verordnung wird zukünftlich folgendermaßen lauten: „Verordnung über Informationspflichten nach Bürgerlichem Recht“. Dem materiellen Anwendungsbereich sind folgende Regelungsbereiche hinzuzufügen: § 1 Informationspflichten bei Fernabsatzverträgen, § 2 Informationspflichten bei und Vertragsinhalt von Teilzeit-Wohnrechteverträgen, § 8 Kundeninformationspflichten von Kreditinstituten, § 9

4.2 Nach dem Maßstab des österreichischen Rechtes

4.2.1 Durch richtlinienkonforme Interpretation

In diesem Kapitel der Untersuchung ist das Umsetzungskonzept der EG-Pauschalreiserichtlinie durch richtlinienkonforme Interpretation zu prüfen. Dementsprechend muß das Ausmaß des Anpassungsbedürfnisses der geltenden Rechtslage anhand der Richtlinienvorschriften bestimmt werden. Für die Ablehnung des Anpassungsbedürfnisses spricht das Mindestschutzniveau der EG-Richtlinie. Nach diesen Richtlinienvorschriften sind in den Bereich dieser EG-Richtlinie fallende strengere Vorschriften des nationalen Verbraucherschutzrechtes beizubehalten.[462] Dementsprechend wird die gesetzliche Umsetzung der EG-Richtlinienvorschriften formal bewertet. Die vergleichbaren Regelungskonzepte des europäischen und nationalen Reiserechtes erlauben es, auf die nationalen Umsetzungsmaßnahmen zu verzichten. Diesem Umsetzungskonzept stehen folgende Gründe entgegen: Zuerst ist der Reisevertrag in der österreichischen Rechtsordnung nicht speziell geregelt. Die reiserechtlichen Normen befinden sich im Bereich des Werkvertragsrechtes (§§ 1151, 1165 ABGB). Dementsprechend bleibt das bestehende Regelungskonzept des Reiserechtes konkretisierungsbedürftig. Dem Bedürfnis des Verbraucherschutzes wird durch § 879 ABGB in Verbindung mit dem KSchG entsprochen. Damit werden die zivilrechtlichen Verträge zwischen Unternehmern und Verbrauchern erfaßt.[463] Das bestehende Normkonzept weicht vom Regelungskonzept der EG-Pauschalreiserichtlinie ab. Laut der Regierungsvorlage werden die systematischen Grenzen des österreichischen Rechtes mit dem Regelungsbereich der EG-Richtlinie nicht eingehalten. Beim Umsetzungskonzept der Richtlinie über Pauschalreisen ist überwiegend das Verwaltungsrecht zu übernehmen. In diesem Fall wird die Anpassung der einschlägigen verwaltungsrechtlichen Vorschriften erforderlich.[464] Die Rechtsnormen gehören nach ihrem Anwendungsbereich zu den gewerblichen Vorschriften des österreichischen Rechtssystems. Diese Entscheidungslogik war für den natio-

---

Betroffene Überweisungen, § 10 Verjährung, § 17 Verjährung, § 12 Verjährung. Die erwähnten Regelungsbereiche gehören zu den umsetzungsbedürftigen Verbraucherschutz-Richtlinien. Der deutsche Gesetzgeber sieht nach meiner Ansicht, daß das verwirklichte Umsetzungskonzept der EG-Pauschalreiserichtlinie zur Aufnahme der weiteren EG-Verbraucherschutzrichtlinien fähig ist.

462 Art. 8 der EG-Richtlinie über Pauschalreisen.

463 Gutachten über internationales Vertragsrecht, Abschlußbericht der Kommission zur Überarbeitung des Schuldrechts, Band III; S. 45 ff..

464 Regierungsvorlage – 809 der Beilagen zu den Stenographischen Protokollen des Nationalrates XVIII. GP – S. 5 ff..

nalen Gesetzgeber bei der innerstaatlichen Übernahme der EG-Richtlinienvorschriften maßgeblich.[465] Die österreichische Rechtslehre hat keinen Versuch gemacht, die Kriterien der richtlinienkonformen Interpretation zu bestimmen. Die bestehende Rechtsprechung des EuGH fordert vom nationalen Gesetzgeber, die konkretisierenden Umsetzungsmaßnahmen im Bereich des Richtlinienrechtes vorzunehmen.[466] Das normierte Regelungskonzept der EG-Richtlinie hat an mehreren Stellen die fast wörtliche Übernahme der europäischen Rechtsnormen in das nationale Reiserecht gefordert. Letztlich stimmen die bestehenden Rechtsquellen des nationalen Reiserechtes bei der Bestimmung des Normzweckes und der Regelungsintensität mit dem Normkonzept der Pauschalreise-Richtlinie nicht überein. Aus diesen Gründen wurde das Umsetzungskonzept der Pauschalreise-Richtlinie in das österreichische Reiserecht abgelehnt.[467]

4.2.2 Durch die ABGB-Reform

Im Unterschied zum deutschen BGB unterliegt das Regelungskonzept des österreichischen Reisevertrages nicht speziell normierten Regeln des ABGB. Die speziellen Rechtsvorschriften des Reiserechtes fehlen auch außerhalb des ABGB. In diesem Bereich sind die allgemeinen Regeln des ABGB anzuwenden.[468] Beim Umsetzungskonzept der EG-Richtlinie über Pauschalreisen ist die Aufnahmefähigkeit des österreichischen Bürgerlichen Gesetzbuches zu prüfen. Somit wird nach diesem Umsetzungskonzept angestrebt, den Sondervertragstyp des Reiserechtes in das allgemeine Zivilrecht des ABGB einzuarbeiten. Bei dieser gesetzlichen Lösung stellt sich die Frage nach dem Verhältnis der bereits geltenden zivilrechtlichen Normen mit dem Regelungskonzept der EG-Pauschalreiserichtlinie. Nach dieser Entscheidungslogik sind die Umsetzungsnormen neben dem geltenden nationalen Reiserecht zu setzen. Die Probleme der Anpassung sind im

---

465 Verordnung des BM für Wirtschaftliche Angelegenheiten BGBl. 1994/881 (Reisebüro-Sicherungsverordnung – RSV); Konsumentenschutzgesetz vom. 08. 03. 1979 (KSchG), BGBl. 1979/140; Gewerbeordnung (GewO) 1973 – BGBl 1993/29.

466 EuGH, 28. Februar 1991 in der Rechtssache C - 131/88 Kommission / Bundesrepublik Deutschland; EuGH, 30. Mai 1991 in der Rechtssache C - 361/88 Kommission / Bundesrepublik Deutschland; Vgl., Heß, Die Umsetzung von EG-Richtlinien im Privatrecht 1999, S. 34 ff..

467 Graziani - Weiss, Reiserecht in: Österreich – Rechtslage nach Umsetzung der EG-Pauschalreiserichtlinie 1995, S. 34 ff..; Mayrhofer, ZfRV 1995, 229, 234 ff..

468 Zu diesem Regelungsbereich gehört der Werkvertrag §§ 1151, 1165 ABGB, sowohl auch § 879 ABGB in Verbindung KSchG. Vgl., Weiss, Pauschalreisevertrag 1987, S. 23 ff..; Gschnitzer/Faistenberg/Barta/Eccher, Österreichisches Schuldrecht: Besonderer Teil und Schadensersatz 1988, S. 276 ff..; Zechner, Reisevertragsrecht 1989, Rdnr. 268, 272.

Rahmen der zivilrechtlichen Anspruchskonkurrenz zu lösen.[469] Fraglich sind in diesem Zusammenhang die Rechtsfolgen bei der Normierung der EG-Richtlinie in das Regelungskonzept des ABGB. Nach Ansicht von Mayrhofer wird bei dieser Lösung das Leistungsstörungsrecht vereinfacht. Beim Umsetzungskonzept innerhalb des normativen Rahmens des ABGB wird der eigenständige Reiseveranstaltungsvertrag eingeführt. Nach dem Regelungskonzept des Reiseveranstaltungsvertrages sind typisch für alle Arten der Leistungsstörungen einheitliche Behelfe zu bestimmen.[470] Diese Überlegung muß die gesamte Reform des Leistungsstörungsrechtes nach sich ziehen. Bei diesem Regelungsproblem ist gerade die Differenzierung in einzelne Tatbestände möglich, wie in Unmöglichkeit der Leistung, Leistungsverzug und Gewährleistung. Dabei ist an das Beibehalten des strengeren nationalen Reiserechtes zu denken. Das Regelungskonzept der EG-Richtlinie normiert den Mindeststandard der Haftung des Schuldners. Diese Ansicht wird durch den Art. 8 der EG-Richtlinie gestützt. Das Bestehen zahlreicher Detailnormen in der EG-Richtlinie wird die Übernahme in das Regelungskonzept des ABGB erfordern. Die Übersichtlichkeit des Rechtsverhältnisses wird unter diesen Bedingungen nicht erreicht. Der kodifikatorische Ansatz bleibt kaum zu verwirklichen. In diesem Zusammenhang sind zum Beispiel Bestimmungen technischer Natur wie Uhrzeiten, Orte von Zwischenstationen und Anschlußstationen, Bedingungen der Preisänderung, Bestimmung des Anspruches auf Entschädigung wegen Nichterfüllung des Vertrages usw. zu nennen.[471] Diese Regelungsangaben brauchen die wörtliche Übernahme in das Regelungskonzept des ABGB. Auf diese Weise ist der spezielle Regelungscharakter dieser EG-Richtlinie zu verwirklichen. Der Schutzzweck der EG-Richtlinie ist bei der Normierung des innerstaatlichen Umsetzungskonzeptes zu berücksichtigen. Die Rechtsvorschriften der EG-Richtlinie bezwecken den Verbraucherschutz gegen bestimmte mit Pauschalreisen verbundene Risiken, d. h. irreführende Angaben in der Reisebeschreibung, die Bedingungen für die Zahlung des Preises der Pauschalreise, die ungeklärte Aufteilung der Haftung zwischen dem Veranstalter und/oder Vermittler der Pauschalreise und den verschiedenen Leistungsträgern, aus deren Dienstleistungen die Reise besteht.[472] Somit wird der Unterlegenenschutz bei der Pauschalreise gesichert. Diese Tatsache kommt in der Rechtsprechung des EuGH deutlich zum Ausdruck. Fraglich ist nun, ob das Regelungskonzept des ABGB der richtige Standort für verbraucherschutzrechtliche Normen ist? In diesem Zu-

469 Für diese gesetzliche Entscheidung sprach das deutsche Umsetzungskonzept in das BGB.

470 Mayrhofer, ZfRV 1995, 229, 238 ff..

471 Art. 4 der EG-Richtlinie über Pauschalreisen.

472 EuGH, 15. Juni 1999, Rs. C - 140/97, Rechberger / Republik Österreich, in: Slg. 1999 p. I - 3499, Rdnr. 5.

sammenhang sind die Ablehnungsgründe dieser gesetzlichen Entscheidung zu untersuchen. Die Rechtsnormen der EG-Verbraucherschutzrichtlinie sind in das Regelungskonzept des Konsumentenschutzgesetzes einzuarbeiten. Die Normierung des detaillierten Regelungskonzeptes der EG-Richtlinie kann die systematischen Grenzen des ABGB stören. Außerdem enthält die Pauschalreise-Richtlinie die Rechtsnormen des verwaltungsrechtlichen Regelungscharakters. Dieser normative Bestandteil der EG-Richtlinie gehört in die verwaltungsrechtlichen Rechtsquellen. Somit kommen die Rechtsvorschriften der GewO in Betracht. Nach der Begründung der Regierungsvorlage ordnen sich die speziellen Rechtsnormen beim Reisevertrag und bei der Vertragspraxis im Reisegewerbe schlecht in das System des Zivilrechtes ein. Als ein Beispiel ist das Tatbestandsmerkmal des Art. 4 Abs. 5 der EG-Richtlinie zu erwähnen, daß sich der Veranstalter zur Änderung des Reiseprogramms „gezwungen sieht." Dieses Tatbestandsmerkmal läßt sich in das System der Unmöglichkeit §§ 1447 ABGB nicht subsumieren. Die obenerwähnten Gründe haben entscheidend zur Ablehnung des Umsetzungskonzeptes in das ABGB beigetragen.

4.2.3 Durch § 1 des Konsumentenschutzgesetzes

Bei diesem Umsetzungskonzept sind die Rechtsnormen der EG-Richtlinie nach dem Anwendungsbereich des § 1 KSchG zu bestimmen. Zahlreiche rechtspolitische Gründen sprechen für diese Normierung der Pauschalreise-Richtlinie. Die EG-Pauschalreisenrichtlinie gehört zum Regelungsbereich des europäischen Verbraucherschutzrechtes. Das geltende Konsumentenschutzgesetz entspricht diesen normativen Anforderungen. Dementsprechend ist das Regelungskonzept des KSchG zu prüfen. Nach dem Regelungskonzept des § 1 KSchG sind Verbrauchergeschäfte folgendermaßen konkretisiert: Diese Rechtsgeschäfte umfassen einerseits einen Unternehmer (jemand, für den das Geschäft zum Betrieb seines Unternehmens gehört) und andererseits einen Verbraucher (jemand, für den dies nicht zutrifft). Der Geltungsbereich des KSchG ist nach dem Kriterium der Subjektbezogenheit normiert. Der österreichische Gesetzgeber muß den europarechtlich normierten Pauschalreisevertrag unter dem Anwendungsbereich des § 1 KSchG einordnen.[473] Die rechtliche Konstruktion des Pauschalreisevertrages ist nach dem personenbezogenen Kriterium des Unternehmers und des Konsumentes abzugrenzen. Dieser Regelungsansatz hat den Unterlegenenschutz in der österrei-

473 Das Regelungskonzept der EG-Richtlinie besteht aus drei Arten von Rechtsnormen: dazu gehören erstens begriffliche Bestimmungen (Pauschalreise/Veranstalter/Vermittler/Verbraucher/Vertrag). Zweitens enthält das Regelungskonzept der Richtlinie die vertraglichen Normen. Dritter Teil betrifft die Rechtsvorschriften über die finanzielle Sicherheit des Reiseveranstalters.

chischen Rechtsordnung verwirklicht. Die weitere Übernahme der detaillierten Bestimmungen über den Inhalt der Reiseprospekte, über Informationspflichten des Veranstalters und Formalitäten des Vertragsabschlusses hat innerhalb des Konsumentenschutzgesetzes zu erfolgen, wobei die Umsetzungsnormen den gemeinschaftskonformen Anforderungen entsprechen müssen. In diesem Zusammenhang wird die Frage der Regelungsdichte angesprochen. Diese Entscheidung lag in der rechtspolitischen Einschätzungsprerogative des österreichischen Gesetzgebers.

Trotzdem hat der österreichische Gesetzgeber diesem Umsetzungskonzept durch § 1 KSchG nicht zugestimmt. Dieses Ergebnis einer Umsetzung hat das richtige Regelungsverständnis dieses Gesetzes als Regelungsinstrument des Konsumentenschutzes beeinträchtigt. Die Umsetzungsnormen der EG-Richtlinie sind verallgemeinert worden. Das heißt ihr Anwendungsbereich erstreckt sich über § 1 KSchG hinaus. Nach Ansicht von Mayrhofer entspricht die Bestimmung des Verbrauchers in der EG-Richtlinie dem Rechtsbegriff des Konsumenten nach dem KSchG nicht. Insofern wird das Umsetzungskonzept in § 1 KSchG nicht richtlinienkonform.[474] Nach diesem Prüfungsmaßstab hat der österreichische Gesetzgeber das Umsetzungskonzept in § 1 KSchG abgelehnt. Eine eingehende Prüfung der Anpassungsmöglichkeiten dieser EG-Richtlinie an das Regelungskonzept des Konsumentenschutzgesetzes (§ 1 KSchG) hat in der österreichischen Rechtslehre gefehlt.

4.2.4 Durch das Sondergesetz

Das Umsetzungskonzept der EG-Richtlinie über Pauschalreisen durch das Sondergesetz wurde in der österreichischen Rechtsdoktrin durch Bydlinski vorgeschlagen.[475] Nach seiner Ansicht entspricht die Detailliertheit der EG-Richtlinie (insbesondere Vorschriften zum Informations- und Vertragsinhalt) nicht dem Abstraktionsniveau einer Privatrechtskodifikation. Die Integration des Umsetzungskonzeptes der Richtlinie in das ABGB scheiterte aus den eben erwähnten Gründen. Durch dieses Sondergesetz wird der Ergänzung der bestehenden Rechtsquellen des Reiserechtes stattgegeben. Die bestehenden Rechtsnormen des Reiserechtes sind im Rahmen der Reform des Reiserechtes in den Inhalt des Sondergesetzes zu übernehmen. Bei der Pauschalreise-Richtlinie ist die Übernahme an das bindende Regelungskonzept der Richtlinie beschränkt.

Das Regelungskonzept des Reisegesetzes muß nach Ansicht von Bydlinski, „soweit wie möglich an den allgemeinen Regeln des ABGB zum Reiserecht ori-

474 Mayrhofer, ZfRV 1995, 229, 242 ff..
475 Bydlinski (Fn. 407) 1992, S. 228 ff..

entiert werden."[476] In diesem Fall sind die sondergesetzlichen Tatbestände harmonisch in die Gesamtrechtsordnung einzuarbeiten. Das Regelungskonzept des Sondergesetzes muß das Regelungsergebnis der Rechtsnormen des ABGB wiederholen und eine Art der Ergänzung zum ABGB darstellen. Nach diesem Regelungskonzept ist der Schutzbedarf des Unterlegenen innerhalb einer eigenständigen Rechtsquelle verwirklicht. Nach Ansicht von Bydlinski ist beim Normkonzept des reiserechtlichen Sondergesetzes zu entscheiden, ob der zivilrechtliche Anwendungsbereich dieses Sondergesetzes auf von gewerblichen Veranstaltern organisierte Pauschalreisen zu beschränken oder dieser Anwendungsbereich auf alle beteiligten Personen abzustellen ist.[477] Die angesprochenen Regelungsfragen lagen in der Entscheidungsprerogative des nationalen Gesetzgebers. Von dieser Entscheidung mußte der normative Standort der Rechtsnormen im Bereich des Pauschalreiserechtes abhängen. Dieses Sondergesetz ist dem Regelungsbereich des nationalen Konsumentenschutzes zuzuweisen. Das vorgeschlagene Umsetzungskonzept der EG-Richtlinie hat der österreichische Gesetzgeber nicht umgesetzt. In diesem Zusammenhang sind folgende Gründe maßgeblich. Erstens bestehen innerhalb der österreichischen Rechtsordnung bereits Rechtsquellen zum Reiserecht. Insofern ist die Normierung zusätzlicher Rechtsquellen aus der Sicht zivilrechtlicher Technik unangemessen. Dementsprechend ist die innerstaatliche Normierung der EG-Richtlinie auf die bestehenden Rechtsquellen zu beschränken. Schließlich gehört die EG-Richtlinie zum Bereich des Verbraucherschutzes. Diesem Regelungsbedarf wird nach dem Konsumentenschutzgesetz nachgegangen. Dieses Gesetz gehört zum Bestandteil des österreichischen Privatrechtssystemes. Die dort normierten Rechtsnormen sind beim Umsetzungskonzept der EG-Verbraucherschutz-Richtlinie zu berücksichtigen.

4.2.5 Entscheidung des österreichischen Gesetzgebers: Durch §§ 31 b - f) KSchG/Verordnung des BM für wirtschaftliche Angelegenheiten über Ausübungsvorschriften für das Reisebürogewerbe/ Reisebüro-Sicherungsverordnung

Statt das spezielle Reisevertragsgesetz zu normieren oder den Sondervertragstyp in das Regelungskonzept des ABGB einzuarbeiten oder in das KSchG (§ 1 KSchG) zu integrieren, hat der österreichische Gesetzgeber entschieden, die EG-Richtlinie über Pauschalreisen durch eine gespaltene Umsetzung in die bestehen-

476 Bydlinski (Fn. 407) 1992, S. 229 ff..
477 Bydlinski (Fn. 407) 1992, S. 230 ff..

den Rechtsquellen des Reiserechtes zu verwirklichen.[478] Zu solchen Rechtsquellen gehören das III. Hauptstück des KSchG „Ergänzende Bestimmungen“,[479] die Verordnung des BM für wirtschaftliche Angelegenheiten über Ausübungsvorschriften für das Reisebürogewerbe[480] und außerdem die Reisebüro-Sicherungsverordnung.[481]

Der Anwendungsbereich des KSchG ist darauf beschränkt, einseitige Preisänderungen, Leistungsänderungen, den Wechsel des Reisenden, das Stornorecht des Veranstalters und seine Folgen, d.h. sowohl Leistungsstörungen nach der Abreise und Rügeobliegenheiten des Reisenden als auch die Freizeichungsklauseln, zu normieren. Nicht aufgenommen wurde die Bestimmung über Mindestangaben im Prospekt (Art. 3 der Richtlinie) sowie die Bestimmungen über die vorvertraglichen Informationspflichten (Art. 4 der Richtlinie). Auch die Regelungen über festgelegte Mindestangaben des Vertrages (Art. 4 Abs. 2 Anhang der Richtlinie) gehören nicht zum Gegenstand des Zivilrechtes, sondern sind in den Ausübungsvorschriften normiert. Schließlich wurde die Bestimmung des Art. 7 der Richtlinie über die Sicherstellung gezahlter Beträge und der Rückreise im Falle der Insolvenz des Veranstalters nicht innerhalb des KSchG umgesetzt, sondern in die Reisebüro-Sicherungsverordnung.

Die Pauschalreise-Richtlinie wurde innerstaatlich in institutionell-verwandten Gesetzgebungsakten normiert. Insofern hat der österreichische Gesetzgeber die geltenden Rechtsquellen des nationalen Reiserechtes bewahrt.[482] Dieses Umsetzungskonzept bezweckte, die Vielzahl der Sondergesetze nicht noch zu vermehren. Nach dieser Entscheidungslogik ist der österreichische Gesetzgeber gezwungen, die Vorschriften der Richtlinie in bereits bestehende und geltende Rechtsquellen zu integrieren. Die Umsetzungsnormen des Gewerbungsbereiches sind

---

478 Die Nichtbeachtung der Umsetzungsfrist hat die Österreichische Republik zivilrechtliche Haftungsansprüche zur Folge gehabt. Prüfungsgegenstand war der Art. 7 der EG-Richtlinie dargestellt. In diesem Zusammenhang sind die Rechtssachen C - 140/97 (VKI / Österreichische Kreditversicherung) und Rechtssache C - 140/97 (Rechberger) zu nennen. Bei sonstigen Umsetzungsnormen der EG-Pauschalreiserichtlinie sind keine Fälle der gemeinschaftswidrigen Richtlinienumsetzung eingeleitet worden. Vgl., Bericht über die Durchführung der Richtlinie 90/314/EWG über Pauschalreisen in den innerstaatlichen Rechtsvorschriften der EG-Mitgliedstaaten / SEC (1999) 1800 final, S. 5 ff..

479 BGBl. Nr. 140/1979.

480 BGBl 1994/599.

481 BGBl 1994/881.

482 Grazianni-Weiss, Reiserecht in Österreich – Rechtslage nach Umsetzung der EG-Pauschalreiserichtlinie 1995, S. 65; Tonner, EuZW 1990, 409, 412.

ohne zivilrechtliche Bedeutung geblieben. Damit ist die funktionale Einheitlichkeit der Rechtsordnung aufrechterhalten worden.[483]

Nach Mayrhofer stimmt der Anwendungsbereich des KSchG einerseits und der Richtlinie andererseits nicht überein. Dementsprechend wurden einige Rechtsnormen der Richtlinie in III Teil des KSchG (Ergänzende Bestimmungen) umgesetzt. Zum Beispiel trat der Reisende an die Stelle des Verbrauchers, und der Veranstalter wurde durch den Unternehmer ersetzt. Ein derartiges Abstellen auf die Rechtskategorie Verbraucher und Unternehmer ist dieser Ansicht nach ein Verstoß gegen den Mindeststandard der EG-Richtlinie.[484] Beim Umsetzungskonzept dieser EG-Richtlinie würde die Bestimmung des persönlichen Anwendungsbereiches nach dem Verhältnis Verbraucher und Unternehmer die Zugehörigkeit dieser Rechtsnormen zum Regelungsbereich des Konsumentenschutzes bedeuten. Nach diesem Normkonzept ist der Regelungsansatz des Konsumentenschutzgesetzes (§ 1 KSchG) verfaßt. Der Reiseveranstaltungsvertrag ist der einzige Vertragstyp, der einheitlich innerhalb des KSchG geregelt ist. Der Anwendungsbereich dieser Rechtsnormen liegt außerhalb des § 1 KSchG.[485] Dementsprechend stellt sich das gesamte Bild des Umsetzungskonzeptes der EG-Pauschalreiserichtlinie folgendermaßen dar. Der österreichische Gesetzgeber hat die zivilrechtlichen Normen der EG-Richtlinie in §§ 31 b - f) KSchG eingearbeitet. Die Umsetzungsnormen haben die zivilrechtlichen Kategorien – Reiseveranstaltung, Veranstalter, Reisender – erfaßt. Die zuständige Rechtsnorm befindet sich in § 31 b) KSchG. In § 31 c) KSchG ist die Zulässigkeit der Vertragsänderung beim Reisevertrag normiert. § 31 d) KSchG bestimmt sowohl den Rücktrittsanspruch von dem Reisevertrag, als auch die Schadensersatzansprüche wegen Nichterfüllung des Vertrages. § 31 e) KSchG normiert die Gewährleistungsansprüche. Bei dieser Vorschrift wird ausdrücklich auf den § 1304 ABGB (Von der Verbindlichkeit zum Schadensersatz) verwiesen. Im Rahmen § 31 f) KSchG wird Bezug auf § 6 Abs. 1 Z. 9[486] und § 9[487] KSchG genommen. Diese Rechtsvorschrift bestimmt die Unwirksamkeit der getroffenen Vereinbarungen bei Abweichung von den §§ 31 b - e) KSchG zum Nachteil des Reisenden. Die Rechtsvorschriften der §§ 31 b - e)

---

483 Bydlinski (Fn. 219) 1996, S. 92 ff..

484 Mayrhofer, ZfRV 1995, 229, 232 ff..

485 Diese Bestandteile des Konsumentenschutzgesetzes sind konsumentenschutzrelevante Rechtsvorschriften. Durch die Normierung dieser Rechtsvorschriften wird den „besonderen Gefahren" innerhalb des Rechtsverkehrs entsprochen. Die Gründe dafür liegen in der restriktiven Anwendung der konsumentenschutzrechtlichen Normen in der österreichischen Rechtsordnung. Vgl., Ernst A. Kramer, AcP 200 (2000) 365, 397 ff..

486 Schadensersatz bei unzulässigen Vertragsbestandteilen.

487 Gewährleistungsansprüche des Verbrauchers

KSchG gehören zu den „Ergänzenden Bestimmungen“ nach dem Regelungskonzept des KSchG.[488]

Die Rechtsnormen der EG-Richtlinie sind in den Gesetzgebungsakten der verwaltungsrechtlichen Rechtsnatur so verteilt, daß die Rechtsnormen zum Inhalt der Reiseprospekte, Informationspflichten des Reiseveranstalters und Formalitäten zum Vertragsabschluß in den gewerblichen Rechtsvorschriften (GewO) niedergelegt sind. Die Insolvenz-Rechtsvorschriften sind in die Reisebüro-Sicherungsverordnung (RSV) eingefügt. Dieses Umsetzungskonzept der EG-Richtlinie wurde angesichts der Zersplitterung des Anwendungsbereiches der Umsetzungsnormen kritisiert.[489]

4.3 Nach dem Maßstab des polnischen Rechtes

4.3.1 Durch die ZGB-Reform

Beim Umsetzungskonzept der EG-Richtlinie in das Zivilgesetzbuch ist die Aufnahmefähigkeit des ZGB-Regelungskonzeptes zu prüfen. Dabei ist fraglich, ob die Rechtsnormen des ZGB-Reiserechtes an die Forderungen der EG-Richtlinie angepaßt werden können. Das Regelungskonzept des ZGB ist durch die Normierung der einzelnen Tatbestände verfaßt.[490] Dementsprechend gehören die

---

488 Insgesamt entspricht die gesetzgeberische Entscheidung dem Kontrollmaßstab der gemeinschaftskonformen Richtlinienumsetzung. Bei der Verwendung der Kriterien der gemeinschaftskonformen Richtlinienumsetzung (Zielsetzung in der EG-Richtlinie, Forderungen des EG-Primärrechtes, Verbraucherleitbild, Rechtsform der Umsetzung, Parallelität der Rechtsnormen) ist es zu keinen gemeinschaftswidrigen Regelungsergebnissen gekommen. Bei der Normierung der Umsetzungsvorschriften wurde in der österreichischen Rechtsdoktrin die Mindestharmonisierung und das Beibehalten des strengeren nationalen Rechtes betont. Die angesprochenen Umsetzungsmöglichkeiten sind durch das Regelungskonzept der EG-Pauschalreiserichtlinie ausdrücklich vorgesehen. Das Umsetzungskonzept durch richtlinienkonforme Interpretation wurde in der österreichischen Rechtsordnung ausdrücklich abgelehnt. Nach dem Stand der Richtlinienumsetzung wird innerhalb der nationalen Rechtsordnung keine sperrwirkende Kraft der Richtlinienbestimmungen erreicht. Der Gestaltungsspielraum des nationalen Gesetzgebers hat gegen Anforderungen des EG-Rechtes nicht verstoßen. Vgl., Bericht über die Durchführung der Richtlinie 90/314/EWG über Pauschalreisen in den innerstaatlichen Rechtsvorschriften der EG-Mitgliedstaaten / SEC (1999) 1800 final; S. 5 ff..

489 Enthofer, Reiserecht mit Mängeln oder die lieblose Umsetzung von EG-Recht 1996, S. 23 ff..; in: Mayer (Hrsg.) Konsumenten – Politisches Jahrbuch 1992 - 1993.

490 Zum Beispiel wurden die Rechtsnormen der EG-Richtlinie über mißbräuchliche Klauseln in Verbraucherverträgen in das ZGB aufgenommen. Der detaillierte

Rechtsnormen der EG-Pauschalreiserichtlinie in das Regelungskonzept des Zivilgesetzbuches. Die umsetzungsrelevanten Richtlinienvorschriften sind in den eigenständigen Titel des Zivilgesetzbuches zu integrieren. Die Rechtsnormen des EG-Pauschalreiserechtes sind nach diesem Umsetzungskonzept neben den bisherigen zivilrechtlichen Konstruktionen des Zivilgesetzbuches zu normieren. Das ursprüngliche Pauschalreiserecht gilt im Rahmen der allgemeinen Regeln des zivilrechtlichen Werkvertrages. Der europarechtlich vorgegebene Regelungsstandard fehlt nach dem Stand der polnischen Rechtsentwicklung. Die geltenden Rechtsnormen sind an zahlreichen Stellen konkretisierungsbedürftig. Dementsprechend wird der polnische Gesetzgeber spezielle Rechtsnormen zum Reiserecht aufstellen müssen. Dieses Umsetzungskonzept der EG-Richtlinie bezweckt die eigenständige Vertragskategorie „Pauschalreisevertrag" innerhalb des Zivilgesetzbuches zu normieren. Die normativen Rahmen der Schutzvorschriften bildet das Regelungskonzept der EG-Richtlinie des verbraucherschutzrechtlichen Unterlegenenschutzes. Das Umsetzungskonzept der EG-Rechtsnormen stellt die erforderlichen Schutznormen innerhalb der nationalen Rechtsordnung auf. Der Verbraucherschutz ist durch detailliert beschriebene Informationspflichten bestimmt, die den Wortlaut des Vertrages, des Prospektes und die Informationen vor Antritt der Reise betreffen. Zu diesem Regelungsbereich gehört das Verbot irreführender Angaben und der Preiserhöhung in den 20 Tagen vor Reisebeginn und schließlich die Leistungsstörungen (Rücktritt und Haftung). Die Rechtspositionen des Verbrauchers sind durch die Normierung der Konkurs- und Insolvenzsicherung geschützt. Fraglich ist bei diesem Umsetzungskonzept, welche Rechtsnormen der EG-Richtlinie der polnische Gesetzgeber in das ZGB-Regelungskonzept aufnehmen wird. In dieser Frage sind die bestehenden Reformentwürfe in der polnischen Rechtsordnung zu untersuchen. Der durch die kodifikatorische Kommission vorgeschlagene Reformentwurf hat die umfassende Normierung des Pauschalreiserechtes nach dem Regelungskonzept der EG-Richtlinie abgelehnt.[491] Nach Ansicht der offiziellen Stellung entsprach das

---

Anhang der EG-Richtlinie wurde fast wörtlich in das Regelungskonzept des ZGB eingearbeitet. Somit entscheidet der polnische Gesetzgeber bei der Umsetzung der EG-Richtlinie nach dem ursprünglichen Standort der nationalen Rechtsnormen. Im Falle der Umsetzung der EG-Pauschalreise sind die Regelungsakte verwaltungsrechtlicher Natur zu berücksichtigen. In Betracht kommt das Gesetz über die Wirtschaftstätigkeit und das Gesetz über touristische Dienstleistungen. Bei der Integration des Umsetzungskonzeptes der EG-Richtlinie in das ZGB sind die rechtlichen Kategorien innerhalb der sondergesetzlichen Tatbestände in das Regelungskonzept des Zivilgesetzbuches zu übertragen.

491 Referent Rajski - Umowa o podroz / uzasadnienie – Projekt ustawy o zmiane Kodeksu cywilnego (Reisevertrag / Begründung – Entwurf des Gesetzes zur Änderung des Zivilgesetzbuches).

Normkonzept der EG-Richtlinie nur teilweise der zivilrechtlichen Natur des ZGB. Die Rechtsnormen über Informationen und Prospektangaben gehören nach dem Regelungsgegenstand in den Bereich des Gewerbe-Verwaltungsrechtes. Die Rechtsnormen des ZGB müssen sich auf die Grundstruktur des Reisevertrages beschränken. Detaillierte Rechtsnormen der EG-Richtlinie sind in der Nebengesetzgebung in Form einer Verordnung oder eines Sondergesetzes zu normieren. Diese Entscheidungslogik entspricht der deutschen Regelungsmethode beim Umsetzungskonzept der EG-Pauschalreise-Richtlinie. Der veröffentlichte Reformentwurf der kodifikatorischen Kommission hat genau diese angesprochene Lösung vorgeschlagen. Nach Ansicht der kodifikatorischen Kommission entspricht der privatrechtlichen Systematik die Normierung der EG-Richtlinie im normativen Rahmen des ZGB. Dementsprechend sind in das Regelungskonzept des Zivilgesetzbuches die folgenden Rechtsinstitute der EG-Richtlinie einzuarbeiten. Somit gehören in das ZGB die weiteren Regelungsbereiche des Europäischen Regelungskonzeptes. Art. 646/1 ZGB normiert die Kategorien „Pauschalreise"/„Veranstalter"/„Vermittler."[492] Nach dem Art. 646/2 ZGB wird die schriftliche Form des Pauschalreisevertrages und die bindende Wirkung der Informationsverpflichtungen bestimmt.[493] Art. 646/3 ZGB enthält die Rechtsvorschriften über Vertragsänderung (Rücktritt).[494] Die Ansprüche des Verbrauchers beim Rücktritt vom Vertrag sind durch den Art. 646/4 ZGB erfaßt.[495] Im Rahmen des Art. 646/5 ZGB wird die rechtliche Möglichkeit eingeräumt, eine vom Verbraucher gebuchte Pauschalreise auf einen Dritten zu übertragen.[496] Art. 646/6 des Zivilgesetzbuches normiert die Schadensersatzansprüche des Verbrauchers.[497] Art. 646/7 ZGB verbietet generell die Preisänderung vorzunehmen. Die Rechtsnormen sehen in bestimmtem Umfang die Ausnahmen vor.[498] Nach dem Art. 646/8 ZGB werden die Haftungsausschluße vorgesehen.[499] Art. 646/9 ZGB normiert die Einschränkungen der Haftung.[500] Art. 646/10 ZGB normiert das Verbot in Haftungsfragen das Recht zu wählen.[501] Art. 646/11 ZGB enthält das Verbot

492 Art. 2 Abs. 1 - 3 der EG-Richtlinie über Pauschalreisen.

493 Diese Rechtsvorschrift enthält auch den Hinweis auf das Gesetz über touristische Dienstleistungen. Art. 4 Abs. 2 b) der EG-Richtlinie über Pauschalreisen.

494 Art. 4 Abs. 5 der EG-Richtlinie über Pauschalreisen.

495 Art. 4 Abs. 6 der EG-Richtlinie über Pauschalreisen.

496 Art. 4 Abs. 3 der EG-Richtlinie über Pauschalreisen. Rdnr. 13 der EG-Richtlinie über Pauschalreisen.

497 Art. 4 Abs. 7 der EG-Richtlinie über Pauschalreisen.

498 Art. 4 Abs. 4 der EG-Richtlinie über Pauschalreisen.

499 Art. 5 Abs. 2 der EG-Richtlinie über Pauschalreisen.

500 Art. 5 Abs. 2 der EG-Richtlinie über Pauschalreisen.

501 Art. 5 Abs. 3 der EG-Richtlinie über Pauschalreisen.

ungünstiges Recht (Abweichsklausel) zu setzen.[502] Im Rahmen des Art. 646/12 ZGB werden die Verjährungsfristen normiert.[503] Das Umsetzungskonzept der EG-Richtlinie in das Regelungskonzept des ZGB ist an zivilrechtliche Kategorien gebunden. Das Gesetz über touristische Dienstleistungen hat Rechtsnormen nicht zivilrechtlicher Natur konzipiert. In dieses Regelungskonzept sind folgende Regelungsbereiche integriert: Abs. 1 – Allgemeine Bestimmungen, Abs. 2 – Touristische Veranstalter/Vermittler/touristische Agenten, Abs. 3 – Schutz der Kunden, Abs. 4 – Touristische Begleitpersonal und Reisepiloten, Abs. 5 – Dienstleistungen des Hotels, Abs. 6 – Abschließende Vorschriften. Die vorgeführten Regelungsbereiche entsprechen nicht dem Normkonzept der zivilrechtlichen Kategorie. Trotzdem gehören die Rechtsnormen des Sondergesetzes in den Regelungsbereich der verbraucherrechtlichen Schutzvorschriften.[504]

Dem einheitlichen Umsetzungskonzept der EG-Richtlinie in das ZGB stehen keine rechtlichen Gründe entgegen. Die bestehenden Rechtsnormen des Reiserechtes sind bei diesem Umsetzungskonzept neben den Umsetzungsnormen beizubehalten.

4.3.2 Durch das Sondergesetz

Bei diesem Umsetzungskonzept wird die EG-Richtlinie über Pauschalreisen in ein eigenständiges Sondergesetz übernommen. Die ZGB-Rechtsvorschriften sind bei dieser Entscheidung unangetastet zu lassen oder in das Regelungskonzept des Sondergesetzes zu übernehmen. Dem speziellen Regelungscharakter der EG-Richtlinie ist im Rahmen des sondergesetzlichen Tatbestandes zu entsprechen. Fraglich ist in diesem Zusammenhang, welches Sondergesetz bei der Übernahme der Rechtsvorschriften der EG-Richtlinie zuständig wird? Das Gesetz über touristische Dienstleistungen stellt „ein Versuch" dar, die EG-Richtlinie in das nationale Recht zu übernehmen.[505] Die Regelungsansätze des Gesetzes über touristische Dienstleistungen entsprechen den gestellten Forderungen der EG-Pauschalreiserichtlinie. Die detaillierten Rechtsnormen in bezug auf Informationspflichten, Vertragsinhalt, Änderungsvoraussetzungen des Vertragsverhältnis-

---

502 Art. 5 Abs. 3 / Art. 8 der EG-Richtlinie über Pauschalreisen.

503 Die Rechtsvorschrift enthält den Verweis auf Art. 442 (Verjährung) des ZGB. Bei dieser Umsetzungsnorm hat der nationale Gesetzgeber außerhalb des Regelungsprogramms der EG-Richtlinie gehandelt.

504 Das Gesetz über touristische Dienstleistungen ist in der polnischen Rechtsordnung 1997 in Kraft getreten. Das Umsetzungskonzept der EG-Richtlinienvorschriften in das ZGB gehört zu den Reformentwürfen der kodifikatorischen Kommission. Dieser Reformvorschlag ist bisher nicht in Kraft getreten.

505 Łętowska (Fn. 236) 1999, S. 392 ff..

ses und Folgen der Nichterfüllung des Vertragsverhältnisses sind problemlos in das speziell ausgestaltete Regelungskonzept des Sondergesetzes zu integrieren.[506] Diesem gesetzlichen Vorgehen steht nichts entgegen. Die Normierung des Gesetzes über touristische Dienstleistungen spricht für diese Entscheidung des polnischen Gesetzgebers. Das Zivilgesetzbuch ist nach dem Inkrafttreten des Gesetzes unverändert geblieben. Somit spricht diese Entscheidungslogik des Gesetzgebers für die einheitliche Übernahme des Regelungskonzeptes der EG-Richtlinie in die normativen Tatbestände des Sondergesetzes. Die Frage über das Ausmaß dieser Übernahme bleibt meiner Ansicht nach offen. Eine offizielle Bekanntmachung über die innerstaatliche Verwirklichung der EG-Richtlinie fehlt nach dem heutigen Stand der Rechtsentwicklung. Das bestehende Regelungskonzept des Sondergesetzes ist kritisch zu bewerten. An einzelnen Regelungsstellen wird deutlich, daß die sondergesetzlichen Regeln die Anforderungen der EG-Pauschalreiserichtlinie nicht erfüllen. Die Rechtsfolgen der Vertragsänderung (Art. 4. p. 5, Art. 6 der EG-Richtlinie) sind nicht geregelt. Die Haftungsvoraussetzungen des Reiseveranstalters enthalten die normative Fassung des Gesetzes nicht. Auch der Art. 7 der EG-Richtlinie blieb ohne normativer Umsetzung in das nationale Recht. In diesem Fall werden die Reisenden bei Zahlungsunfähigkeit oder Konkurs des Reiseveranstalters ohne die Erstattung gezahlter Beiträge und die Sicherung der Rückreise zurückgelassen. Diese offensichtlichen Regelungslücken innerhalb des Regelungskonzeptes des Sondergesetzes sind durch die nächsten gesetzlichen Reformentwürfe zu schließen.[507] Bei diesem Umsetzungskonzept der EG-Richtlinie werden die Rechtsnormen des Gesetzes über touristische Dienstleistungen zuständig. Der Regelungsbedarf des Reiserechtes innerhalb des ZGB wird in diesem Fall nicht berücksichtigt. Das Regelungskonzept der EG-Richtlinie ist im Rahmen des Gesetzes über touristische Dienstleistungen verwirklicht. Die Normierung der Pauschalreisen stellt neue Rechtskategorien in der polnischen Rechtsordnung dar. Der Regelungsansatz des Unterlegenenschutzes bei den Pauschalreisen braucht vom nationalen Gesetzgeber die normative Ausgestaltung innerhalb des Privatrechtssystems. Somit bleibt das Umsetzungskonzept dieser EG-Richtlinie in die sondergesetzlichen Tatbeständen eine Frage der gesetzgeberischen Entscheidung. Aus der Systematik des polnischen Privatrechtes ergeben sich keine deutlich erkennbaren Gründe gegen dieses Umsetzungskonzept, da vom polnischen Gesetzgeber das Normkonzept des Reiserechtes erst neu in die Rechtsordnung eingefügt werden muß. Nach diesem Umsetzungskonzept wird die Normierung der europäischen Rechtsnormen in das Zivil-

506 Der zivilrechtliche Grundstruktur des Reisevertrages wird meiner Ansicht nach in das Regelungskonzept dieses Sondergesetzes aufnahmefähig.
507 Łętowska (Fn. 236) 1999, S. 396 ff..

gesetzbuch für nicht erforderlich gehalten. Die zivilrechtliche Kategorie des Pauschalreisevertrages gehört in das Regelungskonzept des Sondergesetzes. Bei der Verwirklichung des Umsetzungskonzeptes wird in der polnischen Rechtsordnung ein komplexes Sondergesetz zivilrechtlicher und verwaltungsrechtlicher Regelungsnatur entstehen. Das Regelungskonzept dieses Sondergesetzes ist dem Regelungsgegenstand des Verbraucherschutzes zuzuweisen. Die bisher geltenden reiserechtlichen Normen des ZGB sind in das Regelungskonzept des zuständigen Sondergesetzes aufzunehmen oder haben neben dem Umsetzungsrecht der EG-Richtlinie weiterzugelten. Das bisher geltende Reiserecht entspricht den Anforderungen der EG-Richtlinie nur ansatzweise. Die nationale Gesetzgebung muß die europarechtlich geprägten Rechtsnormen des Pauschalreiserechtes neu in die nationale Rechtsordnung integrieren. Die bestehenden Ansätze des Reiserechtes werden keine sperrwirkende Regelungskraft entfalten. Somit kann der polnische Gesetzgeber bei der gesetzlichen Entscheidung die geltenden Rechtsnormen des Reiserechtes unberücksichtigt lassen. Das Beibehalten des geltenden ZGB-Reiserechtes ist als gemeinschaftskonform zu bewerten.

4.3.3 Entscheidung des polnischen Gesetzgebers

Nach dem heutigen Umsetzungsstand fehlt eine amtliche Bekanntmachung über die innerstaatliche Verwirklichung der EG-Richtlinienvorschriften.[508] Der polnische Gesetzgeber verfügt über zwei Möglichkeiten, um diese EG-Richtlinie in die nationale Rechtsordnung umzusetzen. Eine mögliche Form besteht in der

508 Ein Verstoß gegen die Anforderungen der gemeinschaftskonformen Richtlinienumsetzung liegt unter diesen Umständen nicht vor. Die Republik Polen ist bisher kein Mitglied der Europäischen Gemeinschaften. Durch das Assozierungsabkommen zwischen Polen und den Europäischen Gemeinschaften besteht die Verpflichtung, das nationale Recht an das Recht der Europäischen Gemeinschaften anzugleichen. Ein Verstoß gegen diese Anforderung liegt nicht vor (Vgl., Art. 69 des Assozierungsabkommens). Die Prüfung nach den Kriterien der gemeinschaftskonformen Richtlinienumsetzung wird bei dieser Ausgangspositionen nur theoretische Bedeutung bekommen. Insofern wird die Behauptung ausreichen, daß der Standort der Richtlinienvorschriften innerhalb des Gesetzes über touristische Dienstleitungen den Kriterien der gemeinschaftskonformen Richtlinienumsetzung (Zielsetzung in der EG-Richtlinie, Anforderungen des EG-Primärrechtes, Verbraucherleitbild, Rechtsform der Umsetzung, Parallelität der Rechtsnormen) entsprechen wird. Dementsprechend läßt sich über die sperrwirkende Kraft der Richtlinienvorschriften in der nationalen Rechtsordnung nicht behaupten. Aus der gegenwärtigen Rechtslage kann keine Bestimmung über die Mindestharmonisierung der Richtlinienvorschriften und das Beibehalten des strengeren nationalen Rechtes abgeleitet werden. Auch das Problem der richtlinienkonformen Interpretation ist meiner Ansicht nach fraglich. Insofern bleibt die gesetzgeberische Klärung der entstandenen Situation abzuwarten.

Normierung der Richtlinienvorschriften innerhalb ZGB/Nebengesetzgebung und als Alternative die Einarbeitung der Richtlinienvorschriften in das Gesetz über touristische Dienstleistungen. Zu diesem Regelungsproblem sind Reformentwürfe vorhanden.[509] Der polnische Gesetzgeber hat das gegenwärtige Regelungskonzept des Gesetzes über touristische Dienstleistungen an die Anforderungen der EG-Richtlinie angenähert. Die Erforderlichkeit der normativen Klarstellung des geltenden ZGB-Reisevertragsrechtes wird in der polnischen Rechtslehre nicht erkannt. Dieses Regelungsproblem hält sich im Rahmen der allgemeinen Regeln des Zivilgesetzbuches. Eine Regelungslücke zivilrechtlicher Kategorien besteht nach meiner Ansicht innerhalb der polnischen Rechtsordnung nicht. Der polnische Gesetzgeber ist dem Vorschlag der kodifikatorischen Kommission bisher nicht nachgekommen, die Rechtskategorie des Pauschalreisevertrages in das Regelungskonzept des ZGB einzuführen.[510] Dieser Regelungsbedarf bleibt im Regelungsbereich des Gesetzes über touristische Dienstleistungen unberücksichtigt. Der persönliche und materielle Anwendungsbereich dieses Sondergesetzes beinhaltet die Rechtsnormen des detaillierten Regelungscharakters. Der Regelungsansatz dieser Schutznormen liegt im Bereich des Verbraucherschutzes. Die Rechtsnormen des Gesetzes gewähren für die Parteien wenig Gestaltungsspielraum innerhalb des reiserechtlichen Vertragsverhältnisses. Die Vertragsparteien sind an die gesetzlich vorgegebenen Positionen gebunden. Dieser Regelungscharakter des Gesetzes über touristische Dienstleistungen entspricht der Rechtsnatur der Rechtsnormen der EG-Pauschalreiserichtlinie. Die gesetzlichen Normen bestimmen den persönlichen Anwendungsbereich nach dem Verhältnis Reiseveranstalter/Kunde. Nach dem materiellen Anwendungsbereich sind die Schutzvorschriften gegen eine unangemessene Stellung der Kunden im Rahmen des reiserechtlichen Vertragsverhältnisses. Die Normierung der detaillierten Schutzvorschriften bezweckt den Mißbrauch bei vertraglichen Positionen zu vermeiden. Dementsprechend sind die Schutzvorschriften des Unterlegenenschutzes beim reiserechtlichen Vertragsverhältnis zu bestimmen. Dieses Regelungskonzept der sondergesetzlichen Normen entspricht dem speziellen Regelungscharakter der EG-Richtlinie über Pauschalreisen. Der nationale Gesetzgeber ist bei den detaillierten Rechtsnormen der EG-Richtlinie verpflichtet, die Rechtsnormen innerstaatlich in

---

509 Die amtliche Veröffentlichung ist bei Łętowska (Fn. 236) 1999, S. 608 ff..

510 Projekt ustawy o zmianie Kodeksu cywilnego – Tytul XV/1 „Umowa o podróż" Uzasadnienie - Rdnr. 1 ff..; veröffentlicht bei Łętowska (Fn. 236) 1999, S. 610 ff..; (Entwurf des Gesetzes zur Änderung des Zivilgesetzbuches – Titel XV/1 „Reisevertrag" Begründung Rdnr. 1 ff.; veröffentlicht bei Łętowska (Fn. 236) 1999, S. 610 ff..

gemeischaftskonformem Maße zu normieren.[511] Das geltende Gesetz über touristische Dienstleistungen entspricht meiner Ansicht nach den Anforderungen der gemeinschaftskonformen Richtlinienumsetzung. Die fehlenden zivilrechtlichen Kategorien können durch die bestehenden Rechtsnormen des ZGB-Reiserechtes ersetzt werden. Nach Ansicht der kodifikatorischen Kommission hat das Gesetz über touristische Dienstleistungen einen Teil des Richtlinien-Regelungsprogramms in der nationalen Rechtsordnung verwirklicht. Insofern ist nach der offiziellen Stellungnahme der Kommission die „Behauptung falsch", daß die EG-Richtlinie über Pauschalreisen innerstaatlich durch die sondergesetzlichen Rechtsnormen über touristische Dienstleistungen übernommen wurde.[512] Das Gesetz über touristische Dienstleistungen normiert die Regeln des Art. 3 und 4 p. 1 - 4 der EG-Richtlinie. Diese Regelungsbereiche betreffen – die Informationsverpflichtungen der Vertragsparteien/Reiseprospekt/Verbot der Preiserhöhung. Somit erfüllt das Regelungskonzept des Gesetzes über touristische Dienstleistungen die Anforderungen der gemeinschaftskonformen Richtlinienumsetzung nicht. Die folgenden Regelungsbereiche der EG-Richtlinie fehlen in dem Regelungskonzept des Sondergesetzes. Hiermit sind die Rechte des Verbrauchers bei der Nichterfüllung des Pauschalreisevertrages (Art. 4 Abs. 5 - 7, Art. 5 der EG-Richtlinie über Pauschalreisen) und der Ausschluß der Privatautonomie bei der Rechtswahl zu erwähnen. Die ergangenen Gesetzesänderungen haben diesen Reformbedarf nicht berücksichtigt.[513] Die erwähnten Rechtsnormen der EG-Richtlinie gehören zu den zentralen Rechtspositionen des europäischen Regelungskonzeptes. Das bestehende Reiserecht des Zivilgesetzbuches ist in dieser Hinsicht konkretisierungsbedürftig. Der nationale Gesetzgeber hat zukünftig zu entscheiden, in welcher Rechtsquelle (ZGB oder Sondergesetz) innerstaatlich fehlendes Recht übernommen wird. Das Umsetzungskonzept durch richtlinienkonforme Interpretation wird angesichts des vergleichbaren Normkonzeptes in der nationalen Rechtsordnung ausscheiden.[514] Der nationale Gesetzgeber ist zur Lösung der bestehenden

---

511 In derartigen Regelungssituationen wird von der wortidentischen Übernahme der EG-Richtlinie gesprochen. Vgl., Franzen (Fn. 38) 1999, S. 390 ff..

512 Projekt ustawy o zmianie Kodeksu cywilnego – Tytul XV/1 „Umowa o podróż" Uzasadnienie - Rdnr. 1 ff.; veröffentlicht bei Łętowska (Fn. 236) 1999, S. 610 ff..; (Entwurf des Gesetzes zur Änderung des Zivilgesetzbuches – Titel XV/1 „Reisevertrag" Begründung Rdnr. 1 ff.; veröffentlicht bei Łętowska (Fn. 236) 1999, S. 610 ff..

513 In diesem Zusammenhang sind folgende Gesetzesänderungen zu erwähnen. - Dz. U. 1999 nr. 158, poz. 1043; Dz. U. 1999 Nr. 40, poz. 401; Dz. U. 2000 Nr. 22, poz. 273; Dz. U. 2000 Nr. 43, poz. 486. (Dz. U. – Gesetzblatt).

514 Das geltende Recht des Zivilgesetzbuches ist in der Lage, die allgemeinen Regelungskategorien des Schuldrechtes zu normieren. Das Regelungskonzept des Gesetzes über touristische Dienstleistungen erfüllt das Regelungskonzept der EG-

Regelungslücken aufgefordert. Die ersten Umsetzungsnormen der EG-Richtlinie sind im Gesetz über touristische Dienstleistungen normiert. Aus diesem Grund spricht viel dafür, das gesamte Umsetzungskonzept im Rahmen des Sondergesetzes zu verwirklichen.

5. Folgen der EG-Angleichung

Das bisherige Reiserecht möchte der deutsche, österreichische und polnische Gesetzgeber soweit wie möglich bewahren.[515] Die Änderungen des geltenden Reiserechtes beschränkten sich darauf, die Anforderungen der EG-Richtlinie in das nationale Recht zu übertragen, solange die vorhandenen Rechtsnormen bereits dem EG-Rechtlichen Verbraucherschutzniveau nicht entsprachen. Diese Zielsetzung hat die Entscheidungslogik des nationalen Gesetzgebers bedingt.[516] Das Umsetzungskonzept dieser EG-Richtlinie ist Gegenstand mehrerer Diskussionen. In der erschienen Literatur hat das Umsetzungskonzept der EG-Richtlinie über Pauschalreisen divergierende Bewertungen erfahren. Die deutschen Stellungnahmen sprachen von „Annäherung, aber nicht die Vereinheitlichung des Rechtes der Mitgliedstaaten“[517], „Revision des hohen Schutzstandards des Reiserechtes in Deutschland zugunsten des Veranstalters und zulasten des Verbrauchers“[518], „Aufzwingung der detaillierten Regelungen“[519]. Die österreichischen Ansichten haben die „Beibehaltung strengerer nationaler Gesetze“[520], „das Umsetzungskonzept sei – „juristisch jenseits von Gut und Böse“[521] betont, „in einigen Bereichen

---

Richtlinie über Pauschalreisen nur teilweise. Die Regeln der richtlinienkonformen Interpretation sind nicht in der Lage den speziellen Regelungscharakter der EG-Richtlinie zu ersetzen. Bei dieser Ausgangsposition des ZGB-Reiserechtes und der EG-Richtlinie ist der nationale Gesetzgeber an die gesetzlichen Maßnahmen gebunden.

515 Eckert, Risikoverteilung im Pauschalreiserecht 1988, S. 46 ff..

516 Der verabschiedete Bericht über die Durchführung der Richtlinie hat dieses Ergebnis am Beispiel der nationalen Durchführungsmaßnahmen bestätigt. Vgl., Bericht über die Durchführung der Richtlinie 90/314/EWG über Pauschalreisen in den innerstaatlichen Rechtsvorschriften der EG-Mitgliedstaaten SEC (1999) 1800 final; S. 3 ff..

517 Tonner, EuZW 1990, 409, 409 ff..

518 Führich, EuZW 1993, 347, 347 ff..

519 Abeltshauser, EWS 1991, 97, 102 ff..

520 Weiss, Reiserecht in Österreich / Rechtslage nach Umsetzung der EG-Pauschalreiserichtlinie 1995, S. 56 ff..

521 Maria/Peer, Österreichisches Reiserecht vor und nach der Pauschalreiserichtlinie S. 135 ff..; Jahrbuch Junger Zivilrechtswissenschaftler 1996; Bydlinski, Juristische Methodenlehre und Rechtsbegriff 1991, S. 638 ff..

sei auf die Umsetzung der Pauschalreiserichtlinie zu verzichten“[522], es sei eine „perfektionierte, verordnungsähnliche Richtlinie“[523] und es hieß, daß „eine weitere präzisere Umsetzung und Ausgestaltung kaum mehr vorstellbar ist.“[524] In den polnischen Stellungnahmen wurde „die traditionelle Rechtskonstruktion der touristischen Dienstleistung“[525], „lex spezialis zum ZGB“[526] angedeutet. Die bestehende Differenz zwischen den Regelungskonzepten der Richtlinie und den nationalen Rechtsnormen des Reiserechtes liegt darin, daß die Rechtsnormen der EG-Richtlinie insbesondere in bezug auf Vertragsinhalt und die Informationspflichten des Reisebüros detaillierte Vorschriften enthalten.

Die fehlende Schutzbedürftigkeit des Verbrauchers hat den Erlaß der Rechtsnormen im Bereich des Reiserechtes begründet. Sowohl der deutsche, als auch österreichische und polnische Gesetzgeber haben auf die sachliche Schutzbedürftigkeit abgestellt. Durch das gewählte Umsetzungskonzept der EG-Richtlinie in das deutsche Recht wurde eine Totalrevision des geltenden Bürgerlichen Gesetzbuches umgangen. Das Ergebnis der Umsetzung hat in das Reiserecht des BGB halbzwingende Rechtsnormen der EG-Richtlinie eingebracht. Der verbraucherschutzrechtliche Regelungsbedarf hat die privatautonome Ausgestaltung des reiserechtlichen Rechtsverhältnisses gestört.[527] Die Entlastung des privatrechtlichen Reiserechtes hat die Normierung der Informationspflichten außerhalb des BGB-Regelungskonzeptes gefordert. Dieser Forderung wurde durch parallelgeltende Verordnung über Informationspflichten (InfVORV) nachgegangen.[528] Der österreichische Gesetzgeber hat angesichts dieses Regelungsproblems eine vergleichbare Entscheidung getroffen. Die detaillierten Rechtsnormen der EG-Richtlinie sind innerhalb der Rechtsquellen des verwaltungsrechtlichen Regelungscharakters umgesetzt worden. Der Schutzansatz des reiserechtlichen Regelungskonzeptes ist im Grunde unverändert geblieben. Dem verbraucherschutzrechtlichen Schutzbedürfnis wird im Rahmen der Rechtsnormen unterschiedli-

522 Mayrhofer, ZfRV 1995, 229, 244 ff..

523 Oppermann (Fn. 80) 1999, Rdnr. 460 ff..

524 Apathy, RdW 1994, 233, 234 ff..

525 Łętowska (Fn. 236) 1999, S. 387 ff..

526 Nesterowicz, KPP 1996, 435, 439 ff..

527 Zusätzlich werden die Kontrollnormen des Gesetzes über die Allgemeinen Geschäftsbedingungen bei der Prüfung des reiserechtlichen Vertragsverhältnisses einbezogen.

528 Der Nichterlaß dieser Verordnung hat das Verstoßverfahren 98/2163 bezüglich der unvollständigen Umsetzung der Richtlinie veranlaßt. Das Verstoßverfahren wurde für beendet erklärt, als die Bundesrepublik Deutschland vor der Kommission die Verordnung vom 14/11/1994 bekanntgegeben hatte. Vgl., Bericht über die Durchführung der Richtlinie 90/314/EWG über Pauschalreisen in den innerstaatlichen Rechtsvorschriften der EG-Mitgliedstaaten – SEC (1999) 1800 final; S. 24 ff..

cher Rechtsnatur entsprochen. Der polnische Gesetzgeber hat das Regelungskonzept der EG-Richtlinie über Pauschalreisen teilweise übernommen. Die zuständige Rechtsquelle liegt im Rahmen des Sondergesetzes über touristische Dienstleistungen. Die Rechtsnormen des Zivilgesetzbuches sind subsidiär anzuwenden. Der polnische Gesetzgeber muß bei dieser Ausgangsposition entscheiden, ob die Rechtsnormen zivilrechtlicher Natur in das ZGB oder in das Gesetz über touristische Dienstleistungen aufzunehmen sind. Die detaillierten Rechtsvorschriften der EG-Richtlinie sind als sondergesetzlichen Tatbeständen aufgenommen worden. Der Reformentwurf der kodifikatorischen Kommission hat das Umsetzungskonzept der EG-Richtlinie in das Regelungskonzept des ZGB und das Gesetz über touristische Dienstleistungen gefordert. Nach dem heutigen Umsetzungsstand ist das zivilrechtliche Regelungskonzept nicht verwirklicht worden. Die Auswirkungen des Umsetzungskonzeptes der EG-Richtlinie sind folgendermaßen zusammenzufassen: In der ersten Linie ist das Leistungsstörungsrecht betroffen. Die allgemeinen Rechtsnormen der Leistungsstörungen sind von den speziellen Rechtsnormen der EG-Richtlinie verdrängt worden. Bei der Behandlung dieses Anpassungsproblems wurde die Vereinfachung des Systems der Leistungsstörungen gefordert. Diese Forderung nach den typischen und für alle Arten der Leistungsstörungen einheitlichen Behelfen wurde in der gesetzgeberischen Praxis nicht durchgesetzt.[529] Nach Ansicht von Mayrhofer gehören die detaillierten Rechtsnormen der EG-Richtlinie über Pauschalreisen in den Regelungsbereich des Verwaltungsrechtes.[530] Diese Bewertung entspricht der tatsächlichen Regelungsnatur der EG-Richtlinie nicht. Die Umsetzungsnormen beinhalten keine besonderen Sanktionen zur Durchsetzung der Informationspflichten, insbesondere ein Bußgeldtatbestand.[531] Letztlich bleibt es dem Reisenden überlassen, Gewährleistungsansprüche und Schadensersatzansprüche geltend zu machen, wenn die Katalog- und Vertragsangaben mit den tatsächlich erbrachten Dienstleistungen nicht übereinstimmen.[532] Nach Art. 7 der EG-Richtlinie muß der Veranstalter nachweisen, daß bei Zahlungsunfähigkeit oder Konkurs die Erstattung der von dem Reisenden gezahlten Beiträge und die Rückreise des Verbrauchers sichergestellt werden. Weder die deutsche, noch die österreichische oder polnische Rechtsordnung enthalten eine vergleichbare Rechtsnorm. Die EG-Rechtsnorm macht die Ergänzung des Insolvenzrechtes innerhalb dieser Rechtsordnungen er-

529 Apathy, § 871/879/917a ABGB; § 31 b - f KSchG - Kommentar, in: Schwimann ABGB - Praxiskommentar 1997; Führich, Reiserecht 1995, S. 59 ff..; Pick, Reiserecht - Kommentar 1997, S. 27 ff..; Tonner, Reiserecht in Europa 1994, S. 293 ff..

530 Mayrhofer, ZfRV 1995, 229, 234 ff..

531 Somit ist das eventuelle Merkmal der verwaltungsrechtlichen Normen entfallen.

532 Führich, EuZW 1993, 347, 348 ff..

forderlich. Dementsprechend sind diese Regelungsbereiche aus dem Regelungskonzept des Zivilrechtes ausgeklammert. Die normierten Regeln gehören zum Regelungsbereich des nationalen Verbraucherschutzes. Die Regelungspositionen der nationalen Rechtsordnungen sind in dieser Frage ähnlich.[533] Eine korrekte gesetzgeberische Lösung bestünde darin, diese Rechtsnormen innerstaatlich den Rechtsquellen des Verbraucherschutzrechtes zuweisen. Die Trennung der zivilrechtlichen und verbraucherschutzrechtlichen Normen ist die Rechtsfolge dieser Trennung. Nach dem verwirklichten Umsetzungskonzept der EG-Richtlinie in der deutschen und österreichischen Rechtsordnung wurde den europäischen Rechtsnormen der verbraucherschutzrechtliche Anwendungsbereich verliehen.[534] Die zuständigen Rechtsquellen befanden sich im Rahmen des BGB und des ABGB. Der polnische Gesetzgeber hat das Umsetzungskonzept dieser EG-Richtlinie auf die Rahmen des Sondergesetzes über touristische Dienstleistungen beschränkt. Das Regelungskonzept des ZGB ist unberücksichtigt geblieben. Die ursprünglichen Rechtsnormen des Reiserechtes nach dem ZGB sind von dem Regelungskonzept des Gesetzes über touristische Dienstleistungen unberührt gelassen. Der deutsche und österreichische Gesetzgeber hat das Umsetzungskonzept der EG-Richtlinie nicht mit der Reform des geltenden Reiserechtes verbunden. Die Rechtsnormen des nationalen Reiserechtes sind in ihrem Geltungsbereich nicht berührt worden. Das Regelungskonzept der EG-Richtlinie normiert die Zulassungsnormen zum Beibehalten des nationalen Rechtes. Die nationale Gesetzgebung hat das Umsetzungskonzept der Richtlinienvorschriften nach dem Regelungsprinzip des minimalen gesetzlichen Eingreifens in die nationale Rechtsordnung vorgenommen. In der deutschen und österreichischen Rechtsordnung sind die bestehenden Rechtsquellen des Reiserechtes betroffen. Der polnische Gesetzgeber hat bei der Übernahme der EG-Richtlinie ein umfassendes Gesetz über touristische Dienstleistungen normiert.[535]

---

533 Art. 7 der EG-Richtlinie hat eine zentrale Rolle bei der innerstaatlichen Anwendung der Richtlinienvorschriften gespielt. Dazu sind folgende EuGH-Entscheidungen ergangen: EuGH, vom 8. Oktober 1996 in der Rechtssache Dillenkofer C - 178/94; EuGH, vom 14. Mai 1998 in der Rechtssache VKI / Österreichische Kreditversicherung C - 364/96; EuGH, vom 15. Juni 1999 in der Rechtssache Rechberger u.a. C - 140/97.

534 Dabei ist ein rollenspezifischer Schutzansatz zu betonen. Der Verbraucher ist dem Reiseunternehmer typischerweise unterlegen. Darin liegt der Grund für die zusätzlichen Schutzbedürfnisse.

535 An dieser Stelle ist anzumerken, daß bisher keine gesetzgeberische Entscheidung hinsichtlich der Richtlinienumsetzung gegenwärtig nicht vorliegt. Die Tatsache bleibt meiner Ansicht nach, daß das Regelungskonzept des Gesetzes über touristische Dienstleistungen an mehreren Stellen den EG-Richtlinienvorschriften über Pauschalreisen entspricht.

F. Umsetzungskonzept der EG-Richtlinie über mißbräuchliche Klauseln in Verbraucherverträgen

1. Fragestellung

Dieses Kapitel der Untersuchung befaßt sich mit dem Umsetzungskonzept der EG-Richtlinie über mißbräuchliche Klauseln in Verbraucherverträgen in das deutsche, österreichische und polnische Recht. Das deutsche Umsetzungskonzept stellt folgende Fragen in den Mittelpunkt: Warum hat der deutsche Gesetzgeber entschieden, die Umsetzung der EG-Richtlinie innerhalb des AGB-Gesetzes vorzunehmen? Welche Gründe haben zur Ablehnung des Umsetzungskonzeptes durch die richtlinienkonforme Interpretation, durch das BGB oder durch ein eigenständiges Gesetz beigetragen? Inwieweit sind die Vorgaben der EG-Richtlinie mit den Bestimmungen des AGB-Gesetzes abzustimmen? Bei der Behandlung dieser Fragen sind die Auswirkungen auf das System nationaler Kontrolle der mißbräuchlichen Vertragsklauseln festzustellen. Der österreichische Gesetzgeber hat beim Umsetzungskonzept der EG-Richtlinie vor allem folgende Fragen zu beantworten. Warum hat die nationale Gesetzgebung schließlich die Integration des Umsetzungskonzeptes in das Konsumentenschutzgesetz gewählt? Ferner ist zu untersuchen, warum in der österreichischen Rechtsdoktrin keine Alternativen zu diesem Umsetzungskonzept diskutiert worden sind. Schließlich stellt sich innerhalb der österreichischen Rechtsordnung das Problem des Wertungswiderspruches dar. Beim polnischen Umsetzungskonzept wird die Entscheidung des nationalen Gesetzgebers problematisiert, die EG-Richtlinie über mißbräuchliche Klauseln in Verbraucherverträgen in das Regelungskonzept des Zivilgesetzbuches zu übernehmen. Dabei wird aus der Sicht der polnischen Rechtsdoktrin gefragt, warum die Umsetzungskonzepte dieser EG-Richtlinie durch die richtlinienkonforme Interpretation und durch den Erlaß sondergesetzlicher Regelungen abgelehnt worden sind? Außerdem wurde danach gefragt, in welchem Umfang das geltende AGB-Recht gewahrt bleiben werde und ob Wertungswidersprüche innerhalb des Zivilgesetzbuches vermieden worden seien?

2. Ursprüngliche Qualifikation der mißbräuchlichen Vertragsklauseln innerhalb der Rechtsordnung

Die deutsche Rechtslage sah folgendermaßen aus. Der ursprüngliche Regelungsansatz zur Kontrolle mißbräuchlicher Klauseln wurde im Rahmen der allgemeinen Rechtsnormen des Bürgerlichen Gesetzbuches verwirklicht.[536] Das Eingreifen weiterer gesetzgeberischer Maßnahmen hat der Regelungsbedarf in diesem Bereich gefordert.[537] Im Ergebnis wurde die Kontrolle der mißbräuchlichen Vertragsbedingungen durch das AGB-Gesetz geregelt. Die Rechtsnatur des Gesetzes ist umstritten – für einige Autoren ist der verbraucherschützende Charakter dieses Gesetzes „unbestreitbar“,[538] für andere dagegen ernsthaft zu „bestreiten“.[539] Diese Diskussion hängt mit der Entstehung des AGB-Gesetzes in den 70 er Jahren zusammen. Damals wurde nach dem anfänglichen Regelungsansatz konzipiert, daß sich der Regelungsbereich des neuen Gesetzes auf den Verbraucher beschränken muß.[540] Erst die massive Kritik von Ulmer auf dem 50. Deutschen Juristentag hat den deutschen Gesetzgeber davon überzeugt, die Kontrolle der mißbräuchlichen Klauseln auch auf den kaufmännischen Rechtsverkehr zu erstrekken. Die heutige Fassung des AGB-Gesetzes wurde durch das Umsetzungskonzept der EG-Richtlinie in ihrem Anwendungsbereich korrigiert.[541]

---

536 Als Beispiel ist § 138 (Sittenwidriges Rechtsgeschäft; Wucher) § 242 (Leistung nach Treu und Glauben) BGB zu nennen. Vgl., Raiser, Das Recht der Allgemeinen Geschäftsbedingungen, 1935 (Neudruck – 1961); Palandt/Heinrichs, §§ 138/242 BGB; MünchKomm/Mayer-Maly, §§ 138/242 BGB; Soegel/Hefermehl, §§ 138/242 BGB.

537 Verhandlungen des Fünfzigsten Deutschen Juristentages – Welche gesetzgeberischen Maßnahmen empfehlen sich zum Schutze des Endverbrauchers gegenüber Allgemeinen Geschäftsbedingungen und Formularverträgen – Referat von Ulmer, 1974.

538 Reich (Fn. 2) 1996, S. 334 ff..; Reifner, ZVP 1978, 201, 203 ff..; Gilles, JA 1980, 1, 3 ff..; Damm, JZ 1978, 173, 178 ff..

539 Medicus, JuS 1996, 761, 763 ff..; Ulmer, EuZW 1993, 337, 338 ff..; Westphalen, DB 1981, 61, 64 ff..

540 Zusammenfassend zu dieser Diskussion – Westermann (Fn. 44) 1983, S. 9 ff..

541 Die letzten Reformbemühungen bezwecken die AGB-Regelungsmaterie in das Regelungskonzept des Bürgerlichen Gesetzbuches aufzunehmen. Das AGB-Gesetz wird infolge dieser Reform außer Kraft gesetzt. Die normierten BGB-Regeln können nach dem Regelungskonzept mit den bestehenden Regeln des AGB-Gesetzes verglichen werden. Die bekannten Stellungnahmen zu diesem Problem sind durch ihre Gegensätze gekennzeichnet. Nach Ansicht von Ulmer fällt das Ergebnis eindeutig negativ aus. Nach Ansicht von Reich ist die Integration des AGB-Gesetzes in das BGB grundsätzlich positiv zu bewerten. Vgl., Ulmer, JZ 2001, 491, 491 ff..; ders., BB 2001, Heft 46 (Die erste Seite); ders., BB 2001, Heft 1 (Die erste Seite); Brüggemeier/Reich, BB 2001, 213, 214 ff..

Der Schutzansatz der Rechtsnorm liegt in der mißbräuchlichen Ausnutzung der vom Verwender allein in Anspruch genommen Freiheit zur inhaltlichen Ausgestaltung des Vertrages. Dementsprechend handelt es sich um einen „offenen Ansatz". Dieser Klauselverwender kann auch ein Verbraucher, Verwendungsgegner und schließlich ein Gewerbetreibender sein.[542]

Seit dem Inkrafttreten des Allgemeinen Bürgerlichen Gesetzbuches werden die rechtlichen Rahmen für die Sicherung der Gestaltungsfreiheit im Bereich des privaten Rechtsverhältnisses gesucht.[543] Nach dem ursprünglichen Schutzansatz macht das österreichische Privatrecht eine Differenzierung der nationalen Rechtsnormen im Konsumentenschutzbereich zwischen einer Generalklausel (§ 864 a) und 879 ABGB) und dem speziellen Katalog der mißbräuchlichen Vertragsklauseln (§ 6 KSchG).[544] § 864 a) ABGB enthält die Bestimmungen über Vertragsklauseln ungewöhnlichen Inhaltes in Allgemeinen Geschäftsbedingungen oder Vertragsformblättern. § 879 ABGB normiert die Tatbestände, wenn ein Vertrag, der gegen ein gesetzliches Verbot oder gegen die guten Sitten verstößt, nichtig wird. Diese Tatbestände sind durch die Rechtsprechung erweitert worden. Mit dem Erlaß des Konsumentenschutzgesetzes wird im Regelungsbereich § 6 KSchG ein Katalog der unzulässigen Vertragsbestandteile aufgestellt. Somit stellen Tatbestände des ABGB und des KSchG die normativen Rahmen bei der Beurteilung des Machtmißbrauches innerhalb des privaten Rechtsverhältnisses dar.[545]

Die ursprüngliche Qualifikation der Allgemeinen Vertragsbedingungen unterlag dem Regelungskonzept des polnischen Zivilgesetzbuches.[546] Kontrollmaßstab wurde im Rahmen der Art. 384 - 385/1 des Zivilgesetzbuches normiert. Die normative Bestimmung dieser Rechtsvorschriften erfolgte durch die ZGB-Novelle vom 28. 07. 1990. Nach dem polnischen Kontrollsystem wird zwischen Allgemeinen Vertragsbedingungen, Vertragsmuster und Richtlinien (demnächst – Allgemeine Vertragsbedingungen) unterschieden.[547] Diese Allgemeinen Vertragsbedingungen binden „die andere Vertragspartei, wenn sie ihr bei Vertragsschluß ausgehändigt wurden".[548] Die normierten Rahmen des Kontrollsystems

---

542 Heinrichs, BGB – Kommentar 2001, § 1 AGB-Gesetz, Rdnr. 7 ff.; Kötz, in: Münch.-Komm., § 1 AGB-Gesetz 1993, Rdnr. 1 ff..

543 Bydlinski (Fn. 172) 1967, S. 5 ff..

544 Bydlinski, Zur Einordnung der Allgemeinen Geschäftsbedingungen im Vertragsrecht, in: FS für Walter Kastner 1972, S. 45 ff..

545 Kiendl, Unfaire Klauseln in Verbraucherverträgen 1997, S. 78 ff..

546 Zoll/Diemer-Benedict, RIW 1997, 1001, 1003 ff..

547 Radwański, Zobowiązania – część ogólna (Obligationen – Allgemeiner Teil) Rdnr. 398; 1997.

548 Zitat – Art. 385/2 ZGB (alte Fassung) in: Polnische Wirtschaftsgesetze Warszawa, 1999.

sind weitgehend ohne praktische Auswirkungen geblieben. Die polnische Rechtsprechung hat das Kontrollsystem der Allgemeinen Geschäftsbedingungen nach dem Regelungskonzept des Zivilgesetzbuches ignoriert. Dem notwendigen Regelungsbedarf in diesem Bereich wurde durch die Rechtsakte der verwaltungsrechtlichen Natur entsprochen. Diese Tatsache erklärt sich durch das sozialistische Wirtschaftssystem.[549] Die Veränderungen des Wirtschaftssystems erforderten die Einführung von Rechtsvorschriften wettbewerbsrechtlichen Regelungscharakters.[550] Somit war die zivilrechtliche Schutzfunktion des ZGB ohne praktischen Bezug.[551] Bei dieser Ausgangssituation wurde der Reformbedarf deutlich.[552] Außerdem hat sich Polen in Artikel 69 des Assoziationsvertrages gegenüber den Europäischen Gemeinschaften zur Rechtsangleichung verpflichtet.[553] Die Umsetzungspflicht betrifft die EG-Richtlinie über mißbräuchliche Klauseln in Verbraucherverträgen vom 05. 04. 1993. Die angedeuteten Rechtsquellen im Bereich der Allgemeinen Geschäftsbedingungen innerhalb der deutschen österreichischen und polnischen Rechtsordnung sind bei der Untersuchung der Umsetzungskonzepte relevant.

3. Zum Inhalt der EG-Richtlinie

Bereits in den 70 er Jahren bestand innerhalb der EG die Bereitschaft, zum Schutz der Verbraucher Maßnahmen gegen mißbräuchliche Klauseln zu ergreifen. Diese Bestrebungen wurden in zwei Programmen der Gemeinschaft zum

---

549 Das anwendbare AGB - Recht war Bestandteil des Gesetzes über Planungsverträge in der sozialistischen Wirtschaft (19.04.1950) und des Gesetzes über Werklieferungsverträge (01.05.1956). Vgl., Zoll/Diemer-Benedict, RIW 1997, 1001, 1002 ff..

550 Gesetz vom 24. Februar 1990 über die Gegenwirkung der monopolistischen Praktiken (Dz. U. 1991 Nr. 89 Pos. 403) (Dz. U. – Gesetzblatt); Gesetz vom 19. Februar 1993 über die Prävention und Bekämpfung des unlauteren Wettbewerbs (Dz. U. 1993 Nr. 47 Pos. 211) (Dz. U. – Gesetzblatt).

551 Die entstandene Rechtslage hat der nationale Gesetzgeber durch die Normierung der einzelnen Gesetze und Verordnungen korrigiert. So z. B. Das Gesetz Nr. 71 des Ministerrates vom 13. Juni 1983 über die allgemeinen Vertragsbedingungen des Einzelwarenverkaufs sowie allgemeine Garantiebedingungen langlebiger Konsumgüter, die von Einheiten des vergesellschafteten Handels verkauft werden. (Monitor Polski Nr. 21, Pos. 118); Verordnung vom 30. Mai 1995 über die besonderen Voraussetzungen des Abschlusses und der Erfüllung der Verträge über den Verkauf von Waren mit der Beteiligung von Verbrauchern (Dz. 1995 Nr. 64 Pos. 328) (Dz. U. – Gesetzblatt).

552 Łętowska (Fn. 236) 1999, S. 269 ff..

553 Dz. U. 1994, Nr. 11, Pos. 38 (Dz. U. – Gesetzblatt).

Schutz und zur Unterrichtung der Verbraucher von 1975 und 1981 fixiert.[554] Das Hauptanliegen der beiden Programme bildet der Grundsatz, daß „Käufer von Gütern oder Dienstleistungen vor dem Machtmißbrauch des Verkäufers – insbesondere vor einseitig festgelegten Geschäftsbedingungen zu schützen sind.“ Von der Kommission wurden daher Studien über die Rechtslage in den einzelnen Mitgliedstaaten durchgeführt. 1984 legte sie ein Grünbuch über mißbräuchliche Klauseln in Verbraucherverträgen vor.[555] Erst im Jahre 1990 gelang es, einen Vorschlag für die Richtlinie des Rates über mißbräuchliche Klauseln in Verbraucherverträgen vorzustellen. Die Kommission begründete ihren Vorschlag mit dem Bestehen beträchtlicher Divergenzen in den Rechtsordnungen derjenigen Mitgliedstaaten, die bereits Vorschriften zum Schutz gegen „unfair contract terms“ erlassen haben und dem Fehlen eines ausreichenden Schutzniveaus in anderen Mitgliedstaaten. Dies führe zu Wettbewerbsverzerrungen zwischen den Mitgliedstaaten und mache daher eine Harmonisierung auf Gemeinschaftsebene erforderlich.[556] Dieser Vorschlag der Kommission stieß auf heftige Kritik. Die Spaltung in Verbraucherverträge und sonstige Rechtsgeschäfte mit einer umfassenden Kontrolle auch der Hauptleistungspflichten wurde als Widerspruch zum Grundsatz der Privatautonomie betrachtet.[557] Am 05. 03. 1992 legte die Kommission einen geänderten Richtlinienvorschlag vor.[558] Dieser Entwurf hatte die geäußerte Kritik zum Teil berücksichtigt. Die Änderungen des Vorschlages haben zwischen Standardklauseln und einzeln ausgehandelten Vertragsbedingungen unterschieden.[559] Bei den im einzelnen ausgehandelten Bedingungen wurde Schutz nur dann gewährt, wenn tatsächlich eine Unterlegenheitsposition vorliegen sollte.[560] Daß sich Verbraucher im Verhältnis zu Unternehmen typischerweise in einer ungünstigen Position befinden, wurde für nicht ausreichend erachtet.

554 ABlEG 1975 C 92/1 und ABlEG 1981 C 133/1.

555 KOM (84) 55 endg., vom 14. 02. 1984.

556 ABlEG C 243/2.

557 Brandner/Ulmer, BB 1991, 701, 704 ff..

558 ABlEG C 92/73/05.

559 Art. 3 Abs. 2 des Richtlinienvorschlages formuliert, „die im vorhinein abgefaßt wurden und auf deren Inhalt der Verbraucher praktisch keinen Einfluß nehmen konnte, insbesondere im Rahmen eines Unterwerfungsvertrages; damit waren Standardklauseln mit AGB-Klauseln gleichgestellt.“

560 Art. 4 Abs. 1 des EG-Richtlinienvorschlages lautet folgendermaßen: „Eine Vertragsklausel ist, unabhängig davon, ob sie im einzelnen ausgehandelt wurde oder nicht ebenfalls mißbräuchlich, wenn sie selbst oder in Verbindung mit einer anderen Klausel desselben Vertrages oder eines anderen Vertrages, von dem sie abhängt, – dazu führt, daß die Erfüllung des Vertrages für den Verbraucher unbillige Nachteile mit sich bringt und – dem Verbraucher aufgrund der wirtschaftlichen Macht des Gewerbetreibenden und/oder seiner eigenen wirtschaftlichen und/oder intellektuellen Schwäche auferlegt wurde.“

Bei Standardklauseln wurde hingegen auf den Nachweis einer konkreten Willensbeeinflußung durch den Unternehmer verzichtet. Die Liste unzulässiger Klauseln des Anhanges wurde für bindend, aber nicht erschöpfend erklärt. Dieses Ergebnis wurde ebenfalls der Kritik unterworfen:[561] das umfassende Schutzvorhaben aus dem ersten Vorschlag sei lediglich punktuell modifiziert worden; die inhaltliche Unvereinbarkeit mit den Grundprinzipien des Zivilrechtes wäre bestehen geblieben. Im Gemeinsamen Standpunkt vom 22. 09. 1992 wurde den Auffassungen der Kommission letztlich widersprochen. Der Verbraucherschutz wurde auf ein erträgliches Maß reduziert.[562] Ausgeklammert vom Regelungsbereich wurden sowohl Individualvereinbarungen als auch die Kontrolle der Hauptleistungspflichten. Lediglich die Einzelverträge sollten einer Inhaltskontrolle unterliegen, sofern ihr Inhalt vom Unternehmer vorformuliert wurde. Dieser Gemeinsame Standpunkt wurde am 02. 03. 1993 weitgehend unverändert vom Ministerrat als Richtlinie verabschiedet. Dieser Schutzansatz der Richtlinie sieht im Ergebnis vor, durch die Rechtsnormen der EG-Richtlinie bei vorformulierten Vertragsklauseln den typischerweise unterlegenen Verbraucher vor dem regelmäßig überlegenden Gewerbetreibenden zu schützen. Nach dem Kontrollverfahren normiert die EG-Richtlinie eine gerichtliche Inhaltskontrolle.[563] Insofern stellt die Richtlinie ein reines Instrument des Verbraucherschutzes dar. Sie erfaßt den Verbraucher in seiner spezifischen Unterlegenheit. Die endgültige Fassung der Richtlinie unterscheidet sich von den vorangegangenen Vorschlägen der Kommission durch die Einschränkung der Regelungsintensität.[564]

Der spezielle Regelungscharakter der EG-Richtlinie ist durch den persönlichen und materiellen Anwendungsbereich der Richtlinienvorschriften gekennzeichnet. Dabei handelt es sich beim persönlichen Anwendungsbereich der Richtlinie um Verträge zwischen Gewerbetreibendern und Verbrauchern.[565] Der

---

561 Hommelhoff/Wiedemann, ZIP 1993, 562, 563 ff..

562 Hommelhoff/Wiedemann, ZIP 1993, 562, 563 ff..

563 Hommelhoff/Wiedemann, ZIP 1993, 562, 571 ff..

564 Nach dem Regelungskonzept der EG-Richtlinie sind folgende Rechtsbereiche erfaßt – Art. 1 (Zweck und Anwendungsbereich), Art. 2 (Begriffsbestimmungen – mißbräuchliche Klauseln; Verbraucher; Gewerbetreibender), Art. 3 (Mißbrauchskontrolle), Art. 4 (Kontrollmaßstab und -gegenstand), Art. 5 (Transparenzgebot; Interpretationsregel), Art. 5 (Rechtsfolgen; Kollisionsrecht), Art. 7 (Verfahrensrechtliches), Art. 8 (Mindestharmonisierung), Art. 9 (Kommissionsbericht), Art. 10 (Transformationspflicht), Art. 11 (Adressat), Anhang Klauseln gemäß Art. 3 Absatz 3 der EG-Richtlinie.

565 „Zweck dieser Richtlinie ist nach deren Artikel 1 Absatz 1 die Angleichung der Rechts- und Verwaltungsvorschriften der Mitgliedstaaten über mißbräuchliche Klauseln in Verbraucherverträgen zwischen Gewerbetreibenden und Verbrauchern." Nach der ständigen Rechtsprechung des EuGH muß dieses Ziel erreicht werden.

kaufmännische Anwendungsbereich ist außerhalb des Anwendungsbereiches der EG-Richtlinie geblieben. Ebenso sind die Verträge zwischen Verbrauchern aus dem Anwendungsbereich der Richtlinienvorschriften ausgeschlossen (Art. 1 - 2 der EG-Richtlinie). Nach dem sachlichen Anwendungsbereich sind die Vertragsklauseln erfaßt, die nicht im Einzelnen ausgehandelt worden (Art. 3 der EG-Richtlinie). In dieser Hinsicht hat der europäische Gesetzgeber eine Teilharmonisierung erreicht. Die allgemeinen Unwirksamkeitsgründe nach dem Privatrecht sind durch ihn ungeregelt gelassen worden.[566] Durch den speziellen Regelungscharakter ist auch der Maßstab der Inhaltskontrolle (Mißbrauchstatbestand) gekennzeichnet. Art. 3 Abs. 3 der EG-Richtlinie verweist bei der Konkretisierung des Mißbrauchstatbestandes auf den Anhang der EG-Richtlinie. Dieser Anhang enthält einen nicht abschließend verbindlichen Katalog der Vertragsklauseln, die für mißbräuchlich erklärt werden können. Außerdem bleibt die Rechtsnatur dieses Anhanges eine Empfehlung (Beispielkatalog). Der nationale Gesetzgeber kann diesen Vorschriften innerstaatlich die bindende Kraft verleihen.[567]

Das Regelungskonzept der EG-Richtlinie nimmt folgende Arten der mißbräuchlichen Vertragsklauseln aus dem Anwendungsbereich der Richtlinie heraus: In diesen Regelungsbereichen wird ausdrücklich auf die bestehende Rechtslage in den Mitgliedstaaten hingewiesen. Dementsprechend muß der nationale Gesetzgeber bei der Normierung der Umsetzungsvorschriften die vorgegebenen Regelungsbereiche berücksichtigen. Der erste Ausnahmetatbestand der EG-Richtlinie bezieht sich auf die Rechtsnormen des Internationalen Rechtes. Somit werden nach dem Art. 1 (2) der EG-Richtlinie die Vertragsklauseln, „die sowohl auf bindenden Rechtsvorschriften oder auf Bestimmungen als auch Grundsätzen der internationalen Übereinkommen beruhen, bei denen die Mitgliedstaaten und die Gemeinschaft die Vertragsparteien sind, ... aus den Bestimmungen dieser Richtlinie ausgenommen."[568] Der nächste Ausnahmetatbestand ist bei der Bestimmung der Inhaltskontrolle nach dem Art. 4 (2) der EG-Richtlinie gegeben. Die Beurteilung der Mißbräuchlichkeit der Vertragsklauseln bezieht sich weder auf den Hauptgegenstand des Vertrages noch auf die Angemessenheit zwischen dem Preis und den Dienstleistungen bzw. den Gütern, die eine Gegenleistung

---

Vgl., EuGH, 27. Juni 2000, Rs. C - 240/98 bis C - 244/98, „Grupo Editorial SA"Pending Case, Murciano Quintero, Rdnr. 3; EuGH, 14. Juli 1994, Rs. C - 91/92 „Faccini Dori" in: Slg. 1994 p. I - 3325, Rdnr. 26; EuGH, 16. Dezember 1993, Rs. C - 334/92 „Wagner Miret", in: Slg. 1993 p. I - 6911, Rdnr. 20; EuGH, 13. November 1990, Rs. C - 106/89 „Marleasing", in: Slg. 1990 p. I - 4135, Rdnr. 8.

566 Pfeifer, A - 5. Richtlinie 93/13/EWG des Rates über mißbräuchliche Klauseln in Verbraucherverträgen Rdnr. 27 ff.; in: Grabitz/Hilf (Fn. 41) 2000.

567 Franzen (Fn. 38) 1999, S. 558 ff..

568 Reich (Fn. 2) 1996, S. 342 ff..

darstellen. Dieser Anforderung ist dann entsprochen, soweit diese Klauseln klar und verständlich verfaßt sind. Somit sind die Hauptleistungen der Parteien von der Inhaltskontrolle ausgenommen.[569] Aus den Erwägungsgründen der Richtlinie ergibt sich, daß von den Bestimmungen der Richtlinie die Arbeitsverträge sowie die Verträge auf dem Gebiet des Erb-, Familien- Gesellschafts- und Versicherungsrechtes ausgenommen sind (ErwG 10 und 19 der EG-Richtlinie). Aus dem Geltungsbereich der EG-Richtlinie sind im einzelnen ausgehandelte Vertragsklauseln ausdrücklich ausgenommen (ErwG. 12 der EG-Richtlinie).

Die strengeren Rechtsvorschriften des nationalen Rechtes sind nach Art. 8 der EG-Richtlinie zugelassen. Der nationale Gesetzgeber kann in dem durch die Richtlinie geregelten Bereich mit dem EG-Vertrag vereinbarte strengere Bestimmungen erlassen, um dem Verbraucher ein höheres Schutzniveau zu gewährleisten. Dementsprechend entscheidet der nationale Gesetzgeber über den Umfang der Angleichungsmaßnahme innerhalb der nationalen Rechtsordnung. Außerdem ist der nationale Gesetzgeber zum Beibehalten des strengeren nationalen Rechtes ermächtigt. Nach der Öffnungsklausel des Art. 8 EG-Richtlinie ist dieses gesetzlichen Vorgehen zugelassen. Fraglich bleibt das Regelungsergebnis bei der Umsetzung der EG-Richtlinie über mißbräuchliche Klauseln, da in solchen Fällen ein Wertungswiderspruch zwischen dem strengeren nationalen AGB-Recht und dem umgesetzten Recht der EG-Richtlinie entstehen kann.[570] Bei diesem Regelungsergebnis ist die Auswirkung des Nebeneinanders von europäischem und nationalem Recht zu prüfen. Die bestehenden nationalen Rechtsnormen können den Anwendungsbereich der umgesetzten Rechtsnormen der EG-Richtlinie übernehmen. Dementsprechend kann das Umsetzungskonzept der EG-Richtlinie innerhalb des nationalen Regelungsbereiches ignoriert werden. Dadurch wird der vorgegebene Zielerreichungsgrad der EG-Richtlinie gestört. Dieses Regelungsergebnis versucht die gesetzgeberische Umsetzungspraxis zu vermeiden.[571]

569 Reich (Fn. 2) 1996, S. 344 ff..

570 Diese Situation wird dann vermieden, wenn die EG-Richtlinie innerstaatlich durch richtlinienkonforme Interpretation umgesetzt wird. Die Umsetzungspraxis bleibt in dieser Richtung zurückhaltend. Die nationalen Gesetzgeber verwirklichen die EG-Vorgaben meistens durch rechtssetzende Maßnahmen.

571 Oppermann (Fn. 80) 1999, Rdnr. 547 ff..

4. Gesetzestechnische Lösung

4.1 Nach dem Maßstab des deutschen Rechtes

4.1.1 Durch richtlinienkonforme Interpretation

Die Umsetzung der EG-Richtlinie über mißbräuchliche Klauseln in Verbraucherverträgen hat Befürchtungen hervorgerufen, daß durch die normierten Regeln des Verbraucherschutzes der einheitliche Anwendungsbereich des Gesetzes über Allgemeine Geschäftsbedingungen und folglich die Einheit des deutschen Privatrechtes gestört werde.[572] Dementsprechend wurde beim Umsetzungsverfahren der EG-Richtlinie vorgeschlagen, die von der EG-Richtlinie veranlaßten Sonderbestimmungen durch richtlinienkonforme Interpretation in das nationale Recht zu übernehmen.[573] Dabei sind folgende Ausgangspositionen des nationalen Rechtes zu berücksichtigen. Das Regelungskonzept des AGB-Gesetzes gehört zum Gegenstand des Verbraucherschutzes. Die EG-Richtlinie bezweckt, die Rechtsangleichung im Bereich der Inhaltskontrolle vorformulierter Verbraucherverträge zu erreichen. Fraglich bleibt bei diesen Ausgangspositionen, ob das Regelungskonzept des AGB-Gesetzes unverändert beibehalten werden darf. Das Regelungskonzept der EG-Richtlinie läßt das strengere nationale Recht ausdrücklich zu.[574] Dieses Vorgehen ist im Rahmen des Art. 8 der EG-Richtlinie normiert. Die nationalen Umsetzungsnormen werden erforderlich, wenn das Regelungskonzept der EG-Richtlinie über das nationale Recht hinausgehen wird. Außerdem muß die Vergleichbarkeit der Normkonzepte festgestellt werden. Das AGB-Gesetz gehört nach Ansicht der einigen Autoren zu den Rechtsnormen des höheren Schutzniveaus.[575] Die Rechtsnormen der EG-Richtlinie sichern die Ebene des minimalen Schutzniveaus. Insofern besteht kein Handlungsbedarf des nationalen Gesetzgebers bei der Umsetzung der Richtlinie über mißbräuchliche Klauseln in

---

572 Ulmer, EuZW 1993, 337, 341 ff..; Habersack/Kleindiek/Wiedemann, ZIP 1993, 1670, 1673 ff..; Damm, JZ 1994, 161, 162 ff..; Scherer/Deggendorf/Heil/Landshut, JA 1997, 849, 851 ff..

573 Ulmer, EuZW 1993, 337, 342 ff..; Heinrichs, NJW 1995, 153, 155 ff..

574 Markwardt (Fn. 109) 2000, S. 56 ff..

575 Bunte, Gedanken zur Rechtsharmonisierung in der EG auf dem Gebiet der mißbräuchlichen Klauseln in Verbraucherverträgen, in: FS Locher 1999, S. 325 ff..; Klaas, Zur EG-Richtlinie über mißbräuchliche Klauseln in Verbraucherverträge, in: FS Zaudner 1996, S. 247 ff..; Ulmer, Die Rechtsangleichung des französischen und deutschen Rechts zur Kontrolle mißbräuchlicher Vertragsbedingungen (Recht der Allgemeinen Geschäftsbedingungen) durch die EG - Richtlinie 13/93 und die Kompetenz des EuGH nach Art. 177 EUV zur Sicherung der Rechtseinheit, SS 1998.

Verbraucherverträgen in das deutsche Recht. Nach Ansicht von Ulmer führt die gesetzliche Umsetzung der EG-Richtlinie zur Reduzierung des Schutzniveaus im kaufmännischen Rechtsverkehr.[576] Das Umsetzungskonzept der EG-Richtlinie durch richtlinienkonforme Interpretation muß zusätzlich die Erweiterung des materiellen Anwendungsbereiches des AGB-Gesetzes berücksichtigen. Dazu gehört die Ausweitung auf vorformulierte Individualverträge. Aus dem Anwendungsbereich der Verbraucherverträge ist das Merkmal „Vielzahl“ (§ 1 I 1 AGBG) zu beseitigen. Die Bestimmungskriterien der Mißbräuchlichkeit sind nach Art. 4 der EG-Richtlinie auszurichten. Bei der Anpassung ist der Maßstab der unangemessenen Benachteiligung nach Art. 9 des AGB-Gesetzes heranzuziehen. Überprüfungsbedürftig ist die Bestimmung der Kollisionsnormen des Art. 6 der EG —Richtlinie mit dem geltenden IPR des Art. 12 AGBG. In diesen Regelungsbereichen bestand redaktioneller Änderungsbedarf des geltenden AGB-Rechtes. Damit wird das Regelungskonzept des AGB-Gesetzes mit dem Regelungskonzept der EG-Richtlinie in Einklang gebracht.[577] Bei den anderen Regelungsbereichen ist kein Anpassungsbedarf notwendig. Dazu gehören die Rechtsvorschriften der §§ 1 - 7 des AGB-Gesetzes und die Verfahrensbestimmungen der §§ 13 - 22 des AGB-Gesetzes. Die erwähnten Rechtsvorschriften entsprechen dem vorgeschriebenen Regelungsniveau in der EG-Richtlinie. Keine entsprechende Regelung finden in der EG-Richtlinie die Einbeziehungsnormen der §§ 2, 3 des AGB-Gesetzes, die Generalklausel und Klauselverbote der §§ 9; 10 und 11 des AGB-Gesetzes. In dieser Hinsicht ist die überschießende Regelung des nationalen AGB-Gesetzes feststellen. Nach Ansicht von Ulmer stellt der Normzweck der EG-Richtlinie kein aliud, sondern ein minus gegenüber dem Normzweck des nationalen AGB-Gesetzes dar.[578] Bei diesen Anpassungsfragen ist der Normzweck der EG-Richtlinie sowie des AGB-Gesetzes und die Forderung nach der Mindestharmonisierung zu berücksichtigen. Die unterschiedlichen Normzwecke begründen bei den „überschießenden Regelungen“ keine Notwendigkeit, das bestehende nationale AGB-Recht zu harmonisieren.[579] Diese Ausgangsposition des nationalen Rechtes wirkt unschädlich auf den Normzweck der EG-Richtlinie. Die Einschränkung des bestehenden Schutzumfanges in der nationalen Rechtsordnung wird nach dieser Ansicht nicht notwendig.[580] Das Umsetzungskonzept der EG-Richtlinie durch richtlinienkonforme Interpretation wird den persönlichen Anwendungsbereich des AGB-Gesetzes unverändert lassen. Dement-

576 Ulmer, EuZW 1993, 337, 341 ff..
577 Heinrichs, NJW 1995, 153, 159 ff..
578 Ulmer, EuZW 1993, 337, 341 ff..
579 Ulmer, EuZW 1993, 337, 346 ff..
580 Ulmer, EuZW 1993, 337, 341 ff..

sprechend werden die Kaufleute durch die EG-Richtlinienvorschriften über mißbräuchliche Klauseln in Verbraucherverträgen geschützt.[581]

Das Umsetzungskonzept dieser EG-Richtlinie durch richtlinienkonforme Interpretation hat in der deutschen Rechtsdoktrin keine Zustimmung gefunden. Dabei sind die Unterschiede in den Regelungskonzepten der EG-Richtlinie und des AGB-Gesetzes entscheidend gewesen. Die Anwendungsbereiche der beiden normativen Regelungsakte gehen nach der herrschenden Ansicht auseinander. Der spezielle Regelungscharakter der EG-Richtlinie wird gesetzliche Maßnahmen durch den deutschen Gesetzgeber erfordern. Zu diesen Regelungsbereichen gehören – Schutzkonzeption, Anwendungsbereich und der Maßstab der Inhaltskontrolle.[582] Nach dem Ergebnis des Vergleiches entspricht das Umsetzungskonzept der EG-Richtlinie durch richtlinienkonforme Interpretation nicht den Forderungen einer gemeinschaftskonformen Richtlinienumsetzung. Damit wurde ein Regelungskompromiß durch richtlinienkonforme Interpretation abgelehnt. Das Angleichungsziel sei im Rahmen der richtlinienkonformen Interpretation nicht zu erreichen. Nach der Ausgangsposition des geltenden AGB-Gesetzes stellt das Umsetzungskonzept durch richtlinienkonforme Interpretation keinen Ersatz zur gesetzlichen Übernahme der Richtlinienvorschriften dar. Der Kontrollmaßstab der gemeinschaftskonformen Richtlinienumsetzung fordert vom nationalen Gesetzgeber, den speziellen Regelungscharakter der EG-Richtlinie in die nationale Rechtsordnung zu übernehmen. In dieser Hinsicht wird eine gesetzgeberische Entscheidung notwendig, um die neuen Rechtsvorschriften innerstaatlich zu normieren. Das Umsetzungskonzept der EG-Richtlinie durch richtlinienkonforme Interpretation wird zu gemeinschaftswidrigen Regelungsergebnissen führen. Das Bestehen der „überschießenden Regelungen des nationalen Rechtes" ist in der Rechtsdoktrin und Rechtspraxis des europäischen Rechtes nicht anerkannt.[583] Die

---

581 Auf dieser Grundlage ist es die Rechtsprechung nationaler Gerichten zu interpretieren. Zum Beispiel hat das OLG Schleswig das Transparenzgebot nach Art. 5 der EG-Richtlinie in der Gerichtsentscheidung zum Mietverhältnis im Rahmen der richtlinienkonformen Interpretation berücksichtigt. (Vgl., OLG Schleswig, NJW 1995, 2858, 2859 ff) der XII Zivilsenat des BGH hat die Erweiterung der Inhaltskontrolle auf nicht „gestellte" vorformulierte Vertragsbedingungen durch richtlinienkonforme Interpretation für möglich gehalten. (Vgl., BGH, NJW 1995, 2034, 2036 ff..) Hinzu kommt die Rechtsprechung zur Inhaltskontrolle in den Verträgen über neu errichtete Häuser und Eigentumswohnungen einerseits und zur Inhaltskontrolle vom Notar vorgeschlagener Vertragsbedingungen andererseits (Vgl., Heinrichs, NJW 1995, 153, 158 ff..).

582 Markwardt (Fn. 109) 2000, S. 58 ff..

583 Die Rechtsdoktrin und Rechtspraxis orientiert sich an den geltenden normativen Rahmen. Vgl., Thomas M. J. Möllers, Die Rolle des Rechtes im Rahmen der

gesetzgeberische Entscheidung erfüllt in dieser Rechtslage eine klarstellende Funktion bei der Normierung der nationalen Regelungsmaterie.

4.1.2 Durch das BGB

Bei diesem Umsetzungskonzept wird die Aufnahmefähigkeit des Bürgerlichen Gesetzbuches geprüft.[584] Das Regelungskonzept der EG-Richtlinie über mißbräuchliche Klauseln in Verbraucherverträgen und ihr Schutzansatz stellen den Untersuchungsgegenstand dar. Die Ausgangspositionen des Bürgerlichen Gesetzbuches sind im Rahmen von § 138 (Sittenwidriges Rechtsgeschäft; Wucher) und § 242 (Leistung nach Treu und Glauben) gegeben.

Nach dem Kontrollmaßstab des § 138 BGB[585] sind folgende Feststellungskriterien des mißbräuchlichen Vertragsverhältnisses zu nennen: Zwangslage, Unerfahrenheit, mangelndes Urteilsvermögen und erhebliche Willensschwäche. Die erwähnten Nichtigkeitsgründe werden das gesamte Regelungskonzept der EG-Richtlinie abdecken können. Der nationale Gesetzgeber muß in diesem Falle den speziellen Regelungscharakter der EG-Richtlinie in getrennten Paragraphen normieren. Somit sind aus dem Regelungskonzept der EG-Richtlinie – Schutzkonzeption, Anwendungsbereich und Maßstab der Inhaltskontrolle zu übernehmen. Bei der Umsetzung der EG-Richtlinie hat der deutsche Gesetzgeber eine derartige Fragestellung nicht untersucht, da die aktuellen Ausgangspositionen sich bei der Bewertung der geltenden Rechtslage im Rahmen des Gesetzes zur Regelung des Rechtes der Allgemeinen Geschäftsbedingungen (AGB-Gesetz) befanden. § 138 BGB wurde im Ergebnis unberücksichtigt gelassen. Eine andere Situation bestand bei der Bewertung von § 242 BGB.[586] Dieser Paragraph konnte die Prü-

---

Europäischen Integration – Zur Notwendigkeit einer Europäischen Gesetzgebungs- und Methodenlehre 2000, S. 13 ff..

584 Der nationale Gesetzgeber hat bei der Normierung des Bürgerlichen Gesetzbuches keine Differenzierung des Vertragsrechtes nach dem „Massenvertrag" oder „Individualvertrag" vorgenommen. Bei der rechtlichen Kontrolle des Massengeschäftes wird aber eine derartige Differenzierung notwendig. Die BGB-Rechtsvorschriften im Bereich des Vertragsabschlusses (§§ 305 ff. BGB) sind gegenwärtig unberührt. Vgl., Höhn, Kompensation gestörter Vertragsparität 1982, S. 5 ff..

585 § 138 BGB ist nach dem Wortlaut folgendermaßen verfaßt – Ein Rechtsgeschäft, das gegen die guten Sitten verstößt, ist nichtig. Nichtig ist insbesondere ein Rechtsgeschäft, durch das jemand unter Ausbeutung der Zwangslage, der Unerfahrenheit, des Mangels an Urteilsvermögen oder der erheblichen Willensschwäche eines anderen sich oder einem Dritten für eine Leistung Vermögensvorteile versprechen oder gewähren läßt, die in einem auffälligen Mißverhältnis zu der Leistung stehen.

586 § 242 BGB ist nach dem Wortlaut folgendermaßen verfaßt: Der Schuldner ist verpflichtet, die Leistung so zu bewirken, wie Treu und Glauben mit Rücksicht auf die Verkehrssitte es erfordern.

fungsfunktion der vorformulierten Individualverträge erfüllen.[587] In diesem Fall wird durch die Rechtsnormen des BGB das gekennzeichnete Merkmal des AGBG-Rechtes-„Stellen“ in vorformulierten Individualverträgen bzw. vorformulierten Standardverträgen kontrolliert. § 242 BGB kommt nach Auffassung von Micklitz eine Auffangfunktion zu, mit der die Rechtslücken zwischen AGB-Gesetz und Richtlinie über mißbräuchliche Klauseln in Verbraucherverträgen zu schließen sind.[588] Dementsprechend können die EG-Richtlinienvorschriften die konkretisierende Funktion der §§ 138 und 242 BGB erfüllen.

Die erwähnten Rechtsvorschriften des BGB erlauben es, die Gesamtbeurteilung des vertraglichen Rechtsverhältnisses vorzunehmen.[589] Nach dem bisherigen Stand der Rechtsentwicklung wurde dieses Umsetzungskonzept der EG-Richtlinie aus der Sicht der deutschen Rechtsdoktrin für bedenklich gehalten. Die EG-Richtlinie bezweckte, im Rahmen ihres Regelungskonzeptes den Verbraucher als typischerweise unterlegene Vertragspartei zu schützen. Die EG-Richtlinie stellte ein reines Instrument des Verbraucherschutzes dar. Demgegenüber lag der Regelungsansatz der BGB-Normen nach dem Prinzip der formalen Gleichheit der Rechtssubjekte unter Abstraktion des von ihnen verfolgten Verwendungszwecke vor.[590] Dieser Schutzzweck der BGB-Normen ist weitergehend als in der EG-Richtlinie selbst. Nach dem damaligen Stand der Rechtsentwicklung haben die Rechtsnormen des Bürgerlichen Gesetzbuches keine Differenzierung nach den verbraucherrechtlichen Schutzaspekten zugelassen. Die Rechtsvorschriften der EG-Richtlinie haben die Kategorie des Verbrauchers als Schutzadressaten bestimmt. Gegenstand der Inhaltskontrolle sind nach Art. 1 Abs. 1 der EG-Richtlinie mißbräuchliche Klauseln in Verträgen zwischen einem Gewerbetreibenden und einem Verbraucher. Verbraucher sind nach Art. 2 der EG-

587 Micklitz, VuR 1996, 75, 78 ff..

588 Micklitz, VuR 1996, 75, 79 ff..

589 Diese Ansicht wurde ansatzweise durch Habersack vertreten. Vgl., Habersack, Vertragsfreiheit und Drittinteressen – Eine Untersuchung zu den Schranken der Privatautonomie unter besonderer Berücksichtigung der Fälle typischerweise gestörter Vertragsparität 1992, S. 153 ff..

590 Erst die Integration der verbraucherschutzrechlichen Normen in das BGB hat diese Regelungstatsache des Bürgerlichen Gesetzbuches geändert. Durch die §§ 13 und 14 BGB sind die Normadressaten (Verbraucher und Unternehmer) definiert worden. Dadurch hat das Regelungskonzept des BGB eine neue Dimension bei der Integration der EG-Verbraucherschutzrichtlinien bekommen. Beim Umsetzungskonzept der EG-Richtlinie über mißbräuchliche Klauseln in Verbraucherverträgen verfügte das Regelungskonzept des BGB über keine derartigen Rechtsvorschriften verbraucherschutzrechtlicher Natur. Die herrschende Rechtsdoktrin basiert auf der Position formal-abstrakter Gleichheit der Rechtssubjekte unter Abstraktion der von ihnen verfolgten Verwendungszwecke. Vgl., Dauner-Lieb, (Fn. 101) 1983, S. 51 ff..

Richtlinie natürliche Personen, die beim Vertragsschluß zu einem Zweck handeln, der nicht ihrer gewerblichen oder beruflichen Tätigkeit zugerechnet werden kann. Der Gewerbetreibende ist nach der Bestimmung des Art. 2 der EG-Richtlinie eine natürliche oder juristische Person, die beim Vertragsabschluß im Rahmen ihrer gewerblichen oder beruflichen Tätigkeit handelt, auch wenn diese dem öffentlich-rechtlichen Bereich zuzurechnen ist. Nach Art. 4 Abs. 1 der EG-Richtlinie sind alle den Vertragsabschluß begleitenden Umstände zu prüfen. Somit muß die geltende abstrakt-generelle Kontrolle die auf den Einzelfall abgestellte Inhaltskontrolle (Maßstab der individuell-konkreten Umstände) berücksichtigen. Dieses Vorgehen erfolgt problemlos bei der Subsumtion unter eine Generalklausel. Bei der Integration in das Bürgerliche Gesetzbuch sind diese Rechtsvorschriften in den normativen Tatbestand des BGB zu übernehmen. Nach dem ursprünglichen Regelungsverständnis sind Wertungswidersprüche innerhalb des BGB-Regelungskonzeptes zu befürchten. Wertungswidersprüche dieser Art können durch Normierung spezieller Rechtsvorschriften des Verbraucherschutzes vermieden werden. Das Regelungsziel, die typisch unterlegene Vertragspartei zu schützen, ist durch das Regelungskonzept der §§ 138 und 242 BGB nicht anerkannt. Aus diesen Gründen wurde das Umsetzungskonzept der EG-Richtlinie durch Integration in das BGB abgelehnt. Der deutsche Gesetzgeber hat geeignete Lösungen zur Umsetzung bei den verwandten Rechtsinstituten des nationalen Privatrechtes gesucht. Die zuständigen Rechtsquellen des nationalen Rechtes befanden sich innerhalb der normativen Rahmen des Gesetzes zur Regelung der Allgemeinen Geschäftsbedingungen (AGB-Gesetz). Die Auseinandersetzungen in der deutschen Rechtsdoktrin haben in der Regel auf das AGB-Gesetz Bezug genommen.[591]

4.1.3 Durch eigenständiges Gesetz (Parallelgesetz)

Nach dem Regelungskonzept gehört die EG-Richtlinie über mißbräuchliche Klauseln in Verbraucherverträgen zum Gegenstand des Verbraucherschutzes.[592] Das Regelungskonzept der EG-Richtlinie erfaßt die rechtlichen Positionen der Verbrauchern in spezifischer Unterlegenheit. Die Richtlinie erlaubt nach Art. 8

591 Bunte, Gedanken zur Rechtsharmonisierung in der EG auf dem Gebiet der mißbräuchlichen Klauseln in Verbraucherverträgen, in: FS Locher, S. 325 ff..; Damm, JZ 1994, 161, 161 ff..; Eckert, ZIP 1996, 1238, 1239 ff..; Habersack/Kleindiek/Wiedenmann, ZIP 1993, 1670, 1672 ff..; Hommelhoff/Wiedenmann, ZIP 1993, 562, 563 ff..; Klaas, Zur EG-Richtlinie über mißbräuchliche Klauseln in Verbraucherverträge, FS Zaudner 1996, S. 247 ff..; Westphalen, BB 1996, 2101, 2102 ff..; Ulmer, EuZW 1993, 337, 338 ff..

592 Ulmer, EuZW 1993, 337, 343 ff..

den Erlaß und das Beibehalten strengerer Rechtsvorschriften. Nach dem Schutzansatz bleibt diese Richtlinie die Verbraucherschutz-Richtlinie, die den kaufmännischen Regelungsbereich unberücksichtigt läßt. Die Regelungstatsache verlangt vom nationalen Gesetzgeber eine entsprechende normative Umsetzungsform. Die Umsetzungsform des eigenständigen Gesetzes (Parallelgesetzes zum AGB-Gesetz) entsprach diesen Anforderungen.[593] Die Umsetzung dieser Richtlinie über mißbräuchliche Vertragsklauseln hat die Diskussion über die Entscheidungsfreiheit des nationalen Gesetzgebers in bezug auf die normative Ausgestaltung wiederbelebt. In der deutschen Diskussion wurde vorgeschlagen, die Umsetzungsnormen in ein selbständiges, auf Verbraucher beschränktes Gesetz neben dem AGB-Gesetz aufzunehmen.[594] Somit können die beiden Anwendungsbereiche der Umsetzungsnormen der EG-Richtlinie und des AGB-Gesetzes voneinander getrennt werden. Die unterschiedlichen Zielsetzungen können die einheitliche Interpretation der Rechtsbegriffe in der EG-Richtlinie und dem AGB-Gesetz entscheidend beeinträchtigen. Während die EG-Richtlinie Verbraucherschutz gewährleisten will, schützt das AGB-Gesetz vor der einseitigen Inanspruchnahme der Vertragsgestaltung. Dieser Unterschied führt zu einem unterschiedlichen Kontrollmaßstab der Richtlinie und des AGB-Gesetzes. Nach dem Regelungsergebnis kann die Subsumtion des Rechtsverhältnisses unter den europäischen Begriff einerseits und den nationalen Begriffen andererseits dazu führen, daß in der Rechtspraxis weit voneinander divergierende Kontrollmaßstäbe entstehen. Das Umsetzungskonzept der EG-Richtlinie in das neue Gesetz über mißbräuchliche Klauseln in Verbraucherverträgen hätte den Schutzbereich und Kontrollmaßstab nach dem ursprünglichen AGB-Recht unangetastet gelassen. Der Schutz für Gewerbetreibende auf der einen und für Verbraucher auf der anderen Seite wären klar gegeneinander abgegrenzt. Die Selbständigkeit zweier Gesetze würde zudem die bestehende Gefahr ausschließen, daß die strengeren Maßstäbe und Wertungen für Verbraucher auf die Vertragsklauseln der Kaufleute durchschlagen. In diesem Fall ist die Anforderung der gemeinschaftskonformen Richtlinienumsetzung sicher erfüllt. Beim Umsetzungskonzept in das Parallelgesetz bekommen die nationalen Gerichte die Gelegenheit, mit zwei unterschiedlichen Schutzkonzeptionen in getrennten Gesetzen praktische Erfahrungen zu sammeln. Abhängig von dem Regelungsergebnis wird der Anwendungsbereich der Klauselkataloge der §§ 10 und 11 des AGB-Gesetzes auf Kaufleute als Klausel-Gegner abgestellt. Damit konnte die Verfehlung des Schutzzweckes der Rechtsnormen innerhalb des AGB-Gesetzes und der EG-Richtlinie verhindert werden. Bei dieser Betrachtungsweise hat die Problematik des Vertragsverhältnisses von Schutzkon-

593 Hommelhoff/Wiedemann, ZIP 1993, 562, 565 ff..
594 Hommelhoff/Wiedemann, ZIP 1993, 562, 570 ff..

zept, Anwendungsbereich der EG-Richtlinie und schließlich der Interpretation des AGB-Rechtes für die Normierung der EG-Richtlinie in das Parallelgesetz gesprochen. Dieses Umsetzungskonzept wurde in der deutschen Rechtsliteratur durch Hommelhoff/Wiedemann vertreten.[595] Die wohl herrschende Meinung des deutschen Schrifttums hat dieses Umsetzungskonzept abgelehnt.[596] Als Hauptargument wurde diesem Umsetzungskonzept entgegengehalten, daß der Normgehalt des Verbraucherschutzes in das Regelungskonzept des AGB-Gesetzes zu integrieren sei. Die erforderlichen Veränderungen des AGB-Gesetzes sind ohne entscheidende Systembrüche in das AGB-Gesetz zu übernehmen. Schließlich bedeutet ein Nebeneinander von zwei ähnlichen und inhaltlich vergleichbaren Regelungskonzepten die Komplizierung der rechtsanwendenden Praxis.[597] Die Einwände basieren auf dem Gedanken der formal-abstrakten Gleichheit der Rechtssubjekte innerhalb des privaten Rechtsverhältnisses, die eine Differenzierung nach einzelnen Schutzaspekten nicht zulassen würden. Nach dem rollenspezifischen Schutzansatz wird die rechtliche Kategorie des Verbrauchers von der Geltung des allgemeinen Geltungsanspruches ausgenommen. Bei einer Trennung von AGB-Gesetz und einem Gesetz über mißbräuchliche Klauseln in Verbraucherverträgen müßten beide Gesetze einen weitgehend unterschiedlichen Inhalt erhalten. Die Regelungsfunktionen in den beiden Gesetzen lassen sich von einander unterscheiden. Somit wird die vorgeschlagene Trennung von AGB-Gesetz und einem Gesetz über mißbräuchliche Klauseln in Verbraucherverträgen die Einheit des existierenden Vertrags- und Schuldrechtes spalten.[598] Beim Regelungskonzept des AGB-Gesetzes erscheint zweifelhaft, ob es in seiner Schutzkonzeption fortgeführt werden kann. Nach dem Regelungskonzept der EG-Richtlinie wird dem Verbraucher der konkret-individuelle Kontrollmaßstab gesichert. Nach der Integration des Umsetzungskonzeptes in das Parallelgesetz werden die Schutzbereiche und Kontrollmaßstäbe für Verbraucher auf der einen und für Gewerbetreibende auf der anderen Seite klar gegeneinander abgegrenzt. Zugleich werden die Bedenken beseitigt, daß die fortgeltenden Kontrollmaßstäbe von Gewerbetreibenden-Klauseln dem Gemeinschaftsrecht widersprechen könn-

595 Hommelhoff/Wiedemann, ZIP 1993, 562, 570 ff..

596 Die Stellungnahmen zu diesem Regelungsproblem – Damm, JZ 1994, 161, 164 ff..; Eckert, WM 1993, 1070, 1071 ff..; Frey, ZIP 1993, 572, 574 ff..; Habersack/Kleindiek/Wiedemann, ZIP 1993, 1670, 1673 ff..; Ulmer, EuZW 1993, 337, 341 ff..; Heinrichs, NJW 1995, 153, 154 ff..

597 Heinrichs bezeichnet dieses Nebeneinander von Regelungskonzepten als Schaffung von Quellen der Rechtsunsicherheit und des Zweifels. Vgl., Heinrichs, NJW 1993, 1817, 1818 ff..

598 Ulmer, EuZW 1993, 337, 347 ff..

ten.[599] Trotz dieser gegenseitig widersprüchlichen Begründungen haben die Argumente gegen die Aufstellung des Parallelgesetzes Zustimmung bekommen. Der deutsche Gesetzgeber hat sich zu einer Integration des Umsetzungskonzeptes in die bereits geltende Rechtsquelle (AGB-Gesetz) entschlossen. Fraglich blieb der Umfang einer Übernahme des EG-Regelungskonzeptes in das AGB-Gesetz.

4.1.4 Durch § 1 Abs. 1 des AGB-Gesetzes und § 6 Abs. 3 des AGB-Gesetzes

Bei diesem Umsetzungskonzept wurde der begrenzte Anpassungsbedarf des geltenden AGB-Rechtes an die Forderungen der EG-Richtlinie gezielt.[600] Der deutsche Gesetzgeber konnte bei der Übernahme der EG-Rechtsvorschriften den geltenden Anwendungsbereich des § 1 Abs. 1 des AGB-Gesetzes leicht revidieren. Bei dieser Lösung wird das zentrale Regelungsmerkmal des deutschen AGB-Rechtes „der Vielzahl von Verträgen" gestrichen. Die EG-Richtlinienvorschriften normieren nicht das Kriterium des Massenvertrages.[601] Den Forderungen der gemeinschaftskonformen Richtlinienumsetzung wird durch das Beibehalten der „vorformulierten Vertragsbedingungen" entsprochen. Diese Rechtsnorm befindet sich in § 1 Abs. 1 des AGB-Gesetzes.

Nach dem Regelungskonzept der EG-Richtlinie wird eine konkret-individuelle Bewertung der den Vertragsschluß begleitenden Umstände gefordert. Der nationale Gesetzgeber muß diese Forderungen in die nationale Rechtsordnung übernehmen.

Bei der Bestimmung des persönlichen Anwendungsbereiches besteht nach Ansicht von Westphalen kein gesetzgeberischer Handlungsbedarf. Dieses Problem läßt sich im Rahmen des geltenden § 1 des AGB-Gesetzes lösen. Die Richtlinienvorschriften des Art. 2 sind im Verhältnis Verbraucher/Gewerbetreibender anzuwenden. § 1 des Gesetzes über Allgemeine Geschäftsbedingungen normiert den Anwendungsbereich nach dem Verhältnis Klauselverwender/Klauselgegener. Dementsprechend stellt nach dieser Ansicht Art. 2 der EG-Richtlinie im Vergleich zur Bestimmung des AGB-Anwendungsbereiches eine Teilregelung dar.[602] Das Regelungsergebnis bei diesem Nebeneinander führt zur Störung der geltenden Rechtslage. Der nationale Gesetzgeber muß bei der Bestimmung des persönlichen Anwendungsbereiches der Umsetzungsnormen zwischen zwei Lösungen abwägen. Darüber hinaus macht es keinen Sinn, bei der

---

599 Hommelhoff/Wiedemann, ZIP 1993, 562, 571 ff..

600 Westphalen, EWS 1993, 161, 167 ff..

601 Bei diesem Regelungsproblem ist das Kriterium der Mißbräuchlichkeit entscheidend. Vgl., Art. 3 der EG-Richtlinie über mißbräuchliche Klauseln in Verbraucherverträgen.

602 Westphalen, EWS 1993, 161, 163 ff..

Rechtskategorie des Aushandels nach dem kaufmänischen und verbraucherschutzrechtlichen Verkehr zu differenzieren. Die Differenzierung nach den Normadressaten kann die Einheit des geltenden AGB-Gesetzes beeinträchtigen. Die angedeuteten Rechtsfolgen sind im nationalen Regelungsbereich zu vermeiden.[603] Den Anforderungen des Verbraucherschutzes wird durch richtlinienkonforme Interpretation entsprochen.

Der Mißbrauchstatbestand des Art. 3 Abs. 1 der EG-Richtlinie verwirklicht die Wertungskriterien nach dem Gebot von Treu und Glauben des Art. 9 Abs. 1 AGB-Gesetz. In dieser Hinsicht besteht kein Handlungsbedarf von Seiten des deutschen Gesetzgebers. In bezug auf das Transparenz-Gebot des Art. 5 der EG-Richtlinie wird keine gesetzliche Maßnahme erforderlich, denn § 2 Abs. 1 des AGB-Gesetzes entspricht den Forderungen der gemeinschaftskonformen Richtlinienumsetzung. Gesetzgeberischer Handlungsbedarf liegt bei der Übernahme des Art. 6 Abs. 1 der EG-Richtlinie vor. Die Übernahmevorschrift muß beim Rechtsverhältnis die Interessen beider Parteien berücksichtigen. Dementsprechend besteht in § 6 Abs. 3 des AGB-Gesetzes ein Änderungsbedarf. Die anderen Regelungsbereiche der EG-Richtlinie über mißbräuchlichen Klauseln in Verbraucherverträgen können durch das AGB-Gesetz richtlinienkonform interpretiert werden. Das vorgeschlagene Umsetzungskonzept der EG-Richtlinie richtet sich nach dem Grundsatz des minimalen Eingreifens in die geltende Rechtsquelle (AGB-Gesetz).[604]

---

603 Westphalen, EWS 1993, 161, 163 ff..

604 Zu diesem Umsetzungskonzept ist folgende Anmerkung erforderlich: Die Normierung der EG-Richtlinie hat der deutsche Gesetzgeber entschieden in den speziellen Rechtsvorschriften des AGB-Gesetzes (§§ 12 und 24a) vorzunehmen. Diesem Umsetzungskonzept wurde seitens von Westphalens zugestimmt. Seine ursprüngliche Auffassung wurde nach der Bekanntmachung der gesetzlichen Entscheidung aufgegeben. Westphalen befaßt sich mit dem gewählten Umsetzungskonzept der EG-Richtlinie, ohne die getroffene Lösung in Frage zu stellen. Zu vergleichen sind die Abhandlungen – Westphalen, EWS 1993, 161, 162 ff..; Westphalen, BB 1996, 2101, 2105 ff.. – Das erste Umsetzungskonzept durch § 1 Abs. 1 AGB-Gesetz und § 6 Abs. 3 AGB-Gesetz wurde in dem deutschen Schrifttum nicht befolgt. Dementsprechend ist diese theoretische Überlegung ohne gesetzliche Konsequenzen geblieben.

4.1.5 Entscheidung des deutschen Gesetzgebers: Durch § 12 und § 24 a) des AGB-Gesetzes

Am 25. 07. 1996 trat das Gesetz zur Änderung des AGBG und der Insolvenzverordnung in Kraft.[605] Somit wurde die EG-Richtlinie über mißbräuchliche Klauseln in Verbraucherverträgen in das nationale Recht umgesetzt. Der deutsche Gesetzgeber hat sich zu der gesetzlichen Maßnahme entschieden, obwohl in der deutschen Rechtsliteratur der Umsetzungsbedarf weitgehend geleugnet wurde. Die Europäisierung des AGB-Rechtes wird in diesem Fall durch die richtlinienkonforme Interpretation erfolgen.[606] Der Referentenentwurf hat trotz dieser Kontroversen in der Literatur die Ergänzung § 12 des AGB-Gesetzes[607] und der Rechtsvorschriften des Vierten Abschnittes über den Anwendungsbereich des AGB-Gesetzes durch § 24 a) „Verbraucherverträge" vorgesehen. Damit hat das AGB-Gesetz eine Umgestaltung in bezug auf Verbraucherverträge erfahren. Diese Umgestaltung ist durch die Erweiterung des Anwendungsbereiches des AGB-Gesetzes auf vorformulierte Einmal-Verbraucherverträge,[608] die Inhaltskontrolle von Verbraucherverträgen mit konkret-individuellen Elementen nach Maßgabe von § 24 a) Nr. 3 AGB-Gesetz[609] und letztlich durch die Einbeziehung von Dritten vorformulierter Bedingungen gemäß § 24 a) Nr. 1 des AGB-Gesetzes gekennzeichnet.[610]

---

605 BGBl I 1996, 1013; BT – Ds 13/2713 und BT – Ds 13/4699. Die Umsetzungsfrist dieser EG-Richtlinie ist am 31. Dezember 1994 abgelaufen. Die Verspätung bei der Übernahme von Richtlinienvorschriften stellte gemeinschaftswidriges Handeln von Seiten des deutschen Gesetzgebers dar. In die nationale Rechtsordnung wurde die EG-Richtlinie mit zweijähriger Verspätung übernommen. Dem deutschen Gesetzgeber sind aus diesem Grunde keine Rechtsfolgen nach dem EG-Recht entstanden.

606 In diesem Sinne Ulmer, EuZW 1993, 337, 346 ff..

607 Durch die Neugestaltung des § 12 AGB - Gesetzes sind die Schutzbestimmungen des AGB-Gesetzes bei der Anwendung ausländischen Rechtes unmittelbar anwendbar. Die Schutzbestimmungen des AGB-Gesetzes werden auch dann anwendbar, wenn ausländische Vertragsstatute kraft Rechtswahl oder kraft objektiver Anknüpfung zur Anwendung kommen. In solchen Fällen wird ein enger Zusammenhang innerhalb des Rechtsverhältnisses vorausgesetzt. Dazu ist die folgende Rechtsliteratur bedeutsam: Heinrichs NJW 1996, 2190, 2190 ff..; Graf von Westphalen, BB 1996, 2101, 2101 ff..

608 Ulmer, Einl. Rdnr. 2 a); in: Ulmer/Brandner/Hensen, AGB-Gesetz – Kommentar zum Gesetz zur Regelung des Rechtes der Allgemeinen Geschäftsbedingungen 1997.

609 Bisher war die Inhaltskontrolle nach generell-abstrakten Kriterien der §§ 9 - 11 des AGB-Gesetzes fällig.

610 In diese Richtung geht die herrschende Meinung: Heinrichs NJW 1993, 1817, 1818 ff..; Ulmer (Fn. 508) 1997, Rdnr. 70 ff..

Nach dem Regelungskonzept bezweckt die EG-Richtlinie den Schutz des Verbrauchers als typischerweise unterlegene Vertragspartei. Dieser Schutzzweck der Richtlinie ist enger verfaßt als innerhalb des deutschen AGB-Gesetzes, der grundsätzlich auf alle vorformulierten Vertragsbedingungen anwendbar ist. Das AGB-Gesetz macht keine Differenzierung bei der Intensität der Kontrolle nach den beteiligten Personen (Kaufleute bzw. Nichtkaufleute). Die Mitgliedstaaten können beim Umsetzungskonzept der EG-Richtlinie in das nationale Recht außerhalb des Verbraucherbegriffes liegende Personen in ihre Umsetzungsgesetze einbeziehen. Nach dem Grundsatz der Mindestharmonisierung wird dieser Ermessensspielraum dem nationalen Gesetzgeber gewährt. Dieses Vorgehen ist fraglich beim Aufrechterhalten des Regelungskonzeptes der EG-Richtlinie. Die Rechtsnormen der Richtlinie werden innerstaatlich den verbraucherschutzrechlichen Regelungscharakter verlieren. Die EG-Richtlinie weicht demnach vom AGB-Gesetz ab, indem sie sich auf den Verbraucher als Schutzadressaten der Regelungen beschränkt. Nach dem deutschen Recht werden alle Klauselgegner einschließlich der Kaufleute geschützt. Dies wird zu erheblichen Wertungsunterschieden führen, die sich bei der Kontrolle der mißbräuchlichen Klauseln auswirken können: nach Art. 4 Abs. 1 der EG-Richtlinie sind alle den Vertragsschluß begleitenden Umstände zu prüfen. Damit verschiebt sich die abstrakt-generelle Kontrolle des deutschen Rechtes zu einer individuell-konkreten, auf den Einzelfall abstellenden Inhaltskontrolle.[611] Bei diesen divergierenden Kontrollmaßstäben wird deutlich, wie stark sich das Regelungskonzept der EG-Richtlinie von dem Kontrollmaßstab des AGB-Gesetzes unterscheidet. Daher haben Hommelhoff/Wiedenmann angesichts der erheblichen Divergenzen vorgeschlagen, die Sonderregelungen zugunsten des Verbraucherschutzes gesetzestechnisch abzugrenzen. Die Umsetzungsform des Parallelgesetzes entsprach diesen Anforderungen am besten.[612]

Der Gegenstand der spezifischen Klausel-Kontrolle ist nach dem deutschen und europäischen Recht unterschiedlich ausgestaltet. Im Vergleich zum deutschen Recht beinhaltet das europäische Recht die Kriterien der spezifischen Klausel-Kontrolle nicht nur für eine Vielzahl von Verträgen, die vorformuliert sind, sondern auch für sämtliche vorformulierte Klauseln in einem Einmalvertrag, sobald dieser als Verbrauchervertrag zwischen einem Gewerbetreibenden und einem Verbraucher abgeschlossen worden ist.[613] Nach diesem Schutzansatz wird

611 Hommelhoff/Wiedemann, ZIP 1993, 562, 565 ff..

612 Die EG-Richtlinie wurde innerhalb der englischen und italienischen Rechtsordnung durch die Aufstellung des Sondergesetzes umgesetzt. Somit ist die Umsetzungspraxis der sondergesetzlichen Tatbestände innerhalb der Rechtsordnungen der Mitgliedstaaten bekannt gewesen.

613 Heinrichs, NJW 1993, 1817, 1819 ff..

das Zielvorhaben der EG-Richtlinie unterstrichen, den typischerweise unterlegenen Verbraucher vor dem regelmäßig überlegenden Gewerbetreibenden bei den vorformulierten Vertragsklauseln zu schützen. Dieser Schutzansatz ist auch auf den konkret-individuellen Kontrollmaßstab abgestellt. Dementsprechend sind – entgegen der bisherigen Rechtslage in Deutschland – auch die von einem Dritten vorformulierten Klauseln in die Klausel-Kontrolle einbezogen.[614]

Ungeachtet dieser Begründung wurde vom deutschen Gesetzgeber entschieden, die EG-Richtlinie über mißbräuchliche Klauseln in Verbraucherverträgen in das bestehende AGB-Gesetz (§§ 12 und 24 a) AGB-Gesetz) zu integrieren.[615] Dabei wurde der spezielle Regelungscharakter der EG-Richtlinie in der nationalen Rechtsordnung übernommen. Die normative Ausgestaltung der AGBG-Umsetzungsnormen bestätigt die Übernahme des speziellen Regelungscharakters der EG-Richtlinie in die nationale Rechtsordnung. Trotzdem wurde das geltende AGB-Gesetz in dem Regelungskonzept beibehalten.[616] Der deutsche Gesetzgeber hat die EG-Richtlinie nach dem Prinzip des minimalen Eingreifens in inhaltlich-verwandte Rechtsquellen des nationalen Rechtes umgesetzt. Der Anwendungsbereich der Umsetzungsnormen ist auf die Rechtskategorie des Verbrauchervertrages ausgerichtet. Damit werden die störenden Auswirkungen der verbraucherschutzrechtlichen Normen innerhalb des kaufmännischen Rechtsverkehrs ausgeräumt. Die richterliche Praxis hat die Inhaltskontrolle im Rahmen des kaufmännischen Rechtsverkehrs von dem Verbraucherschutz getrennt. Die Normierung der speziellen Vorschrift des Verbraucherschutzes (§ 24 a) AGBG) hat nach der Entscheidungslogik des deutschen Gesetzgebers bezweckt, die eventuellen Regelungsprobleme des Verbraucherschutzes und des Kaufmannsbereiches auseinan-

---

614 In diese Richtung – Eckert, ZIP 1996, 1986, 1987 ff..; Heinrichs, NJW 1993, 1817, 1819 ff..; anderer Ansicht ist Ulmer, EuZW 1993, 337, 344 ff..

615 Die gesetzgeberische Entscheidung ist nach dem Kontrollmaßstab der Richtlinienumsetzung als gemeinschaftskonform zu bezeichnen. Die Kriterien des Kontrollmaßstabes (Zielsetzung in der EG-Richtlinie, Forderungen des EG-Primärrechtes, Verbraucherleitbild, Rechtsform der Umsetzung, Parallelität der Rechtsnormen) seien grundsätzlich durch den nationalen Gesetzgeber erfüllt worden. Nach dem heutigen Stand der Richtlinienumsetzung sind keine Hinweise über eine sperrwirkende Kraft der Richtlinienvorschriften bekannt. Die EG-Richtlinienumsetzung ist auf der Ebene einer Mindestharmonisierung und dem Beibehalten des strengeren nationalen Rechtes erfolgt. Die deutsche Rechtsdoktrin und Gesetzgebung hat das Umsetzungskonzept dieser EG-Richtlinie durch richtlinienkonforme Interpretation ausdrücklich abgelehnt. Dieses Vorgehen entspricht den gemeinschaftskonformen Anforderungen der Richtlinienumsetzung. Vgl., Bericht der Kommission über die Anwendung der Richtlinie 93/13/EWG des Rates vom 5. April 1993 über mißbräuchliche Klauseln in Verbraucherverträgen/Brüssel, den 27. 04. 2000 KOM (2000) 248 endgültig.

616 Drucksache 528/95, S. 1 ff..

der zu halten. Die Rechtsprechung zum Verbraucherschutz nach dem AGB-Gesetz (§ 24 a) ist eher eine Seltenheit geworden. Die Mehrheit der entscheidungsbedürftigen Fälle wird im Rahmen des § 1 des AGB-Gesetzes gelöst. Somit wurde die normierte Sondervorschrift des Verbraucherschutzes (§§ 24 a) AGB-Gesetz) in der Regelungspraxis umgegangen. Bei dieser Situation wird der Zielerreichungsgrad der EG-Richtlinie in Frage gestellt.[617]

4.2 Nach dem Maßstab des österreichischen Rechtes

4.2.1 Durch richtlinienkonforme Interpretation

Das österreichische Recht der Allgemeinen Geschäftsbedingungen entsprach weitgehend den Anforderungen der EG-Richtlinie über mißbräuchliche Klauseln in Verbraucherverträgen.[618] Dementsprechend wird das Umsetzungskonzept dieser EG-Richtlinie durch eine richtlinienkonforme Interpretation untersucht. Bei diesem Umsetzungskonzept der EG-Richtlinie sind die Rechtsnormen der §§ 864 a) und 879 Abs. 3 des Allgemeinen Bürgerlichen Gesetzbuches zu prüfen. § 6 des Konsumentenschutzgesetzes gehört auch zu dem Prüfungsgegenstand. Die österreichische Rechtsordnung bezeichnet das AGB-Recht „Allgemeine Geschäftsbedingungen und Vertragsformblätter". Nach dem ursprünglichen Regelungsansatz liegen Allgemeine Geschäftsbedingungen und Vertragsformblätter dann vor, wenn die betroffenen Vertragsklauseln „nicht im einzelnen ausgehan-

---

617 Die letzten Reformbemühungen des deutschen Gesetzgebers haben die Übertragung des gesamten AGB-Rechtes in das Regelungskonzept des Bürgerlichen Gesetzbuches (BGB) verwirklicht. Vgl., Diskussionsentwurf eines Schuldrechtsmodernisierungsgesetzes/Bundesministerium der Justiz (2000). Ansätze dieser Tendenz sind bei Westermann (1983) zu finden. Dabei stand das Regelungsproblem einer Verallgemeinerung der verbraucherschutzrelevanten Normen im Rahmen des Bürgerlichen Gesetzbuches (BGB). Gegenwärtig ist andere Tendenz zu verzeichnen. Der deutsche Gesetzgeber hat das verbraucherschutzrechtliche Regelungskonzept der AGB-Richtlinie innerhalb des BGB normiert. Die Regelungskonzepte der früheren Rechtsvorschrift im Rahmen des AGB-Gesetzes und jetzigen Rechtsvorschrift im Rahmen des BGB sind identisch. Vgl., Westermann, Verbraucherschutz – Empfiehlt sich bei der Aufnahme bisher entwickelter Verbraucherschutzvorschriften (z.B. Abzahlungsgesetz, AGB-Gesetz; Fernunterrichtsschutzgesetz) in das Bürgerliche Gesetzbuch eine einheitliche Abgrenzung ihrer Anwendung ?

618 Bindel, § 864a, § 865, § 880a, § 929, § 930 ABGB, in: Schwimann Praxiskommentar zum ABGB 1997; Kiendl, Unfaire Klauseln in: Verbraucherverträgen 1997, S. 59 ff..; Wurst, Voraussetzungen für die Geltung von AGB aus österreichischer Sicht, in: Allgemeine Geschäftsbedingungen in der europäischen Rechtspraxis 1997.

delt waren." Dabei muß die Vergleichbarkeit des europäischen und nationalen Regelungskonzeptes festgestellt worden sein.[619] Das Regelungskonzept des ABGB beinhaltet eine Generalklausel, um mißbräuchliche Vertragsbestandteile der Allgemeinen Geschäftsbedingungen oder Vertragsformblätter für unwirksam zu erklären. Daneben normiert das Konsumentenschutzgesetz einen Katalog der Einzeltatbestände, die bei Konsumgeschäften ungültig sind. Dementsprechend wird der österreichische Konsument in den Situationen beiderseitiger Unterlegenheit unabhängig vom Vorliegen der Allgemeinen Geschäftsbedingungen geschützt. Nach Ansicht von Kiendl bleibt aus diesem Grund das Schutzniveau der EG-Richtlinie im Vergleich zum ABGB/KSchG niedriger.[620] Beim Vergleich der persönlichen Anwendungsbereiche sind in den europäischen und nationalen Regelungskonzepten keine Unterschiede festzustellen. Die Rechtskategorie des Verbrauchers nach dem KSchG entspricht den Anforderungen in der EG-Richtlinie. Die Bestimmung des Unternehmers nach der EG-Richtlinie und dem KSchG sind auch problemlos miteinander abzustimmen. Ein Vergleich hat gezeigt, daß der sachliche Anwendungsbereich beider Regelungskonzepte identisch ist.[621] Im Unterschied zur EG-Richtlinie enthält das österreichische AGB-Recht keine Begriffsbestimmung der „Allgemeinen Geschäftsbedingungen und Vertragsformblätter". Der Inhalt dieser ABGB-Rechtsnormen wird durch richtlinienkonforme Interpretation beglichen. Der österreichische Gesetzgeber entschied, das Umsetzungskonzept teilweise durch die richtlinienkonforme Interpretation vorzunehmen. Beim Vorliegen der Regelungslücken hat der Gesetzgeber entsprechende Regelungen aus dem Regelungskonzept der EG-Richtlinie in das nationale Recht übernommen. Auf diese Weise wird dem Anpassungsbedürfnis an die europäischen Rechtsnormen entsprochen. Aus Art. 10 Abs. 1 der EG-

619 Die Ausgangspositionen bei der Bewertung des Normkonzeptes sind folgende: Dem Wortlaut des § 864 a) ABGB zufolge heißt es, daß die Bestimmungen ungewöhnlichen Inhaltes in Allgemeinen Geschäftsbedingungen oder Vertragsformblättern, die ein Vertragsbestandteil verwendet hat, nicht Vertragsbestandteil werden, wenn sie dem anderen Teil nachteilig sind und er mit ihnen auch nach den Umständen, vor allem nach dem äußeren Erscheinungsbild der Urkunde, nicht zu rechnen brauchte; es sei denn, der eine Vertragsteil hat den anderen besonders darauf hingewiesen. § 879 Abs. 3 ist folgendermaßen gefaßt: „Eine in Allgemeinen Geschäftsbedingungen oder Vertragsformblättern enthaltene Vertragsbestimmung, die nicht eine der beiderseitigen Hauptleistungen festlegt, ist jedenfalls nichtig, wenn sie unter Berücksichtigung aller Umstände des Falles einen Teil gröblich benachteiligt."
§ 6 des KSchG ist nach dem Regelungskonzept die konkretisierende Rechtsnorm des § 879 ABGB. Im Rahmen des § 6 KSchG werden die Einzeltatbestände der unzulässigen Vertragsbestandteile normiert.

620 Kiendl, JBl 1995, 87, 93 ff..

621 Kiendl, Unfaire Vertragsklausel in Verbraucherverträgen 1997, S. 45 ff..

Richtlinie wird die Verpflichtung an die nationale Gesetzgebung abgeleitet, „die erforderlichen Rechts- und Verwaltungsvorschriften zu erlassen“, um der Umsetzungsverpflichtung gemeinschaftskonform nachzugehen. Es ist in diesem Zusammenhang zu betonen, daß die Umsetzungsverpflichtung nicht mit dem Hinweis auf die bestehende richtlinienkonforme Rechtsprechung oder Verwaltungspraxis nationaler Behörden umgegangen werden kann. Diese Richtlinie hat den Mindeststandard für den Verbraucherschutz bestimmt und den Mitgliedstaaten eingeräumt, weitergehende Bestimmungen zum Schutz der Verbraucher beibehalten zu können.[622] Diese Entscheidungslogik hat den nationalen Gesetzgeber überzeugt. Der Anwendungsbereich der geltenden Rechtsnormen des AGB-Rechtes wurde fast unangetastet gelassen. Durch die gesetzliche Maßnahme hat der nationale Gesetzgeber das Transparenz-Gebot aus dem Art. 5 der EG-Richtlinie innerstaatlich konkretisiert. Meiner Ansicht nach läßt sich mit guten Gründen behaupten, daß man sich beim Umsetzungskonzept dieser EG-Richtlinie weitgehend an die richtlinienkonforme Interpretation des bestehenden AGB-Rechtes innerhalb von ABGB und KSchG orientiert hat.[623]

4.2.2 Durch das Sondergesetz

Diese Ansicht wurde in den theoretischen Abhandlungen nicht vertreten.[624] Die Fragestellung wurde durch das Umsetzungskonzept der EG-Produkthaftungsrichtlinie in das Sondergesetz veranlaßt. Der österreichische Gesetzgeber hat bei der Übernahme der EG-Produkthaftungsrichtlinie die bereits bestehenden Rechtsquellen der Produkthaftung außer acht gelassen.[625] Gerade diese gesetzgeberische Entscheidung konnte auch bei der Übernahme der EG-Richtlinie über mißbräuchliche Klauseln in Verbraucherverträgen verwirklicht werden. In der Regel bezweckt der nationale Gesetzgeber, durch die Aufstellung des neuen Gesetzes (bei dem vergleichbaren Anwendungsbereich durch die Aufstellung des Parallelgesetzes) wertungswidersprüchliche Regelungsergebnisse innerhalb der

---

622 BMJ, Entwurf für ein Bundesgesetz, mit dem das allgemeine bürgerliche Gesetzbuch und das Konsumentenschutzgesetz geändert werden, Erläuterungen, Allgemeiner Teil, 8 ff..

623 Zwar hat der österreichische Gesetzgeber die gesetzliche Regelung erlassen. Diese Regelung hat jedoch das Regelungskonzept der EG-Richtlinie über mißbräuchliche Klauseln in Verbraucherverträgen nicht übernommen. Vgl., Kiendl, Unfaire Klauseln in Verbraucherverträgen 1997, S. 51 ff..

624 Fitz, Allgemeine Geschäftsbedingungen - individuelle Abreden/rechtsvergleichende Überlegungen zum sachlichen Geltungsbereich des deutschen AGB - Gesetzes und des Konsumentenschutzgesetzes, in: Krejci, Handbuch zum KSchG 1981.

625 Magnus, Einheitliches Schadenersatzrecht - Reformüberlegungen für das österreichische Haftpflichtrecht, VÖJT 1994, S. 33 ff..

nationalen Rechtsordnung zu vermeiden. Beim Umsetzungskonzept der EG-Richtlinie über mißbräuchliche Klauseln in Verbraucherverträgen wurde dem Erlaß eines eigenständigen Gesetzes über mißbräuchliche Klauseln in Verbraucherverträgen nicht zugestimmt. Dementsprechend sind die Regelungsprobleme, ob die geltenden Rechtsnormen des ABGB und des KSchG durch das neu normierte Regelungskonzept beeinträchtigt werden ausgeblieben.[626] Die überwiegenden Rechtsargumente sprachen für die Integration der EG-Richtlinie innerhalb der geltenden Rechtsquellen, d.h. des Konsumentenschutzgesetzes und des Allgemeinen Bürgerlichen Gesetzbuches. Das Umsetzungskonzept der EG-Richtlinie in ein Sondergesetz nach dem einheitlichen Anwendungsbereich der Rechtsnormen erschien nicht notwendig. Der österreichische Gesetzgeber sah sich in der Lage, den gemeinschaftsrechtlich normierten Schutzansatz der EG-Richtlinie in die bestehenden Rechtsquellen gemeinschaftskonform einzuarbeiten. Das Regelungsziel des Unterlegenenschutzes sei innerhalb des § 1 KSchG verwirklicht worden. Hinzu kommen die Rechtsvorschriften der §§ 864 a) und 879 Abs. 3 ABGB. Dementsprechend bleibt der rechtliche Maßstab bei der Beurteilung des mißbräuchlichen Vertragsverhältnisses zwischen den Regelungskonzepten des Konsumentebschutzgesetzes und des Allgemeinen Bürgerlichen Gesetzbuches gespalten.[627]

4.2.3 Durch das ABGB

Bei diesem Umsetzungskonzept der EG-Richtlinie ist das Regelungskonzept des ABGB zu prüfen. Es bestehen einige detaillierte Unterschiede innerhalb des Regelungskonzeptes der beiden Arten von Rechtsnormen. Nach Ansicht einiger Autoren kann diesen unterschiedlichen Aspekten des Schutzansatzes im Rahmen des ABGB entsprochen werden.[628] Dementsprechend sind folgende Rechtsvorschriften des ABGB betroffen: die Generalklausel des Art. 3 Abs. 1 der EG-Richtlinie, nach der eine Vertragsklausel mit einem erheblichen und ungerechtfertigten Mißverhältnis der vertraglichen Rechte und Pflichten der Vertragspartner mißbräuchlich ist. Der vergleichbare Schutz ist im Rahmen der §§ 879 Abs. 3 ABGB normiert, der den Schutz eines wirtschaftlich unterlegenen Vertragspartners vorsieht. Die Konkretisierung dieser Generalklausel erfolgt in der Richtlinie durch die Liste von Klauseln des Anhanges, sowie durch zusätzliche Kriterien der Mißbräuchlichkeit des Art. 4 der EG-Richtlinie. Nach § 879 Abs. 3 ABGB wird bei „gröblicher Benachteiligung" der Klauselkatalog des § 6 KSchG heran-

---

626 Kiendl, Unfaire Klauseln in Verbraucherverträge 1997, S. 208 ff..
627 Kiendl, Unfaire Klauseln in Verbraucherverträge 1997, S. 209 ff..
628 Mayrhofer, JBl 1993, 94, 95 ff..

gezogen. Die bestehende Rechtslage der Kontrolle der mißbräuchlichen Vertragsklauseln ist unter folgenden Gesichtspunkten reformbedürftig. Erstens braucht der Geltungsgrund der Allgemeinen Geschäftsbedingungen innerhalb des ABGB eine neue gesetzliche Grundlage. Das ABGB beinhaltet ausdrücklich normierte Vorschriften für den Einbeziehungsakt einseitig vorformulierter Vertragsklauseln. Diese Kontrollnormen erfordern einer speziellen Normierung innerhalb des ABGB. Nach dem geltenden Recht (§ 864 a) ABGB) erfolgt der Ausschluß überraschender Klauseln aus dem Vertragsverhältnis im Falle ihrer Nachteiligkeit. Dieses Bewertungskriterium ergibt sich aus dem Mißbrauchstatbestand des Art. 3 der EG-Richtlinie. Dementsprechend sind innerhalb des ABGB-Regelungskonzeptes spezielle Rechtsvorschriften zu schaffen. Sie mußten etwa im Anschluß an § 864 a) ABGB sowie an § 864 b) ABGB eingefügt werden. § 879 ABGB ist unter folgenden Aspekten zu reformieren: die Hauptpflichten unterliegen einer Inhaltskontrolle, wenn ihre Gestaltung dem Transparenz-Gebot nicht entspricht. Bei der Verwirklichung dieses Regelungskonzeptes wird der österreichische Gesetzgeber nach dem Ansatz des minimalen Eingreifens in die bestehende Rechtslage entscheiden.[629]

Kritisch ist bei diesem Umsetzungskonzept folgende Anmerkung. Der österreichische Gesetzgeber mußte bei der Übernahme der EG-Richtlinie in das Regelungskonzept des Allgemeinen Bürgerlichen Gesetzbuches den speziellen Regelungscharakter der Richtlinie einarbeiten. Die Rechtsvorschriften vergleichbarer Regelungsnatur sind innerhalb des Klauselkataloges des § 6 KSchG normiert. Sonst müßten die Rechtsvorschriften des § 6 KSchG und der EG-Richtlinie in das Regelungskonzept des ABGB überführt werden. Außerdem muß beim Umsetzungskonzept der persönliche Anwendungsbereich der ABGB-Umsetzungsnormen auf das Verhältnis Unternehmer/Verbraucher ausgerichtet werden. Dieses Regelungskonzept ist bereits durch das Konsumentenschutzgesetz verwirklicht. Dementsprechend ist die Entscheidungslogik des österreichischen Gesetzgebers nachvollziehbar, die bereits bestehenden Schutzansätze im Bereich des nationalen Verbraucherschutzrechtes weiterzuentwickeln.

4.2.4 Durch das Konsumentenschutzgesetz

Dieser Teil der Arbeit untersucht das einheitliche Umsetzungskonzept der EG-Richtlinie über mißbräuchliche Klauseln in Verbraucherverträgen in das Regelungskonzept des Konsumentenschutzgesetzes. Beide Regelungsakte normieren vergleichbare Schutzansätze bei der normativen Ausgestaltung. Der Unterlegenenschutz hat die Regelungskonzepte der EG-Richtlinie und des Konsumenten-

---

629 Eissler, Ecolex 1998, 461, 462 ff..

schutzgesetzes bedingt. Der Schutzbereich des österreichischen KSchG erstreckt sich auf die Rechtsgeschäfte, die nicht zum Betrieb des Unternehmers gehören. Normadressat dieser Bestimmung ist der Verbraucher. Auch die juristischen Personen fallen in den Schutzbereich der Bestimmung. Das Umsetzungskonzept der EG-Richtlinie bezieht sich auf natürliche Personen. Die Erweiterung des KSchG-Anwendungsbereiches auf juristische Personen ist durch den Mindestcharakter der EG-Richtlinie zu begründen. Die österreichische Praxis konnte bei der Bestimmung des Anwendungsbereiches zwischen zwei Lösungsalternativen wählen. Dieses Regelungsproblem läßt sich durch richtlinienkonforme Interpretation lösen. Dementsprechend ist nach dem Regelungsergebnis festhalten, daß der Schutzbereich des KSchG dem Schutzbereich der EG-Richtlinie entspricht. Die eventuellen Unterschiede sind im Rahmen der richtlinienkonformen Interpretation zu beseitigen. Bei der Normierung der EG-Richtlinie über mißbräuchliche Klauseln in Verbraucherverträgen in das Regelungskonzept des Konsumentenschutzgesetzes ist der Geltungsbereich der bestehenden Normen des Allgemeinen Bürgerlichen Gesetzbuches aufzugeben. In das Regelungskonzept des Konsumentenschutzgesetzes muß der spezielle Regelungscharakter der EG-Richtlinie übernommen werden. Gemäß Art. 1 der EG-Richtlinie wird die Schutzkonzeption der normativen Bestimmung festgelegt. Sie liegt eindeutig im Bereich des Verbraucherschutzes. Art. 2 und 3 der EG-Richtlinie bestimmen den persönlichen und sachlichen Anwendungsbereich der Rechtsnorm. Diese Regelungsbereiche werden nach Rechtsverhältnis zwischen dem Verbraucher und dem Gewerbetreibenden normiert. Materiell sind diejenigen Vertragsklauseln betroffen, die nicht im einzelnen ausgehandelt worden sind. Im Rahmen des Art. 4 der EG-Richtlinie ist die Inhaltskontrolle des Vertragsverhältnisses bestimmt. § 6 KSchG enthält die enumerative Aufzählung der Klauselverbote, die auf Verträge zwischen Unternehmern und Verbrauchern anwendbar sind.[630] Gesetzestechnisch wird bei diesem Umsetzungskonzept der EG-Richtlinie eine Verschiebung der Regelungsmaterie aus einer Rechtsquelle (ABGB/KSchG) in die andere Rechtsquelle (KSchG) erfolgen. Dieses Umsetzungskonzept wird seine systematisierende Funktion innerhalb des österreichischen Privatrechtes erfüllen. Die EG-Richtlinie wird nach dem Regelungsergebnis einheitlich in die konsumentenschutzrechtliche Rechtsquelle umgesetzt. Somit wird die bestehende Zersplitterung der konsumentenschutzrechtlichen Regelungsmaterie beseitigt. Dieses Umsetzungskonzept hat sich beim österreichischen Gesetzgeber nicht durchgesetzt.

630 Ulmer (Fn. 508) 1997, Rdnr. 96.

Der angesprochene Lösungsvorschlag ist auf der Ebene der theoretischen Abhandlungen geblieben.[631]

4.2.5 Entscheidung des österreichischen Gesetzgebers: Durch Reform § 6 des Konsumentenschutzgesetzes

Das Umsetzungskonzept der EG-Richtlinie über mißbräuchliche Klauseln in Verbraucherverträgen wurde nicht auf die bestehende richtlinienkonforme Rechtsprechung oder Verwaltungspraxis der innerstaatlichen Stellen beschränkt.[632] Die gesetzgeberische Entscheidung betraf die Reform des § 6 des Konsumentenschutzgesetzes (§ 6 KSchG: Unzulässige Bestandteile). Diese Entscheidung hat keine neue Rechtsquelle im Bereich der mißbräuchlichen Klauseln in Verbraucherverträgen geschaffen. Der österreichische Gesetzgeber hat bei der Umsetzung der EG-Richtlinie über mißbräuchliche Klauseln in Verbraucherverträgen auf die geltenden Rechtsquellen (ABGB/KSchG) abgestellt.[633] Die alternativen Reformentwürfe liegen im Bereich der theoretischen Abhandlungen und haben keine Auswirkungen im Bereich der Gesetzgebung erfahren.[634] 1996 wurde mit der Reform des Konsumentenschutzgesetzes die EG-Richtlinie über mißbräuchliche Klauseln in Verbraucherverträgen in die österreichische Rechtsordnung umgesetzt. Die Entscheidungslogik des österreichischen Gesetzgebers sah folgendermaßen aus: auf die gesonderte Umsetzung einer Richtlinie konnte verzichtet werden, soweit die richtlinienkonforme Interpretation des nationalen Rechtes möglich war. Über die Erforderlichkeit der weiteren gesetzlichen Maßnahmen ist

---

631 Kiendl, Unfaire Klauseln in Verbraucherverträgen 1997, S. 208 ff..; Korinek, JBl 1999, 149, 170 ff..; Mayrhofer, JBl 1993, 94, 95 ff..; Fitz, Allgemeine Geschäftsbedingungen – individuelle Abreden/rechtsvergleichende Überlegungen zum sachlichen Geltungsbereich des deutschen AGB – Gesetzes und des Konsumentenschutzgesetzes, in: Krejci, Handbuch zum KSchG 1981; Welser, Der Klauselkatalog des § 6 KSchG, in: Krejci, Handbuch zum KSchG 1981.

632 Kiendl, JBl 1995, 87, 99 ff..

633 Bei dieser gesetzgeberischen Entscheidung sind die Umsetzungsfristen zu beachten. Die Umsetzungsfrist dieser EG-Richtlinie betraf das Datum 31. Dezember 1994. Dieser Verpflichtung wurde durch die KSchG-Novelle 1996 nachgegangen. Dieses gemeinschaftswidrige Vorgehen hat keine rechtlichen Konsequenzen in der nationalen Rechtsordnung gehabt.

634 Eccher, JBl 1995, 205, 205 ff..; Graf, Die EG - Vorgaben auf dem Gebiet des Verbraucherschutzes, S. 5 ff..; in: Koppensteiner Österreichisches und europäisches Wirtschaftsprivatrecht, 1997; Reidinger, JAP 1997, 260, 261 ff..; Schwarzenegger, JAP 1995, 204, 206 ff..; Wurst, Voraussetzungen für die Geltung von AGB aus österreichischen Sicht, in: Allgemeine Geschäftsbedingungen in der europäischen Rechtspraxis 1997, S. 34 ff..

allein der Gesetzgeber zu entscheiden befugt.[635] Nach diesem Umsetzungskonzept wurde der Katalog der unzulässigen Vertragsbestimmungen des § 6 KSchG erweitert. Durch den zusätzlichen Abs. 3 hat der Gesetzgeber das spezielle Transparenz-Gebot im Regelungsbereich der Verbraucherverträge normiert. Dieses gesetzliche Vorhaben wurde folgendermaßen konkretisiert: „die in Allgemeinen Geschäftsbedingungen oder in Vertragsformblättern enthaltene Vertragsbestimmung ist unwirksam, wenn sie unklar oder unverständlich abgefaßt ist." Die eingeführte Transparenz-Norm hat sich nicht auf die formale Textverständlichkeit beschränkt, sondern es wurde von den Parteien gefordert, daß Inhalt und Form gefaßter Vertragsklauseln für den Verbraucher durchschaubar sein sollte. Somit hat die österreichische Rechtslehre die Transparenz-Norm nach § 6 Abs. 3 KSchG dem Regelungsinstrument der Inhaltskontrolle zugeordnet. Die Erweiterung des Klauselkataloges (§ 6 KSchG) hat folgende Regelungsbereiche betroffen: Preisänderungsvorbehalte (Abs. 1 p. 5), Freizeichnungsausschluß (Abs. 1 p. 9), Begrenzung der Verzugszinsen bei Kreditierungsgeschäften (Abs. 1 p. 13), Ausschluß des Vorweg-Verzichts auf die Irrtumsanfechtung (Abs. 1 p. 14), Unwirksamkeit der Übernahme von Betriebskosten bei mangelnder Notwendigkeit (Abs. 1 p. 15), Rückerstattung des doppelten Angeldes bei schuldhafter Nichterfüllung durch den Unternehmer (Abs. 2 p. 6). Der unverbindliche Regelungscharakter des Anhanges zur EG-Richtlinie hat die umfassende innerstaatliche Übernahme dieser detaillierten Rechtsnormen in das KSchG verhindert. Aus diesen Gründen wurde die Übernahme des Anhanges zur EG-Richtlinie in das innerstaatliche Recht abgelehnt. Die vorgenommene Normierung der Richtlinienvorschriften entsprach dem Umsetzungskonzept nach dem minimalen Eingreifen in die geltenden Rechtsnormen des nationalen Regelungssystems. Bei dieser gesetzgeberischen Entscheidung hat der nationale Gesetzgeber an dem Regelungsergebnis des bisherigen Normkonzeptes orientiert. Die Gemeinschaftswidrigkeit dieser Entscheidung liegt nach dem Stand der gegenwärtigen Rechtsprechung des EuGH nicht vor. Dementsprechend ist dieses Umsetzungskonzept als gemeinschaftskonform zu bezeichnen.[636]

---

635 Kiendl, JBl 1995, 87, 99 ff..

636 Die Kriterien des Kontrollmaßstabes (Zielsetzung in der EG-Richtlinie, Forderungen des EG-Primärrechtes, Verbraucherleitbild, Rechtsform der Umsetzung, Parallelität der Rechtsnormen) sind nach Ansicht der österreichischen Rechtsdoktrin erfüllt worden. Die EG-Richtlinienvorschriften sind nach den bekannten Angaben ohne sperrwirkende Kraft innerhalb der nationalen Rechtsordnung. Die Richtlinienumsetzung ist an den Leitlinien der Mindestharmonisierung und dem Beibehalten des strengeren nationalen Rechtes orientiert worden. Der österreichische Gesetzgeber hat bei der Übernahme der EG-Richtlinienvorschriften weitgehend auf die Umsetzung durch richtlinienkonforme Interpretation abgestellt. Die Richtlinienanforderungen entsprachen den bereits geltenden Rechtsquellen des nationalen

4.3 *Nach dem Maßstab des polnischen Rechtes*

4.3.1 *Durch richtlinienkonforme Interpretation*

Bei diesem Umsetzungskonzept der EG-Richtlinie über mißbräuchliche Klauseln in Verbraucherverträgen ist das geltende Recht der Allgemeinen Vertragsbedingungen zu untersuchen. Die gesetzliche Normierung der Allgemeinen Vertragsbedingungen erfolgte im Rahmen des Art. 385/2 des Zivilgesetzbuches.[637] Die Regelungsstruktur der Rechtsnormen bezieht sich auf Allgemeinen Vertragsbedingungen, Vertragsmuster und Richtlinien. Diese Differenzierung muß die rechtliche Bedeutung nach sich ziehen. Das Kriterium liegt im Bereich der Regelungstechnik. Dabei muß zwischen Vertragsmuster mit individuell-konkreter Regelung und abstrakt-genereller Regelung unterschieden werden. Nach Ansicht der polnischen Rechtslehre[638] ist unter dieser begrifflichen Terminologie die Aufzählung der verschiedenen Formen der Allgemeinen Vertragsbedingungen zu begreifen. Die Ableitung der rechtlichen Folgen dieser Differenzierung wurde in Frage gestellt.[639] In den angesprochenen Rechtsnormen des ZGB sind die Regeln des Verbraucherschutzes nicht vorhanden. Der spezielle Regelungscharakter der EG-Richtlinie über mißbräuchliche Klauseln in Verbraucherverträgen bleibt nach diesem Regelungsverständnis unberücksichtigt. Zwar ist das Regelungskonzept des ZGB dem Regelungskonzept der EG-Richtlinie vergleichbar. Es besteht eine Einbeziehungskontrolle und Inhaltskontrolle der mißbräuchlichen Vertragsklauseln innerhalb der beiden Regelungskonzepte. Der entscheidende Unterschied liegt bei der Bestimmung des Anwendungsbereiches der Rechtsnormen.[640] Die europäischen Rechtsnormen sind auf das Rechtsverhältnis zwischen dem Verbraucher und dem Gewerbetreibenden abgestellt. Die nationalen Rechtsnormen beziehen sich auf den Subjektenkreis des Allgemeinen Privatrechtes (ZGB). Somit wird die formale Gleichheit der Rechtssubjekte unter Abstraktion der Verwendungszwecke betont. Der Schutzansatz der EG-Richtlinie ist nach dem Regelungskonzept umgekehrt ausgestaltet. Die Rechtsnormen der Richtlinie sind

---

Rechtes (ABGB/KSchG). Aus dieser Sicht liegt kein Verstoß gegen Anforderungen der gemeinschaftskonformen Richtlinienumsetzung vor. Vgl., Bericht der Kommission über die Anwendung der Richtlinie 93/13/EWG des Rates vom 5. April 1993 über mißbräuchliche Klauseln in Verbraucherverträgen – KOM (2000) 248 endgültig.

637 Art. 385/2 ZGB in: Polnische Wirtschaftsgesetze, 1999.

638 Radwański, Zobowiązania – część ogólna (Obligationen – Allgemeiner Teil) 1995, S. 150 ff..

639 Zoll/Diemer-Benedict, RIW 1997, 1001, 1002 ff..

640 Markwardt (Fn. 109) 2000, S. 241 ff..

nach dem Schutzbedarf des typisch unterlegenen Verbrauchers vor dem überlegenen Gewerbetreibenden bei vorformulierten Vertragsklauseln ausgerichtet. Das Regelungskonzept der EG-Richtlinie schützt den Verbraucher in seiner spezifischer Unterlegenheit. Diesem Regelungsbedarf wird im Rahmen des geltenden Rechtes des ZGB nicht entsprochen. Hinzu kommen die spezifischen Normgestaltungen der EG-Richtlinie.[641] Die Unterschiede bei der Regelungsstruktur der EG-Richtlinie und des ZGB-Rechtes machen die gesetzliche Regelung erforderlich. Somit entfällt das Umsetzungskonzept der EG-Richtlinie über mißbräuchliche Klauseln in Verbraucherverträgen durch die richtlinienkonforme Interpretation.

Der polnische Gesetzgeber wird die gesetzliche Regelung im diesem Bereich erlassen müssen.[642] Das Fehlen der erforderlichen Rechtsnormen im Bereich der mißbräuchlichen Vertragsklauseln wird angesichts des Angleichungsbedarfes an den EG-Regelungsstandard betont.[643]

4.3.2 Durch das Sondergesetz

Bei diesem Umsetzungskonzept ist der spezielle Regelungscharakter der EG-Richtlinie zu berücksichtigen.[644] Der Erlaß der sondergesetzlichen Rechtsnormen wird für erforderlich gehalten, wenn die Rechtsnatur der europäischen Rechtsnormen speziell zu der bestehenden Rechtslage ausgestaltet worden ist. Das Regelungskonzept der EG-Richtlinie normiert das Schutzerfordernis des Verbrauchers in der Unterlegenheit gegenüber besser ausgestatteten Gewerbetreibenden. Nach diesem Schutzerfordernis wurde der persönliche Anwendungsbereich der EG-Richtlinie ausgerichtet. Eine derartige normative Ausgestaltung wird im

---

641 Zu dieser Terminologie gehört die Bestimmung der Begriffe: mißbräuchliche Klausel, Verbraucher, Gewerbetreibender, sowie des sachlichen Anwendungsbereiches der EG-Richtlinie. (Art. 1 - 7 der EG-Richtlinie und des Anhanges / Klauseln gemäß Art. 3 Abs. 3 / der EG - Richtlinie)

642 Die Ablehnung der richtlinienkonformen Interpretation bei Abweichungen in den Normkonzepten läßt sich aus der EuGH-Rechtsprechung ableiten. Die gesetzlichen Regeln werden unter diesen Umständen für erforderlich gehalten. Vgl., EuGH, 13. Januar 1993, Rs. 293/91, Kommission / Französische Republik, in: Slg. 1993 p. I - 1, Rdnr. 2 ff..; EuGH, 10. Mai 2001, Rs. C - 144/99, Kommission gegen Königreich der Niederlande, Rdnr. 14; veröffentlicht in: EWS 2001, 329, 330.

643 Łętowska (Fn. 236) 1999, S. 276 ff..

644 Żuławski, Koncepcje regulacji ustawowej ochrony konsumentów z uwzględnieniem rozwiązań prawnych w państwach członkowskich Unii Europejskiej / Biuletyn Rady Legislacyjnej (Konzepte der gesetzlichen Regulierung des Verbraucherschutzes unter Berücksichtigung der rechtlichen Lösungen in den Mitgliedstaaten der Europäischen Union / Bulletin des Gesetzgebungsrates) Nr. 5 (1995) 38, 44 ff..

Rahmen der sondergesetzlichen Regelung verwirklicht.[645] Dadurch wird der polnische Gesetzgeber den verbraucherschutzrechtlichen Regelungscharakter des Sondergesetzes besser betonen können. In der polnischen Doktrin wird dieses Sondergesetz als Nebengesetz bezeichnet. Die vorgeschlagene gesetzliche Lösung hat die Zustimmung bekommen.[646] Dafür spricht auch das Bestreben des polnischen Gesetzgebers den Anhang der mißbräuchlichen Vertragsklauseln der EG-Richtlinie in die nationale Rechtsordnung zu übernehmen. Dadurch wird diesen Rechtsnormen der empfehlenden Rechtsnatur innerhalb der polnischen Rechtsordnung der Charakter des bindenden Rechtes verliehen. Die innerhalb des Anhanges normierten Rechtsnormen sind von detailliertem Regelungsniveau. Diese Tatsachen zeugen von der Regelungstechnik Lex generali/Lex speziali für die Normierung außerhalb des Zivilgesetzbuches. Die sondergesetzliche Lösung bleibt bei diesen Positionen der vorzugswürdige Ausgang. Dadurch wird das einheitliche Regelungskonzept des Zivilgesetzbuches bewahrt. Beim Umsetzungskonzept der EG-Richtlinie in ein Sondergesetz sind die Rechtsnormen des ZGB zum Regelungsbereich des AGB-Rechtes aufzuheben. Das geltende AGB-Recht des Zivilgesetzbuches muß in das Regelungskonzept des neu erlassenen Sondergesetzes überführt werden. Das Umsetzungskonzept der EG-Richtlinie in das Sondergesetz hat die polnische Rechtsdoktrin ansatzweise angesprochen. Das Umsetzungskonzept der EG-Richtlinie über mißbräuchliche Klauseln in Verbraucherverträgen wird mit der Reform des geltenden Rechtes (ZGB) verbunden. Das Umsetzungskonzept durch das Sondergesetz wurde trotz dieser Begründungen abgelehnt. Der polnische Gesetzgeber entschloß sich die EG-Richtlinie über mißbräuchliche Klauseln in Verbraucherverträgen in die geltenden Rechtsquellen (ZGB) zu übernehmen. Die herrschende Meinung der polnischen Rechtsdoktrin

645 Die polnische Rechtsdoktrin hat sich an dem Beispiel des Gesetzes über Allgemeine Geschäftsbedingungen orientiert. Der Unterschied bei der normativen Ausgestaltung lag darin, daß der polnische Gesetzgeber sich auf den verbraucherschutzrechtlichen Regelungsbedarf beschränken mußte. Die Ausweitung auf den kaufmännischen Regelungsbereich ist im Rahmen des Umsetzungskonzeptes dieser EG-Richtlinie zu vermeiden. In diese Richtung eindeutig – Zoll, Potrzeba i kierunek nowelizacji kodeksowego ujęcia problematyki wzorców umownych (Bedarf und Richtung einer Novellierung der Problematik der Vertragsbedingungen innerhalb des Gesetzbuches) S. 66 ff..

646 Zelwiański, Uwagi dotyczące ochrony konsumentów w RP / Biuletyn Rady Legislacyjnej (Anmerkungen zum Verbraucherschutz in der RP / Bulletin des Gesetzgebungsrates) Nr. 5 (1995) 18, 24 ff..; Żuławski, Koncepcje regulacji ustawowej ochrony konsumentów z uwzględnieniem rozwiązań prawnych w państwach członkowskich Unii Europejskiej / Biuletyn Rady Legislacyjnej (Konzepte der gesetzlichen Regulierung des Verbraucherschutzes unter Berücksichtigung der rechtlichen Lösungen in den Mitgliedstaaten der Europäischen Union / Bulletin des Gesetzgebungsrates) Nr. 5 (1995) 38, 44 ff..

ging davon aus, daß die geltenden Rechtsvorschriften des Zivilgesetzbuches zur gemeinschaftskonformen Integration der EG-Richtlinie fähig sind.

4.3.3 Entscheidung des polnischen Gesetzgebers: Durch Reform des Zivilgesetzbuches

Bei diesem Umsetzungskonzept der EG-Richtlinie über mißbräuchliche Klauseln in Verbraucherverträgen ist das geltende AGB-Recht des Zivilgesetzbuches betroffen.[647] In das Zivilgesetzbuch wird die gesamte Regelungsmaterie der EG-Richtlinie aufgenommen. Das Umsetzungskonzept in das Zivilgesetzbuch erfordert vom polnischen Gesetzgeber, das gesamte Recht der Allgemeinen Geschäftsbedingungen zu reformieren. Dementsprechend sind die Rechtsvorschriften des Zivilgesetzbuches (Art. 384 - 385/4) zu überarbeiten. Diese Rechtsvorschriften des Zivilgesetzbuches hat das Regelungskonzept der EG-Richtlinie modifiziert.[648] Der polnische Gesetzgeber hat sich zur Normierung einer Rechtskategorie des Verbrauchers entschlossen. Darunter werden nach Art. 384 Abs. 3 des Zivilgesetzbuches die Personen erfaßt, die einen Vertrag mit dem Unternehmen abgeschlossen haben, dessen Ziel nicht unmittelbar mit der wirtschaftlichen Tätigkeit verbunden ist.[649] Diese gesetzliche Bestimmung des Verbrauchers hat allgemeine Wirkung für den Bereich des verbraucherschutzrechtlichen Verkehrs bekommen.[650] Das geltende Recht des Zivilgesetzbuches wurde in folgenden Regelungsbereichen verändert. Die qualifizierten Geschäftsbedingungen sind aus dem privatrechtlichen Rechtsverkehr ausgenommen. Insofern verliert der Unterschied zwischen qualifizierten und nicht qualifizierten Geschäftsbedingungen an

---

647 Das Zivilgesetzbuch wurde in dieser Hinsicht durch das Gesetz zu einigen Verbraucherschutzrechten reformiert. (Dz. U. Nr. 22, poz. 271) (Dz. U. – Gesetzblatt) Das Reformgesetz datiert vom 2. März 2000. Das gesetzgeberische Vorgehen entspricht den Anforderungen des Assozierungsabkommens zwischen der Republik Polen und den Europäischen Gemeinschaften hinsichtlich der Anpassung des polnischen Rechtes an das Recht der Europäischen Gemeinschaften. (ABlEG Nr. L 95 v. 21. 05. 1993). Dementsprechend sind die gemeinschaftskonformen Anforderungen an das polnische Recht erfüllt.

648 Łętowska, Ustawa o ochronie niektórych praw konsumentów – Komentarz (Gesetz zu einigen Verbraucherschutzrechten – Kommentar) 2001, S. 22 ff..

649 Dadurch wird der rollenspezifische Schutzansatz in den verbraucherschutzrechtlichen Verkehr eingeführt. In diese Rolle treten Verbraucher und Gegenseite (Unternehmer). Davon macht der polnische Gesetzgeber den Anwendungsbereich der Rechtsnormen abhängig.

650 Diese begriffliche Bestimmung muß nach Ansicht von Łętowska die Funktion des Endverbrauchs betonen. Vgl., Łętowska (Fn. 548) 2001, S. 86 ff..

rechtlicher Bedeutung.[651] Die Vereinheitlichung der Geschäftsbedingungen wird durch die Einfügung des Schutzes gegen gestellte Vertragsklauseln erreicht. Durch den Art. 385/1 des Zivilgesetzbuches wurde eine generelle Klausel zum Schutz der Verbraucherrechte eingeführt. Dabei wurde auf die allgemeine zivilrechtliche Formulierung der guten Sitten abgestellt. Dieses Regelungsprinzip wurde durch Art. 385/3 des Zivilgesetzbuches konkretisiert. Die Rechtsnormen dieses Artikels haben für diese Funktion den Anhang der mißbräuchlichen Klauseln der EG-Richtlinie übernommen. Insofern hat die Empfehlung des europäischen Gesetzgebers den Rang des bindenden Rechtes in der polnischen Rechtsordnung bekommen. Der polnische Gesetzgeber hat bei der Umsetzung nach dem verbraucherschutzrechtlichen Regelungscharakter und nicht verbraucherschutzrechtlichen Regelungscharakter differenziert.[652] Den verbraucherschutzrechtlichen Regelungscharakter haben Art. 385 § 2 (Transparenz-Gebot), Art. 385/1 (Generalklausel der guten Sitten), Art. 385/2 (Maßstab der Inhaltskontrolle) und Art. 385/3 (Anhang der mißbräuchlichen Klauseln) des Zivilgesetzbuches. Folgende Rechtsvorschriften haben privatrechtliche Wirkung erhalten. Hier wird die bestehende Rechtslage des Rechtes der Allgemeinen Geschäftsbedingungen nach dem Regelungskonzept des Zivilgesetzbuches bestätigt. Art. 384 des Zivilgesetzbuches hat die Einbeziehung der Vertragsklauseln in das Vertragsverhältnis geregelt. Die maßgeblichen Normen befinden sich in den Abschnitten 1 und 2 dieses Artikels. Nach Art. 384/1 des Zivilgesetzbuches sind die Einbeziehungsvoraussetzungen beim dauernden Vertragsverhältnis geregelt. Art. 385 des Zivilgesetzbuches bestimmt den Vorrang des ausgehandelten Vertragsverhältnisses zu den gestellten Vertragsklauseln. Die dargestellten Regelungsbereiche gehören zum privatrechtlichen Rechtsverkehr. Beim verbraucherschutzrechtlichen Verkehr wird die subsidiäre Anwendung erforderlich. Art. 385/4 des Zivilgesetzbuches bezieht sich auf die vertraglichen Verhältnisse zwischen Unternehmern.[653] Diese

651 Der Unterschied der qualifizierten und nicht - qualifizierten Geschäftsbedingungen liegt bei der Einbeziehungskontrolle der Vertragsklauseln. Bei qualifizierten Geschäftsbedingungen muß die Ermächtigung zum Erlaß der Allgemeinen Geschäftsbedingungen anhand eines besonderen Gesetzes vorliegen. Außerdem müssen die Allgemeinen Geschäftsbedingungen beim Vertragsschluß der Vertragspartei ausgehändigt werden. Maßgeblich ist in diesem Zusammenhang Art. 385 § 1 des Zivilgesetzbuches. Bei nicht qualifizierten Geschäftsbedingungen ist eine Einverständniserklärung der Vertragspartei in Kenntnis dieser Vertragsklauseln erforderlich. Maßgeblich ist in diesem Zusammenhang Art. 385 § 2 des Zivilgesetzbuches. Der dargestellte Unterschied lag im Ansatz des polnischen Rechtes der Allgemeinen Geschäftsbedingungen.

652 Łętowska (Fn. 548) 2001, S. 75 ff..

653 Die Rechtsnormen dieses Artikels regulieren die Verhältnisse bei der Verwendung der Vertragsklauseln im unternehmerischen Rechtsverkehr. Das Vertragsverhältnis

Rechtsvorschrift gehört zu dem unternehmerischen Rechtsverkehr. Dementsprechend hat der polnische Gesetzgeber die unterschiedlichen Schutzansätze in dem Regelungskonzept des Zivilgesetzbuches normiert. Derzeit hat die getroffene gesetzgeberische Entscheidung zu keinen gemeinschaftswidrigen Ergebnissen geführt. Das gewählte Umsetzungskonzept der EG-Richtlinie entspricht den Anforderungen der gemeinschaftskonformen Richtlinienumsetzung. Der spezielle Regelungscharakter der EG-Richtlinie wurde vom polnischen Gesetzgeber vollständig in das Regelungskonzept der ZGB-Rechtsvorschriften übernommen.[654] Der europarechtlich normierte Unterlegenenschutz liegt im Ansatz der normativen Ausgestaltung.[655] Bei diesem Umsetzungskonzept war entscheidend, daß der ursprüngliche Schutzansatz der Rechtsnormen sich innerhalb des Zivilgesetzbuches befindet. Aus diesem Grund hat der polnische Gesetzgeber die Integration der übrigen Umsetzungskonzepte dieser EG-Richtlinie in die nationale Rechtsordnung abgelehnt.[656]

5. Folgen der EG-Rechtsangleichung

Die vorgenommenen Umsetzungskonzepte der EG-Richtlinie über mißbräuchliche Klauseln in Verbraucherverträgen haben die Diskussion um die Existenz eines Sonderprivatrechtes des Verbraucherschutzes innerhalb der nationalen Rechtsordnungen wiederbelebt.[657] In der ergangenen Rechtsliteratur wurde die

---

zwischen Unternehmern erfaßt die Widersprüche im Bereich der Vertragsklauseln nicht. Der Vertrag ist nicht abgeschlossen, wenn die betroffene Vertragspartei darüber den Bescheid erteilt hat.

654 Łętowska (Fn. 548) 2001, S. 76 ff..

655 Łętowska hat diesen Schutzansatz als Schutz des Schwächeren bei der Gewährleistung der Entscheidungsfreiheit und der Funktionsfähigkeit des Vertragsmechanismus bezeichnet. Vgl., Łętowska (Fn. 548) 2001, S. 74 ff..; 92 ff..

656 Die endgültige Entscheidung des polnischen Gesetzgebers bei der Übernahme der EG-Richtlinienvorschriften (ZGB-Umsetzungskonzept) entspricht den gemeinschaftskonformen Anforderungen der Richtlinienumsetzung. Der polnische Gesetzgeber hat den Kontrollmaßstab (Zielsetzung in der EG-Richtlinie, Forderungen des EG-Primärrechtes, Verbraucherleitbild, Rechtsform der Umsetzung, Parallelität der Rechtsnormen) erfüllt. Die Umsetzungsnormen dieser EG-Richtlinien haben in der polnischen Rechtsordnung keine sperrwirkende Kraft entwickelt. Das Problem des Mindestniveaus der Rechtsnormen und das Beibehalten des strengeren nationalen Rechtes wurde in der polnischen Rechtsdoktrin bei der Übernahme der EG-Richtlinienvorschriften nicht behandelt.

657 Bindel, § 864a, § 879 ABGB, in: Schwimann Praxiskommentar zum ABGB, 1997; Apathy, § 6 Konsumentenschutzgesetz, in: Schwimann Praxiskommentar zum ABGB, 1997; Ulmer, EuZW 1993, 337, 337 ff..; Hommelhoff/Wiedenmann, ZIP

Umsetzungspflicht des nationalen Gesetzgebers zu dieser Richtlinie folgendermaßen bezeichnet. Nach dem Stand der deutschen Rechtsentwicklung hat das AGB-Gesetz „inhaltlich eine nicht unerhebliche Umgestaltung in bezug auf Verbraucherverträge erfahren“[658], „das deutsche Recht wird von Europa her gleich doppelt betroffen: sowohl beim Schutzansatz als auch beim Schutzumfang“[659], „es besteht ein begrenzter Bedarf, die bewährten Schemata des AGB-Gesetzes zu verbessern“[660], „die Umsetzung besteht allenfalls in geringem Maße“[661], „die europarechtlich erzwungenen Sonderregelungen zugunsten des Verbrauchers könnten auf das allgemeine Zivilrecht durchschlagen“[662]. Die EG-Richtlinie legt „dem österreichischen Gesetzgeber geringere Änderungsverpflichtungen“[663] auf, „das Ausmaß gesetzgeberischer Schranken sollte sich an der Gleichgewichtigkeit der Verhandlungspartner und an den beteiligten öffentlichen Interessen orientieren“[664], „Konkretisierung der allgemeinen Zwecke des EG-Vertrages“[665] vor.

Die Stellungnahmen der polnischen Rechtsdoktrin haben das Regelungskonzept der EG-Richtlinie über mißbräuchliche Klauseln in Verbraucherverträgen positiv bewertet.[666]

Das Regelungskonzept der EG-Richtlinie weicht von dem nationalen System der Kontrolle mißbräuchlicher Vertragsklauseln ab.[667] Zuerst ist die EG-

---

1993, 562, 562 ff..; Habersack/Kleindiek/Wiedenmann, ZIP 1993, 1670, 1670 ff..; Łętowska (Fn. 236) 1999, S. 233 ff..; Zoll/Diemer-Benedickt, RIW 1997, 1001, 1002 ff..; Canaris, AcP (200) 2000, 273, 359 ff..

658 Ulmer, Einl., Rdnr. 21 a) (Fn. 508) 1997.

659 Hommelhoff/Wiedenmann, ZIP 1993, 562, 564 ff..

660 Graf von Westphalen, EWS 1993, 161, 167 ff..

661 Ulmer, EuZW 1993, 337, 346 ff..

662 Habersack/Kleindick/Wiedenmann, ZIP 1993, 1670, 1675 ff..

663 Kiendl, JBl 1995, 87, 100.

664 Mayrhofer, JBl 1993, 94, 183.

665 Eissler, Ecolex 1998, 461, 461 ff..

666 Łętowska (Fn. 236) 1999, S. 270 ff..; Łętowska (Fn. 548) 2001, S. 77 ff..; Radwański, Zobowiązania – część ogólna (Obligationen – Allgemeiner Teil) 1997, S. 135 ff..; Zoll, KPP 1993, 192, 192 ff..

667 Nach Ansicht der EG-Kommission wurde die EG-Richtlinie über mißbräuchliche Klauseln in Verbraucherverträgen ohne besondere Schwierigkeiten in die Heimatgesetzgebung integriert. Die Auswirkungen der EG-Richtlinie sind nach der Stellungnahme der EG-Institutionen in Frage zu stellen: die von der Richtlinie verfolgte Harmonisierung erweist sich so als rechtlich illusorisch. Insofern muß die europarechtliche Kontrolle von mißbräuchlichen Klauseln durch das nationale Recht ergänzt werden. Das ergänzende materielle Recht wurde durch die Harmonisierungsmaßnahmen des EG-Rechtes nicht betroffen. Die Rechtsnormen der EG-Richtlinie haben die Rechtsprechung des Europäischen Gerichtshofes beschränkt bewirkt. Der Europäische Gerichtshof wurde in zwei Vorabentscheidungen berufen – Rechtssache C - 82/96 – The Queen / Secretary of State for Trade and Industry; Verfahren

Richtlinie als eine Verbraucherschutz-Richtlinie normiert, die den kaufmännischen Regelungsbereich unberücksichtigt läßt. In diesem Zusammenhang stellt sich die Frage nach der sperrwirkenden Kraft der EG-Richtlinie. Gegenstand der Inhaltskontrolle sind nach Art. 1 Abs. 1 der EG– Richtlinie über mißbräuchliche Klauseln Verträge zwischen einem Gewerbetreibenden und einem Verbraucher.[668] Das Regelungskonzept der Richtlinie beinhaltet ausdrückliche Rechtsnormen des zwingenden Regelungscharakters nicht. Somit liegt das Ausmaß einer Übernahme der europäischen Rechtsnormen zur Kontrolle der mißbräuchlichen Vertragsklauseln im Gestaltungsspielraum des nationalen Gesetzgebers. Der nationale Gesetzgeber muß die Kriterien des Kontrollmaßstabes der gemeinschaftskonformen Richtlinienumsetzung beachten. Zu der Bestimmung der sperrwirkenden Kraft der Richtlinienvorschriften hat die erforderliche Rechtsprechung des EuGH gefehlt. Die Umsetzung dieser EG-Richtlinie hat die deutsche Diskussion über den normativen Standort des Verbraucherschutzes intensiviert. Gegen das verbraucherschutzrechtliche Parallelgesetz hat die herrschende Meinung ausgeführt, daß auf diese Weise die Einheit des Privatrechtes in Frage gestellt werde. Dieses Bedenken basiert auf dem Regelungsprinzip der formalen Gleichheit aller Rechtssubjekte unter Abstraktion von ihnen verfolgter Verwendungszwecke. Bei diesem Regelungskonzept besteht kein Anlaß zu einer Differenzierung nach Schutzaspekten.[669] Zu bedenken ist bei diesem Umsetzungskonzept, daß die Rechtsnormen des Verbraucherschutzes bezwecken, die Gruppe des Verbrauchers von der Geltung des Allgemeinen Geltungsanspruches auszunehmen. Außerdem werden die beiden Gesetze (AGB-Gesetz und Gesetz über mißbräuchliche Klauseln in Verbraucherverträgen) weitgehend den gleichen Inhalt haben. Somit würde die vorgeschlagene Parallelgesetzgebung die 20 jährige Praxis des AGB-Gesetzes zum Verbraucherschutz und die dort bestehenden Regelungsgrundsätze aus ihrem Entwicklungszusammenhang herauslösen.[670] Beim AGB-Gesetz erscheint es zweifelhaft, ob es in seiner Schutzkonzeption unverän-

---

C - 240/98 bis C - 244/98, Oceano Grupo Editorial, S.A. und Salvat Editores, S.A. / Rocio Murciano Quintero und andere. Vgl., Bericht der Kommission über die Anwendung der Richtlinie 93/13/EWG des Rates vom 5. April 1993 über mißbräuchliche Klauseln in Verbraucherverträgen, S. 34 ff..; 38 ff..

668 Verbraucher sind nach Art. 2 der Richtlinie natürliche Personen, die beim Vertragsschluß zu einem Zweck handeln, der nicht ihrer gewerblichen oder beruflichen Tätigkeit zugerechnet werden kann. Der Gewerbetreibende ist nach der begrifflichen Definition in Art. 2 eine natürliche oder juristische Person, die beim Vertragsabschluß im Rahmen ihrer gewerblichen oder beruflichen Tätigkeit handelt, auch wenn diese dem öffentlich - rechtlichen Bereich zuzurechnen ist.

669 Dauner-Lieb, (Fn. 101) 1983, S. 51, 146 ff..

670 Ulmer, EuZW 1993, 337, 347 ff..; Habersack/Kleindiek/Wiedenmann, ZIP 1993, 1670, 1673 ff..

dert fortgeführt werden kann. Nach dem europäischen Regelungskonzept wird der Verbraucherschutz durch den konkret-individuellen Kontrollmaßstab verwirklicht. Das AGB-Gesetz normiert abstrakte Generalklausel einer Inhaltskontrolle. Dieser verbraucherschutzrechtlich geprägte Wertungswiderspruch innerhalb des AGB– Gesetzes kann auf die Kontrolle der unlauteren Geschäftsbedingungen im Kaufmannsverkehr durchschlagen.[671] Die Normierung von zwei unterschiedlichen Schutzkonzeptionen in getrennten Gesetzen könnte in Zukunft das Regelungsergebnis bedingen, daß die Vertragsklauseln auf die Verbraucher orientierten Kataloge der §§ 10 - 11 des AGB-Gesetzes noch sparsamer (als bisher) auf Kaufleute als Klausel-Gegner erstreckt werden.[672] Das Umsetzungskonzept der EG-Richtlinie durch § 12 und § 24 a) des AGB-Gesetzes hat eine geringe Regelungseffektivität im Bereich des Verbraucherschutzes erreicht. Die Masse verbraucherschutzrelevanter Fälle ist im Rahmen § 1 des AGB-Gesetzes gelöst. Somit wird die Anwendung der Umsetzungsnormen ignoriert. Nach der gegenwärtigen Situation wird es eine Verzahnung zwischen dem allgemeinen Zivilrecht und dem AGB-Gesetz geben müssen.[673] Diese Verzahnung des allgemeinen Zi-

---

671 Gärtner vertritt hingegen die Ansicht, die Sondergesetzgebung würde zu einer nicht erwünschten Schutzreduzierung bei Kaufleuten führen. Vgl., Gärtner, BB 1995, 1753, 1757 ff..

672 Hommelhoff, AcP (192) 92, 71, 86 ff..

673 Bei der Schuldrechtsmodernisierung ist folgende Tendenz zu verzeichnen: Der deutsche Gesetzgeber versucht, das gesamte AGB-Gesetz in das Regelungskonzept des Bürgerlichen Gesetzes zu integrieren. Die Überführung betrifft auch die Umsetzungsnormen der EG-Verbraucherschutzrichtlinie über mißbräuchliche Klauseln in Verbraucherverträgen. Bei dieser Entscheidung plädiert die Begründung des Gesetzesentwurfes für die Vereinfachung des geltenden Rechtes im Bereich der Allgemeinen Geschäftsbedingungen. Das kodifikatorische Bestreben liegt im Vordergrund von Reformbemühungen. Durch die vorgeschlagenen §§ 309 - 314 a) BGB sind die geltenden Rechtsvorschriften der §§ 1 - 11; 23 - 24 a) des AGB-Gesetzes übernommen worden. Die Übernahmevorschrift § 314 a) BGB hat den Wortlaut des § 24 a) des AGB-Gesetzes unverändert gelassen. Insofern bezweckt der Reformentwurf die rechtstechnische Übernahme von bewährten Rechtsvorschriften in das Regelungskonzept des Bürgerlichen Gesetzbuches zu verwirklichen. In der deutschen Rechtsdoktrin sind unterschiedliche Stellungnahmen– von eindeutig negativ bis positiv - bekannt. Derartige Integrationen in das BGB stehen den Eigengesetzlichkeiten des AGB-Rechtes entgegen: Die Rechtsvorschriften für die Einbeziehung, Interpretation, Teilunwirksamkeit und Inhaltskontrolle. Dadurch kennzeichnet sich nach Ansicht von Ulmer der Kodifikationscharakter des AGB-Gesetzes. Die anderen Ansichten stehen für den BGB-Regelungscharakter des AGB-Gesetzes. Vgl., Ulmer, JZ 2001, 491, 497 ff..; ders., BB 2001, Heft 46 (Die erste Seite); ders., BB 2001, Heft 1 (Die erste Seite); Brüggemeier/Reich, BB 2001, 213, 215 ff..; Pfeiffer, Die Integration von Nebengesetzen in das BGB, S. 501 ff..; in: Ernst/Zimmermann, Zivilrechtswissenschaft und Schuldrechtsreform 2001.

vilrechtes (ABGB) mit dem Recht des Konsumentenschutzes des KSchG wurde ursprünglich nach dem österreichischen Umsetzungskonzept vorprogrammiert. Das Umsetzungskonzept hat sich auf die Reformierung des § 6 des Konsumentenschutzgesetzes beschränkt. Bei der Übernahme des Transparenz-Gebotes (Art. 5 der EG-Richtlinie) wurde zusätzlich Abs. 3 zu dem § 6 des Konsumentenschutzgesetzes hinzugefügt. § 6 KSchG hat das Umsetzungskonzept in folgenden Regelungsbereichen betroffen: Preisänderungsvorbehalte (Abs. 1 p. 5), Freizeichnungsausschluß (Abs. 1 p. 9), Begrenzung der Verzugszinsen bei Kreditierungsgeschäften (Abs. 1 p. 13), Ausschluß des Vorweg-Verzichts auf die Irrtumsanfechtung (Abs. 1 p. 14), Unwirksamkeit der Übernahme von Betriebskosten bei mangelnder Notwendigkeit (Abs. 1 p. 15), Rückerstattung des doppelten Angeldes bei schuldhafter Nichterfüllung durch den Unternehmer (Abs. 2 p. 6). Dieses Umsetzungskonzept der EG-Richtlinie ist ohne besondere Diskussionen innerhalb der österreichischen Rechtsordnung hinsichtlich der gesetzlichen Lösung verlaufen. Die Aufstellung des Parallelgesetzes ist in der österreichischen Rechtsdoktrin unangesprochen geblieben. Der polnische Gesetzgeber hat das Umsetzungskonzept der EG-Richtlinie über mißbräuchliche Klauseln in Verbraucherverträgen mit der Reform des AGB-Rechtes verbunden. Das Umsetzungskonzept der EG-Richtlinie wurde innerhalb der ursprünglichen Rechtsquellen verwirklicht. Die normierten Umsetzungsnormen sind verbraucherschutzrechtlich ausgerichtet. Somit gehören die Umsetzungsnormen in den Regelungsgegenstand des Verbraucherschutzes. Das Regelungskonzept des Zivilgesetzbuches hat die Normierung nach den einzelnen Tatbeständen der EG-Richtlinie übernommen. Nach der Integration des Umsetzungskonzeptes der EG-Richtlinie in das polnische Recht wurde dem speziellen Regelungscharakter der EG — Richtlinie entsprochen. Diese Regelungsmethode verstößt nicht gegen die gemeinschaftskonformen Anforderungen einer Richtlinienumsetzung. Dementsprechend wurde das Regelungskonzept des Zivilgesetzbuches (ZGB) durch dieses Umsetzungskonzept spezialisiert. Das geltende AGB-Recht des Zivilgesetzbuches hat die EG-Verbraucherschutzvorschriften übernommen. Der Anwendungsbereich der Umsetzungsnormen wurde auf den verbraucherschutzrechtlichen Rechtsverkehr abgestellt.

G. Umsetzungskonzept der EG-Richtlinie über den Verbraucherschutz bei Vertragsabschlüssen im Fernabsatz

1. Fragestellung

Dieses Kapitel der Untersuchung behandelt die Frage nach der systemkonformen Umsetzung der EG-Fernabsatzrichtlinie. Beim deutschen Umsetzungskonzept dieser EG-Richtlinie ist zu fragen, warum der nationale Gesetzgeber die BGB-Umsetzung mit der sondergesetzlichen Umsetzung der Richtlinienvorschriften gewählt hat? Welche Gründe haben die gesetzgeberische Entscheidung bedingt, die EG-Fernabsatzrichtlinie in verschiedenen Rechtsquellen zu normieren. Dabei wird das Regelungskonzept des Bürgerlichen Gesetzbuches und des Gesetzes über unlauteren Wettbewerb untersucht. Beim Umsetzungskonzept der EG-Fernabsatzrichtlinie in das österreichische Recht waren die folgenden Fragen maßgeblich. Warum hat der österreichische Gesetzgeber die Rechtsnormen der EG-Richtlinie in die bestehende Rechtsquelle des Konsumentenschutzes (KSchG) umgesetzt? Welche Gründe sind bei der gesetzgeberischen Entscheidung maßgeblich gewesen, um die Normierung der EG-Richtlinie in das ABGB, oder in das Sondergesetz abzulehnen. Das polnische Umsetzungskonzept hat die gesetzlichen Möglichkeiten einer Normierung in das Zivilgesetzbuch oder in die sondergesetzlichen Tatbestände behandelt. Dabei ist zu fragen, warum der polnische Gesetzgeber die Richtlinienvorschriften in das Gesetz zu einigen Verbraucherschutzrechten integriert hat? Aus welchen Gründen sind die anderen Umsetzungskonzepte abgelehnt worden? Die innerstaatliche Übernahme der EG-Fernabsatzrichtlinie hat die nationalen Gesetzgeber gezwungen, strukturierte Regelungsfragen des nationalen Privatrechtes zu lösen. Die Art und Weise der Integration dieser EG-Richtlinie hat die nationalen Rechtsordnungen zur Notwendigkeit geführt, die Rechtsinstitute des allgemeinen Schuldrechtes und des besonderen Schuldrechtes nach den Schutzbedürfnissen des Verbraucherrechtes zu gestalten.

2. Ursprüngliche Qualifikation des Vertragsabschlusses im Fernabsatz

Vor der Richtlinienumsetzung waren die Fernabsatzverträge in der deutschen Rechtsordnung gesetzlich nicht geregelt.[674] Der Anwendungsbereich der EG-Richtlinie hat die einzelnen Vertragsleistungen erfaßt, wobei sich die Rechtsnormen des Zivilrechtes und des Wettbewerbsrechtes im Regelungsansatz befinden.[675] Bei der Bestimmung der ursprünglichen Qualifikation des Vertragsabschlusses im Fernabsatz sehen die Ausgangspositionen des deutschen Vertragsrechtes folgendermaßen aus: Im Rahmen der §§ 145 - 157 BGB (Dritter Teil. Vertrag) sind die zivilrechtlichen Normen des deutschen Vertragsrechtes normiert. Dabei ist zwischen Vertragsschluß unter Abwesenden und Anwesenden (§ 147 BGB) zu unterscheiden. Das Angebot und die Annahme ist nach den §§ 147 - 152 BGB geregelt. Die §§ 812 und 985 BGB sind bei den Herausgabeansprüchen des Versenders anzuwenden. Die Schadensersatzansprüche bei der Beschädigung und Zerstörung der Sache sind durch die §§ 989/990 BGB sowie durch die §§ 812 Abs. 1 und 985 BGB erfaßt. Die einzelnen Rechtsvorschriften des Widerrufsrechtes sind im Rahmen des § 7 VerbrKrG normiert. Hier sind die Kreditverträge erfaßt. Die spezielle Vorschrift für Versandhandel ist durch den § 8 VerbrKrG geregelt. Die deutsche Rechtsordnung verfügte nicht über das verbraucherschutzrechtliche Widerrufsrecht des allgemeinen Regelungscharakters. Die geltenden Rechtsnormen haben einen begrenzten Anwendungsbereich. Aus dem Regelungsbereich des Lauterkeitsrechtes sind auch keine speziellen Regelungen des Fernabsatzes zu entnehmen. Die allgemeinen Rechtsnormen des UWG (§§ 1 und 3 UWG) führen die Differenzierung nach der Vertragsleistung durch. Die Zusendung unbestellter Waren wird durch § 1 UWG geregelt. Außerdem sind in der deutschen Rechtsprechung die Methoden der Werbung per Telefon, Telefax, Bildschirmtext, Briefkasten und e-Mail in § 1 UWG eingearbeitet worden. Das Klagerecht der rechtsfähigen Verbraucherschutzverbänden wird durch die §§ 13 Abs. 2 Nr. 3 UWG gesichert. Dementsprechend läßt sich behaupten, daß die bestehende Rechtslage die Regelungsprobleme der Vertragsschließung im Fernabsatz durch allgemeine Regeln des Bürgerlichen Gesetzbuches und des Lauterkeitsrechtes (UWG) gelöst hat.[676] Beim österreichischen Umsetzungskonzept der EG-Fernabsatzrichtlinie sind bestehende Rechtsnormen des nationalen Rechtes zu berücksichtigen. Eine spezielle gesetzliche Regelung des

---

674 Micklitz, in: Nach A 3. Die Rechtslage bezüglich Fernabsatzgeschäften in den Mitgliedstaaten, S. 1 ff..; nach Grabitz/Hilf (Fn. 41) 2000.

675 Micklitz/Reich, Die Fernabsatzabsatzrichtlinie im deutschen Recht 1999, S. 117 ff..

676 Zu diesem Regelungsergebnis kommt auch Micklitz, in: Nach A 3. Die Rechtslage bezüglich Fernabsatzgeschäften in den Mitgliedstaaten, S. 1 ff..; nach Grabitz/Hilf (Fn. 41) 2000.

Fernabsatzes normiert die österreichische Rechtsordnung nicht.[677] Die maßgeblichen Sachverhalte sind im Rahmen des Allgemeinen Zivilrechtes (ABGB) und des Wettbewerbsrechtes (UWG) gelöst. Bei der ursprünglichen Qualifikation des Vertragsabschlusses im Fernabsatz sind die folgenden Rechtsnormen der österreichischen Rechtsordnung zu berücksichtigen. Die normativen Regeln über Abschließung des Vertrages enthält das Siebzehnte Hauptstück des ABGB „Von Verträgen und Rechtsgeschäften überhaupt". In diesem Abschnitt des Allgemeinen Bürgerlichen Gesetzbuches sind die Rechtsinstitute des Zustandekommens des Vertrages (§ 861 ABGB), Wirksamkeit der Annahme (§§ 862 a); 863 und 864 ABGB) und der Bestimmungen des ungewöhnlichen Inhaltes (§ 864 a) ABGB) erfaßt. Der nächste Teil dieses Abschnittes enthält die normativen Erfordernissen eines gültigen Vertrages. Dabei sind die Fähigkeiten der Person (§§ 865 und 867 ABGB) und die Voraussetzungen einer wahren Einwilligung (§§ 869 und 877 ABGB) festgelegt. Die Form der Verträge ist durch die §§ 883 und 886 ABGB normiert. Der Anwendungsbereich der erwähnten Paragraphen ist generell ausgerichtet. Im Rahmen des Besonderen ABGB-Schuldrechtes wird kein eigenständiger Vertragstyp des Fernabsatzes bestimmt.[678] Die verbraucherschutzrechtlichen Vorschriften über das Rücktrittsrecht des Verbrauchers sind durch die §§ 3 und 4 des Konsumentenschutzgesetzes (Abschnitt II/Allgemeine Regeln des KSchG) normiert. Die speziellen Rechtsnormen des Fernabsatzes sind auch nicht im Rahmen des Konsumentenschutzgesetzes vorgesehen. Somit läßt sich eindeutig behaupten, daß im Regelungsbereich des österreichischen Zivilrechtes ein spezielles Recht des Vertragsabschlusses im Fernabsatz fehlt.[679] Speziell normierte Sonderregeln des Fernabsatzes bestehen auch nicht im lauterkeitsrechtlichen Regelungsbereich. Die österreichische Rechtsprechung hat die Rechtsvorschriften des § 1 UWG dann angewendet, wenn die Zusendung unbestellter Waren an Personen gegen die guten Sitten verstoßen hat.[680] Unaufgeforderte Telefonanrufe sind beim Eingriff in die Privatsphäre des Verbrauchers wettbewerbswidrig.[681] Die Verbandsklage ist nach der österreichischen Rechts-

---

677 Die Rechtsnormen über Haustürgeschäfte sind im Rahmen des Rechtsverhältnisses des Fernabsatzes nicht anwendbar.

678 Die Angaben des Inhaltsverzeichnisses S. 185 ff..; bei Cuber (Hrsg.) Handelsrecht / Rechtstexte 1998.

679 Krejci, KSchG und ABGB, in: Krejci, Handbuch zum KSchG 1981.

680 OGH ÖBl 1995, 67 ff..; Bundesgesetz gegen den unlauteren Wettbewerb 1984 / BGBl. Nr. 448.

681 Dieses Regelungsergebnis stammt aus der deutschen Rechtsprechung. Die entsprechenden Regelungen sind auch durch § 101 des TGK vorgesehen. Vgl., Micklitz, Nach A 3 Rdnr. 70, in: Grabitz/Hilf (Fn. 41) 2000.

ordnung durch § 14 UWG geregelt.[682] Die vertraglichen Ansprüche des Verbrauchers aus der Vertragsschließung im Fernabsatz werden innerhalb der bestehenden Rechtspositionen des zivilrechtlichen und lauterkeitsrechtlichen Regelungsbereiches untergebracht. Die konkretisierenden Funktionen gehören in die Befugnisse der Rechtsprechung. Ausdrücklich hat das polnische Zivilrecht die Vertragsschließung im Fernabsatz nicht normiert. Die ursprüngliche Qualifikation dieser Regelungsmaterie erfolgte im Rahmen des ZGB-Schuldrechtes und des gesetzlichen Wettbewerbsrechtes.[683] In diesem Zusammenhang sind folgende Rechtsvorschriften des nationalen Rechtes zu erwähnen: Die maßgeblichen Rechtsvorschriften des Vertragsrechtes befinden sich in Art. 66 - 72 ZGB (II. Abschnitt. Vertragsschluß). III. Abschnitt des Zivilgesetzbuches erfassen die Rechtsnormen über die Form des Rechtsgeschäftes (Art. 73 - 81/2 ZGB). Beim Mangel einer Willenserklärung sind die Rechtsnormen Art. 82 - 88 ZGB (IV. Abschnitt. Mängel einer Willenserklärung) anzuwenden.[684] Zu dem lauterkeitsrechtlichen Regelungsbereich gehören die Rechtsnormen des Art. 3 des Gesetzes über die Bekämpfung des unlauteren Wettbewerbs.[685] Im Rahmen dieses Artikels werden die Fälle der unlauteren Wettbewerbshandlungen erfaßt. Beim Umsetzungskonzept der EG-Fernabsatzrichtlinie hatte der polnische Gesetzgeber die Regelungsaufgabe, das fehlende Recht durch die gesetzlichen Regelungsmaßnahmen zu ersetzen. Die normativen Ausgangspositionen sind im Rahmen des Zivilgesetzbuches und des Gesetzes über die Bekämpfung des unlauteren Wettbewerbes vorgegeben.

3. Zum Inhalt der EG-Richtlinie

Die EG-Richtlinie über den Verbraucherschutz bei Vertragsabschlüssen im Fernabsatz wurde nach längeren Diskussionen in der Gemeinschaft am 20. Mai 1997 verabschiedet.[686] Der Richtlinienvorschlag stammt vom 21. Juni 1992.[687] Dieser wurde durch den neuen Vorschlag vom 7. Oktober 1993 geändert.[688] Die Be-

---

682 Koppensteiner, Österreichisches und Europäisches Wettbewerbsrecht 1997, S. 44 ff..

683 Łętowska (Fn. 236) 1999, S. 230 ff..

684 Radwański/Panowicz-Lipska, Zobowiązania – część szczegółowa (Obligationen – Besonderer Teil) 1998, S. 12 ff..

685 Gesetz über die Bekämpfung des unlauteren Wettbewerbes / vom 16. April 1993, in: Polnische Wirtschaftsgesetze 1999, S. 351 ff..

686 20. Mai 1997 ABl Nr. L 144/19.

687 Kom. (92) 11 endg. ABl. C 156/14 v. 23.06.1992.

688 Kom. (93) 396 endg. ABl. C 308/18 v. 15.11.1993.

gründung in der EG-Richtlinie lautete folgendermaßen: „Einführung der Mindestzahl gemeinsamer Regeln, bevor jeder einzelne Mitgliedstaat eigene unterschiedliche oder abweichende Verbraucherschutzbestimmungen erlassen hat." Die Zielsetzung dieser EG-Richtlinie liegt im Bereich des Verbraucherschutzes.[689] Das Regelungskonzept dieser EG-Richtlinie normiert die Bedingungen, unter denen das Rechtsgeschäft des Fernabsatzes zustande kommt, wenn die Vertragsparteien die Kommunikationstechnik gebrauchen. Bei diesem Verfahren wird dem Verbraucher der Einfluß über die Gestaltung des Rechtsverhältnisses entzogen. Die verbraucherrechtlichen Schutzbedürfnissen sind außerdem aus der Unsichtbarkeit des Vertragspartners und des Produktes[690] und der Schnelligkeit sowie möglicher Fahrlässigkeit bei der Entscheidung durch die Fernkommunikation[691] abzuleiten. Diesem Schutzbedürfnis wurde bei der normativen Ausgestaltung der Richtlinienvorschriften entsprochen.[692] Diese EG– Richtlinie normiert die Rechtsvorschriften des speziellen Regelungscharakters.[693] In das Regelungskonzept der EG-Richtlinie fallen die folgenden begrifflichen Kategorien des speziellen Regelungscharakters: Dazu gehören nach dem Art. 2 der EG-Richtlinie: Vertragsabschluß im Fernabsatz, Verbraucher, Lieferer, Fernkommunikationstechnik und Betreiber einer Kommunikationstechnik. Beim Abschluß des Vertrages im Fernabsatz muß der Verbraucher über unmißbräuchlich formulierte Informationen verfügen.[694] Dazu werden Identität und Anschrift des Lieferers, wesentliche Eigenschaften und Preis der Ware oder Dienstleistungen, Lieferkosten,

689 Diese Zielsetzung befindet sich in: 2;3;6;17;19;20;22 Erwägungsgründen der EG-Richtlinie.

690 Martinek, NJW 1998, 207, 208 ff..

691 Köhler, NJW 1998, 185, 186 ff..

692 Der rollenspezifische Schutzansatz ist grundsätzlich anhand der folgenden Kriterien zu bestimmen: (1) Dem Fehlen gleichzeitiger körperlicher Anwesenheit des Lieferers oder des Dienstleistungserbringers und des Verbrauchers, (2) der Verwendung einer Telekommunikationstechnik zur Übermittlung der Aufforderung zum Vertragsschluß und der Bestellung; Vgl., Micklitz, EuZW 2001, 133, 134 ff..

693 Beim Regelungskonzept der EG-Richtlinie ist fraglich, ob die Richtlinienvorschriften den eigenständigen Vertragstypus (Kaufvertrag) oder den besonderen Vertragsabschluß mittels Fernkommunikationstechnik normieren. Nach dem Gegenstand des Vertragsverhältnisses wird die Lieferung von Waren und auch die Erbringung von Dienstleistungen erfaßt. Grundsätzlich sind dadurch die Verträge per Internet erfaßt. Dieses Regelungsproblem kann die innerstaatliche normative Ausgestaltung der Richtlinienvorschriften bewirken. Vgl., Meents, Verbraucherschutz bei Rechtsgeschäften im Internet – Anwendung und Wirkung klassischer Instrumentarien des Verbraucherschutzrechtes und der europäischen Fernabsatzrichtlinie 1998, S. 187 ff..; Härting, FernAbsG – Fernabsatzgesetz – Kurzkommentar 2000, S. 17 ff..

694 Art. 4 der EG-Richtlinie.

Zahlungs-, Liefer- oder Erfüllungsmodalitäten, Bestehen eines Widerrufsrechtes, Gültigkeitsdauer des Angebotes und des Preises sowie Mindestdauer des Vertrages und Kosten für den Einsatz der Fernkommunikationstechnik gerechnet.[695] Die schriftliche Bestätigung der angegebenen Informationen muß dem Verbraucher gesichert werden.[696] Nach dem Art. 6 der EG-Richtlinie wird dem Verbraucher das Widerrufsrecht verliehen. Die Rechtsvorschriften des Art. 7 normieren die Bedingungen für die Erfüllung des Vertragsverhältnisses. Die nächsten Richtlinienvorschriften umfassen die Regelungsbereiche in bezug auf Zahlung mittels Karte,[697] unbestellte Waren oder Dienstleistungen,[698] Beschränkungen in der Verwendung bestimmter Fernkommunikationstechniken,[699] Rechtsbehelfe bei Gericht oder Verwaltungsbehörde,[700] Unabdigbarkeit der Rechtsvorschriften,[701] Gemeinschaftsbedingungen,[702] Unterrichtung des Verbrauchers[703] und Beschwerdesysteme.[704] Die Rechtsvorschriften des Art. 2 der EG-Richtlinie normieren unter dem Vertragsabschluß im Fernabsatz jeden zwischen einem Lieferer und einem Verbraucher geschlossenen, eine Ware oder eine Dienstleistung betreffenden Vertrag, der im Rahmen eines für den Fernabsatz organisierten Vertriebs- bzw. Dienstleistungssystems des Lieferers geschlossen wird, wobei dieser für den Vertrag bis zu dessen Abschluß einschließlich des Vertragsabschlusses selbst ausschließlich eine oder mehrere Fernkommunikationstechniken verwendet. Unter dem Verbraucher wird jede natürliche Person begriffen, die beim Abschluß von Verträgen im Sinne dieser EG-Richtlinie zu Zwecken handelt, die nicht ihrer gewerblichen oder beruflichen Tätigkeit zugerechnet werden können.[705] Die Rechtskategorie des Lieferers umfaßt jede natürliche oder juristische Person, die beim Abschluß von Verträgen im Sinne dieser EG-Richtlinie im Rahmen ihrer beruflichen oder gewerblichen Tätigkeit handelt.[706] Die Fernkommunikationstechnik läßt sich als jedes Kommunikationsmittel begreifen,[707] das zum Abschluß eines Vertrages zwischen einem Verbraucher und einem Lieferer

---

695 Die angegebenen Informationen müssen die Grundsätze der Lauterkeit bei Handelsgeschäften und des Schutzes der Minderjähigen beachten.
696 Art. 5 der EG-Richtlinie.
697 Art. 8 der EG-Richtlinie.
698 Art. 9 der EG-Richtlinie.
699 Art. 10 der EG-Richtlinie.
700 Art. 11 der EG-Richtlinie.
701 Art. 12 der EG-Richtlinie.
702 Art. 13 der EG-Richtlinie.
703 Art. 16 der EG-Richtlinie.
704 Art. 17 der EG-Richtlinie.
705 Art. 2 p. 2 der EG-Richtlinie
706 Art. 2 p. 3 der EG-Richtlinie
707 Art. 2 p. 4 der EG-Richtlinie

ohne gleichzeitige körperliche Anwesenheit der Vertragsparteien eingesetzt werden kann.[708] Betreiber einer Kommunikationstechnik ist jede natürliche oder juristische Person des öffentlichen oder privaten Rechtes, deren gewerbliche oder berufliche Tätigkeit darin besteht, den Lieferern eine oder mehrere Fernkommunikationstechniken zur Verfügung zu stellen.[709]

Bei der Anwendung der Richtlinienvorschriften ist die Tatsache entscheidend, daß der Lieferer den Vertragsschluß mit Hilfe der Fernkomunikationsmittel erreicht hat. Die Rechtsnormen der EG-Richtlinie begreifen den Vertragsschluß im Fernabsatz als Einheit, der die Anbahnung des Vertrages und den Vertragsschuß selbst umfaßt. Die Anwendung der EG-Richtlinie ist unter folgenden Voraussetzungen gegeben: erstens bei dem Fehlen der gleichzeitigen körperlichen Anwesenheit der Vertragsparteien und zweitens bei der Verwendung nicht im einzelnen erwähnter Telekomunikationsmittel.[710]

Im Rahmen des Artikel 3 der EG-Richtlinie sind die Ausnahmen aus dem Regelungskonzept der EG-Richtlinie bestimmt. Nach Art. 3 Abs. 1 der EG-Richtlinie sind die Finanzdienstleistungen aus dem Anwendungsbereich der EG-Richtlinie ausgenommen.[711] Darunter fallen Verträge, die unter Verwendung von Warenautomaten oder automatisierenden Geschäftsräumen geschlossen wurden, außerdem solche, die Verträge mit Betreibern von Telekommunikationsmitteln aufgrund der Benutzung von öffentlichen Fernsprechern geschlossen wurden, sowie die Verträge, welche für den Bau und den Verkauf von Immobilien geschlossen wurden oder solche die sonstige Rechte an Immobilien mit Ausnahme der Vermietung betreffen und schließlich die Verträge, die im Zuge einer Versteigerung geschlossen wurden. Aus dem Regelungskonzept der EG-Richtlinie sind die Verträge über Lieferung von Lebensmitteln, Getränken oder sonstigen Haushaltsgegenständen des täglichen Bedarfs ausgenommen, die am Wohnsitz, am Aufenthaltsort oder am Arbeitsplatz eines Verbrauchers von Händlern im

---

708 Die EG-Richtlinie enthält die empfehlende Liste der Techniken (Anhang I der EG-Richtlinie). Darunter fallen folgende Kommunikationsmittel: Drucksache ohne Anschrift, Drucksache mit Anschrift, vorgefertigter Standardbrief, Pressewerbung mit Bestellschein, Katalog, technische Kommunikationstechniken mit Personen als Gesprächspartner, telefonische Kommunikation mit Automaten als Gesprächspartner (Voice-mail-System, Audiotext), Hörfunk, Bildtelefon, Videotext (Mikrocomputer, Fernsehbildschirm) mit Tastatur oder Kontaktbildschirm, elektronische Post, Fernkopie (Telefax), Fernsehen (Teleshopping).

709 Art. 2 p. 5 der EG-Richtlinie

710 KOM (92) 11 endg. SYN 411, 6.

711 Anhang II der EG-Richtlinie definiert die Finanzdienstleistungen folgendermaßen: Wertpapierdienstleistungen, Versicherungs- und Rückversicherungsgeschäfte, Bankdienstleistungen, Tätigkeiten im Zusammenhang mit Versorgungsfonds und Dienstleistungen im Zusammenhang mit Termin - und Optionsgeschäften.

Rahmen häufiger und regelmäßiger Fahrten geliefert worden sind. Zu diesem Bereich gehören die Verträge über die Erbringung von Dienstleistungen in den Bereichen Unterbringung, Beförderung, Lieferung von Speisen und Getränken sowie Freizeitgestaltung, wenn sich der Lieferer bei Vertragsschluß verpflichtet, die Dienstleistungen zu einem bestimmten Zeitpunkt oder innerhalb eines genau angegebenen Zeitraums zu erbringen. Die EG-Richtlinie gehört zu den Mindestschutz-Richtlinien im Bereich des Verbraucherschutzes. Nach dem Art. 14 der Richtlinie sind die Mitgliedstaaten befugt strengere Bestimmungen zu erlassen oder aufrechtzuerhalten, um ein höheres Schutzniveau für den Verbraucher sicherzustellen. Dabei ist zu beachten, daß die nationalen Rechtsvorschriften mit den Rechtsvorschriften des EG-Vertrages in Einklang stehen müssen.[712] Dieses Regelungsproblem läßt sich folgendermaßen festhalten. Dabei wird es um die Feststellung der sperrwirkenden Regelungskraft der EG-Richtlinienvorschriften gehen.[713] Bei den Umsetzungsmaßnahmen wird der spezielle Regelungscharakter der EG-Richtlinie das verbindliche Regelungsprogramm an den nationalen Gesetzgeber darstellen. Der Erlaß oder das Beibehalten der verstoßenden Rechtsvorschriften des nationalen Rechtes ist als gemeinschaftswidrig zu bezeichnen. In dieser Hinsicht entfaltet das Regelungskonzept der EG-Richtlinie Sperrwirkung.[714] Nach dem Schutzansatz bezweckt die EG-Richtlinie, den gemeinschaftsrechtlich vorgegebenen Unterlegenenschutz zu sichern. Dieser Schutzansatz entspricht dem Regelungsbedarf des Verbraucherschutzes. Dementsprechend ist der nationale Gesetzgeber bei der Übernahme der Richtlinienvorschriften beauftragt, eine funktional bessere gesetzliche Entscheidung bei der Normierung dieser Regelungsmaterie zu finden.[715] Dabei muß die maßgebliche Rechtsquelle für die Aufnahme der Richtlinienvorschriften festgestellt werden. Bei der Bestimmung dieser Rechtsquelle steht im Vordergrund, den bindenden Schutzansatz der Richtlinienvorschriften aufrechtzuerhalten. Die nächsten Kapitel der Arbeit setzen sich mit diesem erwähnten Regelungsproblem auseinander.

---

712 Die ausdrückliche gesetzliche Bestimmung befindet sich in Art. 14 der EG-Richtlinie über den Verbraucherschutz bei Vertragsabschlüssen im Fernabsatz.

713 Franzen (Fn. 38) 1999, S. 401 ff..

714 An dieser Stelle ist anzumerken, daß zu diesem Regelungsproblem die erforderliche Rechtsprechung des EuGH fehlt.

715 Dadurch wird die effektive Umsetzung der EG-Richtlinienvorschriften innerhalb der nationalen Rechtsordnung gesichert.

4. Gesetzestechnische Lösung

4.1 Nach dem Maßstab des deutschen Rechtes

4.1.1 Durch richtlinienkonforme Interpretation

Das Umsetzungskonzept der Fernabsatzrichtlinie durch richtlinienkonforme Interpretation stand in der deutschen Rechtsdoktrin nicht zur Behandlung an.[716] Die Erforderlichkeit der gesetzlichen Normen im Bereich des Fernabsatzes hat bei der nationalen Bewertung der Richtlinienvorschriften außer Frage gestanden. Dabei hat der nationale Gesetzgeber den speziellen Regelungscharakter der Richtlinienvorschriften und das fehlende Recht im nationalen Bereich betont.[717] In diesem Zusammenhang sind die Regelungsbereiche Information, Widerruf und Vertragsdurchführung zu nennen. Die interpretationsfähigen BGB-Rechtsvorschriften sind für die gemeinschaftskonforme Richtlinienumsetzung nicht ausreichend. Die Normierung der gesetzlichen Regeln ist unter verschiedenen Normkonzepten des europäischen und nationalen Rechtes notwendig. Die geltenden Rechtsnormen des BGB normieren die Rechtsverhältnisse nach dem Grundsatz der Privatautonomie.[718] Das Beibehalten dieser Rechtslage ist aus gemeinschaftsrechtlichen Gründen nicht zulässig. Der Verbraucher verliert beim Rechtsverhältnis des Vertragsabschlusses im Fernabsatz den erforderlichen Einfluß in der Gestaltung der vertraglichen Beziehungen. Dementsprechend sind die vorgegebenen Schutzvorschriften des EG-Regelungscharakters in das innerstaatliche Recht umzusetzen.[719] Art. 12 der Fernabsatzrichtlinie sieht ausdrücklich vor, daß auf die europarechtlich vorgegebenen Rechtspositionen des Verbrauchers nicht verzichten werden kann. Beim Umsetzungskonzept sind diese Rechtspositionen durch den gesetzlichen Umsetzungsakt in das nationale Recht zu übernehmen.[720] Dem nationalen Gesetzgeber bleibt es überlassen, die Entscheidung über die zuständige Rechtsquelle zu treffen. In den nächsten Teilen der Arbeit sind die bestehenden Umsetzungsmöglichkeiten zu behandeln.

---

716 Die ausdrückliche Ablehnung des Umsetzungskonzeptes ist bei Micklitz/Reich (Fn. 675) S. 45 ff..

717 Vgl., Büllow/Artz, NJW 2000, 2049, 2053 ff..; Fuchs, ZIP 2000, 1273, 1274 ff..; Reich, EuZW 1997, 581, 588 ff..; Roth, JZ 2000, 1013, 1014 ff..; Micklitz, EuZW 2001, 133, 134 ff..

718 Micklitz/Reich (Fn. 675) 1999, S. 45 ff..

719 Micklitz, Nach A 3. Rdnr. 10, in: Grabitz/Hilf (Fn. 41) 2000.

720 Reich, EuZW 1997, 581, 587 ff..

4.1.2 Durch das Sondergesetz

Bei diesem Umsetzungskonzept der EG-Fernabsatzrichtlinie wird die Gestaltungsfreiheit des deutschen Gesetzgebers untersucht. Das Regelungskonzept der Fernabsatzrichtlinie stellt die Ausgangsposition bei der Bewertung dieser Entscheidung dar. Dabei ist bei der Verabschiedung des Sondergesetzes auf die Vermeidung der Wertungswidersprüche im geltenden System des Privatrechtes zu achten. Insofern ist die vor der Richtlinienumsetzung geltende Rechtslage zu berücksichtigen. Die Reformentwürfe der Richtlinienumsetzung haben den geringsten Eingriff in das geltende Recht bezweckt.[721] Das Beibehalten des geltenden Rechtes stand beim Umsetzungskonzept der EG-Richtlinie im Vordergrund. Diese Entscheidungslogik des nationalen Gesetzgebers stellt einen Standardfall bei der Auswahl des Umsetzungskonzeptes der Richtlinie dar. Das Umsetzungskonzept in das Sondergesetz wird den angesprochenen Anforderungen der gesetztechnischen Umsetzung nicht entsprechen. Die Einarbeitung der Rechtsvorschriften der Richtlinie wird im Falle der sondergesetzlichen Umsetzung umfassend angestrebt. Die sondergesetzliche Lösung strebt an, den persönlichen und sachlichen Anwendungsbereich nach einem einheitlichen Konzept zu normieren. Beim persönlichen Anwendungsbereich werden die Rechtsverhältnisse auf Fernabsatzverträge begrenzt, die zwischen dem Gewerbetreibenden und dem persönlichen Endverbraucher geschlossen worden sind.[722] Von der gesetzlichen Entscheidung wird die Einbeziehung des Vertragsschlußes im Rahmen einer gewerblichen oder beruflichen Tätigkeit abhängen. Nach dem Richtlinienkonzept ist die Gewinnerzielung nicht entscheidend. Das verbraucherschutzrechtliche Regelungskonzept fordert, die Schutzvorschriften auf den tatsächlich Bedürftigen abzustellen.[723] Somit wird dieses Bestimmungsproblem im Rahmen der begrifflichen Klarstellung des Art. 2 der EG-Richtlinie – Verbraucher/Lieferer – gelöst. Beim sachlichen Anwendungsbereich wird der Vertragsabschluß im Fernabsatz erfaßt. Dabei muß nach dem geltenden Recht zwischen dem Vertrag unter Abwesenden und dem Vertrag unter Anwesenden unterschieden. Insofern bedarf die Rechtsnorm des BGB (§ 147 BGB) einer Veränderung, da beim Fernabsatz das Vertragsverhältnis unter Abwesenden abzuschließen ist. Die nächste gesetzestechnische Lösung besteht darin, die geltenden Rechtsnormen des BGB unan-

721 Micklitz/Reich (Fn. 675) 1999, S. 2 ff..

722 Micklitz/Reich (Fn. 675) 1999, S. 52 ff..

723 Der rollenspezifische Schutzansatz ist nach folgenden Kriterien zu bestimmen: (1) Dem Fehlen gleichzeitiger körperlicher Anwesenheit des Lieferers oder des Dienstleistungserbringers und des Verbrauchers und (2) der Verwendung einer Telekommunikationstechnik zur Übermittlung der Aufforderung zum Vertragsschluß und der Bestellung. Vgl., Micklitz, EuZW 2001, 133, 134 ff..

getastet zu lassen. Somit wird im Regelungsbereich des Fernabsatzes die sondergesetzliche Regelung anwendbar. Diese Lösung ist bei der nationalen Übernahme der Verbraucherschutzrichtlinien vorzuziehen, da das Regelungskonzept der Richtlinie den eigenständigen Typus des Fernabsatzvertrages normieren möchte. Bei dieser Entscheidungslogik muß der nationale Gesetzgeber das spezielle Regelungskonzept der europäischen Rechtsvorschriften in die innerstaatliche Rechtsordnung übernehmen. Die verbraucherrechtlichen Schutzvorschriften sind auf das Regelungskonzept des Unterlegenenschutzes abzustellen. Die sondergesetzliche Lösung entspricht diesen Anforderungen. Die Rechtsvorschriften des BGB sind subsidiär anzuwenden. Bei einem derartigen Umsetzungskonzept der EG-Richtlinie sind die bestehenden Rechtsnormen im Regelungsbereich des Vertragsschlusses im Fernabsatz unberührt gelassen. Bei diesen Ausgangspositionen in der nationalen Rechtsordnung werden die geltenden Rechtsquellen nicht konkretisiert. Die Normierung der europäischen Regelungsmaterie wird im Rahmen der parallel geltenden Rechtsquellen erfolgen. Dieser Zielsetzung entspricht die gesetzliche Rechtsquelle am besten. Die gesetzliche Regelungsform läßt die Anwendungsbereiche der nationalen und umgesetzten Rechtsnorm strikt voneinander trennen. Der nationale Gesetzgeber kann dadurch den eigenständigen Vertragstyp innerstaatlich normieren, ohne die geltenden Rechtsnormen in ihrem Anwendungsbereich zu stören. Nicht jeder Vertragsabschluß unter Abwesenden wird in die Rahmen des Fernabsatzvertrages fallen, sondern für den Fernabsatz „organisierten Vertriebs- und Dienstleistungssystem“ des Lieferers geschlossenen, wobei für den Vertrag bis zu dessen Abschluß einschließlich des Vertragsabschlusses selbst ausschließlich eine oder mehrere Fernkommunikationstechniken verwendet wurden.[724] Nach Art. 4 und Art. 5 der EG-Richtlinie sind die vorvertraglichen und nachvertraglichen Informationsrechte des Verbrauchers normiert. Die Richtlinienvorschriften sind in dieser Hinsicht detailliert formuliert. Der nationale Gesetzgeber ist bei diesen Rechtsnormen verpflichtet, die Fassung wortgetreu zu übernehmen. Eine vergleichbare Lösung ist hinsichtlich der Übernahme der europäischen Anforderungen an die Ausübung und die Rechtsfolgen des Widerrufsrechtes des Art. 6 der EG-Richtlinie zu treffen. Bei diesem Normkonzept ist eine abweichende Regelung nicht erwünscht. Der deutsche Gesetzgeber kann sich auf die europäische Regelung beziehen.[725] Die Übernahme der

724 Art. 2 p. 1 der EG-Richtlinie über den Verbraucherschutz bei Vertragsabschlüssen im Fernabsatz.

725 Die Veränderungen sind bei der Einarbeitung in das Regelungskonzept des Haustürwiderrufsgesetzes erforderlich. Das Widerrufsrecht muß an das Widerrufsrecht in dem Haustürwiderrufsgesetz angepaßt. Beim Umsetzungskonzept in ein Sondergesetz ist die Abstimmung mit dem Regelungskonzept des Haustürwiderrufsgesetzes nicht erforderlich.

Richtlinienvorschriften in bezug auf die Vertragsdurchführung und die Zahlungsmodalitäten sind auch keine abweichenden Regeln zu treffen. Die einschlägigen Art. 7 und 8 der EG-Richtlinie sind in der Fassung der Richtlinie in das nationale Recht zu übernehmen. Im Rahmen des Art. 7 (3) wird den Mitgliedstaaten die Regelungsoption eingeräumt. Die Normierung wird eine doppelte Informationsverpflichtung des Lieferers (über den Änderungsvorbehalt und über die Befreiung von den Rücksendungskosten) erfordern. Die Befreiung von Rücksendungskosten muß auch bei dem Widerruf des Vertragsverhältnisses seitens des Verbrauchers erfolgen.[726] Nach diesem Regelungskonzept sind die gesetzlichen Tatbestände auszurichten. Die Integration des Umsetzungskonzeptes der EG-Richtlinie in ein Sondergesetz wird dem Rahmen des geringsten Eingriffes in die nationale Rechtsordnung nicht gerecht. Der nationale Gesetzgeber muß im innerstaatlichen Regelungsbereich das sondergesetzliche Regelungskonzept neu in Kraft setzten. Die Reglementierung des Vertragsabschlusses im Fernabsatz wird durch die neu eingeführten Umsetzungsnormen der EG-Richtlinie erfolgen. Die Regelungsausnahmen der EG-Richtlinie stellen keine Entgegenwirkung in der Gestaltung des gesetzlichen Regelungskonzeptes dar. Die Regelungsausnahmen können durch Zusatzregulierung oder im Rahmen der geltenden Rechtslage eingeführt werden.[727] Die angedeutete Lösung wurde vom deutschen Gesetzgeber in die Tat umgesetzt. Die EG-Regelungsmaterie wurde durch die gesetzgeberische Entscheidung zwischen den Rechtsquellen des BGB und der Sondergesetzgebung aufgeteilt. In den nächsten Kapiteln der Arbeit wird die angesprochene Umsetzungsproblematik behandelt.

4.1.3 Durch das Haustürwiderrufsgesetz

Das Regelungskonzept des Gesetzes über den Widerruf von Haustürgeschäften und ähnlichen Geschäften bezweckt, den Verbraucher vor dem Überraschungsmoment bei Rechtsgeschäften zu schützen, die auf Initiative des Gewerbetreibenden außerhalb seiner Geschäftsräume abgeschlossen worden. Dieser Schutzansatz wurde vom Schutzansatz der EG-Haustürwiderrufsrichtlinie in das nationale Recht übernommen. Die EG-Fernabsatzrichtlinie normiert den Schutzansatz bei der Entziehung des Einflusses während des Abschlusses des Fernabsatzvertrages. Außerdem fehlt beim Fernabsatz die Möglichkeit einer Prüfung der Ware. Dieser Vertragsabschluß gehört zu den rechtlich typisierbaren Positionen. Diese Umstände haben die Rechtsnormen zum Schutz des Unterlegenen im Rechtsverhält-

---

726 Micklitz/Reich (Fn. 675) 1999, S. 59 ff..

727 Die Regelungsausnahmen des Regelungskonzeptes der EG-Richtlinie sind in dem Kapitel – Zum Inhalt der EG-Richtlinie – der Arbeit aufgezählt.

nis des Haustürwiderrufes und Fernabsatzes veranlaßt. Dementsprechend sind die Schutzansätze der Haustürwiderrufsrichtlinie und der Fernabsatzrichtlinie zu vergleichen. Die deutsche Rechtsprechung hat die Rechtsinstitute des Haustürwiderrufes und des Fernabsatzes getrennt behandelt. Die Erweiterung des Haustürwiderrufsgesetzes auf den Regelungsbereich des Fernabsatzes wurde nicht erreicht. Der Grund lag darin, daß die Schutzbedürfnisse des Verbrauchers bei Fernabsatzgeschäften nicht im gleichen Umfang wie bei Haustürgeschäften bestimmbar sind.[728] Somit wird das Haustürwiderrufsgesetz bei den Internet-Geschäften mit Verbrauchern keine Anwendung finden. Beim Umsetzungskonzept der Fernabsatzrichtlinie in das Regelungskonzept des HausTWG erfolgt die Normierung der behandelten Tatbestände des Fernabsatzes getrennt. Die normativen Rahmen sind durch die Rechtsvorschriften des HausTWG vorgegeben. Dabei sind folgende Ansatzpunkte in der gesetzlichen Entscheidung zu berücksichtigen. Der Angleichungsgegenstand bezieht sich auf die Dauer und den Beginn der Widerrufsfrist.[729] Beim sachlichen Anwendungsbereich sind Unterschiede vorhanden. Der Regelungsgegenstand hat unterschiedliche Ausgangspositionen. Bei der innerstaatlichen Bestimmung des sachlichen Anwendungsbereiches wird die Übernahme der Rechtskategorien des Art. 2 der Fernabsatzrichtlinie notwendig.[730] Dementsprechend ist das verbraucherrechtliche Schutzbedürfnis am Widerrufsrecht auszurichten. Bei der Gegenüberstellung des Widerrufes nach dem Haustürwiderrufsgesetz und der Fernabsatzrichtlinie sind folgende Unterschiede festzuhalten: Die Belehrung muß im Rahmen des Haustürwiderrufsgesetzes (§ 2 Abs. 1 Satz 2 HausTWG) schriftlich und drucktechnisch deutlich erfolgen. Die Fernabsatzrichtlinie erfordert sowohl die schriftliche Form (Art. 5 (1) der EG-Richtlinie) als auch Klarheit und Verständlichkeit (Art. 4 (2) der EG-Richtlinie).

728 BT – Drs. 10/1254, 8; BT – Drs. 10/2876, 11; Vgl., Micklitz/Reich (Fn. 675) 1999, S. 41 ff..

729 In dieser Hinsicht wird eine Weiterentwicklung des Verbrauchervertriebsrechtes erreicht. Nach Ansicht von Micklitz/Reich hat die EG-Richtlinie über den Verbraucherschutz bei Vertragsabschlüssen im Fernabsatz die EG-Richtlinie betreffend den Verbraucherschutz im Falle von außerhalb von Geschäftsräumen geschlossenen Verträgen ergänzt. Dadurch wird die Grundlage zur Verabschiedung eines Verbrauchervertriebsgesetzes geschaffen. Die gesetzgeberische Entscheidung über den Erlaß des Verbrauchervertriebsgesetzes ist lediglich im Rahmen der Reformentwürfe geblieben. Vgl., Micklitz/Reich (Fn. 675) 1999, S. 57 ff..

730 Im Rahmen des Art. 2 der EG-Richtlinie sind die Bereiche „Vertragsabschluß im Fernabsatz“, „Verbraucher“, „Lieferer“, „Fernkommunikationstechnik“ und „Betreiber einer Kommunikationstechnik“ normiert. Zusätzlich gehören zu diesem Regelungsbereich die Informationsrechte des Verbrauchers nach Art. 4 und 5 der EG-Richtlinie. Der nationale Gesetzgeber wird bei der Bestimmung des sachlichen Anwendungsbereiches die angegebenen Rechtspositionen des europäischen Regelungskonzeptes übernehmen müssen.

Die Form des Widerrufes muß durch die Aushändigung (§ 2 Abs. 1 Satz. 2 HausTWG) oder durch gesonderte Unterschrift (§ 2 Abs. 1 Satz 3 HausTWG) erfolgen. Nach der EG-Richtlinie wird die Form des Widerrufes nicht geregelt. Nach § 2 Abs. 1 Satz 2 HausTWG kann der Zeitpunkt des Widerrufes auch nachträglich sein. Art. 4 Abs. 1 f) der Fernabsatzrichtlinie hat der Zeitpunkt des Widerrufes vor dem Abschluß des Vertrages bestimmt. Die Dauer des Widerrufes ist nach § 1 Abs. 1 HausTWG auf eine Woche abgestellt. Die Widerrufsdauer nach Art. 6 (1) der EG-Richtlinie ist auf mindestens 7 Werktage beschränkt. Das Widerrufsrecht beginnt ab Belehrung und Aushändigung (§ 2 Abs. 1 Satz 2 des HausTWG). Die EG-Richtlinie differenziert nach dem Kriterium der Waren oder Dienstleistungen. Bei den Waren ist Tag der Lieferung einschlägig, wenn die Information nach Art. 5 der EG-Richtlinie bereitgestellt wurde. Bei den Dienstleistungen ist der Moment des Vertragsabschlusses maßgeblich, wenn die Information nach Art. 5 der EG-Richtlinie bereitgestellt wurde. Bei der Nichtbelehrung läuft die Frist nach dem HausTWG nicht. Das Fristerlöschen ist nach Ablauf eines Monats gegeben (§ 2 Abs. 1 HausTWG). Die Richtlinienvorschriften sehen eine mögliche Verlängerung auf 3 Monate und 7 Werktage vor (Art. 6 Abs. 1 der EG-Richtlinie). Nach dem Regelungskonzept des Haustürwiderrufsgesetzes ist der Beginn der nachträglichen Belehrung nicht ausdrücklich geregelt. Die EG-Richtlinienvorschriften fordern die Bestimmung des Zeitpunktes ab Übermittlung der Information über Waren und Dienstleistungen (Art. 6 Abs. 1 der EG-Richtlinie). Bei den Rechtsfolgen des Widerrufes ist die Rückgewähr (§ 3 Abs. 1 Satz 1 HausTWG) und die Rückerstattung (Art. 6 Abs. 2 Satz 1 der EG-Richtlinie) zu nennen. Bei den Kosten sind die unmittelbaren Kosten der Rücksendung (Art. 6 Abs. 2 der EG-Richtlinie) zu erstatten. Die Rechtsnormen des Haustürwiderrufsgesetzes haben dieses Regelungsproblem offen gelassen. In der Umsetzung der Richtlinienvorschriften ist der deutsche Gesetzgeber verpflichtet, die Lieferungspflichten innerhalb von 30 Tagen und die Erstattungspflichten innerhalb von 30 Tagen gesetzlich zu übernehmen. Diese Anforderung ergibt sich aus Art. 7 der EG-Richtlinie. Bei der Integration des Umsetzungskonzeptes der Fernabsatzrichtlinie in das Haustürwiderrufsgesetz wird der deutsche Gesetzgeber die europäischen Anforderungen der EG-Hautürwiderrufsrichtlinie beachten müssen. Die oben aufgezeigten Regelungsunterschiede bei den Regelungskonzepten der EG-Richtlinie und des Haustürwiderrufsgesetzes haben einen europäischen Hintergrund. Die Veränderungsmöglichkeiten sind in dieser Hinsicht eingeschränkt. Somit muß der deutsche Gesetzgeber die Richtlinienvorschriften des Fernabsatzes getrennt in den §§ 1 - 3 HausTWG normieren. Dieser Regelungsbereich bezieht sich auf das Widerrufsrecht des Verbrauchers beim Vertragsabschluß im Fernabsatz. Die Normierung der nächsten Regelungsbereiche aus dem Regelungskonzept ist in den einzelnen Tatbeständen des Haustürwiderrufsgesetzes zu verwirklichen. Damit wird in die nationale Rechtsordnung das Umsetzungskonzept der getrennten Anwendungsbereiche in bezug auf das Haustürgeschäft und das Fernabsatzgeschäft integriert. Der deutsche Gesetzgeber hat das Regelungskonzept des Haustürwiderrufsgesetzes unberührt gelassen. Die speziellen Rechtsvorschriften der EG-Fernabsatzrichtlinie sind durch die entsprechenden Rechtsquellen zu übernehmen. Die sondergesetzliche Lösung wurde vom deutschen Gesetzgeber vorgezogen.

4.1.4 Durch das Verbrauchervertriebsgesetz

Die EG-Richtlinie über den Verbraucherschutz bei Vertragsabschlüssen im Fernabsatz schafft zusammen mit der EG-Richtlinie betreffend den Verbraucherschutz im Fälle von außerhalb von Geschäftsräumen geschlossenen Verträgen das Regelungskonzept für die Normierung des Verbrauchervertriebsgesetzes.[731] Das Verbrauchervertriebsgesetz wird den Direkt- und den Distanzvertrieb umfassen. Dementsprechend werden die gemeinsamen Anhaltspunkte der Information, der Belehrung und des Widerrufsrechtes im Rahmen lauterkeitsrechtlicher Regeln kodifiziert. Die Regelungskonzepte des Haustürwiderrufsgeschäftes und des Fernabsatzgeschäftes müssen aufeinander abgestimmt werden. Zu diesem Regelungsbereich gehören auch die selektiven Regelungen des europäischen Verbraucherschutzrechtes – Verbraucherkredit, Garantien, Versicherungsverträge, Teilzeitnützungsrechte (time-sharing), Sprachtelefondienst.[732] Dieses Regelungsproblem wurde bei der Integration des Umsetzungskonzeptes der Fernabsatzrichtlinie in das Regelungskonzept des Haustürwiderrufsgesetzes behandelt. Das angesprochene Umsetzungskonzept ist an den detaillierten Angaben in den Regelungskonzepten der Haustürwiderrufsrichtlinie und der Fernabsatzrichtlinie gescheitert. Nach Ansicht von Micklitz und Reich sind die Rechtsvorschriften der Fernabsatzrichtlinie zuerst in den sondergesetzlichen Tatbeständen zu normieren. In einem zweiten Schritt ist das eigenständige deutsche Verbrauchervertriebsgesetz zu erlassen.[733] Ein vergleichbares Regelungskonzept wurde bei den Wertpapierdienstleistungen im normativen Rahmen des WpHG in Kraft gesetzt.[734] Das Umsetzungskonzept durch das Verbrauchervertriebsgesetz stellt die Ansätze einer Kodifizierung des nationalen Verbraucherschutzrechtes dar. Die Reformentwürfe sind auf der Ebene der theoretischen Abhandlungen geblieben.[735]

---

731 Micklitz/Reich (Fn. 675) 1999, S. 6 ff..
732 Reich (Fn. 2) 1996, Rdnr. 157 ff..
733 Micklitz/Reich (Fn. 675) 1999, S. 45 ff..
734 Reich, EuZW 1997, 581, 588 ff..
735 Reich, EuZW 1997, 581, 589 ff..; Micklitz/Reich (Fn. 675) 1999, S. 45 ff..

4.1.5 Entscheidung des deutschen Gesetzgebers: Durch das FernAbsG

Der deutsche Gesetzgeber hat schließlich entschieden die EG-Richtlinie über den Verbraucherschutz bei Vertragsabschlüssen im Fernabsatz durch den Erlaß des Gesetzes über Fernabsatzverträge und andere Fragen des Verbraucherschutzes in das nationale Recht zu übernehmen.[736] Diese Entscheidung wurde nicht darauf beschränkt, durch die eingeführten sondergesetzlichen Tatbestände für Fernabsatzverträge bestimmte Informationspflichten des Unternehmers und ein Widerrufsrecht des Verbrauchers normiert zu haben.[737] Bei dieser Entscheidung hat der deutsche Gesetzgeber sowohl die Rechtskategorien des verbraucherrechtlichen Widerrufsrechtes – Rückgaberechtes als auch die Rechtskategorien des Unternehmers und des Verbrauchers in das Regelungskonzept des Bürgerlichen Gesetzbuches aufgenommen.[738] Dieses Umsetzungskonzept hat den Anwendungsbereich der EG-Richtlinie unter folgenden Gesichtspunkten eingehalten. Nach Ansicht der deutschen Regierung ist das Fernabsatzgeschäft dadurch gekennzeichnet, daß Anbieter und Verbraucher sich nicht physisch begegnen und der Verbraucher die Ware oder Dienstleistung vor Vertragsabschluß nicht in Augenschein nehmen kann.[739] Die Umsetzungsnormen erfassen alle Verträge über Waren oder Dienstleistungen, die zwischen einem Verbraucher und einem Unternehmer ohne persönlichen Kontakt unter Benutzung von Fernkommunikationsmitteln im Bereich des für den Fernabsatz organisierten Vertriebs- beziehungs-

---

736 Die gesetzliche Regelung ist am 30. Juni 2000 in Kraft getreten. BGBl. I 897; RegE, BT – Dr 14/2658; Stellungnahme des Bundesrates BT – Dr 14/2920; Beschlußempfehlung und Bericht des Rechtsausschusses BT – Dr 14/3195; Beschlußempfehlung des Vermittlungsausschusses BR – Dr 237/2000 und BT – Dr 14/2527. Die EG-Richtlinie wurde vom deutschen Gesetzgeber mit 24 Tagen Verspätung in die nationale Rechtsordnung umgesetzt. Diese Tatsache der normativen Regulierung stellt das gemeinschaftswidrige Handeln des deutschen Gesetzgebers dar. Die gemeinschaftsrechtlichen Folgen sind aus dieser Tatsache durch europäischen Instanzen nicht abgeleitet worden.

737 Dieses Gesetz hat die EG-Richtlinie 98/27/EG über Unterlassungsklagen zum Schutz der Verbraucherinteressen (ABl. EG Nr. L 166 S. 51) und EG-Richtlinie 99/34/EG zur Änderung der EG-Richtlinie 85/374/EWG des Rates zur Angleichung der Rechts- und Verwaltungsvorschriften der Mitgliedstaaten über die Haftung für fehlerhafte Produkte (ABl. EG Nr. L. 141 S. 20) umgesetzt.

738 Büllow/Artz, NJW 2000, 2049, 2051 ff..; Fuchs, ZIP 2000, 1273, 1280 ff..; Roth, JZ 2000, 1013, 1014 ff..

739 Deutscher Bundestag – Blickpunkt Bundestag 02/2000; Suchtext: Fernabsatz; Suchbereich – Gesamtindex 3/7.

weise Dienstleistungssystems abgeschlossen werden.[740] Nach der offiziellen Ansicht besteht innerstaatlich ein Umsetzungsbedarf bei Art. 1 bis 6 der EG-Fernabsatzrichtlinie.[741] Durch den Art. 1 der EG-Richtlinie wird ein Gegenstand der EG-Rechtsangleichung bezeichnet. Somit sind die Rechts- und Verwaltungsvorschriften der Mitgliedstaaten über Vertragsabschlüsse im Fernabsatz zwischen Verbrauchern und Lieferern betroffen. Art. 2 der EG-Richtlinie hat für den innerstaatlichen Regelungsbereich die maßgeblichen Rechtskategorien definiert. Art. 3 der EG-Richtlinie normiert die erforderlichen Ausnahmen des EG-Regelungskonzeptes. Durch die Rechtsvorschriften der Art. 4 und 5 der EG-Richtlinie sind die Informationspflichten des Anbieters und durch den Art. 6 der EG-Richtlinie das Widerrufsrecht des Verbrauchers zu übernehmen. Bei der Übernahme der EG-Rechtsvorschriften zum Widerrufsrecht ist zu beachten, daß das Widerrufsrecht in den sondergesetzlichen Rechtsnormen nicht einheitlich konzipiert ist.[742] Das Widerrufsrecht der EG-Fernabsatzrichtlinie hat die Regelungskategorie der „schwebenden Wirksamkeit" eingeführt. Dementsprechend ist der Verbraucher an seine Willensäußerung nicht gebunden, wenn diese wirksam widerrufen wird. Bis dahin ist das Vertragsverhältnis als wirksam zu bewerten. Die Erfüllungsansprüche bestehen bis zum Zeitpunkt des Widerrufes.[743] Das angedeutete Normkonzept ist durch § 361 a) BGB übernommen worden. Diese Rechtsvorschrift gehört zu den Blanketnormen. Nach ihrem Regelungskonzept werden die Voraussetzungen und Folgen des Widerrufsrechtes bestimmt. Die verbraucherschutzrechtliche Sondergesetzgebung normiert die Regelungsfälle, bei denen die Umsetzungsvorschrift des § 361 a) BGB zur Anwendung kommen wird.[744] Durch den § 361 b) BGB wird das Rückgaberecht des verbraucherschutzrechtlichen Verkehrs eingeführt. Das Regelungskonzept des Rückgabe-

740 Bei der Bestimmung des persönlichen und sachlichen Anwendungsbereiches (§ 1 des FernAbsG) wird dem Normkonzept des Art. 1 und 2 der EG-Fernabsatzrichtlinie entsprochen.

741 Drucksache 14/2658, S. 17 ff..

742 In Art. 5 der EG-Haustürwiderrufsrichtlinie wurde die Kategorie des Rücktrittsrechtes normiert. Durch den Art. 5 Nr. 1 der EG-Time-Sharing-Richtlinie hat die Voraussetzungen des Rücktrittes bestimmt. Art. 6 der EG-Fernabsatzrichtlinie befaßt sich mit der Regelungskategorie des Widerrufes.

743 Bei den Umsetzungsnormen (§ 1 des HausTWG; § 7 des VerbrKrG; § 5 des TzWrG) wird das Regelungskonzept der schwebenden Unwirksamkeit normiert. Die Willensäußerung ist bis dann wirksam, wenn diese nicht widerrufen wurde. Die gesamten Ansprüche des Vertragsverhältnisses werden nach dem Ablauf der Widerrufsfrist entstehen.

744 Die Hinweisnormen bei § 3 des FernAG; § 1 des HausTWG; §§ 7/9 des VerbrKrG; § 5 des TzWrG und § 4 des FernUSG sind bereits normiert. Vgl., Büllow/Artzt, NJW 2000, 2049, 2052 ff..

rechtes ist nach dem Rücktrittsrecht ausgestaltet. Der Vertrag wird in das Abwicklungsverhältnis umgewandelt.[745] Der persönliche Anwendungsbereich verbraucherschutzrechtlicher Normen wurde durch die Änderung des Bürgerlichen Gesetzbuches festgestellt. Dieser Regelungsauftrag wurde durch § 13[746] und 14[747] des Bürgerlichen Gesetzbuches übernommen. Dieses Regelungsergebnis ist durch europäische Rechtssetzung bedingt und stellt die kodifikatorische Leistung des deutschen Gesetzgebers für den Bereich des Verbraucherschutzes dar. Zum ersten Mal wurde in der nationalen Rechtsordnung zur zuständigen Rechtsquelle das Regelungskonzept des BGB gewählt.

Demnächst sind beim nationalen Umsetzungskonzept dieser EG-Richtlinie folgende Ansatzpunkte zu beachten. Die Anwendungsvoraussetzungen sind beim Vorliegen des Fernabsatzvertrages nach den Artikeln Art. 1 bis 3 der Fernabsatzrichtlinie gegeben. Eingeschränkter Umsetzungsbedarf besteht beim Art. 7 der Fernabsatzrichtlinie. Art. 7 der EG-Richtlinie normiert die Regeln zur Erfüllung eines Fernabsatzvertrages und die Regeln für Leistungsstörungen. Die Rechtsfolgen richten sich in diesem Fall nach dem Recht der nationalen Rechtsordnung.[748] Insofern liegt beim Art. 7 Abs. 1 der Fernabsatzrichtlinie kein Umsetzungsbedarf vor. Das Umsetzungskonzept hat den Art. 7 Abs. 2 der Fernabsatzrichtlinie eingeschränkt in die nationale Rechtsordnung übernommen. Bei der Nichterfüllung eines Vertrages wegen Verfügbarkeit der Ware oder Dienstleistung verlangt das Regelungskonzept des Art. 7 Abs. 2 der EG-Richtlinie, daß der Verbraucher darüber informiert wird und anschließend der Verbraucher die Möglichkeit haben muß, die geleisteten Zahlungen erstattet zu bekommen. Die Rechtsfolgen dieses Verstoßes sind nach der nationalen Rechtsordnung zu bestimmen.[749] Die Rechts-

745 § 361 b) BGB Rdnr. 11; in: Palandt BGB - 60 Aufl..

746 § 13 (Verbraucher) BGB lautet folgendermaßen: „Verbraucher ist jede natürliche Person, die ein Rechtsgeschäft zu einem Zweck abschließt, der weder ihrer gewerblichen noch ihrer selbständigen beruflichen Tätigkeit zugerechnet werden kann."

747 § 14 (Unternehmer) BGB lautet wie folgt: (1) Unternehmer ist eine natürliche oder juristische Person oder eine rechtsfähige Personengesellschaft, die bei Abschluß eines Rechtsgeschäftes in Ausübung ihrer gewerblichen oder selbständigen beruflichen Tätigkeit handelt. (2) Eine rechtsfähige Personengesellschaft ist eine Personengesellschaft, die mit der Fähigkeit ausgestattet ist, Rechte zu erwerben und Verbindlichkeiten einzugehen.

748 Dementsprechend sind die Rechtsvorschriften des § 271 BGB und des § 284/285 BGB anschließend des § 10 Nr. 1 AGBG anzuwenden.

749 In diesen Regelungsfällen greifen § 320 (Einrede des nichterfüllten Vertrages); § 323 (Nicht zu vertretendes Unmöglichwerden); § 325 (Vom Schuldner zu vertretendes Unmöglichwerden); § 326 (Verzug; Fristsetzung mit Ablehungsandrohung) des Bürgerlichen Gesetzbuches. Dementsprechend geht das nationale Leistungsstörungsrecht über die Vorgaben der EG-Richtlinie hinaus.

vorschriften des Art. 7 Abs. 3 der EG-Richtlinie sind durch die richtlinienkonforme Interpretation in das nationale Recht umzusetzen. Die interpretationsfähigen Rechtsvorschriften des nationalen Rechtes befinden sich in § 10 Nr. 4 AGBG und § 480 BGB. Die Befugnis bestellte Waren oder Dienstleistungen durch qualitätsmäßig und preislich gleichwertige Waren oder Dienstleistungen zu ersetzen, können die Vertragsparteien durch § 262 BGB erreichen. Diese Rechtsvorschrift gehört zum Regelungsgegenstand des BGB-Vertragsrechtes. Beim Art. 8 der EG-Fernabsatzrichtlinie wird das Umsetzungskonzept durch die richtlinienkonforme Interpretation angewendet. Die geltenden Rechtsnormen des AGB-Gesetzes lösen das Regelungsproblem der betrügerischen Verwendung von Zahlungskarten. Zusätzlich sind die allgemeinen Regeln des Vertrags- und Deliktsrechtes anzuwenden.[750] Das Umsetzungskonzept der richtlinienkonformen Interpretation wird bei der Umsetzung des Art. 9 der EG-Fernabsatzrichtlinie vorgezogen. Die Zusendung unbestellter Waren mit einer Zahlungsanforderung verstößt gegen § 1 UWG.[751] Somit bedarf es nicht der Umsetzung durch eine ausdrückliche Verbotsnorm nach Art. 9 Abs. 1 der EG-Richtlinie. Den vertraglichen Ansprüchen und sonstigen Ansprüchen wie zum Beispiel Herausgabe oder Schadensersatz wird durch die Rechtsvorschriften des BGB Rechnung getragen.[752] Dementsprechend besteht ein gesetzlicher Umsetzungsbedarf nicht. Art. 10 der EG-Richtlinie hat Einschränkungen bei der Verwendung bestimmter Fernkommunikationsmittel eingeführt. Die Verwendung der Kommunikationsmittel beim Vertragsabschluß wird der Zustimmung des Verbrauchers bedürfen. Die geltenden Rechtsnormen sind in diesem Regelungsbereich interpretationsfähig. Dementsprechend wird dieses Regelungsproblem im Rahmen der BGH-Rechtsprechung zu § 1 UWG gelöst.[753] Art. 11 der EG-Richtlinie verzeichnet einen eingeschränkten Umsetzungsbedarf. Bei der Umsetzung wird die Erweiterung des nationalen Verbandsklagerechtes gefordert. Die erforderliche Rechtsnorm des Gesetzes wird während der Umsetzung einer Unterlassungsklagerichtlinie in Kraft gesetzt. Das Umsetzungskonzept der Fernabsatzrichtlinie hat auf die Normierung der Sonderregeln für die Verbandsklage verzichtet. In den amtlichen Erklärungen wurde der Regelungsbedarf in dieser Frage ausdrücklich anerkannt.[754] Ein Umsetzungsbedarf ist bei Art. 12 der EG-Fernabsatzrichtlinie gegeben. Die nationale Rechtsordnung muß die Rechtsvorschriften hinsichtlich der Unabdingbarkeit von Vereinbarun-

---

750 Pichler, NJW 1998, 3234, 3234 ff..

751 Baumbach/Hefermehl, Wettbewerbsrecht 1998 - § 1 UWG Rdnr. 72.

752 Bei diesen Regelungsfällen sind die Rechtsvorschriften des § 145 BGB und der §§ 812 und 985 BGB anwendbar.

753 Drucksache 14/2658, S. 24 ff..

754 Drucksache 14/2658, S. 28 ff..

gen zwischen Parteien ausdrücklich verwirklichen.[755] Auch bei Art. 13 und 14 der EG-Fernabsatzrichtlinie ist ein eingeschränkter Umsetzungsbedarf zu verzeichnen. Diese Rechtsvorschriften bestimmen das Verhältnis zu anderen Rechtsvorschriften der EG und des nationalen Rechtes. Die Fernabsatzrichtlinie wird durch die speziellen Rechtsvorschriften der Europäischen Gemeinschaften verdrängt. Die EG-Rechtsvorschriften der Art. 15 - 19 enthalten die Regeln zur Durchführung dieser Richtlinie und erfordern keine Umsetzungsmaßnahmen in Form eines Gesetzes.[756]

Dem Umsetzungskonzept der EG-Fernabsatzrichtlinie dienen die Rechtsvorschriften des Art. 29 a) EGBGB (Verbraucherschutz für besondere Gebiete), § 241 a) BGB (Lieferung unbestellter Sachen), § 676 h) BGB (Missbrauch von Zahlungskarten) und schließlich die Rechtsvorschriften des AGBG: § 22 (Unterlassungsanspruch bei verbraucherschutzgesetzwidrigen Praktiken) und § 22 a) (Verfahren zur Meldung qualifizierter Einrichtungen an die Kommission der Europäischen Gemeinschaften). Diese Rechtsvorschriften sind bei der Umsetzung der EG-Fernabsatzrichtlinie nicht berücksichtigt worden, da der Anwendungsbereich der Rechtsnormen sich über die Fernabsatzgeschäfte hinaus erstreckt.[757]

Beim Regelungskonzept des FernAbsG wird begrenzter Regelungsbedarf in diesem Bereich anerkannt.[758] Die maßgeblichen Rechtsnormen des nationalen

---

755 Drucksache 14/2658, S. 28 ff..

756 Drucksache 14/2658, S. 29 ff..

757 Härting, FernAbsG/Fernabsatzgesetz – Kurzkommentar 2000, S. 17 ff..; 34 ff..

758 Die gewählte gesetzgeberische Entscheidung des deutschen Gesetzgebers hat dem Kontrollmaßstab der EG-Richtlinienumsetzung entsprochen. Es läßt sich behaupten, daß die Kriterien des Kontrollmaßstabes (Zielsetzung in der EG-Richtlinie, Forderungen des EG-Primärrechtes, Verbraucherleitbild, Parallelität der Rechtsnormen, Rechtsform der Umsetzung) sind von ihm eingehalten worden. Bei der Umsetzung in die nationale Rechtsordnung sind die detaillierten Richtlinienvorschriften des EG-Regelungskonzeptes aufgenommen worden. Die Sperrwirkung der EG-Richtlinienvorschriften besteht nach dem Umsetzungsstand nicht. Das Umsetzungskonzept der EG-Richtlinie wurde nach dem Konzept der Mindestharmonisierung und des Beibehaltens des strengeren nationalen Rechtes verwirklicht. Aus dem gewählten Umsetzungskonzept sind keine gemeinschaftswidrigen Regelungsergebnisse ableitbar. Die Reformbemühungen des deutschen Gesetzgebers bezwecken, die Rechtsvorschriften im Bereich des Fernabsatzes in das Regelungskonzept des BGB zu übernehmen. Die Fernabsatzverträge gehören nach der Reform der Schuldrechtsmodernisierung gemeinsam mit den Vorschriften zu Haustürgeschäften in die §§ 477 - 482 BGB. Bei dieser Entscheidung hat der Gesetzgeber den eigenständigen Vertragstyp des Fernabsatzes konzipiert. Durch den § 480 BGB wird die terminologische Bestimmung des Fernabsatzvertrages vorgegeben. Im inhaltlichen Bereich wurde durch die Normierung dieser Rechtsvorschriften nichts geändert. Bei der Übernahme der EG-Richtlinienvorschriften in das nationale Recht stand die angesprochene Umsetzungsproblematik nicht im Vordergrund. Eine derartige

Rechtes sind durch den nationalen Gesetzgebern beibehalten worden. Dafür spricht das Prinzip der Mindestharmonisierung des Art. 14 der EG-Richtlinie. Bei fehlendem Normkonzept wird die EG-Rechtsnorm an den in der Richtlinie orientierten Wortlaut übernommen. Diese Regelungsmethode wird als gemeinschaftskonform betrachtet.[759]

4.2 Nach dem Maßstab des österreichischen Rechtes

4.2.1 Durch richtlinienkonforme Interpretation

Dieses Umsetzungskonzept der EG-Richtlinie ist in der österreichischen Rechtsordnung angesichts fehlender Rechtsnormen im Regelungsbereich des Fernabsatzes gescheitert. Die nationale Rechtsordnung enthält konkretisierungsbedürftige Regelungsansätze in diesem Bereich des Privatrechtes. Dementsprechend erfüllt die bestehende Rechtslage nicht die Anforderungen der EG-Richtlinie. In der nationalen Rechtsordnung müssen die Rechtsvorschriften des Fernabsatzes neu bestimmt werden. Zu diesen Regelungsbereichen gehören Information, Widerruf und Vertragsdurchführung. Die gemeinschaftskonforme Richtlinienumsetzung wird die gesetzgeberische Entscheidung bei der Übernahme der EG-Richtlinienvorschriften erfordern. Das Regelungskonzept der EG-Fernabsatzrichtlinie wird die Orientierungspunkte beim Erlaß des normativen Regelungsaktes darstellen. Dem österreichischen Gesetzgeber bleibt die Bestimmung der zuständigen Rechtsquelle zur Umsetzung der Richtlinienvorschriften vorbehalten. Dabei sind die Regelungskonzepte des ABGB, des KSchG, des UWG zu fragen. Das Umsetzungskonzept durch richtlinienkonforme Interpretation wurde in der österreichischen Rechtsordnung bei der gesetzgeberischen Entscheidung zum Teil verwirklicht. Mit diesem Regelungsproblem setzen sich die folgenden Abschnitte der Arbeit auseinander.

4.2.2 Durch das ABGB

Bei diesem Umsetzungskonzept sind die geltenden Rechtsvorschriften des ABGB-Schuldrechtes zu untersuchen. Dieses Umsetzungskonzept erfordert die

---

rechtstechnische Überführung der Umsetzungsvorschriften in das BGB hat meiner Ansicht nach die Richtigkeit der bisherigen gesetzgeberischen Entscheidung (FernAbsG) in Frage gestellt. Der Kontrollmaßstab der gemeinschaftskonformen Richtlinienumsetzung wird bei der Überführung der Regelungsmaterie zum Fernabsatz nicht verletzt. Vgl., Diskussionsentwurf (Fn. 291) 2000, S. 61 ff..

759 Büllow/Artz, NJW 2000, 2049, 2053 ff..; Micklitz, EuZW 2001, 133, 136 ff..

Bestimmung des Standortes der Rechtsnormen. Der österreichische Gesetzgeber muß über das maßgebliche Kapitel im Rahmen des ABGB-Regelungskonzeptes entscheiden. In diesem Regelungsbereich fehlt das erforderliche Ausmaß der Konkretisierung. Der österreichische Gesetzgeber hat auf den Erlaß von Rechtsnormen zum Vertragsabschluß im Fernabsatz hingewiesen. Eine normative Klarstellung wird in den speziellen Abschnitten des ABGB erfolgen. Das Regelungskonzept des ABGB muß den speziellen Regelungscharakter der EG-Fernabsatzrichtlinie aufnehmen. Dabei ist es an dem europarechtlich eingefügten Schutzansatz der Fernabsatzrichtlinie zu orientieren. Der Schutzansatz des Regelungskonzeptes liegt im Fehlen des Einflusses seitens des Verbrauchers. Die Schutzbedürfnisse sind aus der Unsichtbarkeit des Vertragspartners und des Produktes sowie aus der Fahrlässigkeit bei der Entscheidung durch die Fernkommunikation abzuleiten.[760] Fraglich ist nun, ob bei der Integration der EG-Richtlinienvorschriften die Rechtsnormen des ABGB zu reformieren oder in ihrem Anwendungsbereich unberührt zu lassen sind. Die privatrechtliche Wirkung der Umsetzungsvorschriften wird beim Regelungskonzept der Fernabsatzrichtlinie nicht erreicht, da die EG-Rechtsvorschriften auf die verbraucherrechtlichen Schutzbedürfnisse ausgerichtet sind. Dementsprechend sind die EG-Rechtsvorschriften neben dem geltenden Recht zu setzen. Das geltende Recht des Vertragsabschlusses wird im Rahmen des ABGB unberührt gelassen. Dem speziellen Regelungscharakter der Fernabsatzrichtlinie wird durch die Trennung der Anwendungsbereiche zwischen Umsetzungsnormen zum Vertragsabschluß einerseits und dem Vertragsabschluß nach dem Allgemeinen Schuldrecht (ABGB) andererseits entsprochen. Von der Auseinandersetzung mit dem Regelungskonzept der Fernabsatzrichtlinie wird Abstand genommen, um sich mit der rechtstechnischen Übernahme der EG-Rechtsvorschriften in das Regelungskonzept des ABGB zu befassen.

Angesichts dieser Tatsache stellt sich die Frage, ob dem speziellen Regelungscharakter der Fernabsatzrichtlinie besser durch sondergesetzliche Tatbestände oder durch die Einfügung in das Regelungskonzept des Konsumentenschutzgesetzes entsprochen wird. Deshalb hat sowohl der österreichische Gesetzgeber als auch die österreichische Rechtslehre die Integration des Umsetzungskonzeptes in das ABGB unbeachtet gelassen. Bei der Behandlung der europäischen Regelungsmaterie standen allein die Integration des Umsetzungskonzeptes in das Sondergesetz oder in das Konsumentenschutzgesetz zur Auswahl. Die nächsten Teile der Untersuchung befassen sich gerade mit diesem Regelungsproblem.

---

760 Martinek, NJW 1998, 207, 208 ff..; Köhler, NJW 1998, 185, 186 ff..

4.2.3 *Durch das Sondergesetz*

Bei diesem Umsetzungskonzept sind bereits die bestehenden Rechtsquellen zu berücksichtigen. Dieses Umsetzungskonzept wird in solchen Fällen herangezogen, in denen der spezielle Regelungscharakter der EG-Rechtsvorschriften im Rahmen der bestehenden Rechtsquellen nicht verwirklicht werden kann. In einem solchen Fall ist es an dem nationalen Gesetzgeber, sich für eine sondergesetzliche Lösung zu entscheiden. Der Übernahmegegenstand wird sich auf das verbindliche Regelungsprogramm der EG-Richtlinienvorschriften beziehen. Rechtstechnisch erfolgt die Übernahme des speziellen Regelungscharakters der EG-Rechtsvorschriften durch die Normierung der sondergesetzlichen Tatbestände. Dabei kann der österreichische Gesetzgeber die bestehenden Regelungsoptionen innerhalb des EG-Regelungskonzeptes berücksichtigen. Der persönliche und materielle Anwendungsbereich bleibt an die EG-Richtlinienvorschriften auszurichten. Die andere gesetzestechnische Lösung wird nicht gegen die Anforderung gemeinschaftskonformen Umsetzung verstoßen. Diese gesetzliche Entscheidung läßt sich bei den fehlenden Rechtsnormen in der nationalen Rechtsordnung verwirklichen.[761] In dieser Hinsicht ist ein Gestaltungsspielraum des nationalen Gesetzgebers gegeben. Die Grenzen ihrer Entscheidung liegen beim verbindlichen Regelungsprogramm der EG-Fernabsatzrichtlinie.

Dieses Umsetzungskonzept der EG-Fernabsatzrichtlinie wurde in der österreichischen Rechtsdoktrin nicht ausführlich behandelt. Der nationale Gesetzgeber hat anhand der bestehenden Ausgangspositionen seine gesetzliche Entscheidung eingeschränkt. Dementsprechend befaßt sich der folgende Teil der Arbeit mit der Frage, wie die Integration der EG-Fernabsatzrichtlinie in die nationale Rechtsordnung verwirklicht wurde.

4.2.4 *Entscheidung des österreichischen Gesetzgebers: Durch das Fernabsatz-Gesetz*

Dieses Umsetzungskonzept hat die Rechtsvorschriften der EG-Fernabsatzrichtlinie in die vorhandene Rechtsquelle des Konsumentenschutzgesetzes eingearbeitet. Die ursprüngliche Qualifikation des Vertragsabschlusses im Fernabsatz erfolgt innerhalb der eben erwähnten Rechtsquelle. Das maßgebliche Regelungskonzept der nationalen Rechtsquelle wird an die Anforderungen der EG-Fernabsatzrichtlinie angepaßt. Das Allgemeine Bürgerliche Gesetzbuch wurde

761 Derartige Ausgangspositionen in der nationalen Rechtsordnung setzen den Regelungsauftrag der gesetzlichen Regelung in das Konsumentenschutzgesetz voraus.

vom österreichischen Gesetzgeber unberührt gelassen. Das geltende Privatrecht hat ein zusätzliches Sondergesetz vermieden. Eine derartige Entscheidungslogik des nationalen Gesetzgebers wird als minimaler Eingriff in das geltende Regelungssystem bezeichnet. Bei der gesetzgeberischen Entscheidung sind folgende Ansatzpunkte zu berücksichtigen. Das Regelungskonzept der Umsetzungsnormen hat der Anwendungsbereich der EG-Richtlinienvorschriften im wesentlichen übernommen. Die Regeln über den Fernabsatz sind im Rahmen des Konsumentenschutzgesetzes normiert worden, insofern sie in das Erste Hauptstück des KSchG für Verträge zwischen Unternehmern und Verbrauchern integriert worden sind.[762]

Durch den § 5 a) KSchG wird der Vertragsabschluß im Fernabsatz und in bezug auf Fernkommunikationstechniken bestimmt. Die terminologischen Bestimmungen entsprechen dem Anwendungsbereich des Art. 2 der EG-Fernabsatzrichtlinie. Somit ist beim Vertragsabschluß im Fernabsatz jeder Vertrag über eine Ware oder eine Dienstleistung, der unter ausschließlicher Verwendung der Fernkommunikationstechniken abgeschlossen wird. Die nächste Voraussetzung ist ein „für den Fernabsatz organisiertes Vertriebs- bzw. Dienstleistungssystem."[763] In den Umsetzungsvorschriften wird nicht differenziert zwischen entgeltlichen und unentgeltlichen Vertragsleistungen. Dementsprechend fallen alle Arten der Vertragsleistungen in den Anwendungsbereich der EG-Richtlinie und ihrer Umsetzungsvorschriften.[764] § 5 b) KSchG hat die Voraussetzungen zur Nichtanwendung für die §§ 5 c) bis 5 j) KSchG normiert. Diese Voraussetzungen entsprechen den Ausnahmetatbeständen des EG-Regelungskonzeptes (Art. 3 der EG-Fernabsatzrichtlinie). Diese Umsetzungsvorschrift ist ohne praktische Schwierig-

762 Die Regierungsvorlage zum Entwurf des Bundesgesetzes ist mit den Bestimmungen über den Vertragsabschluß im Fernabsatz in das Konsumentenschutzgesetz eingefügt und das Bundesgesetz gegen den unlauteren Wettbewerb 1984 geändert worden (Fernabsatz-Gesetz) S. 22 ff..; Die Umsetzungsvorschriften betrafen das Konsumentenschutzgesetz in „Verbraucherschutzabschlüsse im Fernabsatz" §§ 5 a) - j), § 28 a), § 29, § 31 a) „Mißbrauch von Zahlungskarten im Fernabsatz"; § 32, § 41 a). Das Bundesgesetz gegen den unlauteren Wettbewerb ist in den § 2, § 14, § 28a) verändert worden. Die angedeuteten Veränderungen sind durch die österreichische Regierungsvorlage (Fernabsatz-Gesetz) bezeichnet worden. Der österreichische Gesetzgeber mußte die EG-Richtlinienvorschriften bis zum 4. Juni 2000 in die nationale Rechtsordnung umsetzen. Die gesetzlichen Bestimmungen des Bundesgesetzes sind am 1. Juni 2000 in Kraft getreten. Dementsprechend hat der österreichische Gesetzgeber die gemeinschaftskonformen Umsetzungsfristen eingehalten.

763 Die Regierungsvorlage zum Entwurf des Bundesgesetzes (Fernabsatz-Gesetz) S. 31 ff..

764 Die Regierungsvorlage zum Entwurf des Bundesgesetzes (Fernabsatz-Gesetz) S. 34 ff..

keiten in Kraft getreten.[765] In § 5 c) Abs. 1 und 2 KSchG sind die Rechtsvorschriften des Art. 4 Abs. 1 und 2 der EG-Richtlinie umgesetzt worden. Der Unternehmer ist nach diesen Bestimmungen verpflichtet, erforderliche Informationen rechtzeitig vor Vertragsabschluß „klar und verständlich auf jedwede der verwendeten Fernkommunikationstechnik angepaßte Art und Weise“ zur Verfügung zu stellen. Der geschäftliche Zweck der Informationen muß eindeutig erkennbar sein. Die angegebenen Informationen sind bis zur Lieferung der Ware in schriftlicher Form zu bestätigen. Eine derartige normative Forderung (Bestätigungspflicht) ist durch § 5 d) KSchG eingeführt worden. Danach muß der Verbraucher rechtzeitig die Bestätigung erhalten. Bei diesem Rechtsverhältnis sind dem Verbraucher die gesetzlichen Rücktrittsrechte zu gewähren. Die Rücktrittsfrist muß 14 Tage betragen. Sonst ist der Rücktritt an keine weiteren Voraussetzungen gebunden. Diese Bestimmungen sind in den §§ 5 e) bis 5 h) KSchG geregelt. Mit der Bestimmung des § 5 e) KSchG wird das Widerrufsrecht des Art. 6 Abs. 1 der EG-Richtlinie in das nationale Recht umgesetzt. Die gesetzlich gesicherte Möglichkeit des Verbrauchers, ohne Angabe von Gründen innerhalb einer bestimmten Frist nach Erhalt der Ware oder nach Vertragsabschluß über eine Dienstleistung vom Vertrag zurückzutreten, wird die eventuellen Risiken des Fernabsatzgeschäftes entschärfen. Dieses Rücktrittsrecht muß als mögliche Korrektur unüberlegter Bestellungen dienen. Die Rücktrittsfrist beträgt sieben Werktage. Dieses Übernahmemuster entspricht dem Regelungskonzept der EG-Richtlinienvorschriften. Der österreichische Gesetzgeber hat bei der Übernahme keine Vorbehalte eingeführt.[766] Die durch § 5 f) KSchG bestimmten Ausnahmen vom Rücktrittsrecht entsprechen dem Art. 6 Abs. 3 der EG-Richtlinienvorschriften. Dem nationalen Gesetzgeber werden in diesem Übernahmefall keine Regelungsoptionen eingeräumt.[767] Die Rückerstattungspflicht des Art. 6 Abs. 2 der EG-Richtlinie ist in § 5 g) KSchG umgesetzt worden. Dabei hat der österreichische Gesetzgeber ausdrücklich normiert, daß dem Verbraucher bei Ausübung des Rücktrittsrechtes als „die einzigen Kosten“ lediglich die „unmittelbaren Kosten der Rücksendung der Waren“ auferlegt werden dürfen. In das österreichische Recht sind die EG-Rechtsvorschriften ohne Ablehnungen vom Regelungskonzept aufgenommen worden.[768] Die durch Art. 6 Abs. 4 der EG-Richtlinie normierte

765 Die Regierungsvorlage zum Entwurf des Bundesgesetzes (Fernabsatz-Gesetz) S. 36 ff..

766 Die Richtlinienvorschrift wurde in der Regierungsvorlage zum Entwurf des Bundesgesetzes (Fernabsatz-Gesetz) kommentiert; S. 43 ff..

767 Die Regierungsvorlage zum Entwurf des Bundesgesetzes (Fernabsatz-Gesetz) S. 45 ff..

768 Die Regierungsvorlage zum Entwurf des Bundesgesetzes (Fernabsatz-Gesetz) S. 48 ff..

entschädigungsfreie Auflösung eines Finanzierungskredits beim Rücktritt des Verbrauchers ist mit § 5 h) KSchG in das nationale Recht umgesetzt worden. Die Rücktrittsrechte des Verbrauchers von dem Hauptvertrag erstrecken sich auf das Vertragsverhältnis des Kreditvertrages. Bei anderen Regelungsfragen sind keine Besonderheiten des Regelungskonzeptes aufgetreten.[769] § 5 i) KSchG hat Art. 7 der EG-Fernabsatzrichtlinie aufgenommen. Der nationale Gesetzgeber hat keine abweichenden Regeln zur Erfüllung des Vertragsverhältnisses festgestellt. Die Erfüllungsfristen sind auf 30 Tage festgelegt worden. In der Regierungsvorlage wird die vorbehaltlose Übernahme der Richtlinienvorschriften (Art. 7 der Fernabsatzrichtlinie) bestätigt.[770] Durch § 5 j) KSchG wurde Art. 10 der EG-Richtlinie in das nationale Rechtssystem umgesetzt. Diese Bestimmung erfüllt die Funktion die Privatsphäre des Verbrauchers zu schützen. Diese Bestimmung normiert die Zulässigkeitsvoraussetzungen der Verwendung belästigender Fernkommunikationsmittel beim Vertragsverhältnis mit dem Verbraucher. Dieser Verwendung wird im Falle der Zustimmung seitens des Verbrauchers stattgegeben. Die offenkundige Ablehnung durch den Verbraucher wird nach der Umsetzungsnorm ausreichen, um die Verwendung als unzulässig zu bewerten. Die Umsetzungsnorm wurde innerstaatlich ohne Streitigkeiten verwirklicht.[771] Mit der Bestimmung des § 5 k) KSchG sind die Richtlinienvorschriften des Art. 8 übernommen worden. Nach den Umsetzungsvorschriften sind geeignete Vorkehrungen einzuführen, damit der Verbraucher bei betrügerischer Verwendung seiner Zahlungskarte zum Vertragsabschluß die Stornierung dieser Bezahlung verlangen oder die gezahlten Zahlungen zurückerstattet bekommen kann. Die eingeführte Umsetzungsvorschrift umfaßt die „mißbräuchliche Verwendung“ von Zahlungskarten. Eine derartige Verwendung von Zahlungskarten darf keinen Tatbestand des Betruges (§ 146 StGB) darstellen. Der österreichische Gesetzgeber hat sich bei dieser Umsetzungsvorschrift an den EG-Richtlinienvorgaben orientiert.[772] § 13 a) Z. 3 KSchG setzt Art. 12 Abs. 2 der EG-Richtlinie um. Dabei werden die kollisionsrechtlichen Normen normiert. Durch diese Umsetzung wurde die Er-

---

769 Die Regierungsvorlage zum Entwurf des Bundesgesetzes (Fernabsatz-Gesetz) S. 49 ff..

770 Die Regierungsvorlage zum Entwurf des Bundesgesetzes (Fernabsatz-Gesetz) S. 52 ff..

771 Auf EG-Ebene war diese Regelung über Beschränkungen beim Einsatz von Fernkommunikationsmitteln sehr umstritten. Im geänderten Richtlinienvorschlag waren die unaufgeforderten Telefon- und E-Mail-Verwendungen von der vorherigen Zustimmung des Verbrauchers abhängig gemacht worden. Die letzte Fassung hat keine derartige Bestimmung aufgenommen. Vgl., Die Regierungsvorlage zum Entwurf des Bundesgesetzes (Fernabsatz-Gesetz) S. 52 ff..

772 Die Regierungsvorlage zum Entwurf des Bundesgesetzes (Fernabsatz-Gesetz) S. 56 ff..

weiterung der Kollisionsnorm des Konsumentenschutzgesetzes erreicht. Die Umsetzungsvorschriften sind genau an den EG-Richtlinienvorschriften ausgerichtet.[773] Die folgenden Bestimmungen der Fernabsatzrichtlinie brauchen keine gesetzliche Umsetzung. Die Regelung über unbestellte Waren oder Dienstleistungen (Art. 9 der Fernabsatzrichtlinie) wurde schon durch die KSchG-Novelle[774] in das österreichische Privatrecht aufgenommen. Die betreffende Vorschrift befindet sich in § 864 Abs. 2 ABGB und § 32 Abs. 1 Z. 5 KSchG. Auch Art. 11 der EG-Fernabsatzrichtlinie braucht keiner innerstaatlichen Umsetzung. Die geeigneten Mittel sind im Rahmen des KSchG (§ 28 KSchG) gegeben. Die Rechtsvorschriften des Art. 11 der EG-Richtlinie normieren die Rechtsbehelfe bei Gericht oder Verwaltungsbehörden. In das Regelungskonzept des UWG muß die Klagelegitimation zur Unterlassungsklage bei Wettbewerbsverstößen wegen irreführender Werbung aufgenommen werden. Die maßgebliche Vorschrift befindet sich in den §§ 1 und 2 des Gesetzes gegen unlauteren Wettbewerb.[775] Nach Ansicht der österreichischen Regierung wird „vom Mindeststandard dieser EG-Richtlinie „marginal und nur dort abgewichen“, wo dies unumgänglich ist. Dieses Vorhaben ist in allen Belangen als europarechtskonform zu bezeichnen.“[776]

---

773 Die Regierungsvorlage zum Entwurf des Bundesgesetzes (Fernabsatz-Gesetz) S. 57 ff..

774 KSchG-Novelle; BGBl. Nr. 6/1997.

775 Die Regierungsvorlage zum Entwurf des Bundesgesetzes (Fernabsatz-Gesetz) S. 24 ff..

776 Die Regierungsvorlage zum Entwurf des Bundesgesetzes (Fernabsatz-Gesetz) S. 29 ff..; Bei der Bewertung der Kriterien der gemeinschaftskonformen Richtlinienumsetzung sind vom österreichischen Gesetzgeber keine Verstöße gegen EG-Recht begangen worden. Die Rechtsprechung des Europäischen Gerichtshofes hat zu den Kriterien (Zielsetzung in der EG-Richtlinie, Forderungen des EG-Primärrechtes, Verbraucherleitbild, Rechtsform der Umsetzung, Parallelität der Rechtsnormen) Verletzungen des EG-Rechtes nicht festgestellt. Die Richtlinienumsetzung ist auf der Ebene der Mindestharmonisierung und des Beibehaltens von dem strengeren nationalen Recht erfolgt. Die sperrwirkende Kraft der Richtlinienvorschriften besteht nach dem Umsetzungsstand nicht. Das Umsetzungskonzept durch richtlinienkonforme Interpretation wurde vom österreichischen Gesetzgeber bei der Prüfung des Regelungscharakters der Richtlinienvorschriften abgelehnt.

4.3 Nach dem Maßstab des polnischen Rechtes

4.3.1 Durch richtlinienkonforme Interpretation

Dieses Umsetzungskonzept der EG-Fernabsatzrichtlinie wurde in der polnischen Rechtsdoktrin nicht angesprochen.[777] Die gemeinschaftskonforme Richtlinienumsetzung sei bei den bestehenden Ausgangspositionen der nationalen Rechtsordnung kaum zu verwirklichen. Erstens enthält die nationale Rechtsordnung kein einheitliches Regelungskonzept zum Fernabsatz. Zweitens sind die bestehenden Regelungspositionen durch unterschiedliche Regelungsansätze gekennzeichnet. Die angedeuteten Gründe sind maßgeblich für das Scheitern der Richtlinienumsetzung durch richtlinienkonforme Interpretation. Dem polnischen Gesetzgeber bleibt unter diesen Umständen die zuständige Rechtsquelle bei der Übernahme der Richtlinienvorschriften zu bestimmen.[778]

4.3.2 Durch das Sondergesetz

Die systematische Gestaltung des polnischen Privatrechtes erlaubt es, ein derartiges Umsetzungskonzept der EG-Fernabsatzrichtlinie vorzunehmen.[779] In diesem Fall wird das polnische Privatrecht ein zusätzliches Sondergesetz zu den speziellen Regelungsfragen erfassen. Der spezielle Regelungscharakter der EG-Richtlinie läßt sich in der Umsetzungsform des Sondergesetzes verwirklichen.[780] Die Regelungspositionen des Zivilgesetzbuches können nicht in Einklang mit den Richtlinienvorschriften gebracht werden. Das Regelungskonzept der EG-Fernabsatzrichtlinie ist als ungeeignet zur zivilrechtlichen Kodifizierung zu bezeichnen. Die EG-Richtlinienvorschriften seien demnach zu speziell.[781] Bei der Übernahme des europäischen Regelungskonzeptes muß der nationale Gesetzgeber lediglich die gewährten Regelungsoptionen und Ausnahmen in den EG-Richtlinienvorschriften berücksichtigen. Durch die Normierung der sondergesetzlichen Tatbe-

---

777 Łętowska (Fn. 236) 1999, S. 224 ff..; ders., (Fn. 548) 2001, S. 21 ff..; Kocot, PPH 2000, 28, 29 ff..; Jagielska, MP 2000, 559, 560 ff..

778 Łętowska (Fn. 236) 1999, S. 601 ff..

779 Das System des polnischen Privatrechtes besteht aus der ZGB-Kodifizierung und der Nebengesetzgebung. Die speziellen Regelungsbereiche sind in das System der Nebengesetze zu integrieren. Der Regelungsgegenstand wird bei der EG-Fernabsatzrichtlinie das verbindliche Regelungsprogramm darstellen. Die gesetzgeberische Entscheidung wird die normativen Rahmen dieses Programmes bestimmen. Die nationale Einschätzung wird unter diesen Umständen entscheidende Rolle spielen.

780 Łętowska (Fn. 236) 1999, S. 71 ff..

781 Łętowska (Fn. 236) 1999, S. 71 ff..

stände ist das verbindliche Regelungsprogramm der EG-Richtlinie innerstaatlich zu bestimmen.[782]

Die Besonderheiten dieser gesetzlichen Entscheidung lassen sich aus den Abhandlungen der polnischen Rechtsliteratur und Rechtsprechungsberichten nicht entnehmen. Die bestehenden Ansätze der nationalen Rechtsordnung zum Vertragsabschluß im Fernabsatz sind nach dieser Regelungstechnik unberücksichtigt zu lassen. Bei diesem Umsetzungskonzept sind Nebenregeln des Fernabsatzes zu erlassen. Dementsprechend wird das Regelungskonzept der EG-Richtlinie ungestört in das nationale Recht aufgenommen. Der polnische Gesetzgeber kann bei dieser Entscheidung die zusätzlichen Rechtsnormen in das Umsetzungskonzept der EG-Richtlinie einarbeiten. Das Regelungsergebnis ist ohne besondere Schwierigkeiten zu prognostizieren.

Der polnische Gesetzgeber hat bei der systematischen Gestaltung des nationalen Verbraucherschutzrechtes die Rechtsquellen des Zivilgesetzbuches und des Gesetzes zu einigen Verbraucherschutzrechten zusätzlich zu berücksichtigen. Die sondergesetzliche Lösung wurde in den gesetzgeberischen Reformentwürfen unbehandelt gelassen. Das eigenständige Gesetz zum Vertragsabschluß im Fernabsatz ist von der polnischen Rechtsdoktrin eingehend nicht beachtet worden.[783]

4.3.3 Durch das ZGB

Der polnische Gesetzgeber hat die EG-Verbraucherschutzrichtlinien zur Produkthaftung und zu den mißbräuchlichen Klauseln in Verbraucherverträgen in das Regelungskonzept des Zivilgesetzbuches eingearbeitet. Vergleichbares Regelungsproblem ist meiner Ansicht nach berechtigt bei der innerstaatlichen Übernahme der EG-Richtlinie über den Verbraucherschutz bei Vertragsabschlüssen im Fernabsatz zu stellen. Eine gesetzliche Entscheidung dafür wird die Berücksichtigung der bisherigen Umsetzungskonzepte der EG-Verbraucherschutzrichtlinien in das Zivilgesetzbuch erfordern. Eine gesetzliche Entscheidung dagegen ist an der sondergesetzlichen Kodifizierung des Verbraucherschutzes zu messen.

Die Rechtsvorschriften der EG-Fernabsatzrichtlinie stellen die speziellen Rechtsnormen zu den allgemeinen Regeln des ZGB-Vertragsrechtes dar.[784] Die-

---

782 Jagielska, MP 2000, 559, 562 ff..

783 Die Reformentwürfe sind bei Łętowska veröffentlicht: Vgl., Łętowska (Fn. 236) 1999, S. 497 ff..

784 Die maßgeblichen ZGB-Rechtsvorschriften befinden sich sowohl in den Art. 66 - 72 (II. Abschnitt. Vertragsschluß) ZGB, als auch in den Art. 450 - 470 (I. Abschnitt. Erfüllung von Schuldverhältnissen); sowie in den Art. 487 - 497 (III. Abschnitt. Erfüllung und Folgen der Nichterfüllung von Verpflichtungen aus gegenseitigen Verträgen) ZGB.

ses Verhältnis der Rechtsvorschriften entspricht der systematischen Teilung des Zivilgesetzbuches. Vergleichbar ist die systematische Bestimmung des Kaufvertrages, des Werkvertrages, des Bauvertrages usw.. Dementsprechend können die Richtlinienvorschriften zum Fernabsatz in das Regelungskonzept des Zivilgesetzbuches eingearbeitet werden. Die europäische Regelungsmaterie gehört in einen speziellen Teil des dritten Buches „Schuldverhältnisse" ZGB. Da die ursprünglichen Ausgangspositionen zum Fernabsatz innerhalb der nationalen Rechtsordnung fehlen, muß der nationale Gesetzgeber das Regelungskonzept der EG-Richtlinie vollständig in das ZGB einarbeiten. Bei der Verwirklichung dieser Entscheidung wird das Regelungskonzept des polnischen Zivilgesetzbuches mit den nächsten Verbraucherschutzvorschriften des europäischen Ursprunges konfrontieren müssen. Der polnische Gesetzgeber hat die Weichen dieser Entscheidung bei den Umsetzungskonzepten der Produkthaftungsrichtlinie und der Richtlinie über mißbräuchliche Klauseln in Verbraucherverträgen gestellt.[785] Somit ist die Bereitschaft des polnischen Gesetzgebers zur einheitlichen Normierung des Verbraucherschutzes im normativen Rahmen des Zivilgesetzbuches gefragt. Die gesetzgeberische Entscheidung ist für die zukünftige Entwicklung des nationalen Verbraucherschutzes maßgeblich.[786]

Der polnische Gesetzgeber hat schließlich das Umsetzungskonzept der EG-Fernabsatzrichtlinie durch das Regelungskonzept des Gesetzes zu einigen Verbraucherschutzrechten verwirklicht. Dafür war die folgende Begründung maßgeblich. Das Regelungskonzept der Fernabsatzrichtlinie ist vom europäischen Gesetzgeber zu speziell ausgerichtet worden und ist im Rahmen einer sondergesetzlichen Kodifizierung zum Verbraucherschutz zu normieren. Das Regelungskonzept dieses Gesetzes wird durch subsidiäre Anwendung der ZGB-Rechtsvorschriften erweitert. Dementsprechend kam der polnische Gesetzgeber zu dem Ergebnis, daß die Umsetzungsnormen der EG-Fernabsatzrichtlinie außerhalb des ZGB-Regelungskonzeptes eingearbeitet werden müssen. Die Normierung der speziellen Tatbeständen entspricht dieser Regelungstechnik. Im nächsten Teil der vorliegenden Arbeit wird die gesetzgeberische Entscheidung des polnischen Gesetzgebers behandelt.

4.3.4 Entscheidung des polnischen Gesetzgebers: Durch das Gesetz zu einigen Verbraucherschutzrechten

Der polnische Gesetzgeber hat die besprochene EG-Fernabsatzrichtlinie durch das Gesetz zu einigen Verbraucherschutzrechten in das nationale System des Pri-

785 Kocot, PPH 2000, 46, 47 ff..
786 Łętowska (Fn. 236) 1999, S. 71 ff..

vatrechtes umgesetzt.[787] Diese gesetzgeberische Entscheidung entspricht nach Ansicht der polnischen Rechtsdoktrin den Anforderungen einer gemeinschaftskonformen Richtlinienumsetzung. Die Rechtsvorschriften der Art. 6 - 16 des Gesetzes zu einigen Verbraucherschutzrechten haben das Regelungskonzept der EG-Fernabsatzrichtlinie vollständig übernommen.[788] Der Hintergrund einer derartigen Regelungsmethode liegt im Fehlen der entsprechenden Rechtsnormen zu diesem Regelungsproblem im nationalen Recht. Das Regelungskonzept der EG-Fernabsatzrichtlinie erfordert von der nationalen Gesetzgebung, die angedeuteten Rechtsverhältnisse neu zu normieren. Bei der Verwirklichung dieses Umsetzungskonzeptes sind folgende Regelungsaspekte zu berücksichtigen. Art. 6 Abs. 1 und 3 des Gesetzes hat die begriffliche Bestimmung des Art. 2 (1) der EG-Richtlinie übernommen. Dabei wird der Vertragsabschluß im Fernabsatz und die Auflistung der Fernkommunikationsmittel normiert. Durch den Art. 6 Abs. 2 des Gesetzes hat der polnische Gesetzgeber die normativen Rahmen des Angebotes und der Annahme bestimmt. Das europäische Regelungskonzept des Fernabsatzvertrages hat die Bestimmung des Angebotes und der Annahme dem nationalen Gesetzgeber überlassen. Dementsprechend hat das polnische Privatrecht innerstaatlich die einheitliche Kategorie des Fernabsatzvertrages eingeführt. Dieser Regelungsaspekt spricht für die Normierung der EG-Richtlinienvorschriften außerhalb des ZGB-Regelungskonzeptes. Der spezielle Regelungscharakter der Rechtsvorschriften gehört in die sondergesetzlichen Tatbestände. Der polnische Gesetzgeber hat von der Regelungsoption des Art. 10 Abs. 2 der EG-Richtlinie keinen Gebrauch gemacht. Bei der Verwendung der individuellen Fernkommunikationsmittel muß die ausdrückliche Zustimmung des Verbrauchers vorliegen. Art. 7 in Verbindung mit dem Art. 10 des Gesetzes zu einigen Verbraucherschutzrechten haben die EG-Rechtsvorschriften zur Bestimmung des Widerrufsrechtes umgesetzt. Im Rahmen des Art. 7 des Gesetzes wird das allgemeine Regelungskonzept des Widerrufsrechtes normiert. Dadurch werden die Bedingungen, die Parteien und das Verbot zur Ausschaltung des Widerrufes eingeführt. Die nationalen Regelungsanforderungen haben dem Art. 6 der EG-Richtlinie entsprochen. Die gesetzlichen Normen des Art. 10 haben die informativen Anforderungen des Art. 6 der EG-Richtlinie aufgenommen. Der nationale Gesetzgeber

---

787 Dz. U. Nr. 22; poz. 271. Dieses Vorgehen entspricht den Anforderungen des Assoziierungsabkommens zwischen der Republik Polen und den Europäischen Gemeinschaften zur Anpassung des polnischen Rechtes an das Recht der Europäischen Gemeinschaften. Dementsprechend konnte der polnische Gesetzgeber zu keinen gemeinschaftswidrigen Regelungsergebnissen bei der Umsetzungsfrist kommen.

788 Łętowska (Fn. 548) 2001, S. 45 ff..; Jagielska, MP 2000, 559, 560 ff..; Kocot, PPH 2000, 28, 30 ff..

hat keine Besonderheiten im nationalen Regelungskonzept normiert. Insofern wird die Tatsache bestätigt, daß das nationale Regelungskonzept vollständig an den europäischen Richtlinienanforderungen orientiert ist. Durch den Art. 8 des Gesetzes hat der polnische Gesetzgeber die zeitlichen Rahmen für die Bestimmung des Vertragsverhältnisses im Fernabsatz normiert. Die eingeführte gesetzliche Bestimmung findet keine entsprechende Vorschrift zwischen den EG-Richtlinienvorschriften. Das Normkonzept hat zwischen befristeten und unbefristeten Fernabsatzverträgen unterschieden. Das Vertragsverhältnis über ein Jahr gilt als unbefristet. Das unbefristete Vertragsverhältnis erfordert eine monatliche Frist für die Vertragskündigung. Eine derartige Unterscheidung ist durch praktische Überlegungen der Rechtssicherheit des vertraglichen Schuldverhältnisses gerechtfertigt.[789] Durch Art. 9 des Gesetzes sind bestimmte Anforderungen an die Informationen im Rahmen des Fernabsatzvertrages gestellt. Die Gestaltung der Rechtsnorm entspricht den Richtlinienvorschriften des Art. 4. Bei der Übernahme sind vom nationalen Gesetzgeber keine Abweichungen vom europäischen Regelungskonzept normiert worden. Durch Art. 11 des Gesetzes sind die Bedingungen des Widerrufsrechtes konkretisiert worden. Die Rechtsnorm des Gesetzes normiert das Verbot der vorherigen Preisbezahlung. Außerdem muß das Vertragsverhältnis den Ort und die Weise einer möglichen Reklamation enthalten. Ein Verstoß gegen gesetzliche Bestimmungen bedeutet die Nichtigkeit des vertraglichen Verhältnisses. Art. 12 und 13 des Gesetzes zu einigen Verbraucherschutzrechten konkretisiert das Widerrufsrecht des Art. 6 der EG-Richtlinie. Subsidiär sind die Art. 387 und 475 des Zivilgesetzbuches anzuwenden. Durch den Art. 14 des Gesetzes wurde die Rechtsvorschrift des Art. 8 der EG-Richtlinie betreffend Zahlung mittels Karte übernommen. Nach Art. 16 des Gesetzes hat der polnische Gesetzgeber sich für einige Ausnahmen vom europäischen Regelungskonzept entschieden. In dieser Hinsicht sind keine Besonderheiten in den nationalen Rechtsnormen zu verzeichnen. Anschließend ist anzumerken, daß der polnische Gesetzgeber die sondergesetzlichen Tatbestände des Fernabsatzvertrages zusammen mit den sondergesetzlichen Tatbeständen des Haustürwiderrufes in einem einheitlichen Gesetz einigen Verbraucherschutzrechten normiert hat.[790] Das

789 Zu diesem Regelungsproblem – Łętowska, Art. 8 des Gesetzes zu einigen Verbraucherschutzrechten, in (Fn. 548) 2001.

790 Der Kontrollmaßstab der gemeinschaftskonformen Richtlinienumsetzung wurde durch das gewählte Umsetzungskonzept der EG-Richtlinie eingehalten. Die Kriterien des Kontrollmaßstabes (Zielsetzung der EG-Richtlinie, Forderungen des EG-Primärrechtes, Verbraucherleitbild, Rechtsform der Umsetzung, Parallelität der Rechtsnormen) sind nach dem Umsetzungsstand erfüllt worden. Die Richtlinienvorschriften haben in der nationalen Rechtsordnung keine sperrwirkende Kraft entfaltet. Die Umsetzung der Richtlinienvorschriften ist auf der Ebene der Mindest-

angesprochene Gesetz gehört zu den verbraucherschutzrechtlichen Kodifizierungen innerhalb des polnischen Privatrechtes. Das Regelungskonzept des Gesetzes ist lex speziali im Verhältnis zum Zivilgesetzbuch[791] ausgerichtet.

5. Folgen der EG-Rechtsangleichung

Eine Bewertung der innerstaatlichen Regelungsergebnisse nach dem Stand der verwirklichten Umsetzungskonzepte liegt nicht vor.[792] Die ergangene Rechtsliteratur stellt die Tatsache einer Umsetzungsmaßnahme fest. Kategorische Bewertungen der getroffenen Umsetzungsmaßnahmen fehlen. Die Rechtsnormen des Fernabsatzes stellen eine neue Regelungsmaterie in den nationalen Rechtsordnungen dar. Die Bewertung der erreichten Harmonisierung in den nationalen Rechtsdoktrinen bleibt abzuwarten. Unter diesen Umständen ist die gesetzgeberische Entscheidung und der Umfang der Harmonisierung zu berücksichtigen. Die nationale Rechtsordnung hat auf die europäischen Anforderungen zur normativen Bestimmung der verbraucherschutzrechtlichen Normen reagiert.[793] Der deutsche Gesetzgeber normierte die EG-Richtlinienvorschriften im Regelungskonzept des Bürgerlichen Gesetzbuches und des Fernabsatzgesetzes. Bei dieser Entscheidung sind die Kategorien des verbraucherschutzrechtlichen Widerrufs- und Rückgaberechtes sowie die Kategorien des Verbrauchers und des Unternehmers durch das BGB übernommen worden. Die detaillierten Rechtsnormen der EG-Richtlinie bezüglich der Informationspflichten über dauerhafte Datenträger, Inhalt und Darstellung des Vertragsverhältnisses sowie schließlich die Ausnahmen des Rege-

harmonisierung und des Beibehaltens des strengeren nationalen Rechtes erfolgt. Diese Bestimmungen enthält das Regelungskonzept der EG-Richtlinienvorschriften. Die Rechtsprechung des Europäischen Gerichtshofes hat keine gemeinschaftswidrigen Ergebnisse der Richtlinienumsetzung festgestellt.

791 Zum Beispiel: die Bestimmung des persönlichen Anwendungsbereiches ist im Rahmen des ZGB normiert. Die maßgeblichen Rechtsvorschriften befinden sich in Art. 384 des Zivilgesetzbuches. Somit wird der rechtliche Status des Verbrauchers beschrieben.

792 Büllow/Artz, NJW 2000, 2049, 2053 ff..; Martinek, NJW 1998, 207, 208 ff..; Köhler, NJW 1998, 185, 186 ff..; Pichler, NJW 1998, 3234, 3234 ff..; Jagielska, MP 2000, 559, 560 ff..; Kocot, PPH 2000, 28, 29 ff..; Łętowska (Fn. 236) 1999, S. 224 ff..; ders., (Fn. 548) 2001, S. 45 ff..

793 Die nationalen Gesetzgeber mußten den rollenspezifischen Schutzansatz der Richtlinienvorschriften in die innerstaatliche Rechtsordnung übernehmen. Die Kriterien zur Bestimmung sind folgende: (1) Das Fehlen gleichzeitiger körperlicher Anwesenheit des Lieferers oder des Dienstleistungserbringers und des Verbrauchers (2) die Verwendung einer Telekommunikationstechnik zur Übermittlung der Aufforderung zum Vertragsschluß und der Bestellung.

lungskonzeptes sind durch die sondergesetzlichen Tatbestände normiert. Der österreichische Gesetzgeber hat die bestehenden Rechtsquellen im Bereich des Konsumentenschutzes angepaßt. Die EG-Richtlinienvorschriften wurden durch das Konsumentenschutzgesetz aufgenommen. Der persönliche Anwendungsbereich entsprach dem Verhältnis zwischen Unternehmer und Verbraucher. Der materielle Anwendungsbereich war auf das Regelungskonzept der EG-Richtlinie abgestellt. Strukturelle Veränderungen hat das österreichische Privatrecht bei der Verwirklichung dieses Umsetzungskonzeptes nicht erfahren. Die Umsetzungsnormen sind in das nationale System gemeinschaftskonform integriert worden. Das geltende Regelungssystem wurde bei diesem Umsetzungskonzept beibehalten. Die polnische Rechtsordnung hat die EG-Richtlinienvorschriften über den Fernabsatz in das Gesetz zu einigen Verbraucherschutzrechten integriert. Die normierten Tatbestände sind mit einigen Veränderungen an das Regelungskonzept der EG-Richtlinie orientiert. Die Umsetzungsnormen verhalten sich mit dem Regelungskonzept des Zivilgesetzbuches nach der Regel von lex generali/lex speziali. Dementsprechend hat der polnische Gesetzgeber die Trennung zwischen privatrechtlichen und verbraucherschutzrechtlichen Normen erreicht. Die zuständige Rechtsquelle der privatrechtlichen und verbraucherschutzrechtlichen Normen liegt grundsätzlich im Bereich des Zivilgesetzbuches. Bei den verbraucherschutzrechtlichen Normen mit speziellem Regelungscharakter bezweckt der polnische Gesetzgeber, die maßgeblichen Rechtsnormen in das Gesetz zu einigen Verbraucherschutzrechten zu integrieren.

H. Zur Notwendigkeit eines nationalen Verbraucherschutzgesetzes

1. Problembereiche des bestehenden Rechtes

1.1 Wertungswiderspruch im Produkthaftungsrecht

Die Bundesrepublik Deutschland hat die EG-Produkthaftungsrichtlinie durch eine restriktive Umsetzung übernommen, indem ein eigenständiges Gesetz erlassen wurde.[794] Die durch eine intensive Rechtsfortbildung entwickelte Produkthaftung gilt neben diesem Gesetz fort.[795] Dementsprechend ergibt sich das heutige Produkthaftungsrecht aus einer Zweispurigkeit von altem und neuem Recht. Im Ergebnis trifft man also auf ein Nebeneinander von europäischen Richtlinien-Vorschriften und rein nationalem Zivilrecht. Die systematischen Unterschiede zeigen sich z.B. darin, daß das Recht der nationalen Produkthaftung eine Verschuldenshaftung mit Beweiserleichterungen und Umkehrungen ist, während das ProdHaftG eine Gefährdungshaftung normiert.

Der deutsche Gesetzgeber hatte bei der Umsetzung auch die Möglichkeit gehabt, die Richtlinienbestimmungen in das BGB einzufügen. Zudem hätte er die Umsetzung mit der Reform der Gefährdungshaftung verbinden können. Der Gesetzgeber hat sich jedoch in Anbetracht der aus dieser Arbeit gewonnen These, daß eine Reduzierung des Schutzes auf die tatsächlich Schutzbedürftigen notwendig sei, richtig entschieden, indem er ein Parallelgesetz erlassen hat. Freilich wäre es wünschenswert gewesen, wenn der Gesetzgeber die Unterschiede zwischen dem nationalen Produkthaftungsrecht und den Richtlinienbestimmungen gänzlich aufgehoben hätte. Aber es entspricht auch dem durchaus nachvollziehbaren Interesse des Gesetzgebers, daß sich diese Divergenzen erst nach und nach durch die Auseinandersetzung in Rechtsprechung und Wissenschaft auflösen. Bislang ist jedenfalls das, was das Produkthaftungsgesetz vorenthält, unter nahezu identischen Voraussetzungen durch das Deliktsrecht der Produkthaftung geregelt ist. Durch die Einführung des Produkthaftungsgesetzes hat der deutsche Gesetzgeber das Ziel verfolgt, die bisherige, schwer überschaubare Einzelfallrecht-

794 Terminologisch läßt sich das verabschiedete Produkthaftungsgesetz als Parallelgesetz bezeichnen. Vgl., Hommelhoff, Teilkodifikationen im Privatrecht S. 179 ff..; in: FS für Rittner 1991; Dauner-Lieb, Kodifikation von Richterrecht S. 323 ff..; in: Ernst/Zimmermann, Zivilrechtswissenschaft und Schuldrechtsreform 2001.

795 Reich (Fn. 2) 1996, S. 428 ff..

sprechung abzulösen.[796] Dieses Ziel kann freilich so lange nicht erreicht werden, wie sich die Regeln der Produkt- Verschuldenshaftung von denen des ProdHaftG unterscheiden.

Im Unterschied zur deliktischen Lösung der deutschen Rechtsprechung hat das österreichische Recht die Fälle der Produkthaftung im Rahmen der vertraglichen Haftung nach dem Vertrag mit Schutzwirkung zugunsten Dritter gelöst. Die bestehenden Schutzlücken des geltenden Rechtes hat der österreichische Gesetzgeber abgelehnt, im Rahmen des ABGB zu schließen. Sonst hätte er beim Festhalten an einer Verschuldenshaftung für Konstruktions- und Instruktionsfehler und das Ausstreichen des § 1315 ABGB und auch die Normierung einer Gefährdungshaftung für Ausreißer durchführen müßen. Dieses Regelungsproblem sei nicht die Aufgabe der EG-Produkthaftungsrichtlinie und ihrer Umsetzung in das nationale Recht.[797] Aus schwer nachvollziehbaren Gründen wurde auch das Umsetzungskonzept der EG-Produkthaftungsrichtlinie in das österreichische Konsumentenschutzgesetz abgelehnt. Im Ergebnis hat der österreichische Gesetzgeber nach dem deutschen Beispiel das Umsetzungskonzept im Rahmen des eigenständigen Gesetzes gewählt. Die geltenden Rechtsvorschriften im vertraglichen Bereich des Produkthaftungsrechtes sind nach diesem Umsetzungskonzept unberührt geblieben. Das zentrale Regelungsproblem bei der Umsetzung dieser Richtlinie in das österreichische Produkthaftungsrecht lag in der Vermeidung des Wertungswiderspruches im Bereich der Haftungsgrundsätze. Der entscheidende Unterschied zum geltenden Recht der Produkthaftung bestand darin, daß es beim normierten Regelungskonzept nicht mehr auf ein Verschulden des Herstellers ankommt. Der österreichische Gesetzgeber hat im Bereich der Produkthaftung den Haftungsgrundsatz der Gefährdung konzipiert. Das Ergebnis der Umsetzung läßt sich mit dem deutschen Beispiel vergleichen. In beiden Fällen ist das Problem der Anpassung durch den Erlaß von Parallelnormen gelöst worden. Das ursprüngliche Recht der Produkthaftung blieb vom Umsetzungskonzept der Richtlinie in das nationale österreichische Produkthaftungsrecht unberührt.

Das Umsetzungskonzept der EG-Produkhaftungs-Richtlinie führte im Ergebnis der Transformation zur Anspruchskonkurrenz zwischen Rechtsgrundlagen nach den nationalen Produkthaftungsgesetzen und nach dem Deliktsrecht des deutschen BGB und des österreichischen ABGB. Dementsprechend ist eine Zweispurigkeit im Produkthaftungsrecht der deutschen und der österreichischen Rechtsordnung zu verzeichnen. In ein Konkurrenz-Verhältnis geraten die euro-

---

796 BT- Drucksache 11/2447, S. 8.

797 Posch, in: Schwimann Praxiskommentar zum ABGB, Band 8, PHG – Rdnr. 5 ff..; Posch, Probleme der autonomen Rechtsanpassung, in: FS für Ostheim 1990, S. 668 ff..; Posch, JBl 1980, 281, 281 ff..

päischen und nationalen Rechtsgrundlagen. Das Nebeneinander einer subjektiven, vom Verschulden unabhängigen Haftung in einem Sondergesetz und des geltenden deliktischen Produkthaftungsrechtes mit dem Verschuldensprinzip bedeutet einen Wertungswiderspruch innerhalb der Haftungsprinzipien des Produkthaftungsrechtes.

Zu vergleichbaren Regelungsergebnissen ist der polnische Gesetzgeber gekommen. Die EG-Produkthaftungsrichtlinie ist in diesem Fall in das Regelungskonzept des Zivilgesetzbuches integriert worden. Der eingeführte Titel VI/1 ZGB „Haftung für unsichere Produkte" richtet sich nach dem Normkonzept der Gefährdungshaftung aus. Dieser Tatbestand des Deliktrechtes stellt keine Ausnahme innerhalb des Haftungssystems des Zivilgesetzbuches dar. Die polnische Rechtsdoktrin hat das Regelungsproblem des Wertungswiderspruches in den Haftungsprinzipien des Produkthaftungsrechtes nicht angedeutet. Dieser Tatbestand der Produkthaftung wird dem Haftungssystem zusätzlich hinzugefügt. Die normativen Rahmen des Zivilgesetzbuches sind als richtiger Standort der Umsetzungsnormen zu begreifen.[798] Diese Ansichten sind aus dem Grund zu kritisieren, daß das Regelungskonzept des ZGB die Doppelnormen zum Regelungsbereich der Produkthaftung bekommen hat. Auf diese Weise entstehen kollidierende Haftungsgrundsätze des Verschuldens und der Gefährdung. Angesichts dieses Nebeneinanders wäre die sondergesetzliche Abgrenzung die zutreffendste Lösung gewesen. Der polnische Gesetzgeber hat trotzdem an dem Umsetzungskonzept im Rahmen des ZGB festgehalten.

1.2 Wertungswiderspruch im AGB-Recht

Schon bei der Einführung des AGB-Gesetzes in der Bundesrepublik war stark umstritten, ob es als Verbraucherschutzgesetz oder als allgemeines Zivilgesetz zu konzipieren sei.[799] Die Umsetzung der Richtlinie über mißbräuchliche Vertragsklauseln hat diese Diskussion wiederbelebt. Man hat vorgeschlagen, das Umsetzungsgesetz als ein selbständiges, auf Verbraucher beschränktes Gesetz neben dem AGB-Gesetz umzusetzen.[800] Dagegen trat die ganz überwiegende Meinung dafür ein, daß die Umsetzung durch Anpassungen des AGBG erfolgen solle.[801] Jedenfalls wurde der Auffassung von Ulmer, man könne den Umsetzungsbedarf durch richtlinienkonforme Interpretation bewältigen, eine Absage erteilt. Der Ge-

798 Łętowska (Fn. 236) 1999, S. 59 ff..
799 Verhandlungen des 50. Deutschen Juristentages in Hamburg 1974, S. 86 ff., 93 ff..
800 Hommelhoff/Wiedenmann, ZIP 1993, 562, 562 ff..
801 Ulmer, EuZW 1993, 337, 346.

setzgeber ist vielmehr der h.M. gefolgt und hat eine Sondervorschrift (§ 24a) für Verbraucherverträge in das Gesetz integriert.

Die unterschiedlichen Zielsetzungen könnten jedoch die einheitliche Interpretation der Rechtsbegriffe in der Richtlinie und dem AGB-Gesetz beeinträchtigen. Während die Richtlinie Verbraucherschutz gewährleisten will, schützt das AGB-Gesetz vor der einseitigen Inanspruchnahme der Vertragsgestaltung. Dieser Unterschied führt zu einem unterschiedlichen Kontrollmaßstab von Richtlinie und AGB-Gesetz. Im Ergebnis kann die Subsumtion unter diese Begriffe dazu führen, daß in der Rechtspraxis weit voneinander divergierende Kontrollmaßstäbe entstehen.

Ein neues „Gesetz über mißbräuchliche Klauseln in Verbraucherverträgen" in Umsetzung der EG- Richtlinie hätte den Schutzbereich und Kontrollmaßstab des ursprünglichen AGB-Rechts unangetastet gelassen. Der Schutz für Gewerbetreibende auf der einen und der für Verbraucher auf der anderen Seite wären klar gegeneinander abgegrenzt worden. Die Eigenständigkeit zweier Gesetze würde zudem die Gefahr nahezu ausschließen, daß die strengeren Maßstäbe und Wertungen für Verbraucher unbemerkt auf die Vertragsklauseln der Kaufleute durchschlagen. Zugleich sind damit alle vernünftigen Bedenken ausgeräumt, eine fortgeltende Kontrolle von Gewerbetreibenden-Klauseln könnte dem Gemeinschaftsrecht widersprechen. Die Klausel- Richtlinie und ihre Erwägungen lassen an keiner Stelle erkennen, daß den Mitgliedstaaten ein eigenständiger Schutz der Kaufleute und anderer Gewerbetreibender untersagt ist. Die nationale Rechtsprechung erhält die Gelegenheit, mit zwei unterschiedlichen Schutzkonzepten in getrennten Gesetzen praktische Erfahrungen zu sammeln.[802] Bei Aufrechterhaltung gebotener Regelungsunterschiede hätte im deutschen AGB-Recht viel für eine Parallelgesetzgebung gesprochen. Diese kodifizierte Regelungsaufgabe hat der deutsche Gesetzgeber nicht erfüllt. Gegen das verbraucherschutzrechtliche Par-

802 Diesem Regelungsgedanken wurde innerhalb des in Kraft getretenen Entwurfes zu dem Schuldrechtsmodernisierungsgesetz nicht entsprochen. Die Reform versucht, die getroffene Entscheidung des Deutschen Gesetzgebers zu verallgemeinern und rechtstechnisch in das Regelungskonzept des Bürgerlichen Gesetzbuches zu integrieren. Die Reform erstreckt sich auf den gesamten Bereich der Allgemeinen Geschäftsbedingungen. Die Verwirklichung der AGB-Reform läßt sich aus vielen Gesichtspunkten kritisieren. Zuerst wird die Reform bestehende Probleme im Bereich des Verbraucherschutzes nicht lösen, sondern einfach in das Regelungskonzept des Bürgerlichen Gesetzbuches übertragen. Fraglich bleibt in diesem Zusammenhang, ob die bezweckte Vermischung von Rechtsnormen unterschiedlichen Rechtsnatur im Rahmen der einheitlichen Rechtsquelle aufrechterhalten werden kann. Dieser Reformentscheidung stehen systematische Gründe entgegen. Vgl., Ulmer, JZ 2001, 491, 492 ff..; ders., BB 2001, Heft 46 (Die erste Seite); ders., BB 2001, Heft 1 (Die erste Seite); Brüggemeier/Reich, BB 2001, 213, 214 ff..

allelgesetz, wie von Hommelhoff/Wiedenmann für das AGB-Recht vorgeschlagen wurde, ist der Einwand eines Verlustes des einheitlichen Privatrechtes erhoben worden. Das herrschende Prinzip der formalen Gleichheit der Rechtssubjekte unter Abstraktion der von ihnen verfolgten Verwendungszwecke erlaubt keine derartige Differenzierung nach den Schutzaspekten. Bei der verwirklichten Integration der Verbraucherschutz-Richtlinie in das Gesetz über Allgemeine Geschäftsbedingungen liegt der Wertungswiderspruch darin, daß im Rahmen des deutschen AGB-Gesetzes die Zielsetzung des Verbraucherschutzes nicht erreicht werden kann. Die sich daraus ergebenden divergierenden Kontrollmaßstäbe könnten den Rechtsverkehr zwischen Gewerbetreibenden und Kaufmännern beeinträchtigen. Die Beseitigung des Wertungswiderspruches wird die strikte Trennung der Kontrollmaßstäbe im Bereich des Verbraucherschutzes verlangen. Dieser Funktion entspricht die Einfügung der EG-Richtlinienvorschriften in das eigenständige Gesetz.[803]

Das Anpassungsproblem der EG-Richtlinienvorschriften hat das österreichische Kontrollsystem des Machtmißbrauchs im privaten Rechtsverkehr auf den Prüfstand gebracht. Beim Umsetzungskonzept der EG-Richtlinie ist der österreichische Gesetzgeber dem deutschen Beispiel nicht gefolgt. Die Notwendigkeit des Parallelgesetzes wurde in der österreichischen Rechtsordnung nicht erkannt. Das geltende Konsumentenschutzgesetz entsprach den Anforderungen einer gemeinschaftskonformen Richtlinienumsetzung. Aus diesem Grund bestand kein Bedarf für den Erlaß eines speziellen Gesetzes für den Bereich des Konsumentenschutzes.

An dieser Stelle ist als Rechtstatsache innerhalb der österreichischen Rechtsordnung zu betonen, daß die normativen Schutzansätze der Kontrollnormen für Mißbrauchsklauseln sich innerhalb des ABGB (§§ 864 a) ABGB) befinden. Diese Rechtsnormen des ABGB sind nach der Verwirklichung des Umsetzungskonzeptes unangetastet geblieben. Das österreichische Umsetzungskonzept beschränkt sich hauptsächlich auf das Transparenz-Gebot nach Art. 5 der EG-Richtlinie. Die einschlägigen Rechtsnormen befinden sich im Rahmen des § 6 Abs. 3 KSchG. Weiteren Änderungen wurde im Rahmen des § 6 KSchG folgendermaßen entsprochen: Preis-Änderungsklauseln,[804] Verzugszinsen,[805] Willensmängel[806] und schließlich die normative Bestimmung hinsichtlich der Inkassoko-

803 Nach dem Vorschlag von Hommelhoff/Wiedenmann werden die gesetzlichen Rechtsnormen als Parallelnormen genannt. Vgl., Hommelhoff/Wiedenmann, ZIP 1993, 562, 563 ff..

804 § 6 Abs. 1 Z 13 i.V. m. § 6 Abs. 2 Z 4 KSchG.

805 § 6 Abs. 1 Z 13 KSchG.

806 § 6 Abs. 1 Z 14 KSchG.

sten.[807] In anderen Regelungsbereichen wurde die österreichische Rechtsprechung auf die richtlinienkonforme Interpretation hingewiesen. Dazu gehört die begriffliche Bestimmung der Allgemeinen Geschäftsbedingungen, des normativen Rahmens der Inhaltskontrolle und schließlich der Restgültigkeit des Vertrages. Dementsprechend läßt sich festhalten, daß der österreichische Gesetzgeber im Unterschied zum deutschen Gesetzgeber an das Umsetzungskonzept der EG-Richtlinie über mißbräuchliche Klauseln in Verbraucherverträgen in das KSchG gebunden war.

Der polnische Gesetzgeber hat die EG-Richtlinie über mißbräuchliche Klauseln in Verbraucherverträgen in das Regelungskonzept des Zivilgesetzbuches umgesetzt. Der ursprüngliche Standort des AGB-Rechtes befand sich auch innerhalb des ZGB. Aus diesem Grund hat der polnische Gesetzgeber entschieden, die Reformierung des ZGB-Regelungskonzeptes bei der Umsetzung der EG-Richtlinie vorzunehmen. Das Regelungskonzept des ZGB hat die gesamte Regelungsmaterie der EG-Richtlinie aufgenommen. Eine Einarbeitung der EG-Richtlinie außerhalb des ZGB-Regelungskonzeptes hat die polnische Rechtsdoktrin nicht vorgesehen. Die eventuellen Wertungswidersprüche sind auch außer acht gelassen worden. Das Regelungskonzept des Zivilgesetzbuches hat den gesamten Anhang der mißbräuchlichen Klauseln der EG-Richtlinie übernommen. Bei diesem Regelungsansatz ist sondergesetzliche Lösung mehr geboten. Die verbraucherschutzrechtlichen Vorschriften werden durch getrennte Paragraphen innerhalb des ZGB-Regelungskonzeptes eingearbeitet. Dadurch wird auch die Trennung vom allgemeinen Schuldrecht erreicht.

1.3 Wertungswiderspruch im Reisevertragsrecht

Die Reform des Reiserechtes möchte einerseits keine Änderungen des geltenden Reiserechtes vornehmen, die nicht durch die Richtlinie veranlaßt worden sind,[808] andererseits soll der hohe Schutzstandard des deutschen Reiserechts bei der Umsetzung einer Verbraucherschutz-Richtlinie nicht beeinträchtigt werden.[809] Dementsprechend wurde der Anwendungsbereich des Reisevertragrechtes in § 651a Abs. 1 nicht verändert. Damit sind die Begriffe „Reise" und „Reiseveranstalter" ohne gesetzliche Definition geblieben, obwohl die Richtlinie in Art. 2 unter Reise eine im voraus festgelegte Verbindung von mindestens zwei touristischen Dienstleistungen versteht. Nach § 651a Abs. 1 ist für das Vorliegen einer Reise

807 § 6 Abs. 1 Z 15 KSchG.
808 BT- Drucksache 12/5354, S. 9.
809 Eckert, ZRP 1991, 454, 455; Führich, EuZW 1993, 347, 348.

nach wie vor maßgeblich, daß dem Reisenden eine „Gesamtheit von Reiseleistungen" erbracht werden muß. Damit geht der Schutzbereich der §§ 651a ff. BGB über der Pauschalreise- Richtlinie hinaus.

Die Änderungen sollten sich also darauf beschränken, daß die Anforderungen der Richtlinie in deutsches Recht übertragen werden, soweit die vorhandenen Normen nicht bereits dem EG- rechtlichen Verbraucherschutz- Niveau entsprachen. Auf der Grundlage dieser Zielsetzung hatte der Gesetzgeber zu entscheiden, ob die Umsetzung der EG-Richtlinie über die Pauschalreisen im Rahmen der geltenden §§ 651a ff. BGB erfolgen soll oder – unter Aufhebung dieser Vorschriften (Bewahrung) – in einem eigenständigen Reisevertragsgesetz. Letzteres wurde in der Literatur für erforderlich gehalten, wobei neben systematischen Aspekten insbesondere darauf hingewiesen wurde, daß zur Umsetzung der vertraglichen Vorschriften die Richtlinie das BGB im Bereich des Reiserechts mit einer Vielzahl von Details überfrachtet wurde. Der Gesetzgeber ist jedoch der h.M. gefolgt und hat eine Umsetzung der EG-Verbraucherschutznormen über den Reisevertrag grundsätzlich im Rahmen der geltenden §§ 651a ff. BGB vorgenommen.[810] Allerdings hat auch der Gesetzgeber erkennen müssen, daß diese Vorschriften überfrachtet wurden, wenn auch alle Informationspflichten, die die Pauschalreise-Richtlinie dem Reiseveranstalter auferlegt, im Rahmen des BGB-Abschnitts über den Reisevertrag normiert würden. Daher hat er mit der Informationspflichten-Verordnung ein „verstecktes Parallelgesetz" geschaffen. Die Gestaltungsmöglichkeiten des Verordnungsgebers sind nicht durch die Bestimmungen der Ermächtigungsgrundlage, sondern durch die detaillierten Vorgaben der Pauschalreise sehr gering. Im Ergebnis hat der Gesetzgeber die Richtlinienanforderungen somit in das deutsche Recht umgesetzt, ohne den vorhandenen Reiserechtsnormen der §§ 651a ff. BGB durch eine übermäßig starke Ausweitung ihre Übersichtlichkeit zu nehmen. Allerdings ist das ebenfalls nur durch eine Art von Parallelgesetzgebung gelungen.

Der österreichische Gesetzgeber hat nach dem Prinzip des minimalen Eingreifens bei der Integration des Umsetzungskonzeptes der Pauschalreise-Richtlinie in das österreichische Reiserecht gehandelt. Das Regelungskonzept der Pauschalreise-Richtlinie ist im KSchG vom österreichischen Gesetzgeber in begrenztem Umfang umgesetzt worden. Diesem Umsetzungskonzept der EG-Richtlinie ist aus systematischen Gründen zu widersprechen. Der zentrale Wertungswiderspruch besteht darin, daß die Umsetzungsnormen sich außerhalb des Anwendungsbereiches nach dem § 1 KSchG befinden.[811] Einerseits hängt die systematische Ein-

810 Eckert, ZRP 1991, 454, 458; Abeltshauser, EWS 1991, 97, 100, 102.

811 Enthofer, Reiserecht mit Mängeln oder die lieblose Umsetzung von EG-Recht, S. 11 ff..; in: Mayer (Hrsg.) Konsumenten - politisches Jahrbuch 1992 - 1993.

ordnung der Richtlinie vom Anwendungsbereich innerhalb des nationalen Rechtes ab. Das Umsetzungskonzept der EG-Pauschalreise-Richtlinie im 3. Hauptstück des österreichischen KSchG ist nicht bloß auf das Verhältnis zwischen Konsumenten und Unternehmer beschränkt. Dieses Verhältnis ist im Rahmen des 1. Hauptstückes des KSchG (§§ 1 - 27) gegeben. Faktisch ist im 3. Hauptstück des KSchG das allgemein gültige Zivilrecht „versteckt." Deshalb hat die Entscheidung des österreichischen Gesetzgebers die Systematik des KSchG gestört. Die Rechtsnormen der Richtlinie sind auf alle Rechtssubjekte des Privatrechtes anwendbar. Folglich ist im Rahmen dieses Umsetzungskonzeptes die Zielsetzung der Verbraucherschutz-Richtlinie beeinträchtigt. Das geltende System des Konsumentenschutzes ist ungenutzt geblieben. Der sich daraus ergebende Wertungswiderspruch ist eine fehlerhafte Entscheidung des österreichischen Gesetzgebers bei der Einordnung der europäischen Rechtsnormen innerhalb der geltenden Rechtsquellen.

Nach dem gegenwärtigen Stand der Richtlinienumsetzung fehlt die amtliche Bekanntmachung über die nationale Verwirklichung der EG-Richtlinienvorschriften. Der polnische Gesetzgeber hat das heutige Regelungskonzept des Gesetzes über touristische Dienstleistungen an die Anforderungen der EG-Richtlinie angenähert. Der geltende Rahmen zur Bestimmung des Reisevertragsrechtes ist durch den Gesetzgeber nicht konkretisiert worden. Die normative Klarstellung der bestehenden Rechtslage in der polnischen Rechtsordnung ist für die Einhaltung der gemeinschaftskonformen Anforderungen notwendig.

1.4 Wertungswiderspruch im Fernabsatzrecht

Das deutsche Umsetzungskonzept der EG-Fernabsatzrichtlinie hat zu einer gespaltenen gesetzestechnischen Lösung geführt. Sowohl die terminologischen Bestimmungen des Unternehmers[812] und des Verbrauchers[813] als auch des Widerrufsrechtes[814] und des Rückgaberechtes[815] bei Verbrauchergeschäften sind in das Regelungskonzept des Bürgerlichen Gesetzbuches integriert worden. Das Normkonzept dieser Rechtsvorschriften ist durch das Bedürfnis des Unterlegenenschutzes geprägt.[816] Die erwähnten Rechtsvorschriften des Bürgerlichen Gesetz-

812 § 14 BGB „Unternehmer"

813 § 13 BGB „Verbraucher"

814 § 361 a) BGB „Widerrufsrecht bei Verbraucherverträgen"

815 § 361 b) BGB „Rückgaberecht bei Verbraucherverträgen"

816 Dabei steht der rollenspezifische Schutzansatz im Vordergrund der Rechtsnorm. Die Bestimmung ist an folgenden Grundsätzen orientiert: (1) Dem Fehlen gleichzeitiger körperlicher Anwesenheit des Lieferers oder des Dienstleistungserbringers und des

buches sind dann anzuwenden, wenn dieses Vorgehen durch die sondergesetzlichen Bestimmungen vorgesehen wird. Das Umsetzungskonzept der EG-Fernabsatzrichtlinie hat die kodifikatorischen Schutzansätze im Regelungsbereich des nationalen Verbraucherschutzrechtes bedingt. Zum normativen Standort wurde das Regelungskonzept des Bürgerlichen Gesetzbuches gewählt. Die detaillierten Rechtsvorschriften der EG-Richtlinie sind durch die sondergesetzlichen Tatbestände übernommen worden. Meiner Ansicht nach hat der deutsche Gesetzgeber die Möglichkeit verpaßt den einheitlichen Schuldvertragstyp des Fernabsatzes in die nationale Rechtsordnung einzuführen. Der deutsche Gesetzgeber hat bei der Umsetzung dieser EG-Richtlinie die speziellen Vertragsabschlußformen normiert. Die Rechtsvorschriften sind durch die sondergesetzlichen Tatbestände des FernAbsG in Kraft gesetzt worden. Dementsprechend hat die nationale Rechtsordnung Teilregelungen zum Fernabsatzgeschäft erhalten. Die Rechtsvorschriften des Bürgerlichen Gesetzbuches sind bei Bedarf subsidiär anzuwenden. Die Rechtslage ist im Endergebnis zersplittert. Die Rechtsanwendung bliebt erschwert.[817]

Der österreichische Gesetzgeber hat die Normierung der Rechtskategorien des Unternehmers und des Konsumenten vermieden. Die geltenden normativen Rahmen des Konsumentenschutzgesetzes enthalten bereits angegebene Regelungskategorien. Das Umsetzungskonzept der Fernabsatzrichtlinie wurde auf die Übernahme des speziellen Regelungscharakters der EG-Richtlinienvorschriften beschränkt. Der österreichische Gesetzgeber hat das erforderliche Ausmaß der EG-Richtlinienvorschriften einwandfrei in das Regelungskonzept des Konsumentenschutzgesetzes eingearbeitet. Die getroffene gesetzgeberische Entscheidung ist meiner Ansicht nach zu unterstützen. Der Anwendungsbereich des § 1 KSchG hat der österreichische Gesetzgeber eingehalten. Die Zersplitterung der privatrechtlichen Rechtsordnung wurde durch das gewählte Umsetzungskonzept vermieden. Der systematische Standort der Umsetzungsnormen läßt sich kaum stüzten. Die Wertungswidersprüche in der privatrechtlichen Rechtsordnung sind meiner Ansicht nach schwierig zu begründen.

Verbrauchers und (2) der Verwendung einer Telekommunikationstechnik zur Übermittlung der Aufforderung zum Vertragsschluß und der Bestellung. Vgl., Micklitz, EuZW 2001, 133, 134 ff..

817 Die Reform des Schuldrechtes hat den eigenständigen Fernabsatzvertrag (Regelungsort/BGB) konzipiert. Damit hat die frühere Integration des Umsetzungskonzeptes in das FernAbsG andere Gestaltungsformen innerhalb des BGB bekommen. Diese Entscheidung des deutschen Gesetzgebers bestätigt meiner Ansicht nach die Existenz innerhalb der nationalen Rechtsordnung der Wertungswidersprüche bei der Normierung von verbraucherschutzrechtlichen Vorschriften.

Der polnische Gesetzgeber hat die EG-Richtlinienvorschriften mit Hilfe von sondergesetzlichen Tatbeständen normiert. Bei dieser Entscheidung hat er die getroffene Entscheidung lediglich auf das Regelungskonzept der EG-Fernabsatzrichtlinie beschränkt. Das Regelungskonzept der EG-Fernabsatzrichtlinie wurde in das Gesetz zu einigen Verbraucherschutzrechten eingearbeitet. Die Bestimmung des persönlichen Anwendungsbereiches der verbraucherschutzrechtlichen Rechtsvorschriften befindet sich innerhalb des Zivilgesetzbuches. Die geltende Rechtslage ist im Endergebnis gespalten. Die Normierung des einheitlichen Vertragstypes zum Fernabsatz wurde in der polnischen Rechtsordnung nicht erreicht. Insofern ist der Anwendungsbereich dieser Rechtsnormen fehlgeschlagen.

1.5 Zur Funktion der Rechtsquellen

Der Rechtsquellencharakter von verbraucherschutzrechtlichen Normen ist meiner Ansicht nach eindeutig zu bestimmen.[818] Die verbraucherschutzrechtlichen Normen werden innerstaatlich durch die gesetzlichen Maßnahmen verwirklicht. Zu diesem Bereich gehören die Rechtsquellen der privatrechtlichen Kodifizierungen und der Sondergesetzgebung. Nach der Tradition des kontinentalen Rechtes ist beim rechtlichen Geschehen von bloßer Fixation oder Interpretation des Bestehenden auszugehen. Die Neuschaffung und Ausgestaltung des Rechtes bleibt dem traditionalistischen Rechtsdenken „notwendig fremd“. Das bestehende Recht wird in diesen Bereichen zu der Kategorie des „legal myth.“[819] Das Kriterium der Zielsetzung in der Rechtsnorm ist bei der Funktion der Rechtsquellen meiner Ansicht nach entscheidend. Beim Regelungsbereich des Verbraucherschutzes sind die Rechtsquellen mit dieser Zielsetzung zu beachten. Dabei muß der Akzent auf den kodifikatorischen Regelungsakten liegen. Das deutlichste Beispiel ist in diesem Bereich das österreichische Konsumentenschutzgesetz.

---

818 Vgl., Westermann (Fn. 44) 1983, S. 11 ff..; in: Gutachten und Vorschläge zur Überarbeitung des Schuldrechtes Band III; Bundesministerium der Justiz – Diskussionsentwurf (Fn. 291) 2000, S. 198 ff..; Dauner-Lieb (Fn. 101) 1983, S. 108 ff..; Drexl (Fn. 76) 1998, S. 71 ff..

819 Odenheimer, Ein Beitrag zur historischen Strukturanalyse der modernen kontinental-europäischen Rechtsordnungen 1957, S. 19 ff..; 21 ff..; Eichler, Zivilgesetzbücher im deutschsprachigen Rechtskreis – rechtssystematische und rechtsdogmatische Grundlegung 1996, S. 83 ff..

Die deutschen und polnischen Rechtsquellen können nach dem Kriterium der Rechtsnatur der Rechtsnorm selektiert werden.[820] Dieses Regelungsproblem ist durch die Bestimmung des verwandten Rechtsverhältnisses zu lösen. Die Rechtsinstitute des Deliktrechtes und des Vertragsrechtes sind in diesem Zusammenhang maßgeblich. Die Rechtsinstitute einer EG-Pauschalreise und einer EG-Produkthaftung sind innerstaatlich in die Rechtsinstitute des Reisevertragsrechtes und der deliktischen Haftung zu integrieren.[821] Die Übernahme der EG-Verbraucherschutzrichtlinien in diesem Bereich haben die normativen Beispiele der deutschen und der polnischen Rechtsordnung gegeben. Die Rechtsnormen des Verbraucherschutzes befassen sich mit dem Regelungsproblem des Massenphänomens. Dementsprechend ist die Bestimmung der zuständigen Rechtsquelle gefragt. Das Regelungskonzept der privatrechtlichen Kodifizierungen enthält nach dem gewöhnlichen Ansatz die verallgemeinerungsfähige Regelungsmaterie.[822] Das Umsetzungskonzept der neuen Rechtsvorschriften hängt von der Natur der betroffenen Rechtsvorschriften ab. Das System der Nebengesetzgebung normiert die speziellen Regelungsbereiche. Die Regelungsaufgabe der Gesetzgebung und der Rechtsprechung ist mit der einschlägigen Rechtsmasse von verbraucherschutzrechtlichen Sachverhalten zu konfrontieren. Die Normerlaßpflichten des nationalen Gesetzgebers sind durch das Erkennen des Interesses zu begründen.[823] Das Interesse muß durch die Rechtsnormen erkannt und geschützt werden. Die EG-Verbraucherschutzrichtlinien stellen die maßgebliche Regelungsmaterie bei der normativen Ausgestaltung dar. Dementsprechend wird der nationale Gesetzgeber auf die Übernahme des EG-Regelungskonzeptes hingewiesen.[824] Dieses Regelungsproblem gehört zum Bereich der europarechtlich und verfassungsrechtlich bedingten Gesetzgebungspflichten. In dieser Hinsicht besteht die Verpflichtung die Rechtsnormen zu erfassen. Das Entscheidungsproblem der normativen Ausgestaltung wird durch die Normierung der inhaltlichen Bestimmungen der EG-Richtlinie gelöst. Den innerstaatlichen Stellen bleibt es überlassen, über die zuständige Rechtsquelle (funktionelle Lösung) zu entscheiden. Dabei ist vor

---

820 Zu dieser Regelungsmethode – Drexl (Fn. 76) 1998, S. 82 ff..; Łętowska (Fn. 236) 1999, S. 54 ff..

821 Blaurock, Wege zur Rechtseinheit im Zivilrecht S. 96 ff..; in: Europas Rechtsvereinheitlichung durch Gesetze – Bedingungen, Ziele, Methoden 1991; Otte, Das allgemeine Gesetz und sein Regelungsgegenstand S. 80 ff..; in: Starck (Hrsg.) Die Allgemeinheit des Gesetzes 1987.

822 Westermann (Fn. 44) 1983, S. 67 ff..

823 Diese These beruht sich auf der Theorie von Jhering. v. Jhering, Römisches Recht, S. 339 ff..; Vgl., auch – Eisele, Subjektive öffentliche Rechte auf Normerlaß 2000, S. 222 ff..

824 Roth, Die Schuldrechtsmodernisierung im Kontext des Europarechtes S. 226 ff..; in: Ernst/Zimmermann, Zivilrechtswissenschaft und Schuldrechtsreform 2001.

allem die logische Einheit der Rechtsordnung und die Vermeidung der Wertungswidersprüche entscheidend. Die Normierung des eigenständigen Verbraucherschutzgesetzes wird bei der Trennung des Verbraucherschutzrechtes von dem Bürgerlichen Recht erforderlich. Meiner Ansicht nach erfordert eine derartige Trennung die Vermeidung der Wertungswidersprüche in der Rechtsnorm.[825] Die Wertungswidersprüche lassen sich durch den Stufenbau der Rechtsquellen in der Rechtsordnung lösen. Daraus ergibt sich ein Bedarf nach der Systematisierung des bestehenden Rechtes.

2. Lösungsvorschlag: Normierung eines nationalen Verbraucherschutzgesetzes

2.1 Kodifikatorischer Schutzansatz

Die nationalen Rechtsnormen und anschließend die EG-Verbraucherschutzrichtlinien haben das verbraucherschutzrechtliche Sonderprivatrecht auf den europäischen und nationalen Ebenen herausgebildet.[826] Diese Tatsache der rechtlichen Entwicklung innerhalb der europäischen, deutschen, österreichischen und polnischen Rechtsordnung läßt sich unterschiedlich interpretieren. Davon hängt die Bestimmung des systematischen Standortes von verbraucherschutzrechtlichen Normen innerhalb der Rechtsordnung ab. Die Regelungsflut der EG-Verbraucherschutzrichtlinien hat zu dem Ergebnis geführt, daß die normativen Bestimmungen des europäischen Gesetzgebers in das nationale Vertrags- und Haftungsrecht ohne systematische Strukturveränderungen des Zivilrechtes nicht gemeinschaftskonform übernommen werden können.[827] Insbesondere ist die Harmonisierung mit den zentralen Regelungsprinzipien des nationalen Zivilrechtes schwierig zu vereinbaren, wie z.B. die formale Gleichheit der Rechtssubjekte. Das EG-Verbraucherschutzrecht wurde durch den europäischen Gesetzgeber „marktkompensatorisch" konzipiert, da der Europäische Gesetzgeber versucht das Regelungsziel der sozialen Gerechtigkeit ohne direkten Kontrolle des Anbieterverhaltens zu erreichen.[828] Ein Teil der gesetzlichen Maßnahmen liegen in

825 Vgl., Pfeiffer, Die Integration von „Nebengesetzen" in das BGB, S. 499 ff..; in: Ernst/Zimmermann, Zivilrechtswissenschaft und Schuldrechtsreform 2001; Joerges, Verbraucherschutz als Rechtsproblem ZHR 1981, S. 123 ff..

826 Hommelhoff, (Fn. 32) 1996, S. 1 ff..; Reich (Fn. 2) 1996, S. 34 ff..; Tonner, JZ 1996, 533, 539 ff..

827 Müller-Graff (Fn. 32) 1998, S. 107 ff..

828 Reich (Fn. 2) 1996, S. 35 ff..

der Entscheidungsprerogative des nationalen Gesetzgebers.[829] Die ausdrücklich normierten Ermächtigungsgrundlagen befinden sich im staatlichen Verfassungsrecht. Dementsprechend ist der nationale Gesetzgeber im Rahmen der gesetzgeberischen Befugnisse berechtigt, die faktischen Tatsachen bei der normativen Ausgestaltung zu übernehmen.[830] Nach dem gegenwärtigen Stand des europäischen und nationalen Verbraucherschutzes läßt sich der kodifikatorische Schutzansatz nach dem Bedarf der typisch unterlegenen Partei (Unterlegenenschutz) bestimmen.[831] Die nationale Gesetzgebung muß diesen Schutzansatz bei der Übernahme der EG-Verbraucherschutzrichtlinien konsequent durchsetzen. Das europäische Verbraucherschutzrecht läßt sich an diesen Stellen nicht eindeutig interpretieren. Der nationale Gesetzgeber bleibt angesichts der pluralistischen Entwicklung in diesem Regelungsbereich zurückhaltend. Im Ergebnis hat er den Ansatz einer Kodifizierung nach den Rechtsinstituten gewählt.[832] Drexl bezeichnet diesen Ansatz als einen selektiven Schutzansatz. Der Bedarf nach der Reformierung wird in diesen Fällen nicht angesprochen.[833] Dadurch wird das Problem der verbraucherschutzrechtlichen Ausgestaltung innerhalb der nationalen Rechtsordnung vermieden. Diese Rechtsentwicklung bezweckt die Aufrechterhaltung der bestehenden zivilrechtlichen Regelungsstrukturen mit der gleichzeitigen Isolierung der verbraucherschutzrechtlichen Normen innerhalb des nationalen Zivilrechtes zu erreichen.[834] Diese punktuelle Entwicklung der europäischen Rechts-

---

829 Das heißt die nationalen Ermächtigungsgrundlagen (Verfassungsrecht) werden im Verhältnis zu den europäischen Ermächtigungsgrundlagen (EG-Primärrecht) subsidiär anwendbar. Vgl., Kapitel der Arbeit über das Verhältnis der EG-Ermächtigungsgrundlagen.

830 Das deutsche Grundgesetz (GG) normiert die Ermächtigungsgrundlage in dem Art. 74; die österreichische Verfassung enthält vergleichbare Regeln nach dem Art. 15; die polnische Verfassung bestimmt derartige Rechtskategorie innerhalb des Art. 95.

831 Das Bestimmungskriterium stellt in diesem Zusammenhang das Verbraucherleitbild dar. Die Rechtsprechung des Europäischen Gerichtshofes nimmt Bezug auf den Maßstab des Durchschnittsverbrauchers. Vgl., EuGH, 26. November 1996, Rs. C - 313/94, Graffione, in: Slg. 1996 p. I - 6039, Rdnr. 24 ff..; EuGH, 22. Juni 1999, Rs. C - 343/97, Lloyd Schuhfabrik Meyer, in: Slg. 1999 p. I - 3819, Rdnr. 26.

832 Schmidt, Die Zukunft der Kodifikationsidee – Rechtsprechung, Wissenschaft und Gesetzgebung vor den Gesetzeswerken des geltenden Rechtes 1984, S. 47 ff..

833 Darunter wird die Zusammensetzung der verschiedenen Schutzansätze in bezug auf verbraucherschutzrechtliche Normen verstanden. Zunächst ist situationsspezifischer Schutzansatz fixiert, danach folgen vertragstypbezogene und anschließend rollenspezifische Schutzansätze. Dementsprechend ist nach Ansicht von Hommelhoff die hierarchische Abstufung der Schutzansätze festzuhalten. Vgl., Hommelhoff, AcP (192) 1992, 71, 104 ff..

834 Der Regelungsbereich des nationalen Verbraucherschutzrechtes wurde von der Integration dieser Rechtsnormen in das Regelungskonzept des Bürgerlichen Gesetzbuches und allgemeinen Bürgerlichen Gesetzbuches isoliert. Diese Tendenz

angleichung war der Kritik der deutschen, österreichischen und polnischen Privatrechtsdoktrin ausgesetzt.[835] Nach Ansicht von Möllers sind dadurch die Fallgruppen der mißglückten Rechtsangleichung im EG-Sekundärrecht zu verzeichnen. Darunter werden die punktuelle Rechtsharmonisierung von Teilrechtsgebieten, Mindestklauseln in Richtlinien, Wahlklauseln und fortdauernde Existenz des unterschiedlichen nationalen Rechtes innerhalb einer Richtlinie und außerdem die Kompromißformeln verstanden. Diese Fallgruppen wurden in der europäischen Rechtssetzung als das „schlechte Recht" bezeichnet.[836]

Trotz dem ist nach dem gegenwärtigen Stand der Entwicklung das europäische Verbraucherschutzrecht ein abgeschlossenes und einheitliches Regelungssystem. Ein Ansatzpunkt für die Wahl des optimalen Umsetzungskonzeptes liegt meiner Ansicht nach bei der Beseitigung der bestehenden Wertungswidersprüche innerhalb des Privatrechtes. Die europäische Ebene ist in der Lage die systematischen Rahmen vorzugeben. Durch das EG-Verbraucherleitbild und folgende kompensatorische Maßnahmen in der Gesetzgebung und Rechtsprechung wird das verbraucherschutzrechtliche Normkonzept bedingt. Der Europäische Gerichtshof geht in seiner ständigen Rechtsprechung von dem Leitbild eines verständigen und kritisch prüfenden Verbrauchers aus.[837] Dementsprechend steht im Ansatz der verbraucherschutzrechtlichen Normen kein schutzbedürftiges Rechtssubjekt, sondern eine bestimmte Rolle im Binnenmarkt, die notwendig andere

---

wurde durch die Überlagerung der privatrechtlichen Regelungsmaterie in die Sondergesetzgebung gekennzeichnet. Dadurch entstanden Rechtsinstitute des Verbraucherschutzes, die keinen kodifikatorischen Bemühungen unterworfen werden. Nach diesem Regelungsergebnis bekommt man die sondergesetzlichen Tatbestände im Bereich des nationalen Verbraucherschutzes. Der kodifikatorische Regelungsauftrag bleibt unter diesen Umstände unaufgefordert.

835 Ulmer, JZ 1992, 1, 2 ff..; Dreher, JZ 1997, 167, 169 ff.. Preis, ZHR 1994, 567 568 ff..; Tonner, Die Rolle des Verbraucherrechtes bei der Entwicklung eines europäischen Zivilrechtes, Herausforderungen an das Recht: Alte Antworten auf neue Fragen ? 1998; Zöllner, AcP 1996, 1, 3 ff..; Barfuß, ÖJZ 1996, 220, 221 ff..; Lehofer, Minimum Implementation of Minimum Directives ? Consumer Protection in Austria in the Context of European Integration, JCP 1994 - 17; Wilhelm, Ecolex 1995, 613, 613 ff..; Łętowska (Fn. 236) 1999, S. 20 ff..; Żuławski, Koncepcje regulacji ustawowej ochrony konsumentów z uwzględnieniem rozwiązań prawnych w państwach członkowskich Unii Europejskiej, Biuletyn Rady Legislacyjnej (Konzept der gesetzlichen Regulierung des Verbraucherschutzes / unter Berücksichtigung der rechtlichen Lösungen in den Mitgliedstaaten der Europäischen Union / Bulletin des Gesetzgebungsrates) 1995/5.

836 Thomas M. J. Möllers, Die Rolle des Rechtes im Rahmen der Europäischen Integration – Zur Notwendigkeit einer Europäischen Gesetzgebungs- und Methodenlehre 2000, S. 13 ff..

837 Tilmann, Der verständige Verbraucher, in: FS – Piper 1996, S. 481 ff..

Seite des Marktgeschehens. Damit wird das Unternehmensrecht dem Verbraucherschutzrecht gegenüber gestellt.[838] Die angesprochenen Regelungsbereiche werden von dem Recht der Europäischen Gemeinschaften erfaßt. Die normative Ausgestaltung der Regelungsmaterie erfolgt durch die Bestimmung von persönlichen und sachlichen Abgrenzungskriterien der Rechtsnormen. Diese Regelungsaufgabe übt der nationale Gesetzgeber unter Berücksichtigung der europäischen Vorgaben der Richtlinie aus. Dementsprechend erfolgt die normative Ausgestaltung des Verbraucherschutzrechtes nach den Maßstäben des europäischen und nationalen Rechtes.[839] Die Bestimmungskriterien hängen von dem gewählten Schutzansatz in der Rechtsnorm ab. Beim Umsetzungskonzept der EG-Richtlinie stellt sich das Problem einer Übernahme des europäischen Schutzansatzes in die nationale Rechtsordnung.[840] Das Regelungsgebiet der Produkthaftung ist nach dem Schutzansatz einer Gefährlichkeit des Produktes ausgerichtet. Dieser Ansatzpunkt orientiert sich nicht an dem privatrechtlichen Schutz vor Gefahren die jedermann drohen, sondern nach dem verbraucherrechtlichen Schutzbedürfnis ausgerichtet wird.[841] Die EG-Richtlinie über Pauschalreisen normiert die Vorschriften über den Schutz der Verbraucher gegen bestimmte mit Pauschalreisen verbundene Risiken, d.h. irreführenden Angaben in der Reisebeschreibung, die Bedingungen für die Zahlung des Preises der Pauschalreise, die ungeklärte Aufteilung der Haftung zwischen dem Veranstalter und/oder Vermittler der Pauschalreise und den verschiedenen Leistungsträgern, aus deren Dienstleistungen sich diese Reise zusammensetzt.[842] Hinzu kommen die Informationspflichten des

838 Reich, ZEuP 1994, 381, 389; Art. 153 Rdnr. 4 ff..; Calliess/Ruffer, Kommentar des Vertrages über die Europäische Union und des Vertrages zur Gründung der Europäischen Gemeinschaft – EUV/EGV.

839 Das Ergebnis kann unterschiedlich bewertet werden. In Betracht kommen Teilumsetzung; Mangelhafte Umsetzung und verfehlte Harmonisierung – Vgl., Thomas M. J. Möllers, Die Rolle des Rechtes im Rahmen der Europäischen Integration – Zur Notwendigkeit einer Europäischen Gesetzgebungs- und Methodenlehre 2000, S. 13 ff..

840 Bydlinski, Zivilrechtskodifikation und Sondergesetze, in: FS Walter 1972, S. 105 ff..

841 Grünbuch: Die zivilrechtliche Haftung für fehlerhafte Produkte vom 28. 07. 1999 – KOM (1999) 396 endgültig – (von der Kommission der Europäischen Gemeinschaften vorgelegt) S. 5 ff..; Stellungnahme des Wirtschafts- und Sozialausschlußes zu dem Grünbuch: die zivilrechtliche Haftung für fehlerhafte Produkte, Brüssel, den 1. März 2000; S. 8 ff..

842 EuGH, vom 15. Juni 1999 in der Rechtssache C - 140/97 Rechberger / Republik Österreich, Rdnr. 5 ff..; Kommission der Europäischen Gemeinschaften – Bericht über die Durchführung der Richtlinie 90/314/EWG über Pauschalreisen in den innerstaatlichen Rechtsvorschriften der EG-Mitgliedstaaten (SEC (1999) 1800 final) S. 7 ff..

Reiseveranstalters. Nach diesem komplexen Rechtsverhältnis ist der Schutzansatz im Regelungsbereich des nationalen Reiserechtes zu bestimmen. Das Normkonzept der EG-Klauselrichtlinie ist nach dem Schutzansatz ausgerichtet, daß bei den vorformulierten Klauseln des Vertrages die Rechtsnormen den typisch unterlegenen Verbraucher vor dem überlegenen Gewerbetreibenden schützen. Die Mißbräuchlichkeit der Vertragsklauseln ist aufgrund ihrer Wirkung gegeben.[843] Die normativen Rahmen des Fernabsatzes sind an dem Schutzansatz einer Entziehung des Einflusses während des Abschlusses des Fernabsatzvertrages ausgerichtet.[844]

Hinzu kommt die fehlende Möglichkeit zur Prüfung der Ware während des Abschlusses des Fernabsatzvertrages. Dieser Schutzansatz bestimmt die Rechtsnormen des Unterlegenenschutzes in diesem Regelungsbereich des Verbraucherschutzes.[845] Eine derartige privatrechtliche Besserstellung des Verbrauchers wird automatisch dazu führen, daß die bisherigen einheitlichen Kodifizierungen des nationalen Privatrechtes bei der Übernahme der EG-Verbraucherschutzrichtlinien in Frage gestellt werden, da die privaten Rechtsverhältnisse hauptsächlich auf dem Primat formaler Gleichheit der Rechtssubjekte unter Abstraktion der von ihnen verfolgten Verwendungszwecke beruhen.[846] In dieser Hinsicht sind die Schwierigkeiten bei der Aufnahme der verbraucherschutzrechtlichen Normen in die nationalen Rechtsordnungen deutlich definierbar.

Die Regelungsmethode einer Normierung der verbraucherschutzrechtlichen Normen in die sondergesetzlichen Tatbestände läßt sich meiner Ansicht nach mit der Regelungsmethode des europäischen Gesetzgebers vergleichen. Die europarechtlich entwickelten Anforderungen, die geltende Rechtslage zu konkretisieren, werden dieses Regelungsergebnis im Bereich des Verbraucherschutzes bestätigen. Die Normierung der detaillierten Richtlinienvorschriften setzt nach der europäischen Regelungsmethode voraus, daß der Anwendungsbereich dieser

---

843 Bericht der Kommission der Europäischen Gemeinschaften über die Anwendung der Richtlinie 93/13/EWG des Rates vom 5. April 1993 über mißbräuchliche Klauseln in Verbraucherverträgen (KOM (2000) 248 endgültig) S. 25 ff..

844 Dementsprechend sind folgende Kriterien zu erwähnen: (1) das Fehlen gleichzeitiger körperlicher Anwesenheit des Lieferers oder des Dienstleistungserbringers und des Verbrauchers; (2) die Verwendung einer Telekommunikationstechnik zur Übermittlung der Aufforderung zum Vertragsschluß und der Bestellung. Vgl., Micklitz, EuZW 2001, 133, 134 ff..

845 Rdnr. 22 ff..; in: Text der EG - Richtlinie 97/7/EG des Europäischen Parlaments und des Rates vom 20. Mai 1997 über den Verbraucherschutz bei Vertragsabschluessen im Fernabsatz. Vgl., Meents, Verbraucherschutz bei Rechtsgeschäften im Internet – Anwendung und Wirkung klassischer Instrumentarien des Verbraucherschutzrechtes und der Europäischen Fernabsatzrichtlinie 1998, S. 187 ff..

846 Hinzu: Dauner-Lieb, (Fn. 101) 1983, S. 54 ff..

Rechtsnormen innerstaatlich gesichert wird. Die maßgeblichen Rechtsnormen des Europäischen Richtlinienrechtes stellen den speziellen Regelungscharakter dar. In dieser Hinsicht bestehen eindeutige Kriterien bei der Bestimmung der gemeinschaftskonformen Richtlinienumsetzung. Dementsprechend ist der nationale Gesetzgeber verpflichtet, die Rechtsvorschriften des speziellen Regelungscharakters innerstaatlich zu normieren. Dabei verwendet der nationale Gesetzgeber die Regelungsmethode der einzelnen Tatbestände. Die bisherige Umsetzungspraxis hat dieses Regelungsergebnis bestätigt. Nach diesem Regelungsverständnis sind die nationalen und europäischen Regelungsmethoden miteinander in Einklang gebracht. Die Normierung der einzelnen Tatbestände durch den nationalen Gesetzgeber bedeutet nicht, daß in jedem Fall ein eigenständiges Sondergesetz innerstaatlich zu erlassen ist. Die Normierung der einzelnen Tatbestände kann auch innerhalb der bestehenden Rechtsquellen erfolgen.[847] Die EG-Gemeinschaftswidrigkeit der Richtlinienumsetzung wird nach der ergangenen Rechtsprechung nicht in Frage gestellt. Gegenwärtig sind die nationalen Rechtsordnungen im Bereich des Verbraucherschutzes an die punktuelle Rechtssetzung gebunden. Dementsprechend hat sich in der Rechtssetzungspraxis des EG-Gesetzgebers und der Umsetzungspraxis des nationalen Gesetzgebers die Regelungsmethode nach den einzelnen Tatbeständen durchgesetzt. Die Regelungstechnik auf der europäischen und den nationalen Ebenen paßt im Ergebnis zusammen. Diese Tatsache der Rechtsentwicklung gewährt dem nationalen Gesetzgeber die Möglichkeit, die kodifikatorischen Schutzansätze für den Bereich des Verbraucherrechtes zu normieren. Es gilt in der Gesetzgebungstheorie als unumstritten, daß die Rechtsnorm sich ad incertam personam richtet.[848] Damit kann das Bestimmungsproblem der verbraucherschutzrechtlichen Normen nach dem Kriterium der Normadressaten gelöst werden. In dieser Hinsicht ist entscheidend, wer in der Rolle der Normadressaten auftreten wird.[849] Das angesprochene Kriterium ist meiner Ansicht nach in der Lage, den rollenspezifischen Schutzansatz im Bereich des Verbraucherschutzrechtes zu begründen. Dadurch wird die maßgebliche Regelungsmaterie am einfachsten in der Gesetzgebungspraxis festgestellt. Von den Normadressaten hängt die Realisierung des normierten Regelungskonzeptes ab.[850]

---

847 Pfeiffer, Die Integration von „Nebengesetzen" in das BGB S. 501 ff.; in: Ernst/Zimmermann, Zivilrechtswissenschaft und Schuldrechtsreform 2001.

848 Krüger, Der Adressat des Rechtsgesetzes – Ein Beitrag zur Gesetzgebungslehre 1969, S. 14 ff..

849 Krüger, Der Adressat des Rechtsgesetzes – Ein Beitrag zur Gesetzgebungslehre 1969, S. 14 ff..

850 Der vorgeführte Regelungsansatz ist durch die realistische Rechtswissenschaft entwickelt worden. Hier steht die „Realisierung des Rechtsgesetzes" im Vorder-

Diese These hat ihre Bestätigung in der systematischen Gestaltung der Privatrechtsordnungen in Deutschland, Österreich und Polen bekommen.[851]

2.2 *Verbraucherschutzrechtlicher Regelungsauftrag*

2.2.1 *In der deutschen Rechtsordnung*

Der deutsche Gesetzgeber bleibt im Bereich des Verbraucherschutzes an das Regelungskonzept der EG-Richtlinie gebunden. Dieser Regelungsauftrag ist durch die Umsetzungsplicht der europäischen Richtlinien im innerstaatlichen Regelungsbereich zu begründen. Bei der Argumentation zur Ablehnung des eigenständigen Verbraucherschutzrechtes wird meistens angenommen, daß es nicht auf eine typisierbare Unterlegenheit des Verbrauchers ankomme, sondern auf den situativen Schutz des sozial Schwächeren.[852] Der Verbraucher kann sich unter bestimmten Umständen, muß sich aber nicht in einer Ungleichgewichtslage befinden. Die Einschränkung des geschützten Personenkreises auf den Verbraucher ist keineswegs zwingend.[853] Bei diesen Beispielen wird die Ungleichgewichtslage in den jeweiligen Einzelsituationen unterstrichen. Insoweit wird übersehen, daß der nationale Gesetzgeber beim Schutz des Verbrauchers auf ein Massenphänomen trifft. Der Verbraucher ist dem Anbieter gegenüber durch die schwächere Position generell unterlegen.[854] Dementsprechend muß sich der nationale Gesetzgeber auf eine typisierbare Regelungssituation beschränken, wenn er überhaupt etwas regeln möchte und die Entscheidung nicht allein der Rechtsprechung überlassen will.[855] Diese Ansicht wurde in der Rechtsprechung des Bundesver-

---

grund. Diese Kategorie gehört zu dem Bildungskriterium der Rechtsnormen (lawmaking function). Vgl., Beutel, Experimental Jurisprudence 1957, S. 61 ff..

851 Die nationalen Rechtsordnungen haben die kodifikatorischen Schutzansätze folgendermaßen eingeführt: das deutsche BGB – § 13 (Verbraucher), § 14 (Unternehmer), das österreichische KSchG – § 1 (Verbrauchergeschäft), das polnische ZGB – Art. 384/1 Abs. 3 (Verbraucher). Die Subjektenlehre wurde in der neuen Rechtsprechung des Europäischen Gerichtshofes bestätigt. Hier ist die Entscheidung des EuGH zu erwähnen, daß Juristische Person ist kein Verbraucher im Sinne der EG-Klauselrichtlinie. Vgl., EuGH, 22. November 2001, verb. Rs. C - 541/99 und C - 542/99, Cape Snc/Idealservice Srl und Idealservice MN RE Sas/OMAI Srl, Rdnr. 14 ff..; abgedruckt in: EuZW 2002, I - 32.

852 Ulmer, JZ 1992, 1, 2 ff..

853 Zu diesen Ansätzen / Vgl., Dauner-Lieb, (Fn. 101) 1983, S. 51 ff..; 152 ff..

854 Dadurch wird der Unterlegenenschutz betont. Unter diesem Aspekt werden die Normadressaten des rollenspezifischen Schutzansatzes festgestellt.

855 Tonner, JZ 1996, 533, 535 ff..

fassungsgerichtes durchgesetzt, die den nationalen Gesetzgeber ausdrücklich verpflichtet, bei strukturellen Ungleichgewichtslagen einzugreifen.[856] Die Tendenz zur Verallgemeinerung der verbraucherschutzrechtlichen Normen wurde durch die Normierung der Rechtskategorien des Verbrauchers und des Unternehmens gebrochen.[857] Dementsprechend hat der deutsche Gesetzgeber entschieden den rollenspezifischen Schutzansatz in das nationale Verbraucherschutzrecht einzuführen.[858]

Dementsprechend muß der nationale Gesetzgeber die ganze Reihe der Rechtsnormen des Verbraucherschutzes deutlich vom allgemeinen Delikts- und Vertragsrecht trennen können. Die europarechtlich entwickelten Rechtsnormen im Bereich des Verbraucherschutzes sind darüber hinaus auf der Ebene der nationalen Rechtsordnung typenspezifisch und sondergesetzlich normiert worden. In der gesetzgeberischen Praxis ist es zu der Normierung des Verbraucherschutzes in Form eines einheitlichen Gesetzes nicht gekommen. Das Umsetzungsergebnis der EG-Verbraucherschutz-Richtlinien kann zur Entstehung von Parallelnormen führen.[859] Das geltende allgemeine Privatrecht und das Umsetzungsrecht

---

856 BVerfG Band – 81, S. 242 ff..; BVerfG Band – 89, S. 214 ff..

857 Zu dieser Regelungsmethode Westermann (Fn. 44) 1983, S. 67 ff..; Dabei wird die Anbindung an den rollenspezifischen Schutzansatz abgelehnt. Die Ansätze werden auf die Kompensation der einzelnen Aspekte dieser Unterlegenheit bestimmt. Dadurch kommt der situationsbezogene Schutzansatz zum Ausdruck. Die §§ 13 - 14 des Bürgerlichen Gesetzbuches haben den persönlichen Anwendungsbereich der verbraucherschutzrechtlichen Normen bestimmt. Bei der normativen Ausgestaltung dieser Rechtsvorschriften wird auf den rollenspezifischen Schutzansatz Bezug genommen. Im Ansatz der Regelung befindet sich der Schutz der typisch unterlegenen Partei. Nach dem Wortlaut des § 13 BGB bedeutet Verbraucher jede natürliche Person, die ein Rechtsgeschäft zu einem Zweck abschließt, der weder ihrer gewerblichen noch ihrer selbständigen beruflichen Tätigkeit zugerechnet werden kann. Durch § 14 BGB wird die Rechtskategorie des Unternehmers normiert. Darunter wird eine natürliche oder juristische Person oder eine rechtsfähige Personengesellschaft verstanden, die bei Abschluß eines Rechtsgeschäftes in Ausübung ihrer gewerblichen oder selbständigen beruflichen Tätigkeit handelt. Die Bedeutung dieser Rechtskategorien liegt in der Klärung der Terminologie in den sondergesetzlichen Tatbeständen. Insbesondere sind die Tatbestände: im FernAbsG 1; VerbrKrG 1; HausTWG 1; TzWrG 1 zu erwähnen.

858 Diesem Regelungsbedarf wird durch die Normierung der einzelnen Rechtsquelle entsprochen. Dadurch wird die Funktion der Rechtsquelle gesichert. Beim Verbraucherschutz wäre die Lösung: Normierung eines eigenständigen Verbraucherschutzgesetzes.

859 Der Regelungsgedanke kam deutlich zum Ausdruck im Umsetzungskonzept der EG-Richtlinie über mißbräuchliche Klauseln in Verbraucherverträgen. Die Normierung des Parallelgesetzes zum AGB-Gesetz wurde Gegenstand von theoretischen Abhandlungen. Die Normierung des Produkthaftungsgesetzes hat das Ergebnis der

des Verbraucherschutzes werden nebeneinander gelten. Dieses Regelungsphänomen ist angesichts der verschiedenen Schutzansätze typisch im Bereich des Verbraucherschutzes. Die Regelungsbereiche des nationalen und europäischen Verbraucherschutzes überschneiden sich. Bei diesem Regelungsergebnis muß die nationale Rechtsprechung die Konflikte bei der Zielsetzung der Rechtsnorm und den Anwendungsbereich der Rechtsnorm lösen. Diese Regelungstechnik kennzeichnet die deutsche Gesetzgebung im Bereich des Verbraucherschutzes.[860] Ihre Aufgabe liegt in der Beseitigung von eventuellen Wertungswidersprüchen innerhalb der nationalen Rechtsordnung.[861] Zu den Lösungsvorschlägen gehört die Normierung des nationalen Verbraucherschutzgesetzes. Nach dem Regelungskonzept muß das nationale Verbraucherschutzgesetz die zukünftig erlassenen EG-Verbraucherschutz-Richtlinien erfassen können. Der normierte Schutzansatz bedarf einer Bestätigung, die als bindend für den nationalen Gesetzgeber zu verstehen ist. Die ergangene Rechtsprechung des Europäischen Gerichtshofes läßt sich in die Richtung des Schutzbedürfnisses der in typischer Weise unterlegenen Partei interpretieren.[862] Die gegenwärtige Rechtsdogmatik des Verbraucherschutzes ergibt sich aus einer Untersuchung einzelner verbraucherschutzrechtlicher Institute innerhalb der nationalen Rechtsordnung. Der normative Regelungsansatz kann im Bereich des Verbraucherschutzes aus dem Verhältnis des europäischen und nationalen Rechtes abgeleitet werden. Dieser Regelungsansatz muß der nationale Gesetzgeber für die Rechtsverhältnisse des Verbrauchsbedarfes gestalten können. Die Spaltung der privatrechtlichen Regelungsmaterie ist bei der Normierung des einheitlichen Schutzansatzes zu prognostizieren. Zu diesem Ergebnis wird man bei der Verwendung des Kriteriums einer Schutzbedürftigkeit des Rechtssubjektes kommen.[863] Die Normierung des persönlichen Anwendungsbe-

---

Parallelnormen in der Privatrechtsordnung bedingt. Das bestehende Deliktsrecht blieb durch das Produkthaftungsgesetz unangetastet. Die angesprochenen Beispiele zeigen die Ansätze der Parallelnormen im Bereich der Privatrechtsordnung.

860 Das Internationale Privatrecht enthält die vergleichbare begriffliche Kategorie. Darunter ist ein Nebeneinander der verschiedenen Gruppen von Normen zu verstehen.

861 Die bisherige Umsetzungspraxis der EG-Verbraucherschutzrichtlinien bezweckte den verbraucherschutzrechtlichen Ansatz zu vermeiden. Dieser Ansatz stand der tatsächlichen Entwicklung im Bereich der EG-Verbraucherschutzrechtes entgegen.

862 In der Rechtswissenschaft erfolgt eine unterschiedliche Bewertung. Strittig bleibt die Bestimmung des situationsbezogenen und rollenspezifischen Schutzansätzes in der Rechtsprechung des EuGH.

863 Ablehnende Ansicht bei Westermann, AcP (178) 1978, S. 151 ff..; Die zustimmende Ansicht bei Drexl (Fn. 76) 1998, S. 76 ff..; Nach Ansicht von Hommelhoff ist das Kriterium des reduziert-präzisierten Unterlegenenschutzes einzuführen. Dadurch wird das Regelungsproblem beachtet, daß die Schutzvorschriften die tatsächlich Bedürftigen treffen müssen. Vgl., Hommelhoff, AcP (192) 1992, 71, 86 ff..; Nach

reiches der verbraucherschutzrechtlichen Normen hat das erwähnte Regelungsproblem der deutschen Rechtsordnung weitgehend gelöst. Die Rechtskategorien des Verbrauchers (§ 13 BGB) und des Unternehmers (§ 14 BGB) sind in die zentrale Kodifizierung des deutschen Privatrechtes eingefügt. Diese Entscheidung des deutschen Gesetzgebers hat zur Zersplitterung des nationalen Verbraucherschutzrechtes beigetragen.

In diesem Zusammenhang wird in der deutschen Rechtsdoktrin über die Modernisierung des nationalen Schuldrechtes gesprochen.[864] Nach Ansicht der Reformkommission wird die innerstaatliche Übernahme der EG-Verbraucherschutzrichtlinien das BGB-Umsetzungskonzept erfordern. Die Integration der EG-Verbraucherschutzvorschriften in das BGB wird das Regelungskonzept des Bürgerlichen Gesetzbuches als zentrale zivilrechtliche Kodifizierung wiederherstellen. Die geltende Rechtslage ist als unerträglich zu bezeichnen, wenn vergleichbare Vertragsverhältnisse (z.B. Kreditvertrag; Widerrufsrecht) durch verschiedene sondergesetzliche Tatbestände geregelt werden. Die Regelungsansätze dieser Rechtsverhältnisse liegen im Rahmen des Bürgerlichen Gesetzbuches. Die Voraussetzungen und die Rechtsfolgen müssen außerhalb des Bürgerlichen Ge-

---

Ansicht von Canaris sollte bei der Bestimmung des verbraucherschutzrechtlichen Verkehrs einer Anknüpfung an die Eigenschaft des Verbrauchers „geringes Gewicht" zukommen. Die Besonderheit der Gefahr wird bei der Sicherung einer vertraglichen Entscheidungsfreiheit die zentrale Rolle spielen. Zu den gesetzlichen Beispielen gehören in diesem Bereich das Haustür-WG und das VerbrKrG. Nach Ansicht von Canaris muß der verbraucherschutzrechtliche Verkehr von der Rechtskategorie des Verbrauchers gelöst werden. Stattdessen sind die Ausnahmeregelungen mit Anknüpfung an die gewerbliche und selbständige berufliche Tätigkeit zu normieren. Bei dieser Auffassung liegt eindeutig die Systemlosigkeit innerhalb des nationalen Verbraucherschutzes vor. Canaris hat diese These durch die Anwendung des Kriteriums der fehlenden Zuordnungsmöglichkeit bestätigt. Darunter wird in der Praxis ein Konglomerat von Vorschriften verstanden, die nur zwischen professionellen und nicht professionellen Teilnehmern am Rechtsverkehr anwendbar sind. Derartigen theoretischen Behauptungen ist nach dem heutigen Stand der Rechtsentwicklung in der verbraucherschutzrechtlichen Normen jede Durchsetzungsmöglichkeit entzogen. Der deutsche Gesetzgeber bemüht sich angesichts der letzten Reformbestrebungen, dem nationalen Verbraucherschutz einen eindeutigen systematischen Rahmen zu gewähren. Fraglich bleibt nun, welche Rechtsquelle (allein das BGB/oder das BGB mit der Sondergesetzgebung) bei der funktionalen Lösung des innerstaatlichen Verbraucherschutzes den europarechtlichen und privatrechtlichen Anforderungen der nationalen Rechtsordnung entspricht. Dabei stehen die Gründe der Regulierungseffektivität im Vordergrund. Vgl., Canaris, AcP 200 (2000) S. 273, 360 ff..; Pfeiffer, Die Integration von Nebengesetzen in das BGB, S. 495 ff..; in: Ernst/Zimmermann, Zivilrechtswissenschaft und Schuldrechtsreform 2001.

864 Diskussionsentwurf (Fn. 291) 2000.

setzbuches gesucht werden. Das deutlichste Beispiel ist die Blanketnorm zum Widerrufsrecht und Rückgaberecht des BGB (§ 361 a); § 361 b) BGB). Dieser Bedarf stellt einen Regelungsauftrag an den nationalen Gesetzgeber dar, sowohl die Kategorien des Verbrauchers und des Unternehmers als auch die Kategorien des Widerrufsrechtes, des Rückgaberechtes, der Fristen und die Rechtsfolgen zu vereinheitlichen.[865] Diese Begründung hat nach Ansicht der Reformautoren die Integration der EG-Verbraucherschutzvorschriften in das BGB gerechtfertigt. Damit wird „in der Sache der Weg einer Integration der Verbraucherschutzgesetze in das Bürgerliche Gesetzbuch vorgezeichnet.“[866] Die Tatsachen der Rechtsentwicklung in diesem Bereich sind folgende: Die ersten Rechtsnormen zum BGB-Verbraucherschutz hat der deutsche Gesetzgeber bereits in das Regelungskonzept des Bürgerlichen Gesetzbuches eingefügt. Eine derartige gesetzgeberische Entscheidung läßt sich angesichts der systematischen Störungen kritisieren. Dem verbraucherrechtlichen Schutzzweck haben die normativen Rahmen des Sondergesetzes besser zu entsprechen. Das Regelungskonzept des BGB wird beim Bedarf subsidiär angewendet. Dementsprechend werden die BGB-Rechtsinstitute mit den verbraucherschutzrechtlichen Instituten korrespondieren. Dieses Regelungsphänomen kann als Parallelnormen (bzw. Parallelrechtsordnungen) begriffen werden. Das erwähnte Regelungsergebnis entsteht durch die Ausdifferenzierung nach den Schutzbedürfnissen innerhalb des Rechtsverhältnisses. Der nationale Gesetzgeber entscheidet über die Durchführung der Trennlinie bei der Entstehung des angesprochenen Rechtsverhältnisses. Dabei muß die Rechtsquelle des Bürgerlichen Gesetzbuches oder des eigenständigen Gesetzes behandelt werden. Das ursprüngliche Regelungskonzept des BGB basiert auf dem Regelungsgrundsatz der formalen Gleichheit der Rechtssubjekte unter Abstraktion der von ihnen verfolgten Verwendungszwecke. Dieses Leitbild der normativen Gestaltung läßt sich nur schwer mit dem Regelungsansatz des verbraucherrechtlichen Schutzbedürfnisses vereinbaren. Aus diesem Grund wäre die Rechtsquelle des verbraucherschutzrechtlichen Sondergesetzes der geeignete Standort einer normativen Ausgestaltung. Der kodifikatorische Regelungsansatz ist in diesen normativen Rahmen mehr aufnahme- und bestimmungsfähiger. Das Regelungskonzept des Bürgerlichen Gesetzbuches wird beim verbraucherschutzrechtlichen Rechtsverhältnis unangetastet gelassen. Die Regelungsperspektive des verbraucherschutzrechtlichen Gesetzes ist die Ersatzkodifizierung dem Bürgerlichen Gesetzbuch zu leisten.[867] Insofern ist die gesetzgeberische Durchsetzungsfähigkeit

865 Diskussionsentwurf (Fn. 291) 2000; S. 213 ff..

866 Diskussionsentwurf (Fn. 291) 2000; S. 214 ff..

867 Damm, Einleitung - Rdnr. 4; in: BGB – Kommentar zum Bürgerlichen Gesetzbuch, Band 1 Allgemeiner Teil, §§ 1 - 240 1987.

dieses Regelungsgedankes gefragt.[868] Bei der Konzipierung dieser Entscheidung sind die §§ 13 - 14/361a) - 361b) des Bürgerlichen Gesetzbuches in den Hauptbestandteil des nationalen Verbraucherschutzgesetzes einzuarbeiten. An diesen zentralen Rechtskategorien[869] muß sich die Übernahme der nächsten EG-Verbraucherschutzrichtlinien orientieren. Die eigenständigen Teile des nationalen Verbraucherschutzgesetzes muß das verbraucherschutzrechtliche Delikts-Vertragsrecht darstellen. Das gewählte BGB-Umsetzungskonzept ist unter folgenden Gesichtspunkten fraglich: Erstens sind die Zielsetzungen in den Rechtsnormen des bürgerlichen Rechtscharakters und des privatrechtlichen Rechtscharakters zu unterscheiden. Das Konzept der formalen Gleichheit der Rechtssubjekte unter Abstraktion der von ihnen verfolgten Verwendungszwecke verträgt sich schlecht mit dem europarechtlich normierten Verbraucherleitbild. Dementsprechend muß sich der Rechtsanwender mit zwei unterschiedlichen Regelungskonzepten innerhalb der einheitlichen Rechtsquelle des privatrechtlichen Rechtscharakters (BGB) auseinandersetzen. Deshalb wird das Regelungsergebnis derartiger Rechtsnormen gestört. Hinzu tritt die Kollision mit dem Regelungsstil des BGB und dem allgemeinen Geltungsanspruch der BGB-Rechtsnormen. Durch die Übernahme der EG-Verbraucherschutzrichtlinien wird das Regelungskonzept des Bürgerlichen Gesetzbuches das Regelungsniveau einer traditionalistischen Rechtsquelle verlieren. Die Aufnahme der verbraucherschutzrechtlichen Normen in das Bürgerliche Gesetzbuch führt zu diesem Ergebnis. Dadurch wird das BGB-Regelungskonzept die Differenzierung nach den Schutzbedürfnissen erfordern. Dieser Schutzansatz befindet sich ursprünglich außerhalb des Bürgerlichen Gesetzbuches. Bei der konsequenten Befolgung dieser Entscheidungslogik wird die Normierung einer verbraucherschutzrechtlichen Kodifizierung notwendig. Die Eigenständigkeit des Verbraucherschutzrechtes läßt sich durch den rollenspezifischen Schutzansatz begründen.[870]

Beim BGB-Umsetzungskonzept der EG-Verbraucherschutz-Richtlinien wird die deutsche Rechtsordnung eine gestörte Teillösung des BGB-Regelungskonzeptes bekommen. Meiner Ansicht nach fordern die deutlichen Wertungswider-

---

868 Die gegenwärtige Tendenz geht in die andere Richtung. Zur Abhandlung wurde ein Entwurf eines Schuldrechtsmodernisierungsgesetzes vorgelegt. Vgl., Bundesministerium der Justiz Stand: 4. August 2000.

869 Verbraucher/Unternehmer/Widerrufsrecht/Rückgaberecht (Rechtsquelle liegt im Rahmen des Bürgerlichen Gesetzbuches).

870 Die Normierung des persönlichen Anwendungsbereiches bei den verbraucherschutzrechtlichen Normen hat meiner Ansicht nach diesem Schutzansatz des verbraucherschutzrechtlichen Rechtsverkehrs bestätigt. Der nationale Gesetzgeber muß rechtstechnisch die Bestimmung des materiellen Anwendungsbereiches unter den Rechtskategorien des Verbrauchers und Unternehmers gewährleisten.

sprüche beim Verhältnis der privatrechtlichen und verbraucherschutzrechtlichen Normen die gesetzgeberische Trennung durch die Normierung in unterschiedlichen Rechtsquellen. Die gesetzgeberische Lösung durch das nationale Verbraucherschutzgesetz konnte das Bestehen des eigenständigen Verbraucherschutzrechtes in der deutschen Rechtsordnung bestätigen.

Der Kontrollmaßstab der gemeinschaftskonformen Richtlinienumsetzung hat dem deutschen Gesetzgeber einen breiten Gestaltungsspielraum bei der Übernahme der EG-Verbraucherschutzrichtlinien belassen. Der nationale Gesetzgeber ist zum Erlaß der neuen Rechtsvorschriften aus europarechtlichen Gründen verpflichtet, wenn die entsprechenden Rechtsnormen in der nationalen Rechtsordnung fehlen oder die bestehenden Rechtsnormen konkretisierungsbedürftig sind. Die neu erlassenen Rechtsnormen sind außerdem an die Kontrollkriterien des Zielerreichungsgrades der EG-Richtlinie und der Parallelität der umgesetzten Rechtsnormen gebunden. Die Orientierung liegt bei den ursprünglichen Rechtsquellen der nationalen Rechtsordnung. Die Generalklauseln des Bürgerlichen Gesetzbuches brauchen in der Regel konkretisierende Maßnahmen durch den nationalen Gesetzgeber. Die bisherige Umsetzungspraxis der EG-Verbraucherschutzvorschriften ging in diese Richtung.[871] Das Umsetzungskonzept durch richtlinienkonforme Interpretation ist in der gesetzgeberischen Praxis selten angewendet worden. Insofern wird das BGB-Umsetzungskonzept der EG-Verbraucherschutzrichtlinien das bestehende Recht mit dem umgesetzten Recht in Kollision bringen. Der vorzuziehende Lösungsvorschlag sieht eine deutliche Trennung der privatrechtlichen und verbraucherschutzrechtlichen Normen durch das nationale Verbraucherschutzgesetz vor.[872] Zukünftig bieten die normativen Rahmen des eigenständigen Verbraucherschutzgesetzes die Aufnahmemöglichkeiten zur ge-

871 Nach dem Gutachten zur Schuldrechtsmodernisierung des deutschen Rechtes wird die Integration der folgenden EG-Richtlinien in das Bürgerliche Gesetzbuch vorgeschlagen. (1) EG-Richtlinie vom 25. Mai 1999 zu bestimmten Aspekten des Verbrauchsgüterkaufes und der Garantien für Verbrauchsgüter, (2) EG-Richtlinie vom 29. Juni 2000 zur Bekämpfung von Zahlungsverzug im Geschäftsverkehr, (3) EG-Richtlinie vom 8. Juni 2000 über bestimmte rechtliche Aspekte der Dienste der Informationsgesellschaft, insbesondere des elektronischen Geschäftsverkehrs, im Binnenmarkt. Diskussionsentwurf eines Schuldrechtsmodernisierungsgesetzes – Bundesministerium der Justiz.

872 Dadurch werde die Selbständigkeit des nationalen Verbraucherschutzrechtes gestärkt. Die Trennung der Rechtsnormen durch verschiedene Rechtsquellen konnten die bestehenden Wertungswidersprüche in der nationalen Privatrechtsordnung beseitigen.

meinschaftskonformen Richtlinienumsetzung des europäischen Verbraucherschutzrechtes.[873]

2.2.2 *In der österreichischen Rechtsordnung*

Der kodifikatorische Schutzansatz im Bereich des österreichischen Verbraucherschutzes wurde trotz bestehender Abgrenzungsschwierigkeiten normiert. Der österreichische Gesetzgeber hat sich zum persönlichen Abgrenzungskriterium des Unternehmers und des Konsumenten (§ 1 KSchG) entschlossen. Beim ursprünglichen Regelungsansatz des nationalen Konsumentenschutzrechtes ist eine Parallele mit dem Konzept des Verbraucherschutzes von Reich zu verzeichnen.[874] Dementsprechend mußte der nationale Gesetzgeber zur Dreiteilung des Privatrechtes kommen. Die Verwirklichung des Abgrenzungskriteriums nach den Schutzerfordernissen der beteiligten Personen wird die Teilung der Privatrechtsordnung in die folgenden Regelungsbereiche verursachen: Zum ersten Regelungsbereich gehört das Unternehmensrecht. Der zweite Regelungsbereich muß das Verbraucherschutzrecht bestimmen. Diese Rechtsverhältnisse sind durch die rechtlichen Bindungen zwischen Unternehmern und Verbrauchern abzugrenzen. Die übrig gebliebenen Rechtsverhältnisse bilden den Regelungsgegenstand des Zivilrechtes.[875]

Der ursprüngliche Regelungsansatz des Konsumentenschutzrechtes hat auf die Herausbildung des eigenständigen Regelungsbereiches zum Konsumentenschutz gezielt. Dementsprechend mußte die Trennlinie nach den Regelungsbereichen Unternehmensrecht (Schutzansätze liegen beim Regelungskonzept des Handelsrechtes) und dem allgemeinen Privatrecht des ABGB eingehalten werden.[876] Nach Ansicht von Bydlinski ist das gewählte Regelungskonzept des österreichischen Gesetzgebers als systemsprengend abzulehnen. Der in Kraft gesetzte Schutzansatz des § 1 KSchG führt in der Regelungspraxis zu einem Teilergebnis. Die wirtschaftliche Unterlegenheit oder in ihrer Bedeutung nicht erklärte ökono-

---

873 In diesem Zusammenhang ist zu beachten, daß der deutsche Gesetzgeber die getroffene Entscheidung bei der Bestimmung des rollenspezifischen Schutzansatzes (§§ 13 (Verbraucher); 14 (Unternehmer) BGB) in das Regelungskonzept des Verbraucherschutzgesetzes überführen muß. Dementsprechend muß er die verbraucherschutzrechtliche Rechtsquelle neu normieren.

874 Das österreichische Konsumentenschutzgesetz wurde im Gegenteil zum Gesetz zur Regelung des Rechtes der Allgemeinen Geschäftsbedingungen auf den verbraucherschutzrechtlichen Verkehr abgestellt. Vgl., Reich, Markt und Recht – Theorie und Praxis des Wirtschaftsrechtes in der Bundesrepublik Deutschland 1977, S. 179 ff..; Reich, ZEuP 1994, 381, 387 ff..; Reich, ZRP 1974, 187 189 ff..

875 Reich, ZRP 1974, 179, 187 ff..

876 Krejci, KSchG und ABGB, in: Krejci, Handbuch zum KSchG 1981.

mische Rollen sind durch das bestehende Regelungsinstrumentarium nicht zu konkretisieren.[877] Die rechtliche Ausschaltung der Kontrollnormen innerhalb des Allgemeinen Bürgerlichen Gesetzbuches ist nach Ansicht von Bydlinski zuzulassen. Dementsprechend muß ein Ausgleich von Ungleichgewichtslagen nicht nur im Rahmen des Konsumentenschutzgesetzes, sondern auch durch die geltenden Kontrollnormen des allgemeinen Bürgerlichen Gesetzbuches erfolgen. Der normierte Konsumentenschutz ist folglich eine Ergänzung des ABGB. Diese Ansicht führt zur Abschwächung des eigenständigen Konsumentenschutzrechtes innerhalb der österreichischen Rechtsordnung.[878] Die Rechtsposition des Konsumentenschutzgesetzes in der österreichischen Rechtsordnung ist nach dem Ergebnis der gesetzgeberischen Tätigkeit im konsumentenschutzrechtlichen Bereich eindeutig nicht zu bewerten.[879]

Der österreichische Gesetzgeber hat den Regelungsansatz des Konsumentenschutzgesetzes bei der Umsetzung der EG-Richtlinien eingeschränkt ausgenutzt. Das Ergebnis der Umsetzungskonzepte innerhalb der österreichischen Rechtsordnung hat die Tendenz der Gesetzgebung zur Verallgemeinerung konsumentenschutzrechtlicher Normen gezeigt. Der ursprüngliche Schutzansatz des Konsumentenschutzgesetzes mußte die umgekehrte Tendenz einer Trennung des zivilrechtlichen und konsumentenschutzrechtlichen Schutzbedürfnisses verwirklichen. Die Produkthaftungsrichtlinie steht außerhalb des Konsumentenschutzgesetzes. Das erlassene Sondergesetz ist zu dem Bereich des Konsumentenschutzes zuzuordnen. Der Anwendungsbereich betrifft die Schutzbedürfnisse des Konsumenten gegenüber der Gefährlichkeit des Produktes. Dementsprechend stimmt der Normzweck des Konsumentenschutzgesetzes mit dem Normzweck des Produkthaftungsgesetzes überein. Die Umsetzung der Produkthaftungsrichtlinie außerhalb des KSchG ist nach meiner Ansicht nicht überzeugend. Die nächsten Umsetzungsmaßnahmen sehen folgendermaßen aus: Die Richtlinie über Pauschalreisen steht außerhalb des KSchG-Anwendungsbereiches. Die Umsetzung der Richtlinie über mißbräuchliche Klauseln wurde auf die Übernahme des Transparenz-Gebotes eingeschränkt. Der Regelungsansatz zur Kontrolle der mißbräuchlichen Vertragsbedingungen befindet sich im Rahmen des § 864 a) ABGB.

877 Bydlinski (Fn. 219) 1996, S. 750 ff..

878 Kramer, ÖJZ 1980, 233, 233 ff..

879 Die österreichische Rechtsordnung hat die Normadressaten der verbraucherschutzrechtlichen Normen, die Zweckbestimmungen und die Folgen der rechtlichen Entscheidung geregelt. Die zuständige Rechtsquelle befindet sich im Rahmen des Konsumentenschutzgesetzes (KSchG). Insofern läßt sich der rollenspezifische Schutzansatz deutlich bestimmen. Der österreichische Gesetzgeber ist meiner Ansicht nach verpflichtet, die bestehenden normativen Rahmen im Bereich des Konsumentenschutzes aufrechtzuerhalten.

Die Kontrollnormen des KSchG finden in diesem Zusammenhang eine subsidiäre Anwendung.[880] Das Ergebnis dieser gesetzgeberischen Umsetzungsmaßnahmen wird Wertungswidersprüche innerhalb des österreichischen Privatrechtes verursachen. In dieser Hinsicht läßt sich ein neuer Regelungsauftrag bestimmen. Dieser Regelungsauftrag ist durch die verfehlte Umsetzung der EG-Verbraucherschutzrichtlinien außerhalb des Konsumentenschutzgesetzes begründet. Somit wird der Normzweck des europäischen und österreichischen Konsumentenschutzrechtes beeinträchtigt. Der österreichische Gesetzgeber hat durch diese Umsetzung die Gegenüberstellung des Normzweckes innerhalb der Regelungsebenen erreicht. Aus der Sicht der Regelungstechnik ist derartiges Handeln der nationalen Gesetzgebung zu kritisieren. Der Anwendungsbereich des österreichischen KSchG nach der Unterscheidung zwischen dem Unternehmer und Konsument ist anhand der erfolgten Umsetzung unberücksichtigt geblieben. Die Umsetzungsnormen bekommen einen quasi zivilrechtlichen Anwendungsbereich innerhalb der nationalen Rechtsordnung. Der Regelungsgegenstand entspricht den Schutzbedürfnissen der Konsumenten. Die Rechtssubjekte werden nach dem allgemeinen Privatrecht /ABGB/ bestimmt. Dieses Ergebnis einer Transformation der konsumentenschutzrechlichen Norm zieht die Erweiterung des Schutzbedürfnisses auf die Rechtsverhältnisse des österreichischen Privatrechtes nach sich. Diese Entwicklung bei der Umsetzung der EG-Verbraucherschutz-Richtlinien ist mit dem Ergebnis innerhalb der deutschen Rechtsordnung zu vergleichen. Die Entscheidungslogik des deutschen und des österreichischen Gesetzgebers ist meiner Ansicht nach identisch. Dementsprechend bleibt der kodifikatorische Regelungsansatz im Bereich des Konsumentenschutzes verwischt. Fraglich ist in diesem Zusammenhang, warum die Tauglichkeit des bestehenden Schutzansatzes im Rahmen des § 1 KSchG in Frage gestellt wurde. Dieser Art der Umsetzungspraxis von EG-Richtlinien kann Kritik auf sich ziehen. Ein Regelungsauftrag an den österreichischen Gesetzgeber ist mit dem Erfordernis der Beseitigung von bestehenden Wertungswidersprüchen innerhalb der Rechtsnormen des Privatrechtes zu begründen.[881]

---

880 Anschließend geht die herrschende Meinung in der österreichischen Rechtsliteratur bei der Umsetzung der EG-Richtlinie zum Verbrauchsgüterkauf – und Garantien davon aus, daß sich der Anwendungsbereich der EG-Richtlinie innerstaatlich auf die gesamte Gewährleistung erstrecken muß. Dementsprechend gehen die normativen Rahmen des Konsumentenschutzgesetzes auseinander.

881 Andererseits ist anzumerken, daß sich die Einschätzungsprerogative zur Beseitigung von Wertungswidersprüchen zwischen Rechtsnormen des Zivilrechtes und des Konsumentenschutzrechtes im Entscheidungsbereich des österreichischen Gesetzgebers befindet. Er ist bei diesen Entscheidungen an die Argumente dafür und dagegen gebunden.

Die dargestellten Problembereiche des österreichischen Konsumentenschutzrechtes stellen das Ergebnis einer Diskussion zur Verwirklichung des Regelungskonzeptes des Konsumentenschutzes innerhalb der österreichischen Rechtsordnung dar. Diese Problembereiche des österreichischen Konsumentenschutzes sind mit dem Bestimmungsproblem des deutschen Verbraucherschutzrechtes zu vergleichen. Der strukturelle Unterschied liegt darin, daß der österreichische Gesetzgeber den kodifikatorischen Schutzansatz innerhalb des § 1 KSchG verwirklicht hat.[882]

2.2.3 In der polnischen Rechtsordnung

Der polnische Gesetzgeber hat sich bei der Normierung der verbraucherschutzrechtlichen Rechtsvorschriften für das Umsetzungskonzept durch das Zivilgesetzbuch (ZGB) und durch das Gesetz zu einigen Verbraucherschutzrechten entschieden. Im Regelungskonzept des Zivilgesetzbuches gehören Rechtsnormen vergleichbarer Natur zu den ZGB-Instituten. Bei diesem Umsetzungskonzept der EG-Verbraucherschutz-Vorschriften wird die Vergleichbarkeit von ZGB-Rechtsvorschriften mit den Umsetzungsvorschriften geprüft. Die vergleichbaren Rechtsvorschriften der EG-Richtlinie gehören in die einzelnen Abschnitte des Zivilgesetzbuches. Bei der Übernahme in das Gesetz zu einigen Verbraucherschutzrechten wird die Feststellung der Verschiedenheit der Regelungskonzepte der maßgeblichen Rechtsnormen erforderlich. Das Regelungskonzept dieses Gesetzes muß dem speziellen Regelungscharakter der EG-Richtlinienvorschriften entsprechen. Durch die Normierung des Gesetzes zu einigen Verbraucherschutzrechten hat der polnische Gesetzgeber die Teilkodifizierung des nationalen Verbraucherschutzrechtes erreicht. Das angedeutete Regelungskonzept des polnischen Verbraucherschutzrechtes ähnelt den Reformvorschlägen der deutschen Kommission zur Modernisierung des Schuldrechtes.[883] Dementsprechend können beim Regelungsbedarf die zusätzlichen verbraucherschutzrechtlichen Normen mit Gesetzes-Verordnungsrang normiert werden. Die bestehenden normativen

---

882 Dadurch wurde der rollenspezifische Schutzansatz bei der Ausgestaltung der konsumentenschutzrechtlichen Normen innerhalb der österreichischen Rechtsordnung verwirklicht. Diese Ausgangsposition läßt sich mit der deutschen Rechtsordnung vergleichen. Der deutsche Gesetzgeber normiert die Regelungsmaterie des Verbraucherschutzes nach dem Prinzip der sondergesetzlichen Tatbestände. Dementsprechend sind die verbraucherschutzrechtlichen Institute in mehreren Regelungsakten des nationalen Rechtes normiert. Die Rechtskategorien des Verbrauchers und des Unternehmers sind durch die §§ 13 - 14 des Bürgerlichen Gesetzbuches normiert worden.

883 Diskussionsentwurf (Fn. 291) 2000.

Rahmen des Zivilgesetzbuches und des Gesetzes zu einigen Verbraucherschutzrechten sind nach dieser Ansicht nicht bindend.[884] Die Bemühungen des polnischen Gesetzgebers gehen in die Richtung, daß die Zahl der sondergesetzlichen Rechtsvorschriften im Bereich des Verbraucherschutzes in der gesetzgeberischen Praxis vermieden werden muß. Die zentrale Position bei der Übernahme der EG-Verbraucherschutz-Vorschriften wird im Regelungskonzept des Zivilgesetzbuches gelassen.[885] Dem polnischen Gesetzgeber bleibt ein minimaler Einwand bei der innerstaatlichen Übernahme der EG-Verbraucherschutzrichtlinien. Die Umsetzungsnormen sind in die inhaltlich-verwandten Rechtsinstitute des geltenden Rechtes zu integrieren. Dementsprechend wird keine Anforderung des kodifikatorischen Schutzansatzes an den nationalen Gesetzgeber gestellt. Eine derartige Einstellung nimmt die sicheren Positionen in den Abhandlungen der polnischen Rechtsdoktrin an. Die Autoren sind sich bei der Behandlung dieses Regelungsproblems einig.[886]

---

884 Der nationale Gesetzgeber kann jederzeit die zusätzlichen normativen Regelungsakten des Gesetzes- und Verordnungsranges erlassen.

885 In dieser Hinsicht stellt das Bestimmungskriterium des Art. 384/1 Abs. 3 ZGB die Orientierung bei der normativen Ausgestaltung der verbraucherschutzrechtlichen Regelungsmaterie dar. In dieser Rechtsnorm wird die Rechtskategorie des Verbrauchers normiert. Die verbraucherschutzrechtliche Zweckbestimmung läßt sich beim Regelungskonzept problemlos feststellen. Das nächste Kriterium befindet sich in den Rechtsfolgen der verbraucherschutzrechtlichen Norm. Die angesprochenen Kriterien werden den rollenspezifischen Schutzansatz im Regelungsbereich des polnischen Verbraucherschutzrechtes bestimmen. Der polnische Gesetzgeber hat die verbraucherschutzrechtliche Regelungsmaterie zwischen Rechtsquellen des Zivilgesetzbuches und des Gesetzes zu einigen Verbraucherschutzrechten verteilt. Fraglich ist bei der zukünftigen Rechtsentwicklung, ob der nationale Gesetzgeber die Umsetzungskonzepte in zwei Rechtsquellen erhalten wird. Die deutsche und österreichische Rechtserfahrung zeigt, daß die Rechtsentwicklung zusätzliche Sondergesetze verbraucherschutzrechtlicher Natur gefordert hat. Dieses Regelungsproblem hat in der deutschen und österreichischen Rechtsordnung die Tendenz zur Kodifizierung der verbraucherschutzrechtlichen Normen hervorgerufen. Dementsprechend wird die funktionelle Lösung der entstandenen Rechtslage im verbraucherschutzrechtlichen Bereich notwendig. Die Normierung des eigenständigen Verbraucherschutzgesetzes kann meiner Ansicht nach die bestehenden Regelungsprobleme des Verbraucherschutzes lösen. Eine vergleichbare Ausgangsposition hat meiner Ansicht nach der polnische Gesetzgeber geschaffen. Dementsprechend ist fraglich, ob das gewählte Umsetzungskonzept durch das ZGB und das Gesetz zu einigen Verbraucherschutzrechten beibehalten wird.

886 Zelwański, Uwagi dotyczące ochrony konsumentów w RP, S. 18 ff..; in: Biuletyn Rady Legislacyjnej 1995/5 (Anmerkungen zum Verbraucherschutz in der RP / Bulletin des Gesetzgebungsrates) 1995; Łętowska (Fn. 236) 1999, S. 472 ff..

I. Zusammenfassung

Die EG-Verbraucherschutz-Richtlinien haben zur Herausbildung eines Sonderprivatrechtes der Verbraucher geführt.[887] Der EG-Verbraucherschutz bestimmt das nationale Regelungskonzept des Vertrags- und Haftungsrechtes und kann ohne systematische Strukturveränderungen des Zivilrechts gemeinschaftsrechtskonform nicht umgesetzt werden. Außerdem müssen die innerstaatlichen Umsetzungsmaßnahmen dem europäischen Kontrollmaßstab der gemeinschaftskonformen Richtlinienumsetzung entsprechen.

Bei der Abhandlung des Themas wurde auf die zugänglichen Begründungen des deutschen, österreichischen und polnischen Gesetzgebers abgestellt. Dementsprechend wurde die rechtstechnische Umsetzung der EG-Verbraucherschutzrichtlinien in Augenschein genommen. Die vorgenommenen gesetzgeberischen Entscheidungen lassen sich unterschiedlich klassifizieren. Die nationalen Gesetzgeber haben bei der Übernahme der EG-Verbraucherschutzrichtlinien die maßgeblichen Richtlinienvorschriften in die Zivilgesetzbücher umgesetzt. Die EG-Richtlinienvorschriften wurden durch das Parallelgesetz und die sondergesetzlichen Regelungen übernommen. Anschließend wurde bei der Richtlinienumsetzung durch richtlinienkonforme Interpretation nach dem Kriterium des Zielerreichungsgrades vorgegangen. Die Umsetzungspraxis hat gezeigt, daß der nationale Gesetzgeber an einem Umsetzungskonzept interessiert ist, das nur minimal in das geltende Recht eingreift.

Die Reaktion der nationalen Gesetzgebung hat die einzelnen Rechtspositionen des Verbrauchers innerhalb des Vertrags- und Haftungsrechtes begünstigt. Meiner Ansicht nach hat diese generelle privatrechtliche Besserstellung des Verbrauchers zu einer Störung der bisherigen einheitlichen Kodifikation des Zivilrechts geführt. Denn in Deutschland, in Österreich und in Polen beruhen die privaten Rechtsverhältnisse zum großen Teil auf dem Primat formaler Gleichheit der Rechtssubjekte.[888] Die Bevorzugung eines Personenkreises führt daher zwangsläufig zu einem Sonderprivatrecht und letztlich zur Dreiteilung des Zivilrechts. Insbesondere gehört die Abgrenzung des Kreises der Rechtssubjekte zu dem

887 Hommelhoff (Fn. 32) 1996, S. 1 ff..
888 Dauner-Lieb (Fn. 101) 1983, S. 54 ff..

schwierigen kodifikatorischen Regelungsproblem.[889] Die Feststellung, daß an einem Rechtsgeschäft auf der einen Seite ein Verbraucher, auf der anderen Seite ein Unternehmer beteiligt ist, wird den Fall des Marktversagens und der Gefährdung der Vertragsgerechtigkeit begründen.

Diese Tatsache bestätigt den Regelungsbedarf nach dem rollenspezifischen Schutzansatz. Folglich wird die Notwendigkeit kompensatorischer Maßnahmen des Gesetzes oder einer rechtsfortbildenden Entscheidung des Gerichtes erforderlich. Nach meiner Ansicht ergeben sich die Grenzen der innerstaatlichen Gestaltungsfreiheit bei der Wahl von Form und Mittel für die Umsetzung der EG-Richtlinie sowohl aufgrund gemeinschaftsrechtlicher als auch innerstaatlicher Anforderungen.

Die Umsetzungskonzepte der EG-Verbraucherschutzrichtlinien haben daher das Problem berücksichtigt, daß sich der Rechtsschutz nur auf tatsächlich Bedürftige erstrecken muß. Dieses Prinzip läßt sich als die Sicherung der Vertragsfreiheit verstehen. Ob man diese Beschränkung auf Verbraucher durch das Umsetzungskonzept in die privatrechtlichen Kodifizierungen (deutsches BGB; österreichisches ABGB; polnisches ZGB) erreichen kann, ist nicht unumstritten. Eindeutig steht die normative Tatsache fest, daß die Umsetzungspraxis des nationalen Gesetzgebers ein einheitliches Umsetzungskonzept der EG-Verbraucherschutzrichtlinien in eine eigenständige gesetzliche Kodifizierung abgelehnt hat. Das österreichische Beispiel des Konsumentenschutzgesetzes (KSchG) ist angesichts mehrerer Umsetzungen der europäischen Verbraucherschutzrichtlinien außerhalb des Anwendungsbereiches des KSchG nicht als mustergültig anzusehen. Dementsprechend läßt sich die gesamte Rechtslage im Bereich des Verbraucherschutzes als entscheidungsbedürftig bewerten. Dabei muß der deutsche und polnische Gesetzgeber das Umsetzungskonzept der EG-Verbraucherschutzrichtlinien in die privatrechtlichen Kodifizierungen (BGB; ZGB) überdenken. Die bestehenden und die zukünftigen Wertungswidersprüche innerhalb des Bürgerlichen Gesetzbuches und des Zivilgesetzbuches werden die Funktionen dieser Rechtsquellen stören. Die anspruchsvollste Regelungsaufgabe bei der Systematisierung des nationalen Verbraucherschutzrechtes befindet sich im Bereich der verbraucherschutzrechtlichen Kodifizierung. Der deutsche Gesetzgeber konnte durch den Erlaß des nationalen Verbraucherschutzgesetzes deutlich die Anwendungsbereiche der privatrechtlichen und verbraucherschutzrechtlichen Normen trennen. Dabei mußte die deutsche Rechtsordnung damit rechnen, daß bei der

889 In diese Richtung ist die Rechtsentwicklung der deutschen, österreichischen und polnischen Rechtsordnung gegangen: §§ 13 (Verbraucher) - 14 (Unternehmer) des deutschen BGB; § 1 (Bestimmungen des Konsumenten/Unternehmers) des österreichischen Konsumentenschutzgesetzes; Art. 384 § 3 des polnischen ZGB.

Verwirklichung dieser Regelungsaufgabe neben dem Bürgerlichen Gesetzbuch eine Ersatzkodifizierung entstehen wird. Der deutsche Gesetzgeber hat diesen Weg nicht gewählt.[890] Der polnische Gesetzgeber hat auch auf die Normierung des einheitlichen Verbraucherschutzgesetzes verzichtet. Der nationale Verbraucherschutz wird zwischen Rechtsquellen des Zivilgesetzbuches und des Gesetzes zu einigen Verbraucherschutzrechten angegliedert. Die verbraucherschutzrechtlichen Normen sind nach dem rollenspezifischen Unterlegenenschutz ausgestaltet. Die Normierung der einheitlichen verbraucherschutzrechtlichen Kodifizierung ist nach Ansicht des polnischen Gesetzgebers eine nicht erfüllbare Entscheidung gewesen, da die verbraucherschutzrechtlichen Vorschriften nach ihrer Rechtsnatur zu umfangreich und zu unterschiedlich sind.[891]

Der österreichische Gesetzgeber ist meiner Ansicht nach zur Korrektur der gesetzgeberischen Lösungen bei der Umsetzung verpflichtet. Somit können die gewählten Abgrenzungskriterien des KSchG innerhalb der Privatrechtsordnung verwirklicht werden. Die EG-Produkthaftungsrichtlinie wurde durch den österreichischen Gesetzgeber in das Sondergesetz übernommen. Die EG-Pauschalreise-Richtlinie gelang auch außerhalb des KSchG-Anwendungsbereiches. Der kodifikatorische Schutzansatz nach dem Verhältnis Verbraucher/Unternehmer wurde vom österreichischen Gesetzgeber mißachtet.

Aus dem Kontrollmaßstab der gemeinschaftskonformen Richtlinienumsetzung läßt sich kein Regelungsauftrag zur Normierung einer einheitlichen verbraucherschutzrechtlichen Kodifizierung (nationales Verbraucherschutzgesetz) ableiten.

Die Rechtsprechung des Europäischen Gerichtshofes hat hinsichtlich dieses Regelungsproblems einfach die Kriterien einer gemeinschaftskonformen Richtlinienumsetzung entwickelt. Dementsprechend können nationalen Gesetzgeber bei den gemeinschaftswidrigen Umsetzungsmaßnahmen europarechtlich verurteilt werden. Zwar bietet der Ansatz des rollenspezifischen Unterlegenenschutzes die Lösung bei der Beseitigung von Wertungswidersprüchen innerhalb des Zivilrechtes und des Verbraucherschutzrechtes, doch bleibt es in der Entscheidungs-

---

890 Drexl hat in diesem Zusammenhang von einer falschen Fragestellung gesprochen. Die Normierung des rollenspezifischen Schutzansätzes durch §§ 13 - 14 (Verbraucher/Unternehmer) des Bürgerlichen Gesetzbuches fordert meiner Ansicht nach die Umkehrung der Fragestellung. Da die privatrechtliche Kodifizierung nicht in der Lage sein wird, den gesamten Bestand des europäischen und nationalen Verbraucherschutzrechtes aufnehmen. Die nationale Gesetzgebung und Rechtsdoktrin wird zukünftig nach konsequenten gesetzlichen Lösungen suchen müssen. Vgl., Drexl (Fn. 76) 1998, S. 83 ff..; Diskussionsentwurf (Fn. 291) 2000, S. 166 ff..

891 Łętowska (Fn. 236) 1999, S. 54 ff..

prerogative des nationalen Gesetzgebers vorbehalten, die normativen Rahmen bei der Verwirklichung des Schutzansatzes zu setzen.[892]

892 Heinrichs, Formale Gleichheit und materielle Gerechtigkeit 2000, S. 203 ff..

J. Summary

The EC-Consumer Protection Directives developed special private law for consumer protection. The Directives reach deeply into the national contract and liability law and cannot be transferred in conformity to community law without systematic structural changes in the civil law. However it is difficult to reconcile the specifications of the directives with the basic principles of contract law, e.g. the freedom of contract. Accordingly, the thesis deals with the questions, which regulation programme of the EC-Consumer Protection Directives is obligatory for the national legislator; and which concept must be implemented in the domestic legal order? Thus, the technical transformation of the EC-Consumer Protection Directives into national law must be considered: Either the Directives are inserted into a Civil Codification Act (e.g. German Bürgerliches Gesetzbuch (BGB); Austrian Allgemeines Bürgerliches Gesetzbuch (ABGB); Polish Zivilgesetzbuch (ZGB), or transformation takes place in a parallel act of the law, or an implementation is not necessary due to a directive - conform interpretation according to the criterion of the aims and purposes of the directive? And why the national legislator selects these different methodologies for domestic implementation?

Additionally the question about the consequences of the domestic implementation of the regulation specifications had to be considered. The main interest of the research is to elaborate a specific plan the common principles for the implementation of the European Consumer Protection Directives into domestic law. The European consumer protection law builds upon a principle of compensation of the market. The intention of the social justice is achieved without direct national (state) check of the provider behaviour. However a preferential position of the consumer causes a break-up of the uniform Codification of the Civil Law. The continental private legal order is based on the formal equality of the subjects (domain-contract and torts law) under abstraction of the intended purposes. The concretion of subjects in the consumer protection law relations leads therefore inevitably to a special private law and in the long run to the three-division of the private law (civil law/company law/consumer protection law). Already the question, who will be protected by the consumer law needs careful argumentation. The implementation of the EC-Directives must consider the problem that the legal protection must only extend to the actual needs. Whether one can achieve this limitation to consumers by a conversion in a Civil Codification Act (German

BGB/Austrian ABGB/Polish ZGB), is not undisputed. The idea to protect the freedom of contract in private law maybe calls for a clear separation of the general regulations and the consumer protection standards in form of a consumer protection act, as has be done in the Austrian model of private regulation.

The dissertation starts with a systematic survey of the consumer protection rules in relation to the system of private law. An outstanding role plays the questions about the emergence, authentication, the subject and the private components of the consumer protection law, concretion of the regulation place of the consumer protection in the national legal order, the directives character and on the primary authorisation bases in the EC-Treaty law. Afterwards one has to search for selected directives and their concept of implementation in the national law order. The next four chapters of the dissertation deals with – Council Directive 85/374/EEC of 25 July 1985 on the approximation of the laws, regulations and administrative provisions of the Member States concerning liability for defective products; Council Directive 93/13/EEC of 5 April 1993 on unfair terms in consumer contracts; Council Directive 90/314/EEC of 13 June 1990 on package travel, package holidays and package tours; Council Directive 97/7/EC of the European Parliament and of the Council of 20 May 1997 on the protection of consumers in respect of distance contracts. The final chapter presents the results and the conclusions of the dissertation.

The research is concerned with the German, Austrian and Polish systems of private legislation.

Literaturverzeichnis

Abeltshauser, Thomas E.:
- Europäisierung des Reisevertragsrechtes, EWS 1991, S. 97.

Andreewitch, Markus:
- Anmerkungen zum Produkthaftungsgesetz, ÖJZ 1988, S. 225.

Apathy, Peter:
- § 6 Konsumentenschutzgesetz, in Schwimann ABGB – Praxiskommentar, Wien 1997.
- § 1 KSchG – Kommentar, in Schwimann ABGB – Praxiskommentar, Wien 1997.
- § 31 b - f) KSchG – Kommentar, in: Schwimann ABGB – Praxiskommentar, Wien 1997.
- Das neue Reisevertragsrecht, RdW 1994, S. 234.

Bältz, Ulrich:
- Ersatz oder Ausgleich? – Zum Standort der Gefährdungshaftung im Licht der neuesten Gesetzgebung, JZ 1992, S. 57.

Bagińska, Ewa:
- Nowe unormowanie odpowiedzialności cywilnej za produkt, PS 2000, S. 40 (Neue Normierung der zivilrechtlichen Produkthaftung, PS 2000, S. 40).

v. Bar, Christian:
- Verhandlungen des zweiundsechzigsten Deutschen Juristentages, Bremen 1998.
- Vereinheitlichung und Angleichung von Deliktsrecht in der Europäischen Union, ZfRV 1994, S. 221.
- Neues Haftungsrecht durch Europäisches Gemeinschaftsrecht, in FS für Hermann Lange 1992, S. 373.
- Richterliche Rechtspolitik im Haftungsrecht, Tübingen 1981.

Barnet, Thomas:
- Die formelle Vertragsethik des BGB im Spannungsverhältnis zum Sonderprivatrecht und zur judikativen Kompensation der Vertragsparität, Berlin 1999.

Bartl, Harald:
- Produkthaftung nach neuen EG-Richtlinie, Landsberg/Lech 1989.
- Das neue „Reisevertragsrecht“, NJW 1979, S. 1384.
- Zum gegenwärtigen Stand des Reiserechtes, NJW 1978, S. 729.
- Verbraucherschutz im Durchbruch, ZRP 1976, S. 13.

Berger-Walliser, Gerlinder:
- Mißbräuchliche Klauseln in Verbraucherverträgen nach Inkrafttreten des Code de la consomation und Umsetzung der EG-Richtlinie 93/13 in Frankreich, RIW 1996, S. 459.

Beutel, Frederick K.:
- Die Experimentelle Rechtswissenschaft – Möglichkeiten eines neuen Zweiges der Sozialwissenschaft, Berlin 1971.
- Experimental Jurisprudence and the scienstate, Bielefeld: Gieseking 1961.

Biervert, Bernd:
- Der Mißbrauch von Handlungsformen im Gemeinschaftsrecht – Eine Untersuchung des gemeinschaftsrechtlichen Handlungsformensystems unter Einbeziehung der Rechtsordnungen Deutschlands, Frankreichs und Englands, Baden-Baden 1999.
Bydlinski, Franz:
- System und Prinzipien des Privatrechtes, Wien New York 1996.
- Die Kontrolle allgemeiner Geschäftsbedingungen nach dem österreichischen Konsumentenschutzgesetz, in: FS Meier-Hayoz 1982, S. 65 - 88.
- Zivilrechtskodifikation und Sondergesetze, in: FS Walter Kastner 1972, S. 105.
- Zur Einordnung der allgemeinen Geschäftsbedingungen im Vertragsrecht, in: FS für Walter Kastner 1972, S. 45.
- Privatautonomie und objektive Grundlagen des verpflichtenden Rechtsgeschäftes, Wien 1962
Bydlinski, Michael:
- Reisevetragsrecht S. 211; in: Schuhmacher, Verbraucherschutz in Österreich und in der EG, 1992.
Blaurock, Uwe:
- Europäisches Privatrecht, JZ 1994, S. 270.
- Wege zur Rechtseinheit im Zivilrecht Europas, S. 90 ff..; in: Rechtsvereinheitlichung durch Gesetze – Bedingungen, Ziele, Methoden, Göttingen 1992.
Brenner, Christoph:
- Die verbraucherschützenden EG-Richtlinien im Bereich des Schuldrechtes und ihre Umsetzung in Deutschland und Frankreich – Auf dem Weg zu einem Europäischen Privatrecht? München 2000.
Brüggermeier, Gert:
- Überarbeitung des Schuldrechts – Herausforderung oder Überforderung des Gesetzgebers, KJ 1983, S. 386.
Brüggemeier, Gert/*Reich*, Norbert:
- Europäisierung des BGB durch große Schuldrechtsreform? BB 2001, S. 213.
Bukowski, Kazimierz:
- Z problematyki umowy o wycieczkę (podróż), Radca Prawny 1995, S. 63. (Aus der Problematik des Reisevertrages, Rechtsberater 1995, S. 63)
Büllow, Peter/*Artz*, Markus:
- Fernabsatzverträge und Strukturen eines Verbraucherprivatrechtes im BGB, NJW 2000, S. 2049.
Burckhardt, Peter:
- Telefonwerbung und Haustürwiderrufsgesetz, WRP 1996, S. 659.
Cahn, Andreas:
- ProdHaftG, in: Münchener-Kommentar, München 1997.
Canaris, Claus-Wilhelm:
- Wandlungen des Schuldvertragsrechtes – Tendenzen zu seiner „Materialisierung", in: AcP 200 (2000) S. 273.
- Die Gefährdungshaftung im Lichte der neuen Rechtsentwicklung, JBl 1995, S. 2.
- Die Produzentenhaftpflicht in dogmatischer und rechtspolitischer Sicht, JZ 1965, S. 494.
Coing, Helmut:
- Handbuch der Quellen und Literatur der neuen europäischen Privatrechtsgeschichte, München 1982.

Claßen, Christiane:
- Nichtumsetzung von Gemeinschaftsrichtlinien – Von der unmittelbaren Wirkung bis zum Schadensersatzanspruch, Berlin 1999.
Daig, Hans-Wolfram/*Schmidt*, Gudrun:
- In: H.v.d.Groeben/H.v.Boeckh/J.Thiesing/C.Ehlermann, Kommentar zum EU-/EG-Vertrag, Baden-Baden 1991.
Damm, Reinhard:
- Europäisches Verbrauchervertragsrecht und AGB-Recht, JZ 1994, S. 161.
- BGB – Kommentar zum Bürgerlichen Gesetzbuch §§ 1 - 240, Darmstadt 1987.
- Verbraucherrechtliche Sondergesetzgebung und Privatrechtssystem, JZ 1978, S. 173.
Dauses, Manfred A.:
- Rechtliche Grundlagen des Verbraucherschutzes im EU-Binnenmarkt, ZfRV 1996, S. 133.
- Die Rechtsprechung des EuGH zum Verbraucherschutz und zur Werbefreiheit im Binnenmarkt, EuZW 1995, S. 425.
Dauner-Lieb, Barbara:
- Die geplante Schuldrechtsmodernisierung – Durchbruch oder Schnellschuß? JZ 2001, S. 8.
- Verbraucherschutz durch Ausbildung eines Sonderprivatrechtes für Verbraucher – systemkonforme Weiterentwicklung oder Schrittmacher der Systemveränderung? Berlin 1983.
Deckert, Martina R./*Lilienthal*, Nicolas O:
- Die Rechtsetzungskompetenzen der EG im Privatrecht, EWS 1999, S. 121.
Dessulemoustier-Bovekercke, Isabelle:
- Die Regelung des Pauschalreisevertrages, JAP 1993, S. 251.
Deutsch, Erwin:
- Das neu System der Gefährdungen, NJW 1992, S. 73.
- Fallgruppen der Produkthaftung: gelöste und ungelöste Probleme, VersR 1992, S. 521.
Diederichsen, Uwe:
- Die Produzentenhaftung in der Bundesrepublik Deutschland, in: Posch/Schilcher Rechtsentwicklung in der Produkthaftung, 1981.
Dick, Hans:
- Das Verbraucherleitbild der Rechtsprechung – der Einfluß der Verbraucherschutzkonzeptionen auf die Gerichtsbarkeit am Beispiel der Rechtsprechung zur Verbraucherverschuldung und zur Verbraucherinformation, München 1995.
Doralt-Koziol:
- Stellungnahme zum Ministerialentwurf des Konsumentenschutzgesetzes, 1978.
Dölemeyer, Hert:
- Die Teilnovellen zum ABGB, S. 49; in: Hofmeister Herbert (Hrsg.) Kodifikation als Mittel der Politik: Vorträge und Diskussionsbeiträge über die deutsche, schweizerische und österreichische Kodifikationsbewegung um 1990 / in: Auftr. des Vorstandes der Wiener Rechtsgeschichtl. Ges., Wien: Böhlau 1986.
Dreher, Meinrad:
- Wettbewerb oder Vereinheitlichung der Rechtsordnungen in Europa? JZ 1999, S. 105 ff..
- Der Verbraucher – Das Phantom in den Opera des europäischen und deutschen Rechts, JZ 1997, S. 167.

Drexl, Josef:
- Der Bürge als deutscher und europäischer Verbraucher, JZ 1998, S. 1046.
- Die wirtschaftliche Selbstbestimmung des Verbrauchers – Eine Studie zum Privat- und Wirtschaftsrecht unter Berücksichtigung gemeinschaftsrechtlicher Bezüge, Tübingen 1998.
Dunz, Walter:
- Zu Uwe Diederichsens Habilitationsschrift „Die Haftung des Warenherstellers" JZ 1968, S. 54.
Ebel, Friedrich:
- Kodifikationsidee und zivilrechtliche Nebengesetze, ZRP 1999, S. 46.
Eccher, Bernhardt:
- Das neue Recht der Allgemeinen Geschäftsbedingungen, ZIP 1996, S. 1238.
- Zur Geltung der Allgemeinen Geschäftsbedingungen von Elektrizitätsversorgungsunternehmen, JBl 1995, S. 205.
- Zur Reform des Rechtes der Allgemeinen Geschäftsbedingungen, in: Kramer/Mayrhofer, Konsumentenschutz im Privat- und Wirtschaftsrecht, Wien 1977.
Eckert, Hans Werner:
- Der Referentenentwurf zur Umsetzung der EG-Richtlinie über mißbräuchliche Klauseln in Verbraucherverträgen, ZIP 1994, S. 1986.
- Das neue Reiserecht, DB 1994, S. 1069.
- Die Risikoverteilung im Pauschalreiserecht 1994, S. 254.
- Die EG-Richtlinie über mißbräuchliche Klauseln in Verbraucherverträge und ihre Auswirkungen auf das deutsche Recht, WM 1993, S. 1070.
- Verbraucherschutz im Reiserecht. Auswirkungen der EG-Richtlinie über Pauschalreisen auf das deutsche Recht, ZRP 1991, S. 454.
Eissler, Isabel:
- Die Richtlinie über mißbräuchliche Klauseln in Verbraucherverträgen, Ecolex 1998, S. 461.
Engelhard, Helge:
Art. 129a) EGV; in: Lenz EG-Vertrag Kommentar 1994.
Enthofer, Ruth:
- Reiserecht mit Mängeln oder die lieblose Umsetzung von EG-Recht, S. 7; in: Mayer (Hrsg) Konsumenten – politisches Jahrbuch 1992 - 1993.
Esser, Josef:
- Die Zweispurigkeit unseres Haftpflichtrechtes, JZ 1953, S. 129.
Fischer-Czermak, Constanze:
- Leistungsstörungen beim Reiseveranstaltungsvertrag, JBl 1997, S. 274.
Fitz, Hanns:
- Allgemeine Geschäftsbedingungen – individuelle Abreden/rechtsvergleichende Überlegungen zum sachlichen Geltungsbereich des deutschen AGB-Gesetzes und des Konsumentenschutzgesetzes, in: Krejci, Handbuch zum KSchG, Wien 1981.
Fitz, Hanns/*Putscheller*, Meinhard/*Reindl*, Peter:
- Produkthaftung, Wien 1988.
Franzen, Martin:
- Privatrechtsangleichung durch die Europäische Gemeinschaft, Berlin New York 1999.
Frey, Kaspar:
- Wie ändert sich das AGB-Gesetz, ZIP 1993, S. 572.

Freyer, Helge:
- Richtlinienspezifische Probleme am Beispiel der Produkthaftung, EuZW 1991, S. 49.
Fuchs, Andreas:
- Das Fernabsatzgesetz im neuen System des Verbraucherschutzrechtes, ZIP 2000, S. 1273.
Furrer, Andreas:
- Die Sperrwirkung des sekundären Gemeinschaftsrechtes auf die nationalen Rechtsordnungen/Die Grenzen des nationalen Gestaltungsspielraums durch sekundärrechtliche Vorgaben unter besonderer Berücksichtigung des „nationalen Alleinganges“ Baden-Baden 1994.
Führich, Ernst:
- Reiserecht, Heidelberg 1995.
- Das neue Reiserecht nach der Umsetzung der EG-Pauschalreise-Richtlinie, NJW 1994, S. 2446.
- Zur Umsetzung der EG-Pauschalreise-Richtlinie in deutsches Reisevertragsrecht, EuZW 1993, S. 347.
Gärtner, Rudolf:
- Zivilrechtlicher Verbraucherschutz und Handelsrecht, BB 1995, S. 1753.
- Zum Standort des Verbraucherrechtes, JZ 1992, S. 73.
Gebauer, Martin:
- Grundfragen der Europäisierung des Privatrechts, Heidelberg 1998.
Gilles, Peter:
- Zur neueren Verbraucherschutzgesetzgebung in ihrem Verhältnis zum klassischen Privatrecht, JA 1980, S. 1.
Götz, Volkmar:
- Europäische Gesetzgebung durch Richtlinien – Zusammenwirken von Gemeinschaft und Staat, NJW 1992, S. 1849.
Gnela, Boguslawa:
- Uwagi na temat projektów uregulowania w prawie polskim odpowiedzialności za produkt, KPP 1998, S. 673 (Anmerkungen zum Thema der Produkthaftung in den Regelungsentwürfen des polnischen Rechtes, KPP 1998, S. 673).
- Odpowiedzialność za produkt, Kraków 1998 (Produkthaftung, Krakow 1998).
- Polski system odpowiedzialności odszkodowawczej za produkt (Polnisches System der Produkthaftung) ZN AE 1993, Nr. 410.
Grundmann, Stefan:
- Europäisches Schuldvertragsrecht – Das europäische Recht der Unternehmensgeschäfte, ZGR 1999, S. 1.
- EG-Richtlinie und nationales Privatrecht, JZ 1996, S. 274.
Graf, Georg:
- Die EG-Vorgaben auf dem Gebiet des Verbraucherschutzes, S. 5 ff..; in: Koppensteiner Österreichisches und europäisches Wirtschaftsprivatrecht, Wien 1997.
Grzybowski, Stefan:
- System prawa cywilnego – część ogólna 1985, S. 15 (System des Zivilrechtes – Allgemeiner Teil 1985, S. 15).
Gschnitzer, Franz:
- Österreichisches Schuldrecht / Besonderer Teil und Schadensersatz, Wien New York 1985.

Habersack, Mathias/*Kleindiek*, Detlef/*Wiedenmann*, Kai-Udo:
- Die EG-Richtlinie über mißbräuchliche Klauseln in Verbraucherverträgen und das künftige AGB-Gesetz, ZIP 1993, S. 1670.
Hanreich, Hanspeter/*Randl*, Peter/*Meinhart*, Walter:
- Der zivilrechtliche Konsumentenschutz – Verhandlungen des siebten österreichischen Juristentages Salzburg, Wien 1979.
Hart, Dieter:
- Sozialschutzbezogene Normbildungsprozesse bei Risikoentscheidungen im Vertragsrecht, KritV 1990, Heft 1 - 4.
Hart, Dieter/*Köck*, Wolfgang:
- Zum Stand der Verbraucherrechtsentwicklung, ZRP 1991, S. 61.
Hartley, C. Trevor:
Five Forms of Uncertainty in European Community Law, Cambridge Law Juornal 1996, S. 265.
Härting, Niko:
- FernAbsG – Fernabsatzgesetz – Kurzkommentar, Köln 2000.
Häsemeyer, Ludwig:
- Das Produkthaftungsgesetz im System des Haftungsrechtes, in: FS für Hubert Niederländer 1991.
Hauschka, Christoph:
- Grundprobleme der Privatrechtsfortbildung durch die Europäische Wirtschaftsgemeinschaft, JZ 1990, S. 521.
Hattenhauer, Hans:
- Europäische Rechtsgeschichte, Heidelberg 1998.
Heinrich, Christian:
- Formale Freiheit und materielle Gerechtigkeit: die Grundlagen der Vertragsfreiheit und Vertragskontrolle am Beispiel ausgewählter Probleme des Arbeitsrechtes, Tübingen 2000.
Heinrichs, Helmut:
- §§ 13 - 14 BGB, in: Palandt – BGB, München 2000.
- Die Entwicklung des Rechts der Allgemeinen Geschäftsbedingungen im Jahre 1997, NJW 1998, S. 1447.
- Die Entwicklung des Rechtes der Allgemeinen Geschäftsbedingungen im Jahre 1995, NJW 1996, S. 1381.
- Das Gesetz zur Änderung des AGB-Gesetzes, NJW 1996, S. 2190.
- Umsetzung der EG-Richtlinie über mißbräuchliche Klauseln in Verbraucherverträgen durch Auslegung, NJW 1995, S. 153.
- Die EG-Richtlinie über mißbräuchliche Klauseln in Verbraucherverträgen, NJW 1993, S. 1817.
Heiss, Helmut:
- Europarecht, Verbraucherrecht und allgemeines Privatrecht: Eine schwierige Dreiecksbeziehung, JZ 1997, S. 83.
- Verbraucherschutz im Binnenmarkt: Art. 129a EGV und die wirtschaftlichen Verbraucherintressen, ZEuP 1996, S. 625.
Heß, Stefan:
- Die Umsetzung von EG-Richtlinien im Privatrecht, Frankfurt am Main 1999.
Hommelhoff, Peter:
- Civil Law under the influence of european legal harmonisation, in: Micklitz/Weatherill, European Economic Law, 1997.

- Verbraucherschutz im System des deutschen und europäischen Privatrechtes, Heidelberg 1996.
- Europäische Bezüge im Zivilrecht, in: FS Helmrich, 1994, S. 329.
- Zivilrecht unter dem Einfluß europäischer Rechtsangleichung, AcP 1992, S. 71.
- Teilkodifikationen im Privatrecht, in: FS für Rittner 1991.
Hommelhoff, Peter/*Wiedenmann*, Kai-Udo:
- AGB gegenüber Kaufleuten und unausgehandelte Klauseln in Verbraucherverträgen, ZIP 1993, S. 562.
Hönn, Günther:
- Kompensation gestörter Vertragsparität, München 1982.
Honsell, Heinrich:
- Produkthaftungsgesetz und allgemeine Deliktshaftung, JuS 1995, S. 211.
Holeschofski, Peter:
- Richterliche Rechtsfortbildung im Bereich der Gefährdungshaftung, ZfRV 1985, S. 1.
Horn, Norbert:
- EG-rechtlicher Verbraucherschutz im deutschen Privatrecht, 40 Jahre Römische Verträge / Von der Europäischen Wirtschaftsgemeinschaft zur Europäischen Union, 1998 S. 151.
v. Hippel, Fitz:
- Die Perversion von Rechtsordnungen, Tübingen 1955.
- Verbraucherschutz, RabelsZ 1976, S. 513.
v. Hippel, Eike
- Reflexionen zum Verbraucherschutz, VuR 1998, S. 170.
- Der Schutz des Schwächeren, Tübingen 1982.
- Verbraucherschutz durch Richterrecht – Möglichkeiten und Grenzen, DRiZ 1979, S. 208.
Jagielska, Monika:
- Umowy zawierane poza lokalem przedsiębiorstwa i na odległość, MP 2000, S. 559 (Außerhalb von Geschäftsräumen abgeschlossene Verträge und Fernabsatzverträge, MP 2000, S. 559).
- Odpowiedzialność za produkt w prawie polskim – uwagi de lege ferenda, Rejent 1995, S. 179 (Produkthaftung nach dem polnischen Recht – uwagi de lege ferenda, Rejent 1995, S. 179).
Jakobs, Horst Heinrich:
- Wissenschaft und Gesetzgebung im bürgerlichen Recht- nach Rechtsquellenlehre des 19 Jahrhunderts, 1983.
Jarass, Hans D.:
- Die Kompetenzen der Europäischen Gemeinschaften und die Folgen für die Mitgliedstaaten, Bonn 1997.
- Grundlagen der innerstaatlichen Bedeutung des EG-Rechtes: die Vorgaben des Rechtes der Europäischen Gemeinschaft und die nationale Rechtssetzung, Köln 1994.
- Folgen der innerstaatlichen Wirkung von EG-Richtlinien, NJW 1991, S. 2665.
Joerges, v. Christian:
- Die Europäisierung des Privatrechtes als Rationalisierungsprozeß und als Streit der Disziplinen, ZEuP 1995, S. 181.
- Verbraucherschutz als Rechtsproblem – Eine Untersuchung zum Stand der Theorie und zu den Entwicklungsperspektiven des Verbraucherrechtes, ZHR 1981, S. 17.

Joerges, v. Christian/*Brüggemeier*, Gert:
- Europäisierung des Vertragsrechtes und Haftungsrechtes, in: Müller-Graff (Hrsg.) Gemeinsames Privatrecht in der Europäischen Gemeinschaft 1993, S. 233.
Karollus, Martin:
- Einheitliches Schadensersatzrecht, in Verhandlungen des Zwölften Österreichischen Juristentages, Wien 1994.
Kemper, Rainer:
- Verbraucherschutzinstrumente, Baden-Baden 1994.
Köhler, Helmut:
- BGB / Allgemeiner Teil, München 2001.
Klauer, Irene:
- Die Europäisierung des Privatrechtes – Der EuGH als Zivilrichter, Baden-Baden 1998.
Kleindiek, Detlef:
- Aspekte gemeinschaftsweiter Privatrechtsangleichung: Ein Sonderprivatrecht für Verbraucher? in: Hommelhoff/Jayme/Mangold, Europäischer Binnenmarkt IPR und Rechtsangleichung, Heidelberg 1995.
Kiendl, Doris:
- Unfaire Klauseln in Verbraucherverträgen, Wien 1997.
- Die Richtlinie des Rates über mißbräuchliche Klauseln in Verbraucherverträgen und ihre Auswirkung auf das österreichische Recht, JBl 1995, S. 87.
Kindermann, Harald:
Theorie der Gesetzgebung, Berlin 1982.
Koch, Harald:
- Produkthaftung, zur Konkurrenz von Kaufrecht und Deliktsrecht, Berlin 1996.
Kocot, Wojciech:
- Nowe zasady zawierania i wykonywania umów z udziałem konsumentów PPH 2000, S. 46 (Neue Grundsätze des Abschlusses und der Verwirklichung der Verbraucherschutzverträgen, PPH 2000, S. 46).
Kordasiewicz, Bogudar
- Der Verbraucherschutz in der Übergangsperiode zur Marktwirtschaft, S. 245; in: Aregger/Poczobut/Wyrzykowski, Rechtsfragen der Transformation in Polen 1995.
Korinek, Stephan,
- Das Transparenzgebot des § 6 Abs. 3 KSchG, JBl 1999, S. 149 ff..
Kosesnik, Wehre/*Lehofer*, Heinz/*Mayer*, Gottfried:
- KSchG – Kurzkommentar, § 864a ABGB, Wien 1997.
- KSchG – Kurzkommentar, § 6 KSchG, Wien 1997.
- Konsumentenschutzgesetz (KSchG), Wien 1997.
- Konsumentenschutzgesetz (KSchG), §§ 31 bis 31 f), Wien 1997.
Kosikowski, Cezary:
- Polskie publiczne prawo gospodarcze, Warszawa 1998 (Polnisches öffentliches Wirtschaftsrecht, Warszawa 1998).
Kötz, Hein:
- Deliktsrecht, Neuwied 1996.
- Gefährdungshaftung – Empfiehlt sich eine Vereinheitlichung und Zusammenfassung der gesetzlichen Vorschriften über die Gefährdung im BGB und erscheint es erforderlich, das Recht der Gefährdungshaftung weiterzuentwickeln? in: Gutachten zur Überarbeitung des Schuldrechtes Bd. II 1981.

Koziol, Helmut/*Welser*, Rudolf:
- Grundriß – KSchG, Wien 1995.
- Grundriß – Produkthaftung, Wien 1995.
- Österreichisches Haftpflichtgesetz, Band I/II, Wien 1984.
Kramer, Ernst A.:
- Prinzipienfragen eines österreichischen Konsumentenschutzrechtes, S. 9; in: Kramer/Mayrhofer, Konsumentenschutz im Privat- und Wirtschaftsrecht, Wien 1977.
- Vertragsrecht im Umbau, ÖJZ 1980, S. 233.
- § 364 HGB, in: Straube, Kommentar zum Handelsgesetzbuch, Wien 1995.
- Zur Konzeption des Konsumentenschutzrechtes, KritV 1986, S. 270.
Krauss, Jacek:
- Odpowiedzialność odszkodowawcza za produkt wadliwy (niebezpieczny) Warszawa 1998 (Schadensersatzhaftung für fehlerhaftes (unsicheres) Produkt Warszawa 1998).
Krejci, Heinz:
- Zehn Jahre Konsumentenschutzgesetz, Konsumenten-politisches Jahrbuch, Wien 1988/1989, S. 85.
- Konsumentenschutzgesetz / Kommentar von Krejci, Wien 1986.
- KSchG und ABGB, in: Krejci Handbuch zum Konsumentenschutzgesetz, Wien 1981.
- Konsumentenschutzgesetz ABGB und Verfahrensrecht, Wien 1978.
Kropholler, Jan:
- Internationales Einheitsrecht: Allgemeine Lehren, Tübingen 1975.
Krüger, Uwe:
- Der Adressat des Rechtsgesetzes – Ein Beitrag zur Gesetzgebungslehre, Berlin 1969.
Landfermann, Hans-Georg:
- Die Überarbeitung des deutschen Schuldrechts aus internationaler Sicht, RabelsZ 1981, S.124.
Larenz, Karl/*Wolf*, Manfred:
- Allgemeiner Teil des Bürgerlichen Rechtes, München 2001.
Lehofer, Hans Peter:
- Minimum Implementation of Minimum Directives? Consumer Protection in Austria in the Context of European Integration, JCP 1994 - 17.
Lehmann, Heinrich/*Hübner*, Heinz:
- Allgemeiner Teil des Bürgerlichen Gesetzbuches, Berlin 1966.
Łętowska, Ewa:
- Ustawa o ochronie niektórych praw konsumentów, Warszawa 2001 (Gesetz zu einigen Verbraucherschutzrechten, Warszawa 2001).
- Prawo umów konsumenckich, Warszawa 1999 (Recht der Verbraucherverträgen, Warszawa 1999).
- Ochrona konsumenta: negatywny spór kompetencyjny? Rzeczpospolita 1994, S. 3 (Verbraucherschutz: negativer Zuständigkeitsstreit, Republik 1994, S. 3).
- Ochrona konsumenta jako problem legislacyjny okresu transformacji, Prawo 1994, S. 83 (Verbraucherschutz als Gesetzgebungsproblem der Transformationsperiode, Recht 1994, S. 83).
Łętowski, Janusz:
- Verbraucherschutz in Polen, RabelsZ 1976, S. 654.
Limbach, Jutta:
- Die Kompensation von Ungleichgewichtslagen, KritV 1986, S. 165.

Lorenz, Werner:
- Europäische Rechtsangleichung auf dem Gebiet der Produzentenhaftung; ZHR 1987, S. 1 - 39.
Löwe, Walter:
- Das neue Reisevertragsgesetz, BB 1979, S. 1357.
Luczak, Stefan:
- Das Recht der Produkthaftung in der Umsetzung der EG-Richtlinie (85/374/EWG) durch das deutsche Produkthaftungsgesetz (BGBl. I, S. 2198) 1992.
Luhmann, Niklas:
- Rechtssystem und Rechtsdogmatik, Stuttgart Berlin Köln Mainz 1974.
Magnus, Ulrich:
- Einheitliches Schadenersatzrecht – Reformüberlegungen für das österreichische Haftpflichtrecht, Verhandlungen des Zwölften Österreichischen Juristentages, Wien 1994.
- Zweispurigkeit im Binnenmarkt, JZ 1990, S. 1100.
Mayrhofer, Heinrich:
- Anmerkungen zur Umsetzung der EG-Pauschalreiserichtlinie in das KSchG, ZfRV 1995, S. 229.
- Überlegungen zum Recht der allgemeinen Geschäftsbedingungen, JBl 1993, S. 94/174.
- Produktsicherheit im österreichischen Recht, Konsumenten-politisches Jahrbuch, Wien 1988/1989, S. 137.
Malanik, Peter:
- EG-Richtlinie über Pauschalreisen, Ecolex 1992, S. 681.
Markwardt, Karsten:
- Die Rolle des EuGH bei der Inhaltskontrolle vorformulierter Verbraucherverträge, Baden-Baden 1996.
Medicus, Dieter:
- Prinzipien des allgemeinen Privatrechts, Abhandlung des Buches von Bydlinski, AcP (197) 1998, S. 318.
- Schutzbedürfnisse (insbesondere der Verbraucherschutz) und das Privatrecht, JuS 1996, S. 761.
- Abschied von der Privatautonomie im Schuldrecht, Köln 1993.
Meents, Jan Geert:
Verbraucherschutz bei Rechtsgeschäften im Internet, Köln 1998.
Menger, Anton:
- Das Bürgerliche Recht und die besitzlosen Volksklassen. Eine Kritik des Entwurfes eines Bürgerlichen Gesetzbuches für das deutsche Reich, Tübingen 1890.
Merkt, Hanno:
- Europäische Rechtsetzung und strengeres autonomes Recht: Zur Auslegung von Gemeinschaftsnormen als Mindeststandards, RabelsZ (61) 1997, S. 647.
Mertens, Hans-Joachim:
- Vor §§ 823 - 853 des BGB, in Münchener BGB-Kommentar, München 1997.
Michalski, Lutz:
- Das Produkthaftungsgesetz, JURA 1995, S. 505.
Micklitz, Hans W./ *Reich*, Norbert:
- Umsetzung der EG-Fernabsatzrictlinie – Im Blickpunkt: Referentenentwurf eines Fernabsatzgesetzes, BB 1999, S. 2093.
- Verbraucherschutz im Vertrag über die Europäische Union – Perspektiven für 1993, EuZW 1992, S. 593.

Micklitz, Hans W:
- Fernabsatz und E-Commerce im Schuldrechtsmodernisierungsgesetz, EuZW 2001, S. 133.
- Richtlinie 93/13 EWG – Stand der Umsetzung, VuR 1996, S. 75.
- AGB / Gesetz und die EG-Richtlinie über mißbräuchliche Vertragsklauseln in Verbraucherverträgen, ZEuP 1993, S. 522.
Möllers, Thomas M.J.:
- Doppelte Rechtsfortbildung contra legem? Zur Umgestaltung des Bürgerlichen Gesetzbuches durch den EuGH und nationale Gerichte, EuR 1998, S. 20.
Müller-Graff, Peter-Christian:
- Privatrechtsangleichung durch EG-Recht – Sachgebiete und Querschnittsprobleme, in: 40 Jahre Römische Verträge – Von der Europäischen Wirtschaftsgemeinschaft zur Europäischen Union, (Hrsg.) Horn, 1998 S. 107.
- Europäische Normgebung und ihre judikative Umsetzung in nationales Recht, DRiZ 1996, S. 259.
- Binnenmarktauftrag und Subsidiaritätsprinzip? ZHR 1995, S. 34.
- Europäisches Gemeinschaftsrecht und Privatrecht, NJW 1993, S. 13.
- Privatrecht und europäisches Gemeinschaftsrecht, in: Müller-Graff (Hrsg.) Gemeinsames Privatrecht in der Europäischen Gemeinschaft, Baden-Baden 1993, S. 195.
- Gemeinsames Privatrecht in der Europäischen Gemeinschaft – Ansatzpunkte, Ausgangsfragen, Ausfaltungen – in: Müller-Graff (Hrsg.) Gemeinsames Privatrecht in der Europäischen Gemeinschaft 1993, S. 7.
Müsgen, Thomas K./*Nadler*, Andreas:
- Neue Produkthaftungsgesetze in Österreich und BRD – ein Rechtsvergleich, WBl 1989, S. 101.
Nesterowicz, Miroslaw:
- Dyrektywa Rady Wspólnot Europejskich o podróżach turystycznych a prawo polskie KPP 1996, S. 435 (EG-Richtlinie des Rates der Europäischen Gemeinschaften über Pauschalreisen und das polnische Recht, KPP 1996, S. 435).
- Odpowiedzialność za produkt, KPP 1993, S. 474 (Produkthaftung, KPP 1993, S. 474).
- Prawo turystyczne, Warszawa 1993 (Recht des Tourismus, Warszawa 1993).
- Odpowiedzialność cywilna biur podróży, Warszawa 1974 (Zivile Haftung des Reiseveranstalters, Warszawa 1974).
Otte, Gerhard:
- Das allgemeine Gesetz und sein Regelungsgegenstand, S. 80 ff..; in: Starck (Hrsg.) Die Allgemeinheit des Gesetzes, Göttingen 1987.
Peer, Gundula Maria:
- Österreichische Reiserecht vor und nach der Pauschalreiserichtlinie, Jahrbuch Zivilrechtswissenschaftler 1996.
Pfeifer, Axel:
- Produktfehler oder Fehlverhalten des Produzenten – Das neue Produkthaftungsrecht in Deutschland, den USA und nach der EG-Richtlinie, Berlin 1987.
Pfeiffer, Thomas:
- Die Integration von „Nebengesetzen" in das BGB, S. 481 ff..; in: Ernst/Zimmermann, Zivilrechtswissenschaft und Schuldrechtsreform, Tübingen 2001.
- Vom kaufmännischen Verkehr zum Unternehmensverkehr, NJW 1999, S. 169.
Pick, Eckhart:
- Reiserecht – Kommentar, München 1995.

Posch, Willibald:
- Zu dem durch die BSE-Rinderseuche veranlaßten Vorschlag einer Änderung der Produkthaftungsrichtlinie durch die Kommission, WBL 1998, S. 71.
- Neue Prodkthaftungsgesetze in Frankreich und der tschechischen Republik / eine vergleichende Einführung, ZfRV 1998, S. 238.
- Produkthaftungsgesetz, in: Schwimann – Praxiskommentar, Wien 1997, S. 375.
- Zur EWR-bedingten Umsetzung von Richtlinien verbraucherprivatrechtlichen Inhalts in das österreichische Recht; oder „Aller Anfang ist schwer", in: FS für Everling 1995, S. 1141.
- Grundzüge fremder Privatrechtssysteme – Ein Studienbuch, Wien 1995.
- Probleme autonomer Rechtsanpassung – dargestellt am Produkthaftungsgesetz, in: FS Rolf Ostheim 1990, S. 665.
- Produkthaftpflicht – Bilanz und Prognose einer Entwicklung, VersRundSch 1989, S. 124.
- Perfektionierung des Konsumentenschutzes durch Produkthaftung, in: Krejci Handbuch des Konsumentenschutzes, Wien 1981.
- Ist das österreichische Recht der Produzentenhaftung reformbedürftig? S. 147, in: Posch/Schilcher, Rechtsentwicklung in der Produkthaftung, Wien 1981.
- Produkthaftung und Schadensersatzreform, JBl 1980, S. 281.
Preis, Ulrich:
- Der persönliche Anwendungsbereich der Sonderprivatrechte: zur systematischen Abgrenzung von Bürgerlichem Recht, Verbraucherrecht und Handelsrecht, ZHR 1994 S.567.
Prelsmayer, Martin:
- Handbuch des Produkthaftungsgesetzes, Wien 1993.
Purtscheller, Meinhardt:
- Produkthaftung in Österreich, ÖRZ 1984, S. 119.
- Produkthaftung und Konsumentenschutzgesetz, S.71; in: Kramer-Mayrhofer, Konsumentenschutz im Privat- und Wirtschaftsrecht, Wien 1977.
Radwański, Zbigniew:
- Zobowiązania – cześć ogólna, Warszawa 1997 (Obligationen – Allgemeiner Teil, Warszawa 1997).
- Koncepcja kodyfikacji prawa cywilnego, in: Księga pamiątkowa I Kongres Notariuszy Rzeczypospolitej Polskiej 1995 (Kodifizierungskonzept des Zivilrechtes, in: Gedächtnisschrift des I – Kongresses der Notaren der Republik Polen 1995).
Radwański, Zbigniew/*Panowicz-Lipska*, Janina:
- Zobowiązania – część szczegółowa, Warszawa 1998 (Obligationen – Besonderer Teil, Warszawa 1998).
Raciborski, Jerzy:
- Umowa o podróż, Nowe Prawo 1989, S. 59 (Reisevertrag, Neues Recht 1989, S. 59).
Raiser, Ludwig:
- Das Recht der Allgemeinen Geschäftsbedingungen, Bad Homburg 1961.
Reich, Norbert:
- Das Phantom „Verbraucherrecht" – Erosion oder Evolution des Privatrechtes? JZ 1997, S. 609.
- Europäisches Verbraucherrecht – eine problemorientierte Einführung in das europäische Wirtschaftsrechht, Baden-Baden 1996.
- Zur Theorie des Europäischen Verbraucherrechtes, ZEuP 1994, S. 381.

- Privatrecht und Verbraucherschutz in der Europäischen Union, Referat im Rahmen der Vortragsreihe „Das Wirtschaftsrecht der Europäischen Union“ 1994.
- Markt und Recht, Theorie und Praxis des Wirtschaftsrechtes in der Bundesrepublik Deutschland, Neuwied und Darmstadt 1977.
- Zivilrechtstheorie, Sozialwissenschaften und Verbraucherschutz, ZRP 1974, S. 187.
Reindl, Peter:
- Entstehung und Konzeption des KSchG, in: Krejci Handbuch zum Konsumentenschutzgesetz, Wien 1981.
Remien, Oliver:
- AGB-Gesetz und Richtlinie über mißbräuchliche Verbrauchervertragsklauseln in ihrem europäischen Umfeld, ZEuP 1994, S. 34.
- Illusion und Realität eines europäischen Privatrechtes, JZ 1992, S. 277.
Renke, Ilona:
- EG-Richtlinie und verwaltungsgerichtlicher Rechtsschutz: unter besonderer Berücksichtigung des Umweltrechtes 1998.
Riedler, Andreas:
- Reiserecht in Österreich, ÖJZ 1996, S. 594.
- Der Reisevertrag, Ecolex 1994, S. 149.
Rittner, Fritz:
- Die wirtschaftliche Ordnung der EG und das Privatrecht, JZ 1990, S. 838.
Rolland, Walter:
- Produkthaftungsrecht – Kommentar, München 1990.
Roth, Wulf Henning:
- Die Schuldrechtsmodernisierung im Kontext des Europarechtes, S. 225 ff..; in: Ernst/Zimmermann, Zivilrechtswissenschaft und Schuldrechtsreform, Tübingen 2001.
Roth, Herbert:
- Das Fernabsatzgesetz, JZ 2000, S. 1013.
- Generalklauseln im Europäischen Privatrecht, in: FS für Drobnig 1999, S. 135.
Ruffert, Matthias:
- In: Christian Calliess/Mathhias Ruffert, Kommentar zu EU-Vertrag und EG-Vertrag, Köln 1999.
Rummel, Peter:
- § 864a ABGB, in Rummel/ABGB – Kommentar, Wien 1992.
Sack, Rolf:
- Probleme des Produkthaftungsgesetzes unter Berücksichtigung der Produkthaftungs-Richtlinie der EG, JBl 1988, S. 615.
- Das Verhältnis der Produkthaftungsrichtlinie der EG zum nationalen Produkthaftungsrecht, VersR 1988, S. 439.
Scherer, Josef/*Heil*, Renate:
- Die Rechtszersplitterung im Bereich des AGB-Gesetzes nach Umsetzung der EG-Richtlinie über mißbräuchliche Klauseln in Verbraucherverträgen, JA 1997, S. 849.
Schilcher, Bernd:
- Rechtspolitische Bemerkungen zur Produkthaftungsreform, S. 1; in: Posch/Schilcher, Rechtsentwicklung in der Produkthaftung, Wien 1981.
- Gesetzgebungstheorie und Privatrecht, Kritische Überlegungen zur Gesetzgebungslehre und zur Gesetzgebungstechnik, Wien 1981.
Schmidt, Jürgen:
- Schutz der Vertragsfreiheit durch Deliktsrecht? in: FS für Rudolf Lukes, Köln 1989.

Schmidt-Räntsch, Jürgen:
- Die Umsetzung der Produkthaftungsrichtlinie des Rates der EG vom 25. 7. 1985, ZRP 1987, S. 437.
Schmidt-Salzer, Joachim:
- Leistungsbeschreibungen insbesondere in Versicherungsverträgen und Schranken der Inhaltskontrolle (AGB-Gesetz und EG-Richtlinie über mißbräuchliche Klauseln in Verbraucherverträgen) in: FS Brander, München 1996.
- Recht der AGB und der mißbräuchlichen Klauseln: Grundfragen, JZ 1995, S. 223.
- EG-Richtlinie über mißbräuchliche Klauseln in Verbraucherverträgen, Inhaltskontrolle von AVB und Deregulierung der Versicherungsaufsicht, VersR 1995, S. 1261.
- Das textliche Zusatz-Instrumentarium des AGB-Gesetzes gegenüber der EG-Richtlinie über mißbräuchliche Klauseln in Verbraucherverträgen, NJW 1995, S. 1641.
- Transformation der EG-Richtlinie über mißbräuchliche Klauseln in Verbraucherverträgen vom 5.4.1993 in deutsches Recht und AGB-Gesetz: Einzelfragen. BB 1995, S. 1493.
- Transformation der EG-Richtlinie über mißbräuchliche Klauseln in Verbraucherverträgen vom 5.4.1993 in deutsches Recht und AGB-Gesetz: Einzelfragen. BB 1995, S. 733.
- Verbraucherschutz, Produkthaftung, Umwelthaftung, Unternehmensverantwortung, NJW 1994, S. 1305.
- EG-Richtlinie Produkthaftung, Der Entwurf für das deutsche Transformationsgesetz (ProdHaftG) BB 1987, S. 1404.
- Die EG-Richtlinie Produkthaftung, BB 1986, S. 1103.
Schubert, Mathias:
- Umsetzung der EG-Produkthaftungs-Richtlinie, RIW 1990, S. 272.
Schubert, Gert:
- Das bürgerliche Gesetzbuch von 1896, S. 11; in: Hofmeister Herbert (Hrsg.) Kodifikation als Mittel der Politik: Vorträge und Diskussionsbeiträge über die deutsche, schweizerische und österreichische Kodifikationsbewegung um 1990/im Auftr. des Vorstandes der Wiener Rechtsgeschichtl. Ges., Wien: Böhlau 1986.
Schuhmacher, Wolfgang:
- Verbraucherschutz bei Vertragsanbahnung, Wien 1983, S. 135.
- Der Konsumentenschutzgedanke in der österreichischen Rechtsordnung, in: Krejci, Handbuch zum Konsumentenschutzgesetz, Wien 1981.
Schulte-Nölke, Hans/*Schulze*, Reiner:
- Europäische Rechtsangleichung und nationale Privatrechte, Baden-Baden 1999.
Schwenzer, Ingeborg:
- Die Umsetzung der EG-Richtlinie zur Produkthaftpflicht in der Bundesrepublik Deutschland, Baden-Baden 1992.
Schwarzenegger, Peter:
- Das Konsumentenschutzgesetz, in: das neue Konsumentenschutzrecht Jesser/Kiendl/ Schwarzenegger, Wien 1997.
- Die geplante Änderungen der §§ 6 und 9 KSchG, JAP 1995, S. 204.
- In: J von Staudingers Kommentar zum BGB, Vorbem. zu §§ 651 a) - k) Reisevertrag, Berlin 1991.
Steindorff, Ernst:
- EG-Vertrag und Privatrecht, Baden-Baden 1997, S. 406.
- Schranken der EG-Kompetenzen, Heidelberg 1994.
- Die Entscheidungen: Wettbewerbsrecht, JZ 1976, S. 29.

Stöhr, Karlheinz:
- Schadensersatzansprüche wegen verspäteter Umsetzung der EG-Pauschalreiserichtlinie, NJW 1999, S. 1063.
Strickrodt, Hans-Peter:
- Die Haftung der Mitgliedstaaten der Europäischen Gemeinschaft bei Verstößen gegen das Gemeinschaftsrecht – eine systematische Darstellung der Anspruchsvoraussetzungen unter besonderer Beachtung der Haftung der Bundesrepublik Deutschland wegen Nichtumsetzung der EG-Pauschalreise-Richtlinie Bielefeld, 1997.
Supron-Heidel, Anna:
- Kontinuität und Umbruch im polnischen Zivilrecht, ÖJZ 2000, S. 217.
Taschner, Hans-Claudius:
- Mindestharmonisierung im Verbraucherschutzrecht, Baden-Baden 1996.
- Die künftige Produzentenhaftung in Deutschland, NJW 1986, S. 611.
Taschner, Hans-Claudius/*Frietsch*, Edwin:
- Produkthaftungsgesetz und EG-Produkthaftungsrichtlinie 1990.
Teichmann, Arndt:
- Schadensersatz bei fehlerhafter Ware – BGHZ 48; 118, JuS 1968, S. 315.
Terlitza, Ulfried:
- Die Haftung für Weiterfresserschäden, in: FS für Posch, Wien 1996, S. 49.
Tilmann, Winfried:
- Kodifikation des Privatrechtes in der Gemeinschaft, in: FS Helmrich, München 1994, S. 437.
- EG – Kodifikation des wirtschaftlichen Zivilrechts, ZRP 1992, S. 28.
Toeger, Jürgen:
- Außervertragliche Haftung für fehlerhafte Computerprogramme, Berlin 1995.
Tonner, Klaus:
- Die Rolle des Verbraucherrechtes bei der Entwicklung eines europäischen Zivilrechtes, Herausforderungen an das Recht: Alte Antworten auf neue Fragen? 1998.
- Anmerkung mit Schlußwort, JZ 1997, S. 83.
- Die Rolle des Verbraucherrechtes bei der Entwicklung eines europäischen Zivilrechtes, JZ 1996, S. 533.
- Staatshaftung wegen verspäteter Umsetzung der EG-Pauschalreise-Richtlinie, ZIP 1993, S. 1205.
- Harmonisierung oder Disharmonisierung des Reiserechtes, EWS 1993, S. 197.
- Reiserecht in Europa, Neuwied 1992.
- Die EG-Richtlinie über Pauschalreisen, EuZW 1990, S. 409.
- Diskussionsbericht – Verbraucherschutz, RabelsZ 1976, S. 665.
Ulmer, Peter:
- Das AGB-Gesetz – künftig Teil des BGB? BB 2001, Heft 1 (Die erste Seite).
- Wie viele „Tropfen sozialistischen Öles“ verträgt das BGB? BB 2001, Heft 46 (Die erste Seite).
- Das AGB-Gesetz – ein eigenständiges Kodifikationswerk, JZ 2001, S. 491.
- Die Rechtsangleichung des französischen und deutschen Rechts zur Kontrolle mißbräuchlicher Vertragsbedingungen (Recht der Allgemeinen Geschäftsbedingungen) durch die EG-Richtlinie 13/93 und die Kompetenz des EuGH nach Art. 177 EUV zur Sicherung der Rechtseinheit, SS 1998.

- Einleitung zum AGB-Gesetz – Rdnr. 1 ff..; in: Ulmer/Brandner/Hensen, AGB-Gesetz Kommentar zum Gesetz zur Regelung des Rechtes der Allgemeinen Geschäftsbedingungen, Köln 1997.
- § 24a) des AGB-Gesetzes, in: Ulmer/Brandner/Hensen, AGB-Gesetz Kommentar zum Gesetz zur Regelung des Rechtes der Allgemeinen Geschäftsbedingungen, Köln 1997.
- Zur Anpassung des AGB-Gesetzes an die Richtlinie über mißbräuchliche Klauseln in Verbraucherverträgen, EuZW 1993, S. 337.
- Vom deutschen zum europäischen Privatrecht? JZ 1992, S. 1.
- Verhandlungen des fünfzigsten Deutschen Juristentages, Hamburg 1974.
Weber, Nikolaus:
- Die Richtlinie im EWG-Vertrag, Hamburg 1974.
Weiss, Wolfgang Graziani:
- Reiserecht in Österreich – Rechtslage nach Umsetzung der EG-Pauschalreiserichtlinie, Wien 1995.
- Pauschalreisevertrag, Wien 1987.
- Der Pauschalreisevertrag nach schweizerischem und österreichischem Recht, ÖJZ 1987, S. 738.
Weitnauer, Hermann:
- Die Haftung des Warenherstellers, NJW 1968, S. 1593.
Welser, Rudolf:
- Lücken und Tücken des Produkthaftungsgesetzes, WBl 1988, S. 281.
- Der Klauselkatalog des § 6 KSchG, in: Krejci, Handbuch zum KSchG, Wien 1981.
- Die Beschränkung der Vertragsfreiheit beim Konsumentengeschäft, JBl 1980, S. 1.
- Anmerkungen zum Konsumentenschutzgesetz, JBl 1979, S. 449.
Westen, Klaus/*Schleider*, Joachim:
- Zivilrecht im Systemvergleich – Das Zivilrecht der Deutschen Demokratischen Republik und der Bundesrepublik Deutschland, Berlin 1984.
Westermann, Harm Peter:
- Sonderprivatrechtliche Sozialmodelle und das allgemeine Privatrecht, 178 (1978) S. 151.
- Verbraucherschutz – Empfiehlt sich bei der Aufnahme bisher entwickelter Vebraucherschutzvorschriften (z.B. Abzahlungsgesetz; AGB-Gesetz; Fernunterrechitsschutzgesetz) in das Bürgerliche Gesetzbuch eine einheitliche Abgrenzung ihrer Anwendung? Gutachten und Vorschläge zur Überarbeitung des Schuldrechtes Band III (Hrsg.) Bundesministerium der Justiz 1983.
v. *Westphalen*, Friedrich Graf:
- Die Novelle zum AGB-Gesetz, BB 1996, S. 2101.
- AGB-Richtlinie und AGB-Gesetz, EWS 1993, S. 161.
- Das neue Produkthaftungsgesetz, NJW 1990, S. 83.
de With, Hans:
- Die Entwicklung des Reisevertragsrecht im BGB, in FS für Helmrich 1994, S. 1067.
Wolter, Udo:
- Das Verhältnis des reiserechtlichen Gewährleistungsrechts der §§ 651 c) ff.. zum allgemeinen Recht der Leistungsstörungen AcP (183) 1983, S. 35.
Wukoschitz, Michael:
- Verbraucherschutz versus Vertragsfreiheit, zu den Änderungen des § 6 KSchG durch die Novelle 1996, RdW 1997, S. 264.

Zawischa, Georg:
- Rechtsvereinheitlichung in der Produkthaftpflicht? ÖJZ 1978, S. 36.
Zeiller, Franz:
- Das natürliche Privatrecht, Wien 1819.
- Akademische Vorlesungen über das Naturrecht, nach dem Leitfaden des Feyherrn v. Martini, Wien 1787.
Zelwiański, Ryszard:
- Uwagi dotyczące ochrony konsumentów RP / Biuletyn Rady Legislacyjnej 1995, S. 18 (Anmerkungen zum Verbraucherschutz / Bulletin des Gesetzgebungsrates 1995, S. 18).
Zimmermann, Reinhard:
- Schuldrechtsmodernisierung? JZ 2001, S. 171.
Zischka, Ulrike:
- Die Rechtssetzungskompetenzen der Europäischen Gemeinschaft auf dem Gebiet des Verbraucherschutzes 1997.
Zoll, Fryderyk:
- Natura prawna wzorców umownych, PiP 1999, S. 46 (Rechtsnatur der Vertragsbedingungen, PiP 1999, S. 46.).
- Potrzeba i kierunek nowelizacji kodeksowego ujęcia problematyki wzorców umownych, Biuletyn Rady Legislacyjnej 1997, S. 68 (Bedarf und Richtung einer Novellierung der Problematik der Vertragsbedingungen innerhalb des Gesetzbuches, Bulletin des Gesetzgebungsrates 1997, S. 68).
Zoll, Frederyk/*Diemer-Benedict*, Tanja:
- Das Recht der Allgemeinen Geschäftsbedingungen in Polen, RIW 1997, S. 1001.
Zöllner, Wolfgang:
- Regelungsspielräume im Schuldrecht: Bemerkungen zur Grundrechtsanwendung im Privatrecht und zu den sogenannten Ungleichgewichtslagen, AcP 1996, S. 1.
- Die politische Rolle des Privatrechts, JuS 1988, S. 332.
Żuławski, Jacek:
- Koncepcje regulacji ustawowej ochrony konsumentów z uwzględnieniem rozwiązań prawnych w państwach członkowskich Unii Europejskiej / Biuletyn Rady Legislacyjnej 1995, S. 38 (Konzepte der gesetzlichen Regulierung des Verbraucherschutzes unter Berücksichtigung der rechtlichen Lösungen in den Mitgliedstaaten der Europäischen Union / Bulletin des Gesetzgebungsrates 1995, S. 38).

FSC
www.fsc.org
MIX
Papier | Fördert
gute Waldnutzung
FSC® C083411

Kolibri 360 GmbH
Ferdinand-Jühlke-Straße 7
99095 Erfurt, Deutschland
produktsicherheit@kolibri360.de

Druck:
CPI Druckdienstleistungen GmbH
im Auftrag der
Kolibri 360 GmbH
Ferdinand-Jühlke-Str. 7
99095 Erfurt